KB248502

과격하고
서툰
사랑고백

우리시대의 논리 ❶

과격하고 서툰 사랑고백
손석춘 지음

1판2쇄 펴냄 2006년 4월 24일

펴낸이 | 정민용
주간 | 박상훈
책임편집 | 권희철
편집 | 성지희, 안중철
디자인 | 표지·서진, 본문·송재희
제작과 영업 | 김재선, 박경춘
그림 | 손문상

펴낸곳 | 도서출판 후마니타스
등록 | 2002년 2월 19일 제6-0449호
주소 | 서울 종로구 홍파동 42-1 신한빌딩2층(110-092)
편집 | 02-739-9929 제작영업 | 02-722-9960 팩스 | 02-733-9910
홈페이지 | www.humanitasbook.co.kr

값 10,000원

ISBN 89-90106-17-6 04300
ISBN 89-90106-16-8 (세트)

과격하고 서툰 사랑고백

우리시대의 논리 ❶

손석춘 지음

후마니타스

차례

3_ 윤똑똑이 한국 언론의 '이중국적'

4_ 저 상어에 장송곡을 부르라

2005_

5_ 우리는 왜 분노하지 않는가

2004_

2005_

6_ 누가 권력을 주었는지 잊었는가

과격하고 서툰 사랑고백

"너무 각을 세우며 글을 쓰고 있다. 독자로서 읽기가 부담스럽다."

한 지인이 저자에게 은근히 던진 말이다. 솔직하고 고마운 지적이다. 기실 저자의 시사칼럼을 바라보는 눈길은 독자들은 물론이고 언론계 안에서도 좋고 싫음이 뚜렷하다. 하지만 도리 없는 일이다. 좋고 싫음을 염두에 두고 칼럼을 쓰는 순간, 이미 그것은 저널리즘이 아니다.

다만 그냥 넘길 수 없는 혹평이 있다. 저자의 칼럼을 두고 아예 저널리즘이 아니라는, 언론인의 글이 아니라는 비난이다. 특정 목적을 지닌 선동이라거나 날카롭게 각을 세운 '격문'이라는 비판과 맞닿아 있는 평가다.

가령 저자가 "미제국주의의 이라크 침략전쟁"이라고 칼럼에 썼을 때다. 지나치게 주관적 가치가 들어간 글이라며 저널리즘에 어긋난다는 비난을 받았다. '미국의 이라크 공격'이 객관적인 사실보도란다. 기실 많은 독자들에게 '미제의 이라크 침략'이란 규정은 귀에 낯설고 심지어 거칠게 느껴질 수밖에 없다. 반면에 '미국의 이라크 공격'은 저널리즘 원칙에 가장 충실하게 근거한 표현이라고 여기기 십상이다.

하지만 냉철히 톺아볼 일이다. 과연 그러한가. 전혀 아니다. 다 알다시피 '침략'과 '공격'은 국어사전을 보더라도 전혀 의미가 다르다. '아무런 정당성이 없는 공격'을 침략이라고 한다. 그렇다면 미국의 이라크 전쟁이 침략인지 공격인지 판단할 방법은 간단하다. 전쟁에 정당성이 있는지 여부를 따지면 된다. 전쟁의 정당성은 당사자들의 견해를 모두 들어 판단해야 옳을 터이다. 하지만 먼저 전쟁을 일으킨 미국 조지 부시 정권이 내세운 정당성으로 평가해 보자. 부시 대통령은 이라크 후세인 정권의 '대량 살상무기'와 '알 카에다 테러 연계'를 명분으로 내세웠다. 하지만 대량 살상무기도, 알 카에다와의 연관도 이라크 안에서 전혀 발견되지 않았다. 그렇다면 무엇인가. 명백한 침략이다.

그렇다. 침략이라고 쓰는 게 사실보도다. 진보와 보수, 수구를 가리기 이전에 국어사전 의미에서 그렇다. 국어사전에 진보사전이 따로 있고 수구사전이 따로 있는 게 아니잖은가. '공격'으로 기사를 쓰는 것이야말로 사실과 다른 가치가 들어가 있다. 정당성이 없는 침략을 '공격'으로 미화한 보도 아닌가.

제국주의라는 말도 그렇다. 우리가 흔히 '일제 강점기'라고 쓰듯이 제국주의는 엄연히 우리 국어사전에 나오는 말이다. 한 나라가 힘으로 자신의 의지를 다른 나라에게 관철시키는 행태를 제국주의라고 한다. 그렇다면 미국 부시 정권의 이라크 전쟁은 제국주의인가, 아닌가.

아무런 편견 없이 대답해 보라. '미제의 이라크 침략'이라는 현실 규정이야말로 우리 국어사전적 의미에 가장 걸맞은 사실보도이다. 그럼에도 현실은 어떤가. 정반대다. '미국의 이라크 공격'이라는 미화보도가 사실로 여겨진다. '미제의 이라크 침략'이라고 우리 국어사전에 근거해 칼럼을 쓰면 너무 과격하다거나 설득력이 없다는 주장이 곰비임비 나온다.

그래서다. 저자가 칼럼을 쓰며 '각을 세우는 글쓰기'를 고집하는 까닭은. 우리 사회의 가치가 전도되어 있어서다. 오랜 세월 한국의 부자신문과 친미언론들이 퍼뜨려 놓은 말들에 우리 모두 어느새 친숙해 있어서다. 그 결과일 뿐이다. 저자의 칼럼이 '과격'하게 다가오는 까닭은. '미제의 이라크 침략'이라는 사실보도가 마치 선동처럼 들리는 까닭은. 저널리즘의 원론을 온전히 지키려는 글이 저널리즘을 가장 위반하는 글로 평가되고 있지 않은가.

물론, 글을 쓸 때마다 독자들의 뜨거운 반응도 있었다. 지금까지 칼럼을 써오며 최고의 찬사는 『한겨레』 논설위원실로 전화를 주신 한 70대 독자로부터 들었다. 그 분은 몸이 불편해 몇 해째 누워 계신다고 자신을 소개했다. 이어 누워서 신문을 읽지만 저자의 칼럼을 읽을 때면, 꼭 일어나 앉아서 읽는다고 덧붙였다. 그 다음 칼럼이 나갔을 때는 이틀 뒤에 전화를 주셨다. 저자의 칼럼이 실린 날, 일부러 칼럼을 읽지 않고 접어 두신단다. 다음 칼럼이 실리는 날까지 기다려야 할 허전함 때문에 아껴 두시고 다음날 읽는다는 설명이 이어졌다. 몸이 완쾌되어 일어나면 가장 먼저 저자를 만나러 신문사로 찾아오겠다고 하셨던 그 분의 전화가 끊긴 것은 3년 전부터다. 혹 건강에 이상이 있지 않을까 안타깝다. 그래서다. 힘이 닿는 한, 그 때 그 때 시사 문제를 짚는 칼럼을 많이 써야겠다고 생각했다. 같은 시대를 살아가는 분들과 저자가 나누는 생각, 저자의 칼럼이 이 땅에서 살아가는 삶에 조금이라도 힘이 될 수 있다면, 바로 그것이 저자가 지상에서 할 수 있는 사랑이라고 다짐했다.

이 책들은 2004년 1월 1일부터 2005년 12월 31일까지 옹근 2년 동안 독자에게 쏟은 사랑의 열매다. 2004년과 2005년은 한국 사회에 심각한 갈등이 꼬리를 물고 일어났다. 노무현 대통령이 2004년 3월 탄핵을 당했고 이어 촛불집회와 4월 총선이 있었다. 더구나 2005년은 해방 60돌이자 분단 60돌을 맞은 해였다. 비정규직 노동자들과 농민의 죽음이 이어졌다. 격변의 세월 2년 동안 160여 편의 칼럼을 썼다. 평균 나흘에 1편 꼴로 쓴 셈이다. 칼럼니스트로서는 다작인 셈이다. 칼럼 한 편 한 편을 쓸 때마다 저자는 그것이 독자에게 보내는 사랑이라고 생각했다. 그랬다. 독자에 드리는 서툰 사랑의 편지, 연서였다.

그래서였다. 출판사에서 저자가 쓴 칼럼들에 일관하는 주제를 '반시대'라고 했을 때, 솔직히 낯설었다. 까닭은 명쾌했다. 나름대로 시대를 정확히 읽어가고 있다는, 언론인으로서 '자부'가 있어서였다.

그런데 칼럼들을 정리하며 새삼 깨달을 수 있었다. 저자가 우리 시대와 얼마나 불화를 겪고 있는가를. 우리 시대의 정치, 경제, 사회, 종교, 대학, 언론에서 주요 자리에 있는 거의 모든 사람들을 2년 동안 실명으로 비판해 왔다. 당사자인 저자로서도 새로운 발견이었다.

칼럼에 실명으로 비판 받은 사람들이 저자를 어떻게 볼까라는 생각도 처음 떠올랐다. 왜 그 사람들이 저자를 멀리하는지 비로소 깨달았다면, 둔감함을 고백하는 걸까.

비단 『조선일보』, 『동아일보』, 『중앙일보』의 방상훈, 김병관, 홍석현 사주만이 아니었다. 한나라당 박근혜 대표나 정형근 의원으로 상징되는 수구세력만도 아니었다. 가장 많은 비판의 과녁은 노무현 대통령이었다. 집권여당인 열린우리당의 국회의원들도 그냥 넘어가지 않았다. 노 대통령을 두남두거나 비호한 논객들이 방송사 사장이나 국회의원, 장관으로 줄달음 치는 풍경은 새삼 권력의 자장이 얼마나 큰가를 실감케 해 주었다.

이 책에는 하지만 진보정당인 민주노동당에 대한 쓴 소리도 담겨 있다. 더러는 저자에게 그럴 권리가 있는지 묻기도 했지만, 그런 물음조차 이 땅에서 언론인으로서 살아갈 때 감수할 수밖에 없을 터이다.

나라 밖으로는 미국 조지 부시 대통령과 콘돌리자 라이스 국무장관, 도널드 럼스펠드 국방장관이, 그리고 일본의 고이즈미 총리가 비판의 과녁이었다. 고구려를 중국 역사로 편입하는 '동북공정'과 관련해 중국의 후진타오 주석을 비판한 칼럼도 있다.

한국 사회에서 누구도 공개적 비판을 하지 못했던, '성역 중 성역'이었던 김수환 추기경을 비판한 칼럼도 담았다. 삼성그룹 이건희 회장도 결코 비켜갈 수 없었다. 이 책에는 『한겨레』 논설위원실 같은 방에서 만 2년 동안 함께 일했던 정연주 KBS 사장에 대한 비판도, 그리고 『중앙일보』로 간 고 정운영 논설위원에 대한 비판도 실려 있다. 인간적으로 망설였지만 쓰지 않을 수 없었다. 그것이 이 땅에서 언론인으로 살아가는 숙명이라고 판단했다. 정운영 논설위원의 때 이른 부음을 들었을 때, 더욱 아팠다. 조선로동당 60돌을 맞아 조선민주주의인민공화국 김정일 국방위원장에 띄운 공개편지도 있다.

그래서다. 분단 60돌을 앞뒤로 쓴 칼럼들을 모으며 감상에 젖기도 했다. 비판을 본령으로 하는 언론인에게 결국 남는 것은 인간적 쓸쓸함이 아닐까.

그럼에도 아직은 붓을 놓을 때가 아님을 스스로 확인하고 있다. 독자에게 드리는 저자의 사랑을 책으로 묶는 데도 동의했다. 동시대를 기록하는 역사가인 언론인의 글은 어차피 역사가 최종 평가할 수밖에 없다. 우리 시대를 기록한 저자의 '문집'도 예외는 아닐 터이다. 그 평가를 겸허하게 기다리는 마음으로, 그리고 살아 있는 동시대인들 앞에 심판을 받는 마음으로 책을 펴낸다. 중년의 언론인이 같은 시대를 살아가는 분께 띄운 서툰 사랑의 고백에 부디 눈 흘기지 말기 바란다.

　과격한 고백을 '아름다운 책'으로 만들어 준 후마니타스의 벗들과 촌철살인의 미학이 묻어 나는 삽화를 그려 준 손문상 화백에게도 연대의 인사를 전한다.

　독자와 더불어 숨쉬고 싶은 사월이다.

2006년 봄　손석춘

추기경과
큰스님의
'미소'

문제는 『조선일보』의 선동을 꾸짖어야 마땅할 '원로 종교인'이
되레 확대 재생산하는 데 있다.
과연 이 나라의 주류가 '반미·친북'인가.
아니다. 현실은 정반대. 여전히 이 땅의 주류는 '친미·반북'이다.
…… 추기경에 대한 '거짓 예의'보다 더 중요한 것은 겨레의 생존권이다.
추기경의 근심을 '백성'이 걱정하는 진정한 까닭이다.

'야만의 땅'으로 귀향한 슬픔

_대한민국에서 올곧게 살아가는 방법은 무엇인가

귀향. 설레게 마련이다. 칼바람 부는 설에도 대다수 한국인이 고향을 다녀왔다. 가족과 친인척 그리고 이웃들이 '마당'을 이루며 '설 한파'의 뜻을 새기거나, 다가올 총선을 가늠해 보았을 성싶다.

더러는 메마른 가슴 깊숙이 웅숭깊은 사랑을 적시는 '호사'도 누렸을 터이다. 그래서다. 37년 만에 꿈에도 그리운 고향을 찾은 한 60대의 설날이 새삼 서글픈 까닭은.

그의 귀향은 참으로 뜻깊었다. 고향의 내로라 하는 '지식인'들까지 '환영대회'를 약속하며 귀향을 독촉했다. 그런데 정작 그가 가족과 귀향하자 기다렸다는 듯이 철창에 가뒀다.

그뿐인가. 철학자인 그를 '위선자'로 홀닦았다. 이 어처구니없는 사건을 무엇이라 불러야 할까. 배신일까. 아니, 차라리 야만이 더 적실하지 않을까.

보라. 송두율. 독일 대학의 철학 교수인 그는 37년 만에 돌아온 조국에서 설날을 차디찬 철창 속에 보냈다. 38년 만에 조국 땅을 밟은 그의 아내는 영하 15도의 혹한에 맞서며 홀로 시위를 벌였다. 하지만 그 아름다운 시위조차 대다수 언론은 모르쇠했다.

그렇다. 야만, 그것은 결코 '은유'가 아니다. 세계적 석학 위르겐 하버마스가 대한민국을 일러 단언했다. "야만의 나라."

감히 대한민국을 야만국으로 부른다고 수염 떨 일이 아니다. 어느 헛똑똑이처럼 '제국주의자의 오만'이라고 가당찮게 도끼눈 뜰 일은 더더욱 아니다. 하버마스가 대한민국을 오늘 '야만의 나라'로 부른 이유는, 경제가 독일보다 뒤떨어져서가 결코 아니다. 경제는 성장했는데 사회 풍경화는 걸맞지 않게 을씨년스러워서다.

굳이 하버마스를 빌릴 필요는 없다. 하지만 이 땅의 언론이 말끝마다 독자들 앞에 내세우는 공론장, 그 개념의 창안자가 하버마스 아닌가. 하버마스는 자신이 박사학위 논문을 지도한 송두율에게 간곡히 권했다. "할 일이 많은데 하루빨리 야만의 나라에서 벗어나 돌아오라.” 하버마스만이 아니다. 독일의 문호 귄터 그라스도 송 교수의 석방을 요구했다.

두루 알다시피 송 교수는 독일 국적을 접었다. 감옥에 갇혀 담담하게 말했다. “한국 사회를 배우고 있다.” 문제는 그가 지금 이 순간 지병 악화로 생명의 위협마저 느끼고 있다는 점이다. 과연 그래도 되는 걸까.

언제나 그랬듯이 윤똑똑이들은 편리하게도 자신의 무심을 합리화했다. 조선로동당 가입을 곧장 ‘간첩’으로 등식화해 언구력 부린다. 더러는 송 교수를 겨냥해 민주화운동의 ‘순수성’을 훼손시켰다며 모들뜬다.

그래서일까. 민주시민들도, 심지어 젊은 세대들도 송 교수 문제에, 아니 그 야만에 모닥모닥 침묵하고 있다. 그래서다. 송 교수를 ‘해방 이후 최대 거물간첩’으로 어루뀐 저 수구언론과 수구논객 따위에겐 묻고 싶지 않다. 다만 ‘순수한 민주운동론자’들에게 진지하게 묻는다.

만일 조선로동당에 가입했다는 사실만으로 한 지성인을 감옥에 가두어야 한다면, 게다가 공개적으로 탈당을 밝혔고, 더하여 앞으로 대한민국 헌법을 준수하겠다고 밝힌 학자조차 ‘용인’할 수 없다면, 과연 우리 겨레에게 평화통일은 가능한가. 정직하게 답하기 바란다. 불가능하지 않은가.

그래서다. 남과 북, 북과 남, 두루 공존의 미덕을 익혀야 한다. 송 교수는 첫 공판 ‘모두진술’에서 “존경하는 국민 여러분”에게 호소했다. “역사 속으로 이미 사라져야만 했을 것들이 아직도 필사적으로 몸부림치고 있다.” 이어 날카롭게 오늘을 규정했다. “낡은 것과 새 것이 충돌하고 있는 긴장된 상황”이다.

조국을 찾아 되레 가혹한 설을 보내는 송 교수의 아내는 위로의 말을 전하자 잔잔한 미소로 답했다.

“한국 사회에선 싸우지 않고선 살 수 없다는 사실을 깨달았다.”

남편이 감옥에 갇힐 때, 천식이 발작한 긴급상황을 알려도 다음날에나 검진을 받게 할 때, 병원으로 옮겨진 송 교수에게 사전 동의도 없이 마취를 할 때, 마취에서 갓 깨어나 비틀거리는 송 교수의 엷은 환자복 위로 다시 포승줄을 꽁꽁 묶을 때, 참담하게 내린 결론이란다.

대한민국에서 올곧게 살아가는 방법은 '싸움'이다 그것은, 유럽에서 37년을 더불어 보낸 송두율 부부가 야만의 땅에 귀향한 슬픔으로 빚어 낸 슬기가 아닐까.

하여, 6차 공판을 앞둔 오늘, 이 땅을 더불어 살아가는 모든 이들에게 감히 묻고자 한다. 이 야만의 땅에서 싸워야 할 사람은 정녕 누구인가. 마땅히 싸워야 할 사람들 대다수가 혹 그 야만에 사로잡혀 있지 않은가.

보라. 오늘 참으로 '철창'에 갇힌 자 누구인가를. 대한민국 헌법을 준수하겠다는 송두율 교수인가. 그를 가둔 대한민국인가. _2004.01.26.

추기경의 근심, 백성의 걱정

_과연 이 나라의 주된 흐름이 '반미·친북'인가

"추기경의 근심, 백성의 걱정." 『조선일보』 2004년 1월 31일자 사설 제목이다. 안타까운 일이다. 연로한 추기경이 "우리나라가 어디로 가고 있는가 걱정"하고 있어서다. 신문시장을 독과점한 세 신문사도 '추기경의 근심'을 1면에 대문짝만하게 보도했다.

옳다. 김수환 추기경의 진단처럼 이 나라의 풍경은 기실 참담하다. "우리나라가 어디로 가고 있는가"라는 근심은 『조선일보』 사설을 빌리자면 "그동안 마음 속으로 삭이고만 있던 백성들의 걱정"이기도 하다. 세계적 지성들이 '야만의 땅'으로 손가락질하고 있지 않은가. 노동자·농민·빈민·젊은이들이 줄지어 자살하고 있지 않은가.

그런데 참으로 생게망게한 일이다. 추기경의 근심은 엉뚱한 데서 비롯하고 있다. 보도에 따르면 추기경은 '한 리서치'를 근거로 들며 "미국이 주적(主敵)이 됐다"고 개탄했다. "군 장성에게서 사병들 가운데도 반미·친북 성향을 가진 사람이 많다는 얘기를 들었다"며 "나라의 전체적 흐름이 반미·친북 쪽으로 가는 것은 대단히 걱정스럽다"고 강조했단다.

두루 알다시피 김 추기경은 원로가 드문 한국 사회에서 노상 '원로'로 꼽혀 왔다. 민주화운동 과정에서 서울 명동성당이 지닌 상징성—언젠가부터 시나브로 빛 바래 가고 있지만—과 추기경이라는 '권위'가 이어졌기에 더욱 그랬다.

실제 민주화운동에서 김 추기경의 모습이 과대 평가된 대목이 많다는 사실을 알 사람은 다 알면서도 침묵해 왔다. 그만큼 이 땅의 '영혼'이 가난해서였다. '낮은 데'로 임하는 종교인들이 적어서였다.

하지만 가톨릭 추기경의 말에 이제 더 침묵할 수 없는 상황이 되었다. 추기경의 정치적 발언이 현실을 호도할 뿐만 아니라 민족의 내일에 심각한 걸림돌로 불거졌기 때문이다.

가령 『조선일보』 사설을 보라. "추기경의 지적들이 듣는 이의 마음에 와 닿는 것은 원로 종교인으로서의 통찰력이나 예지의 덕분만은 아닐 것"이라고 추어 올린 뒤 다음과 같이 십분 '이용'한다.

"여느 사람이 그런 걱정 한 가닥을 들추기만 해도 반민족이니 반개혁이니 하는 돌팔매를 받기 일쑤여서 그저 안으로만 삭이며, 입 없는 사람 흉내나 내며 사는 것이 보통사람의 세상살이였던 셈이다. 그래서 추기경의 평범한 세상 걱정이 많은 국민들에게 '나라에는 역시 원로가 필요하구나' 하는 공감을 불러일으키고 있는 것이다."

물론, 『조선일보』만은 아니다. 이미 『중앙일보』도 "나라의 전체 흐름이 반미·친북"이라고 1면 머리로 대서특필했다. 하지만 추기경의 발언은 사실과 뒤틀려 있다. 추기경이 근거로 든 '리서치 조사'를 보자.

리서치 앤 리서치가 전국 성인 800명을 대상으로 실시한 전화조사에서 '우리나라 안보에 가장 위협적인 국가는 어디인가'란 질문에 미국(39%)이란 응답이 북한(33%)보다 조금 많게 나타났다.

이를 어떻게 읽어야 할까. 미국 조지 부시 정권의 이라크 침략전쟁과 '평양 폭격' 위협이 반영된 결과라고 보아야 옳을 터이다. 이 여론조사에서 '주적'이란 설문은 존재하지 않는다.

그렇게 자극적인 해석으로 몰아간 것은 다름 아닌 『조선일보』였다. 『조선일보』는 이 여론조사를 부각해 보도한 다음날, 사설 제목을 "미국이 한국의 주적이란 말인가"라고 달았다. 논리의 비약이고 감정적 선동 아닌가.

문제는 『조선일보』의 선동을 꾸짖어야 마땅할 '원로 종교인'이 되레 확대 재생산하는 데 있다. 과연 이 나라의 주류가 '반미·친북'인가. 아니다. 현실은 정반대다.

여전히 이 땅의 주류는 '친미·반북'이다. 그래서다. 미군 장갑차에 깔려 죽은 여중생의 원혼은 아직도 잠들지 못하고 이 땅을 배회하고 있다. 일본 제국주의 총알받이로 우리 젊은이들을 내몬 바로 그 신문들이 언죽번죽 미국의 이라크 침략전쟁으로 젊은이들을 내몰고 있다.

명토박아 두자. 김수환 추기경이 강조하는 평화와 인권을 위해서라도 이 땅에서 미국의 불장난을 막아야 한다. 남과 북을 잿더미로 만들 전쟁 가능성을 참으로 줄이려면, 그리고 미국과 진정으로 대등한 관계를 원한다면, 이제 겨우 싹트기 시작한 반미운동은 지금보다 더 퍼져 가야 한다.

반미운동 없이 '대등한 한미관계'나 '용미'는 한낱 말장난이나 이데올로기에 지나지 않는다. 미국이 우리의 뜻과 무관하게 이 땅에서 불장난을 저지를 확률이 분명히 존재하고 있는 엄정한 상황이기에 더 그렇다. 추기경의 말을 에멜무지로 넘길 수 없는 까닭이기도 하다.

추기경에 대한 '거짓 예의'보다 더 중요한 것은 겨레의 생존권이다. 추기경의 근심을 '백성'이 걱정하는 진정한 까닭이다. _2004.01.31.

추기경 뒤에 숨은 저 '골리앗'을 보라

_사실을 호도하며 김 추기경을 '이용'하는 부라퀴들

여론시장을 독과점한 세 신문사가 다시 '합창'을 했다. 2004년 2월 2일자 신문 2면에 돋보이게 편집한 것도 같다. 상대를 겨누는 서슬이 시퍼렇다. 과녁은 『오마이뉴스』에 실린 칼럼 "추기경의 근심, 백성의 걱정"이다.

무릇 비평이란 반갑게 마련이다. 가령 소설을 냈을 때 비평이 따르는 게 소설가에게 행복이듯이, 칼럼도 마찬가지다. 기자가 쓴 칼럼에 쓴소리는 달게 들어 마땅하다. 하지만 그 비평이 사실에 근거하지 않을 때는 전혀 다가오지 않는다.

새삼 말할 나위 없지만, 사실을 바탕으로 한 비평은 우리 사회에 빈곤한 토론의 활성화를 위해 바람직하다. 정반대로 사실을 왜곡해 내놓은 비난과 마주할 때는 무시하는 게 옳다.

하지만 그 사실왜곡의 주체가 그것을 퍼뜨린다면, 그리고 그것이 사회적으로 중요한 쟁점이라면, 문제는 사뭇 달라진다. 사실과 다른 그 규정이 '사실'로 둔갑할 가능성이 높기 때문이다. 가령 예를 들어 보자.

"오마이뉴스, 김수환 추기경 비판/민족의 내일에 심각한 걸림돌."

『조선일보』 2면에 가장 크게 편집된 시커먼 활자다. 『조선일보』의 신문 제목만 보면 『오마이뉴스』에 실린 기자의 칼럼이 김수환 추기경을 '민족의 내일'에 '걸림돌'로 규정했다고 볼 수밖에 없다.

『중앙일보』도 마찬가지다. 2면에 큼직한 표제로 『오마이뉴스』가 김 추기경을 '민족의 걸림돌'이라고 비난했다고 편집했다.

분명히 말하거니와 이는 사실왜곡이다. 기자는 문제가 된 칼럼은 물론이거니와 지금까지 써 온 어느 글에서도 김 추기경이 민족의 걸림돌이라고 쓴 바가 없다.

다만 어쩔 수 없이 김 추기경과 그를 이용하는 신문들을 더불어 비판하는 글을 쓰게 된 이유를 다음과 같이 밝혔을 뿐이다.

"추기경의 정치적 발언이 현실을 호도할 뿐만 아니라 민족의 내일에 심각한 걸림돌로 불거졌기 때문이다."

그렇다. 김수환 추기경이 한 말 가운데 '정치적 발언'으로 한정했고, 그것이 현실을 호도하고 있다고 분석했다. 그 결과 여론을 오도할 수 있기 때문에 "민족의 내일에 심각한 걸림돌로 불거졌"다고 보았다.

국어의 상식만 지닌 사람이라면 알겠지만, 이는 김 추기경의 인격이 그렇다는 것과 전혀 다른 문제이다. 기자는 김 추기경의 '정치적 발언'과 그 발언을 수구신문들이 십분 이용하면서 시민사회를 '친북'으로 몰아가는 현상은 비판 받아 마땅하다고 생각한다.

보라. 『조선일보』의 논리 비약과 감정적 선동으로 김 추기경마저 우리나라가 미국을 주적으로 여긴다고 잘못 판단했다. 그리고 추기경의 그 발언을 다시 『조선일보』와 『중앙일보』가 대서특필하며 여론을 몰아갔다. 그것을 비판하자 다시 두 신문은 추기경 개인을 민족의 걸림돌이라고 했다며 사실을 왜곡한다.

기자는 『조선일보』와 『중앙일보』 편집국이 '김 추기경의 정치적 발언이 민족의 걸림돌로 불거졌다'는 명제와 '김 추기경이 민족의 걸림돌'이라는 명제를 구분조차 못할 정도로 기자 상식이 없으리라고 생각하진 않는다.

그렇다면 무엇인가. 단 하나다. 『조선일보』와 『중앙일보』가 노상 해 왔듯이 '목적'을 위해서는 사실까지 왜곡하는 짓을 서슴지 않는다고 볼 수밖에 없다.

더구나 두 신문은 은근히 가톨릭 전체와 『오마이뉴스』 또는 기자 사이에 싸움을 부추기고 있다. 그 싸움에서 수구세력은 잃을 게 없을 터이다.

『조선일보』, 『중앙일보』 사주와 고위간부들에 대한 기자의 줄기찬 비판에 침묵하던 저 골리앗들이 추기경 뒤에 숨은 채 엉뚱한 감정적 선동으로 가톨릭과 인터넷매체를 추썩거리는 모습은 남우세스럽다.

거듭 강조하지만, 미국이 이 땅에서 전쟁을 일으킬 가능성이 분명히 엄존하고 있는 상황에서, 그리고 그 확률이 현실로 되는 비극을 막으려면 온 국민이 현실을 정확히 인식해야 하는 상황에서, 거꾸로 그 사실을 호도하는 세력에 대해 침묵하는 것은, 작게는 기자가 지닌 언론인의 윤리와 어긋나고 크게는 민족적 죄악이다.

민족이 처한 현실을 호도하는 사람이 누구든 잘잘못을 가려 논평하는 일, 그것이 분단시대에 기자로 밥을 먹고 사는 사람의 의무이다. 나름대로 언론운동을 지며리 해 온 중견 언론인으로서 기자는 한국 언론에 희망을 잃지 않고 있다.

언젠가 『조선일보』와 『중앙일보』의 젊은 언론인들이 그 길에 동참하리라는 기대가 그것이다. 그리고 그 희망이 있는 한 추기경 뒤에 오늘 숨어 있는 골리앗과의 싸움을 결코 포기하지 않을 터이다. _2004.02.02.

대한민국 사법부는 국회와 닮은꼴인가

_'반성이 없어 중형을 선고한다'는 저 오만을 보라

반성이 없어 중형을 선고했단다. 서울중앙지법 형사합의24부(재판장 : 이대경 부장판사)는 송두율 교수에 징역 7년의 판결을 내렸다. 재판부는 "송 교수를 남북 분단의 희생물로 평가할 수도 있고, 북한 편향적인 저술에 큰 영향을 받지 않을 정도로 성숙된 우리 사회가 그를 포용해야 한다는 견해가 있다"고 밝혔다.

사뭇 '관용'의 여지가 있었다는 말투이다. 하지만 곧이어 '본심'이 드러난다. 송 교수가 "입국 뒤 수사기관에서부터 법정에 이르기까지" 진지한 반성이 없다고 '훈계'한다.

어떤가. 저 대낮의 의회 쿠데타를 주도한 무리들이 언죽번죽 늘어놓은 말에 버금가지 않은가. 사과를 하지 않아 대통령을 탄핵한 입법부와, 반성을 하지 않아 철학자에게 중형을 선고한 사법부 사이에 오만의 무게는 누가 더한가. 결국 '중형'도 송 교수의 '자업자득'이란 말인가.

그랬다. 2004년 3월 12일이 대한민국 입법부의 썩은 몰골이 남김없이 드러난 날이라면, 3월 30일은 사법부의 정체가 남김없이 폭로된 날이다. 다음날인 3월 31일, 『조선일보』는 물론이고, 그 신문과 차별성을 '선전'하며 '열린 신문'을 자처한 『중앙일보』의 '가면'도 벗겨졌다.

차분히 돌아보기 바란다. 공안검사·공안판사·공안기자들의 주장처럼 송 교수가 이 땅에 '공작'을 위해 귀국했는가. 독일 대학에서 철학 교수로 자유롭게 살고 있던 송두율 교수를 누가 불러들였던가. '초청'의 선의를 믿고 조국 땅을 밟은 그에게 우리 너무 모질지 않은가. 이악스럽지 않은가. 송 교수가 들어오자마자 공안당국과 수구신문들은 늘 그랬듯이 입을 맞추었다. 송 교수를 '해방 이후 최대 거물간첩'으로 살천스레 몰아갔다.

보라. 송 교수는 대한민국 헌법을 준수하며 살겠다고 '다짐'까지 했다. 사실상의 '준법서약' 아닌가. 그럼에도 검찰은, 판사는, 송 교수가 '반성의 모습'이 없단다. 조선로동당 정치국 후보위원이라는 증거도 제시하지 못하면서 자백을 하라며 다그치고, 자백하지 않았다는 이유로 반성이 없다며 중형을 선고했다.

『조선일보』와 『중앙일보』는 마치 기다렸다는 듯이 판결을 '환영'하고 나섰다. 두 신문의 사설이 '지식인의 자세'를 거론하는 것은 얼마나 희극인가.

그래서다. 이 땅의 모든 지식인, 모든 '시민'에게 묻고 싶다. 송두율, 그가 누구인가. 세계적 석학 위르겐 하버마스가 아끼는 제자이자 독일 대학의 철학 교수 아닌가. 아니, 상식으로 묻고 싶다. 사상가에게 사상전향을 요구하는 검사에 침묵해도 좋은가. 사상가에게 반성을 하지 않는다고 중형을 선고하는 판사를 모르쇠해도 좋은가.

그 검사와 그 판사에 비판은커녕 '고무·격려'하고 나선 그 신문에 글을 쓰며 '진정한 진보'나 '열린 지성' 따위를 자부하는 윤똑똑이들은 또 어떤가. 하버마스가 방한했을 때, 곰비임비 그를 '수행'하던 이 땅의 숱한 '하버마스 전문가'들은 무엇을 하고 있는가. 방한 강연에서 하버마스는 갈라진 남과 북 사이에 의사소통이 중요하다고 강조하지 않았던가.

"남한은 이미 보유하고 있는 장점과 활력에 대해서 충분한 자신감을 가져도 된다고 본다. 시민으로서 기본 권리와 자유를 보다 더 확대함으로써 남한과 북한 사이의 의사소통을 더욱 자극하는 어떤 원동력을 만들어 낼 수 있다. 이것은 남한이 정치적으로 자유로운 민주국가임을 실감할 수 있는 계기가 될 것이다. 그런 의미에서 시민은 정부에 대해서 그것을 요구하고 주장해야 한다. 나는 왜 남한의 정부나 국민이 아직도 자유국민으로서의 자의식을 발전시켜 현상타파의 길을 뚫어 가는 데 소극적인지를 이해하기가 어렵다."

그뿐이 아니다. 언제나 '자유민주주의자'를 자처하지만 실상은 파시스트들인 수구세력에게도 하버마스는 적실한 충고를 남겼다.

"설사 북한 정권이 우수하다고 믿는 사람이 있다 하더라도 자유민주주의 정부가 취할 수 있는 보다 좋은 전략은 가서 보고 배우라는 것이다. 이로써 열리는 자기성찰의 힘이 민주주의를 떠받드는 큰 힘이 된다.”

저 서슬 푸른 검찰과 ‘권위’ 세운 판사 그리고 ‘공안 언론인’에게 하버마스의 충언을 들을 귀 있을까. 마치 하버마스 사상을 자신만이 독점한 듯 언제나 들먹이던 ‘먹물’들조차 없는 귀를 저들에게 기대하는 것 자체가 무리일까. 기어이 역사가 저들에게 ‘중형’을 내릴 때까지 기다려야 하는가. 하여, 이 땅에서는 온전한 민주주의자로 살기 위해선 어쩔 수 없이 ‘전투적’이어야 하는가. _2004.03.31.

유령의 피울음

_사월, 혁명의 달에 묻는다

착하기만 한 눈빛들이었다. 꼼비임비 도착한 10여 대의 버스마다 가득 탔다. '서울시영버스'라는 글자도 보였다. 버스에서 내려 시근시근 구덩이를 팠다. 의심은 했지만 설마 했다. 저들도 사람 아닌가. 하지만 아니었다. 인두겁을 쓴 자들의 총구가 일제히 불을 뿜었다. 여남은 명이 아니다. 500여 명. 모두 스러졌다. 한 사람도 살아남지 못했다. 핏물이 도랑을 이룬 생지옥엔 이불, 옷, 솥단지만 나뒹굴었다. 1951년 봄, 경남 산청군 시천면 외공리였다. 반세기가 흘렀다. 목격자의 증언으로 다시 구덩이를 팠을 때다. 숟가락과 금니, 그리고 교복 단추가 나왔다. 빛 바랜 그 단추는 서울에서 학교 다녔던 이름 모를 청년의 원한을 서리서리 머금었다.

2004년 4월 5일, 바로 그곳에서 추모 위령제가 열렸다. 누가, 왜 그랬는지 진실은 묻혀 있다. 하루 앞서 4일에는 지리산 다른 자락에서도 학살된 수백여 민중을 추모하는 위령제를 봉행했다. 3일에는 제주도에서 억울하게 숨진 3만 원혼들을 추모했다. 그랬다. 4월의 3, 4, 5일로 이어진 연휴에 이 땅 곳곳에선 학살의 추모가 이어졌다. '황금 연휴'가 아니었다. 금빛 아닌 핏빛이었다. 비단 지리산과 한라산만이 아니다. 온 산하에 지천으로 흐드러진 진달래처럼, 그 선홍빛 아래엔 피칠갑을 한 유령들의 피울음이 어김없이 묻혀 있다. 한국전쟁을 앞뒤로 민간인 120만 명이 학살당했다. 친일파들에 쫓겨 빨치산이 된 사람들에 이르면 비극은 더 깊어진다. 4월 초하루에 '마지막 빨치산' 정순덕은 눈을 감았다.

전쟁의 비극으로 '이해'하자는 말은 이제 접어 두자. 그 시르죽은 소리는 학살의 만행자들이 반세기 동안 우리를 세뇌한 결과에 지나지 않는다. 어떤 전쟁이든, 민간인 학살은 용서할 수 없는 범죄다. 120만의 유령들이 지하에서 토해 내는 절규를 들어야 할 사람은 누구인가. 살아 있는 우리다. 서양극 〈오페라의 유령〉이 화려한 무대에서 공연될 때, 이 땅에서 생생하게 벌어진 학살극의 유령들은 컴컴한 땅 밑에서 피울음을 쏟아 내고 있었다. 애먼글

면 유족들과 시민사회단체의 노력으로 '민간인 희생 진상규명법' 제정운동
이 불붙은 까닭도 여기에 있다. 하지만 그 법안을 16대 국회는 끝내 모르쇠
했다.

신문과 방송의 외면 속에 한나라당은 결사적으로 법안을 가리틀었다.
당시 최병렬 대표는 "이 법안이 통과되면 한나라당을 지지하는 보수세력이
전부 등돌리고 떠날 것"이라고 주장했다. 홍사덕 총무와 이강두 정책위의
장도 긴급의원총회를 열어 법안을 막았다. 이들 '3인방'의 논리는 기실 보
수세력에 대한 모욕이다. 대체 민간인 학살의 진상을 규명하자는데 어째서
'보수세력'이 반대한다고 예단하는가. 만일 반대한다면 더는 그들은 보수
가 아니다. 결국 최병렬·홍사덕·이강두 3인방의 논리대로 한다면, 한나라
당의 정체는 군사독재의 후예만이 아니다. 학살세력의 후계다.

특히 영남지역 주민 가운데 학살당한 원혼들이 많은데도 진실규명을 거
부한 한나라당의 오만을 냉철히 톺아볼 필요가 있다. 저들이 대변하는 사람
들이 영남의 민중이 아니라 수구세력임을 스스로 폭로하고 있지 않은가. 저
들의 야만과 오만 앞에 민중은 결코 물러서지 않았다. '한국전쟁 전후 민간
인학살 진상규명 범국민위원회'의 전국유족협의회는 최근 재출범을 선언
했다. 언론은 그조차 외면했다. 재출범의 뜻은 결코 과거에 있지 않다.

선언문은 "학살이 국가 권력에 의한 인권침해의 뿌리가 되어 우리 사회
를 썩고 병들게 하고 있음"을 고발하고 있다. 대한민국이 "생명과 인권을
중시하고 인간의 존엄성을 소중히 하는 인권사회로 거듭나도록 목숨이 다
할 때까지 투쟁할 것"을 결의한 유족들 앞에 우리의 과제는 무엇일까. 아
니, 유족 이전에 유령의 피울음에 귀기울여야 하지 않을까.

마침 우리 손엔 '무기'가 주어져 있다. 투표가 그것이다. 학살은 물론이
고 의문사의 진실을 밝히는 민주입법이 가능하도록 국회를 바꿔야 한다. 사
월은 혁명의 달 아닌가. _2004.04.06.

슬금슬금 활개치는 공안세력

_노 대통령과 강 법무장관에 묻는다

민주공화국. 대한민국 헌법의 '뿌리'이다. 헌법 들머리에 시퍼렇게 살아 있다. 군사독재도 물러가고 김영삼·김대중에 이어 노무현 정권이 들어섰다. 하지만 무슨 까닭일까. 과연 이 땅이 민주공화국인지 끊임없이 되묻게 되는 까닭은.

헌법이 부정하는 침략전쟁에 버젓이 군대를 파견하는 나라, 그 또렷한 헌법유린을 대통령과 국회가 앞장서고, 헌법재판소가 '승인'하는 나라. 과연 그 나라가 민주공화국일까.

비단 청년 노동자 김선일이 억울한 죽음을 당해서만이 아니다. '참여정부'의 이름 아래 슬금슬금 공안세력이 활개치고 있어서다.

물론, '슬금슬금'과 '활개치다'는 서로 어감이 다르다. 하지만 보라. 2004년 오늘, 노무현 정권 아래서 슬금슬금 활개치는 저들을. 침묵하는 부자신문들의 우산 아래서 저들이 저지르고 있는 야만을.

2004년 6월 28일 오전 10시 서울지방법원 법정. 21세기 대낮에 '마녀사냥'이 벌어졌다. 서슬 푸른 검찰은 한국청년단체협의회를 서슴없이 '이적단체'로 몰아세웠다. 전상봉 의장에게 '징역 4년에 자격정지 4년'을 비롯해 지도부 모두에게 실형을 구형했다.

한국청년단체협의회 간부들이 연행된 것은 지난 2002년 9월. 노무현 정권이 등장하기 이전이다. '대선 공간'이었기에 의구심은 더했다.

문제는 노무현 정권이 들어서고 강금실 법무장관이 '개혁장관'으로 '인기'를 누리는 오늘, 더구나 4월 총선까지 거쳤음에도, 이 땅의 공안상황은 바뀌지 않았다는 데 있다. 그렇다. 언제까지 우리가 '이미지'에 눈멀 수는 없다.

한국청년단체협의회만이 아니다. 이미 공안당국은 헌법재판소의 탄핵기각 직후 보란 듯이 한국대학총학생회연합(한총련)의 11기 정재욱 의장을 전격 체포했다. 연세대 총학생회장이던 그는 한총련을 맡아 내부 변화에 적극 나섰다. 임기를 마친 뒤 학업에 복귀했다.

하지만 서울경찰청은 한총련 역대 의장 가운데 가장 '온건한 노선'을 걸었던 정 의장마저, 갑작스레 체포하는 야만을 저질렀다. 더구나 체포 당시 정 의장은 대학수업의 하나로 서울 서초구 예술의전당에 갔었다.

그래서다. 올 들어서만 28명을 감옥에 가둔 노 정권에 묻는다. 한총련 해결을 포기했는가. 한총련 변화를 추구했던 11기 의장의 노선마저 '이적'으로 몰아치려는가. 그것도 모자라 한국청년단체협의회까지 이적단체로 규정하려는가. 대체 어쩌자는 것인가. 이 땅의 '청년정신'을 모두 죽일 셈인가.

문제는 이 모두가 국가보안법에 근거한다는 데 있다. 하지만 국가보안법에 대해선 이미 부자신문들마저 개정이 필요하다고 '자세'를 바꾼 상황이다. 그런데도 공안당국은 아무 것도 달라지지 않았다.

공안당국의 활개치는 모습은 고 김선일을 추모하는 대학생들의 '삼보일배 행진'을 저지하는 데서 한결 도드라진다. 서울대의 젊은 벗들은 민주화 교수협의회와 더불어 '파병반대 기자회견'을 연 뒤 삼보일배에 돌입했다.

하지만 경찰의 물리력 앞에 해산당했다. 경찰이 밝힌 이유도 뜬금없다. "단체행동"이기에 집시법 위반이란다. 그렇다면 왜 그동안 언론의 눈길을 끌었던 '삼보일배'는 처벌하지 않았을까. 과연 삼보일배의 추모행사에 집시법의 잣대를 들이밀어도 좋은가. 서울대 총학생회장이 삼보일배에 나선 까닭을 명확히 밝혔기에 더욱 그렇다.

"삼보일배는 명분 없는 전쟁에 협력한 한국 정부를 대신해 이라크 민중과 억울한 죽음을 당한 김선일 씨를 향해 사죄하는 것이다."

그럼에도 경찰은 막무가내였다. 그렇다. 우리 모두 대한민국의 현주소를 냉철히 꿰뚫어 볼 때다. 환상과 착각은 금물이다. 민주주의 기초를 새삼 확인해 보자. 말할 나위 없이 양심의 자유와 표현의 자유 그리고 결사의 자유가 아니던가.

한총련의 변화를 가장 적극적으로 모색했던 11기 의장마저 감옥에 가두고, 청년운동단체까지 이적단체로 몰아세운 데 이어, 김선일에 대한 대학생들의 추모행사까지 가로막는 노 정권을 과연 어떻게 바라보아야 하는가.

그래서다. 진심으로 묻고 싶다. 과연 이 땅이 민주공화국인가. 슬금슬금 활개치는 공안세력을 언제까지 방관할 터인가. '참여정부'는, 노무현 정권은.

_2004.06.29.

미 전폭기 '집결'과 전쟁불감증

_미국 앞에 패배주의 벗어날 때다

"서울 사람들은 현실세계를 모르고 꿈을 꾸고 있다. 전쟁 가능성은 매우 크다."

케네스 퀴노네스. 미국 국무부의 전'북한 담당관' 말이다. 얼마 전 평양을 다녀온 퀴노네스는 미국과 조선민주주의인민공화국 사이에 핵문제를 둘러싼 논의가 '완전 교착상태'에 빠짐에 따라 "충돌 가능성이 커졌다"고 밝혔다.

그런데 어떤가. '매우 큰' 전쟁 가능성 앞에 꿈을 꾸고 있는 '서울 사람들'에게 경고했는데도, 우리 여전히 몽상에 젖어 있지 않은가. 대다수 언론이 묵살한 까닭이다.

설령 보도하더라도 "북 시장경제개혁 중단 …… 국가통제로 회귀"(『조선일보』 2004년 8월 20일자) 따위로 편집하지 않았던가. 공영과 민영을 가릴 틈 없이, 이 땅의 모든 텔레비전은 온통 드라마로 즐겁지 않은가. 올림픽으로 전파를 탕진하고 있지 않은가.

게다가 전쟁 가능성에 코웃음치는 윤똑똑이 '전문가'들로 '광장'은 넘실댄다. 부자신문의 지면을 보라. 가당찮은 '정쟁'에 가세하는 교수들은 넘쳐나지만 정작 위기를 진단하고 대책을 촉구하는 사회과학자는 찾기 힘들다.

현실은 어떤가. 미국은 은밀하게 '스텔스' 전폭기를 이 땅에 불러들인 데 이어 'F-15E전폭기 대대'를 다음 달 안에 배치할 계획이다. '나이트 호크'에 '스트라이크 이글'이 합치는 형국이다. 할리우드 영화가 아니다. 실제상황이다.

대한민국 국토 위에 미국이 자랑하는 '선제공격용 전폭기'—말이 좋아 '선제공격'이지 '침략'의 첨단무기이다—들이 곰비임비 '집결'하고 있다. '나이트 호크'가 그렇듯이 '이글'도 석 달 안팎 이 땅에 머문다. '한반도지형적응훈련'을 벌인단다.

더러는 미군의 움직임이 주한미군을 감축하는 과정에서 '안보공약'을 확인하는 것에 지나지 않는다고 분석한다. 진심이다. 그 분석이 맞기를 바란다. 하지만 맞지 않을 때도 가정해야 하지 않을까.

냉철히 톺아보자. 지금 이 순간 조선민주주의인민공화국이 대한민국을 '선제공격'한다고 믿는 것은 망상이다. 그럴 가능성은 정치적으로도 군사적으로도 없다. 하지만 미국의 선제공격 가능성은 있다. 아니 크다. 미국의 대통령·부통령·국무장관·국방장관·안보보좌관 그 누구도 '가능성'을 부인하지 않고 있다.

그렇다. 영화 〈화씨 9·11〉이 생생하게 보여 주듯이, 조지 부시는 자신의 이해관계를 위해서는 예측하기 어려울 만큼 무모한 인물이다.

물론, 조지 부시가 이 땅에서 저지를 불장난이 필연은 아니다. 하지만 그 가능성은 분명 존재하고, 국무부의 전 '담당관'은 "높다"고 '증언'했다. 정작 나라 밖에서 조국의 앞날 때문에 잠 못 이루는 유학생들이 늘어나고 있는 것도 이 때문이다. 가령 독일 베를린대 박사과정의 윤호병 씨는 편지를 보내 개탄했다.

"가만히 앉아서 전쟁의 화를 기다리는 것이 너무나 답답하고, 나중에 한이 되지는 않을까 하는 마음"이라며 날카로운 질문을 던졌다.

"세상 어느 나라에 이런 한심한 국민들이 있을 수 있나요? 무능한 정부는 한심한 국민이 만드는 것임을 전 요즘 강하게 느끼고 있습니다."

문제는 '한심한 국민'이 아니다. 국민의 알권리를 유린하고 있는 언론이다. 그리고 국가의 '안보'를 책임지고 있는 노무현 정권에 있다.

그래서다. 들머리로 돌아가 퀴노네스의 충고를 노 대통령에게 들려주고 싶다. "전쟁위기 방지와 북핵 해결을 위한 한국 정부의 이니셔티브가 시급하다." 정직하게 우리 자신을 들여다보자. "한국이 어떻게 미국을……" 하는 식의 자세에서 벗어나라는 퀴노네스의 말을 듣기란 부끄러운 일 아닌가. 하지만 부끄러움보다, 아니 그와 비교할 수 없을 만큼 중요한 문제는 조지 부시의 불장난을 막는 일이다.

하여, 대통령에 촉구한다. 레이더에 잡히지 않는 미국의 '침략용 최첨단 전폭기'들이 이 땅에 집결하는 것을 방관하지 말라. 남북 사이의 '민족공조' 의지를 미국 일본이 '오해' 없도록 명확하게 천명하라.

남북정상회담을 서둘러라. 미국에 대한 '패배주의'에서 노 정권은 물론이고 우리 모두 벗어날 때 아닌가. 크게는 우리 겨레, 작게는 자신의 목숨이 걸린 문제 아닌가. _2004.08.21.

보안법 폐지는 '보수'의 과제다

_진보·보수 대결로 호도 말라

국가보안법. 보수와 진보의 '한판'이란다. 부자신문의 부추김이다. 심지어 학자라는 자들까지 거든다. 폐지 주장을 빨갛게 물들이는 작태를 서슴지 않는다. 윤똑똑이들은 부르댄다.

"민주주의를 지키기 위해 국가보안법은 반드시 있어야 한다." 과연 그러한가. 아니다. 정반대다. 민주주의를 지키려면 국가보안법을 '반드시' 없애야 옳다. 누가 뭐래도 민주주의란 사회구성원들의 사상의 자유와 표현의 자유에 밑절미를 둔 까닭이다. 표현의 자유 없는 민주주의는 성립할 수조차 없다. 대한민국은 헌법 제1조에서 민주공화국을 선언하고 있다. 바로 그 점에서 국가보안법 폐지는 진보의 과제가 아니다. 보수세력이 나서야 마땅한 숙제이다.

더러는 남북 대치상황을 든다. 하지만 그 또한 억지다. 한국의 보수적 법조인들이 존경하는 초대 대법원장이 있다. 누구인가. 가인 김병로. 그는 한민당 창당에 깊숙이 관여한 만큼 누구도 그를 진보로 분류하지 않는다. 가인은 1953년 4월에 형법을 제정하는 과정에서 초안을 내놓으며 말했다.

"특수한 법률로 국가보안법 혹은 비상조치법, 이러한 것이 국회에서 임시로 제정하신 줄 안다. 지금 와서는 그러한 다기다난한 것을 다 없애고 이 형법만 가지고 오늘날 우리나라 현실 또는 장래를 전망하면서 능히 우리 형벌법의 목적을 달할 수가 있겠다는 고려를 해 보았다. 지금 국가보안법이 제일 중요한 대상인데, 이 형법과 대조해 검토해 볼 때 형에 가서 다소 경중의 차이가 있을지도 모르나 이 형법 가지고 국가보안법에 의해서 처벌할 대상을 처벌하지 못할 조문은 없지 않는가 하는 그 정도까지 생각했다."

가인의 생각은 분명했다. 실제로 형법 여러 조문에 내란죄와 외환죄, 공안을 해하는 죄를 포괄했다. 하지만 국가보안법은 살아남았다. 그 명분도 차라리 순진했다. "전시의 치안상태 및 국민에게 주는 심리적 영향"이었다. 그랬다. 보수주의자 가인 김병로의 발언이 나온 것은 '전쟁상황'(1953년 4

월)에서다. 자칭 보수주의자들에게 묻고 싶은 것도 이 지점이다. 가인. 그가 진보인가. 더구나 지금이 과연 '전시'인가. 가인이 살았던 시대와 전혀 다르지 않은가.

국가보안법이 없으면 마치 나라가 결딴날 듯 떠드는 자들이 있다. 저들이 반세기 넘도록 초중등교육에 신문과 방송으로 '세뇌'한 결과 적잖은 구성원들도 그렇게 생각한다. 하지만 이제 '여론조작'에 나선 부라퀴들에게 찬찬히 들려주자. 그것은 민주공화국 대한민국에 대한 모독이요, 민주시민에 대한 모욕이다.

더러는 '민주주의론'으로 밀리는 탓인지 '시장경제론'까지 들먹인다. 이 또한 희극이다. 시장경제의 논리를 존중한다면, 당연히 사상도 시장에 맡겨야 하지 않은가. 국가보안법은 민주주의를 부정하는 법만이 아니다. '사상의 시장'을 제한하는 법이다.

그래서다. 과연 이 땅에 참다운 보수는 있는가. 거듭 묻고 싶은 까닭은. 물론 부질없는 질문일지도 모른다. 하지만 '기회' 아닌가. 가인 김병로에서 끊어진 보수세력이 부활을 선언할 수 있는.

그래서다. 저질 연극판을 벌이는 수구정당의 정치모리배들이나 수구언론인, 그리고 그들에 부닐고 있는 '먹물'들은 그렇다고 치자. 열린우리당 안에서도 개정론과 대체입법론 따위가 흘러나오는 것을 어떻게 보아야 할까.

저들이 국가보안법 논쟁을 보수와 진보의 대결로 몰아가는 깜냥은 무엇일까. 케케묵은 악령을 내세워 기득권을 '사수'하고 싶어서다. 국가보안법 폐지론에 빨갛게 색깔을 덧칠할 속셈이다. 하지만 바로 그렇기에 국가보안법은 더더욱 폐지해야 옳다. 정권은 물론이고 국회에 과반의석을 지니고도 그 '보수의 숙제'조차 풀지 못한다면, 참으로 부끄러운 일 아닌가. _2004.08.31.

왜 대법관들은 '용기'가 넘치는가

_'국보법 수호' 판결이 주는 경종

과연 달랐다. 우리의 대법관들은. 그리고 한치도 다르지 않았다. 우리의 부자신문들은.

보라. 사법부가 노골적으로 입법활동에 개입하며 삼권분립의 정신을 훼손했는데도 그것을 나무랄 생각은 전혀 없다. 아니, 되레 '찬가'를 읊는다.

2004년 9월 3일자 『조선일보』는 양면을 펼쳐 통단으로 신문 제목을 달 만큼 흥분했다. 『동아일보』도 1면 머리에 이어 3면 통단 제목을 달았다. 진보논객들을 '상품'으로 '애용'하는 『중앙일보』는 아예 판결문 귀절을 1면 머리로 부각해 편집했다.

그래서다. 아마도 대법관들은 사뭇 가슴이 뻐근했을 터이다. 기실 얼마나 미덥겠는가. '정치적 판결문'을 대대적으로 홍보해 준 저 신문들이. 『한겨레』와 『오마이뉴스』가 비판하더라도 모르쇠하면 그뿐 아닌가. 비록 시민사회와 민주법조인들이 비판하고 나서도 그 정도는 '각오'하지 않았던가.

하지만 과연 그럴까. 아니다. 무릇 언론의 사명 가운데 하나가 기록이라면, 여기 일그러진 우리 시대를 기록한다는 뜻에서 명토박아 둔다. 대법원이 내린 정치적 판결문, 그것은 자신들이 얼마나 무지몽매한 자들인지 폭로한 자기고백에 지나지 않는다.

그랬다. 틀림없이 '무지몽매한 자'라고 썼다. 점잖지 못한 표현이지만 어쩌겠는가. 그것이 그나마 가장 완곡한 표현임을. 차분히 톺아볼 일이다. 아직도 '반국가단체'인 북한의 '무력남침 가능성'이 "항상 열려 있다"고 판결문에 쓰고 있는 대법관들을.

미국의 첨단폭격기들이 줄지어 이 땅에 들어오고, 조지 부시 정권은 "어떤 가능성도 닫아 놓고 있지 않다"며 '선제폭격'을 단 한 번도 부정하지 않은 상황 아닌가.

오늘 이 땅에서 전쟁을 일으킬 가능성은 조선민주주의인민공화국이 아니라 미국에 있음을 우리의 고매한 대법관들만 모르는 걸까. 그 엉뚱한 '판

단'으로 젊은 대학생들을 감옥에 가두는 저들의 용기는 대체 어디에 뿌리를
둔 걸까.

단 하나, 무지가 아닐까. 하여, 저들이 '존경'하는 초대 대법원장이 한국
전쟁 시기에 국보법의 존재에 부정적이었던 사실에도 전혀 아랑곳하지 않
는 걸까.

기실 저들이 누구인가. 남들이 민주화운동에 나설 때, 사법고시를 보겠
다며 법전만 파고든 자들 아닌가. 박정희와 싸우다가 곰비임비 의문의 죽음
을 당할 때 서슴없이 사법 살인을 방조한 자들 아닌가. 젊은 시절 이른바
'금서'는 읽지도 않고, 판사가 된 뒤엔 금서를 읽었다는 이유로 감옥에 가
둔 자들 아닌가.

오늘 이 순간도 저들은 『10기 한총련 정기대의원대회 자료집』을 '소지'
한 대학생을 '이적표현물' 죄로 엄단한다. 무지몽매한 대법관들에게 그들과
비슷한 길을 걸었던 1770년대의 한 윤똑똑이를 소개하고 싶은 까닭도 여기
에 있다.

그의 이름은 말제르브. 프랑스에서 불온서적—한국의 대법관 '표현'으
로는 '이적표현물'—을 뿌리 뽑는 책임자였다. 신문기자였던 로버트 단턴
은 국내에도 소개된 『책과 혁명』에서 말제르브의 내밀한 고백문을 다음과
같이 전한다.

"정부의 공식허가를 받은 책만 읽은 사람은 같은 시대 사람들보다 거의
100년이나 뒤질 것이다."

그렇다. 말제르브의 저 솔직한 발언은 저들이 왜 이적표현물을 색출하
고 벌을 줬는지 단숨에 깨우쳐 준다. 대다수 민중이 "같은 시대 사람들보다
거의 100년이 뒤질 것"을 노려서다. 그 고단한 노력은 결국 물거품이 되었
다. 프랑스혁명이 일어나지 않았던가.

하지만 오늘 이 땅은 어떤가. 말제르브에 비하여 오늘의 대법관들은 어

쩌면 더 불행한 군상일지 모른다. 철저히 금서를 외면하고 '부귀영화'의 길만 걸어온 까닭이다. 그 결과 이미 "같은 시대 사람들보다 거의 100년"은 뒤져 있기 때문이다.

바로 그 점에서 오늘의 대법관들은 젊은 세대에게 경종을 울린다. 마땅히 읽어야 할 책을 멀리하거나 '출세의 길'로만 줄달음칠 때, 그 삶이 설령 '비만'할지언정 역사에 얼마나 큰 죄를 남기는가를, 온 몸으로 '증언'하고 있지 않은가. _2004.09.03.

추기경과 큰스님의 '미소'

_보안법 지키는 '굳은 얼굴'의 아쉬움

"길을 가다 사람들이 '혹시 추기경님 아니신가요?'라고 묻는다. 김수환 추기경은 '그런 말 많이 들었습니다' 하고 미소지으며 지나간다."

『조선일보』 논설위원이 2004년 9월 16일자 신문에서 전한 '혜화동 할아버지' 김 추기경 모습이다. 아름다운 정경이다. 추기경의 미소가 그립기도 하다. 하지만 글을 쓴 논설위원도 지적했듯이 "온유한 노(老)성직자로 살던 추기경이 지난해부터 부쩍 굳은 얼굴로 매스컴에 등장한다."

『조선일보』 논설위원은 이어 필자와 함세웅 신부를 겨눈다. "참여정부의 독선과 아집에 쓴소리를 마다 않는 추기경에게 '민족의 내일에 심각한 걸림돌'이라거나 '시대착오적'이라고 올가미를 씌우려는 세력도 있었다."

2004년 1월에 필자가 추기경의 '친북 우려' 발언을 비판했을 때, 거두절미해 보도한 수법을 반년이 지나 고스란히 재현했다. 까닭은 하나다. 국가보안법을 지키려는 『조선일보』의 논조를 '강화'하기 위해서다.

추기경을 내세운 수구세력의 공세는 끝없이 커져 간다. 그래서다. 추기경의 '국보법폐지 반대발언'을 찬찬히 톺아볼 것을 제안한다. 추기경은 "북한의 체제가 변화하고 있다는 증거는 전혀 없다"면서 "노무현 대통령과 열린우리당은 최근 성명서를 낸 국가원로들을 포함해 국민 대다수가 보안법 폐지에 반대하고 있는 현실을 깊이 감안"할 것을 촉구했다. 박수가 터지자 추기경은 "이 박수소리가 저쪽(청와대 쪽과 여의도 쪽)으로 갔으면 좋겠습니다"라고 발언해 더 큰 박수를 이끌어 냈다.

하지만 조선민주주의인민공화국은 오늘 변하고 있다. 이미 많이 변했다. 남북정상회담 자체가 증거이려니와 금기시하던 '개혁'이라는 말을 스스로 쓰고 있다. 더구나 지금 이 땅에서 전쟁의 짙은 먹구름은 북쪽에서 내려오지 않는다. 정반대다. 태평양을 건너 이미 남쪽에 짙게 깔렸다. 십여 대의 미군 '첨단전폭기'가 전쟁의 먹구름과 함께 지금도 몰려오고 있다.

군 쿠데타에 동조하고 언론자유를 짓밟은 자들까지 포진한 각계인사들을 일러 '국가원로'로 규정하는 추기경의 발언도 납득하기 어렵다.

『조선일보』는 추기경이 2004년 4월 동국대 특강에서 "손석춘『한겨레』 논설위원, 함세웅 신부 등에 대해 '제게 교훈을 주는 말'이라며 '고맙게 생각한다'고 말했다"고 보도한 바 있다.

그날 추기경은 미소도 잃지 않고 '유머'를 섞어 덧붙였다.

"지금까지 너무 칭찬 말씀만 듣고 살아서 은근히 걱정하고 있었습니다. 하느님께 갔을 때 '너는 세상에서 들을 칭찬 다 들었어. 내가 너에게 해 줄 칭찬은 없어'라는 말씀 들을까 봐 말이죠."

그로부터 넉 달이 지났다. 추기경은 다시 어른스러운 '미소'와 '유머'를 잃고 있다. 『조선일보』 표현을 빌리면 "부쩍 굳은 얼굴로 매스컴에 등장"했다.

추기경만이 아니다. 조계종의 법장 총무원장을 보라. "아무리 좋은 것이라도 모든 대중이 부정하면 좋은 것이 못된다"고 국가보안법 폐지반대에 가세했다. 본디 경계를 허물고 해탈의 큰 자유를 가르치는 불문(佛門)의 큰스님 발언으로는 참으로 이해하기 어려운 '법문'이다.

붓다의 말 없는 미소가 얼마나 아름다웠는가 새삼 떠오른다. 불교인권위원회 스님들의 분석처럼 "총무원장 스님의 말씀은 국보법을 폐지하되, 국민의 의견을 충분히 수렴하도록 주문한 것"이라고 풀이해야 옳을까.

하지만 짚을 것은 짚어야 한다. "모든 대중이 부정"한다는 법장 총무원장의 인식은 현실과 동떨어져 있다. 국가보안법 폐지여론이 시나브로 높아가고 있지 않은가.

무릇 종교는 문자 그대로 궁극적 가르침이다. 김 추기경이나 법장 큰스님이 열어온 '거룩함의 영역'을 거론할 자격은 내게 없다. 하지만 그것이 사회현실 영역이라면, 언론인으로서 시시비리를 가리는 게 의무이다. 세속의 영역 아닌가.

거룩한 세계가 아닌 사회현실을 특정 언론에 기대 볼 때, 신이 아닌 한, 붓다가 아닌 한, 누구나 왜곡된 인식을 가질 수밖에 없다.

그래서다. 이해관계에 밑절미를 둔 갈등이 불거지고 억지가 횡행하는 세속의 문제에, 추기경과 큰스님의 '연설'이나 '발언'보다 온유한 '미소'가 그리운 까닭은. _2004.09.16.

조선일보의 섬뜩한 '내전 선동'

_진정 이 나라를 망칠 셈인가

'위기'를 직감해서일까. 『조선일보』가 거꾸로 달려간다. 은퇴한 '논객' 류근일이 다시 고정칼럼을 맡았다. 고백하거니와 놀라운 일이다. 수구세력 모두의 이익을 위해서라면, 비록 한낱 '선동꾼'에 지나지 않을지언정 자신의 '논객'에게 아낌없이 지면을 주고 있지 않은가. 저 『조선일보』의 '단결력'은 그만큼 지킬 게 많아서일까. 아니면, 그들이 진보세력보다 더 '전투적'이어서일까.

다시 '류근일 칼럼'의 문패를 단 그의 각오는 사뭇 비장하다. "언론의 길에서 비켜 서 있었던 1년 7개월 만에 다시 본 오늘의 현주소는 우리를 분기탱천하게 하고 있다."

분기탱천한 그는 선언한다. "이대로 가면 망할 수도 있다." 곧장 '내전'을 살천스레 부추긴다. "나라를 '조선로동당 통일전선부' 산하로 격하·편입시키려는 좌파통일전선의 입장에서 보면 그래서 지금이야말로 50년 만에 거머쥔 혁명의 호기"란다.

과연 그러한가. 지금 이 나라를 '조선로동당 통일전선부 산하로 편입'시키려는 사람이 대체 누구인가. 과문한 탓일까. 내게는 그런 움직임이 전혀 들리지 않는다. 그런 사람도 보이지 않는다. 그런데도 그는 전제한 뒤 다짜고짜 '협박'한다.

"이 땅에 숙청의 회오리가 휘몰아칠 것이고 인민재판식 서슬이 판을 칠 것이다."

그렇다. 바로 이것이 류근일의 현실 인식이다. 얼마나 황당한가. 얼마나 자극적이고 감정적 선동인가. 차라리 치졸스럽다고 넘기고 싶지만, 그는 노골적으로 '전투'를 선동한다.

"세상이 이런데도 대한민국이 적어도 인민공화국보다는 몇백 배 몇천 배 낫다고 생각하는 사람들이 도무지 싸울 생각도, 싸울 채비도, 싸울 실력도, 싸울 노하우도 없는 것 같다. 이래서 우리는 지금 중대한 기로에 처해 있다. 타성과 무기력과 패배의식에 사로잡혀 이대로 그냥 속절없이 떠내려 가느냐, 아니면 심기일전으로 이 내전 상태에서 하나의 힘있는 전투세력으로 거듭나느냐의 갈림길이다."

과연 이래도 되는 걸까. 일본제국주의에 부닐던 반민족세력들이 살아남기 위해 진정한 보수주의자들까지 '빨갱이'로 몬 수법과 너무나 동일하지 않은가. 그때나 지금이나 반민족세력들이 정당성 없는 기득권을 지키려고 터무니없이 좌우갈등을 부추기고 있지 않은가.

차분히 성찰해 볼 일이다. 어떻게 혹세무민의 선동을 언죽번죽 저지를 수 있는 걸까. 나는 그 이유가 단 하나라고 생각한다.

독자에 대한 경멸, 국민을 어리석게 보는 오만 없이 어떻게 거짓말을, 그에 근거한 선동을 활자화할 수 있단 말인가.

실제로 류근일은 『월간조선』 기자와 만난 자리에서 "국민은 바보야"라고 공언했다. 국민에 대한 그의 멸시는 이번 칼럼에도 뚝뚝 묻어난다. "어리벙벙한 구석, '사촌이 땅 사면 배가 아파지는' 성향" 따위를 서슴없이 쓰고 있지 않은가.

그가 함석헌 선생의 경구 '생각하는 국민이라야 산다'를 인용한 것은 더할 나위 없는 희극이다. 무엇보다 서글픈 것은 저 논리도, 깊이도 없는 거짓 선동에 적잖은 사람들이, 심지어 눈 맑은 젊은이들까지 솔깃 귀기울인다는 데 있다.

그래서다. 나는 저 복귀한 수구논객의 '망국위기' 진단에 전적으로 동의한다. 다시 나라가 식민지가 되고 나라가 쪼개지는 위기가 실제로 올 수 있어서다.

물론, 진단은 같되 처방은 전혀 다르다. 아니 정반대다. 민주시민들이 애면글면 열정을 쏟은 결과 이제 비로소 친일의 과거 진상규명 작업을 벌이고 언론개혁입법이 진전되고 있다. 그 상황에 놀라 마치 나라가 망할 듯 내전을 선동하는 저들의 속셈을 이제는 꿰뚫어 볼 때가 되었다.

자신의 구린 이익을 지키기 위해서라면 나라가 결딴나도 좋다는 수구세력의 어두운 영혼에도 진실의 빛을 비춰야 한다.

하여, 저들의 저열한 선동에 우리가 더는 놀아나지 않는다는 것을, 우리가 바보가 아님을, 벅벅이 보여 줄 때다. 그래야 할 까닭도 이제는 절박하다. 참으로 나라가 망할 수 있어서다. 이대로 가면. _2004.09.21.

조선일보·중앙일보는 주체사상이 두려운가

_언론자유를 스스로 짓밟는 언론

언론자유. 자칭 '비판신문'들이 입만 열면 하는 소리다. 언론자유가 위협 받는다며 온 세계에 아우성이다. 언제부터 그들이 언론자유를 외쳤는지는 따지지 말자. 하지만 적어도 그들의 언론자유론이 얼마나 거짓인가는 짚어 둘 필요가 있다.

언론자유의 경전으로 누구나 꼽는 고전이 있다. 존 밀턴이 쓴 『아레오파지티카』이다. 그 책이 고전인 까닭은 다른 데 있지 않다. 사람의 정신까지 '통제'하려는 중세의 질서에 맞서 사상의 자유와 표현의 자유가 왜 중요한가를 올곧게 증언해서다.

"한 권의 책을 두려워하고 한 장의 전단을 무서워하여 자유의 힘을 불신했을 때의 태도로 아직도 우리는 자유와 진실을 불신하고 있다. 진실과 허위가 싸우게 하라. 자유롭고 공개된 싸움에서 진실이 패배하는 것을 본 일이 있는가."

밀턴의 가장 유명한 경구다. 물론, 고전이라고 해서 모든 언론인이 읽은 것은 아니다. 일찍이 마크 트웨인이 꼬집지 않았던가. "고전이란 누구나 읽었으면 하면서도 누구나 읽기 싫어하는 책"이라고.

그래서일까. 한국의 언론을 하릴없이 보노라면, 과연 언론인으로 기초 상식을 갖췄는지 의문이 들지 않을 수 없다. 『조선일보』와 『중앙일보』가 뜬금없이 주체사상을 들고 나왔기 때문이다. 『중앙일보』는 2004년 11월 11일자 1면에 "주체사상 인터넷 공습" 기사를 실은 데 이어 12일자 사설로 '대책'을 촉구했다. "북한의 인터넷 공세는 사상 표현의 자유와는 별개"라고 억지까지 부린다.

『조선일보』 12일자 1면은 공무원노조가 주체사상을 교육했다고 대문짝만하게 보도했다.

"오는 15일 파업을 예고한 전국공무원노조(전공노)가 지난 9월 2일부터 4일까지 일부 조합원을 상대로 실시한 교육내용에 북한의 주체사상이 포함됐다는 지적이 제기됐다. 문제의 내용은 지난 9월 2일부터 충남 아산의 한 콘도에서 개최된 제1기 공무원노동자학교 과목에 들어 있다. 전공노는 당시 교육생이 조합원 85명이라고 밝혔다. 이 학교 교장은 최근 전공노 파업 움직임과 관련 체포영장이 발부된 김영길 전공노 위원장이다."

기사 첫 문장에서 드러나듯이 공무원노조의 파업을 겨냥하고 있다. 기사는 국회 환경노동위원회의 한 입법조사관이 자신의 '홈페이지'에 올린 글을 인용한 것으로, 전국연합 박세길 조직위원장의 강연 원고인 "세상을 바꾸는 철학, 민중이 주인되는 세상을 위해"가 그 실체다.

군사독재시대에 지식인들의 대학 강의나 사회단체 강연을 엿듣고 '분석'한 '그림자'들이 있었다. 정보기관원들이다. '정치장군'들이 쫓겨난 오늘, 그 일을 다름 아닌 언론이 하는 꼴이다. 그것도 자발적이고 서슬마저 시퍼렇다. 정보기관의 조서와 다름없는 다음의 기사를 보라.

"글에서 나오는 '사람 중심의 세계관'은 현재 북한에서 쓰는 단어이고, '변혁적 군중노선'이라는 말은 현재 북한에서 '혁명적 군중노선'으로 사용된다. '민중 중심의 역사관'도 북한에서 말하는 '인민대중이 주인'이라는 이야기와 같다. 글에 나오는 자주성, 창조성, 의식성도 주체사상에서 쓰는 용어다."

기막히지 않은가. 민중 중심의 역사관이나 사람의 자주성과 창조성은 상식이 아닌가. 강연을 한 박세길 위원장은 물론이고 강연을 들은 공무원들이 뜬금없이 바라보는 까닭이다.

『조선일보』와 『중앙일보』의 잇따른 보도에 한나라당은 용춤 추고 나섰다. "전공노 조합원 교육에 주체사상이 포함되다니"라고 흥분한다. 11월 12일자 석간신문 『문화일보』 사설은 아예 '이적'으로 몰아간다.

"북한은 김일성방송대 주체사상 강의를 인터넷으로 전환하면서 대남 체제선전을 강화하고 있는 판이다. 공무원들은 총파업을 벌인다고 온 사회를 흔들어 놓은 것도 모자라 이적성이 농후한 행위까지도 서슴지 않고 있다."

어쩌자는 걸까. 한국 언론은. 존 밀턴의 글이 나온 것은 1644년. 옹근 360년 전이다. 2004년 대한민국이 참담한 까닭이다. 국가보안법이 언론의 자유를 유린하는 법인데도 앞장서서 '사수'하고, 마침내 노조의 교육내용까지 분석해서 올가미를 씌우려는 저들을 보라.

그 붓으로 언죽번죽 '비판신문'과 '언론자유'를 주장하는 저들의 '용기'는 대체 어디에서 나오는 걸까. 무지해서인가. 아니면 극악해서인가. _2004.11.12.

'군사정권의 단물'을 먹은 자들

_그들이 지금 할 일은 무엇인가

"과거사 정리에 이런 사람 끼어들어선 안 된다." 표제가 제법 긴 사설이다. 『조선일보』 2004년 12월 10일자다. 공교롭게도 세계인권선언일에 실렸다. 누구를 이름일까. 의문사진상규명위원회 한상범 위원장이다. 사설에 나타난 이유는 하나다. "말의 내용"과 "말투"가 "상스럽기 그지없다"는 것이다.

어떤 말 때문일까. 사설은 "군사정권에 편승해서 단물을 빨아먹었던 부류들은 (과거사 개혁입법을) 끝까지 반대하겠지만"을 예로 들었다. 한 위원장의 그 말은 의문사규명위가 활동을 끝내고 국민에게 '보고대회'를 하는 자리에서 나왔다. 같은 날 『동아일보』 사설도 한 위원장 발언이 "문제 있다"고 주장했다. 예시한 논거도 같다. "군사정권에 편승해 단물을 빨아먹은 사람들이 개혁을 저지하고 있다"는 발언을 든다.

결론부터 말하자. 무엇이 문제인가. 나는 한 위원장의 그 말에 전적으로 동의한다. 보라. 오늘의 국회가 고스란히 '입증'하고 있지 않은가. 군사독재의 후예들인 한나라당과 그들과 손발 맞춘 '공안 언론'이 사실까지 호도하며 '개혁 저지'에 나서고 있지 않은가. 그것이 아니라면 '단물을 빨아먹은 사람들'이라는 말투가 상스럽다는 뜻인가. 하지만 얼마나 좋은 순 우리말인가. "군사정권과 결탁해 수혜를 누린 지도층"이라 하면 괜찮은가.

치졸함은 여기서 그치지 않는다. 한 위원장이 "간첩 빨치산 출신들을 민주화운동 공헌자로 인정한 데 대한 비판여론"을 "보수우익의 마녀사냥"이라고 호도했다고 주장한다. 하지만 과연 누가 호도하고 있는가. 규명위는 비전향 장기수들이 사상전향제도라는 반민주적 제도에 죽음으로 맞서 저항한 사실을 주목하고, 이를 의문사 규명의 대상에 넣었을 따름이다. 실제로 이 땅에서 사상전향제도가 공식적이나마 사라진 데에는 전향에 맞서 죽어간 사람들의 공이 컸다.

한 위원장은 "의문사위 결정은 설령 공산주의를 믿는 자라 해도 인간으로 처우되는 법의 정신을 존중해야 한다는 것"이라고 친절하게 설명도 했

다. 문제는 그 '법의 정신'이 지닌 민주주의의 깊이를 들여다볼 만한 눈이
『조선일보』,『동아일보』,『중앙일보』에 없다는 데 있다. 그것은 비단 세 신
문의 지적 천박성에 그치지 않는다. 한국 민주주의의 질적 성숙을 끊임없이
가리틀기 때문이다. 결국 2004년 7월『중앙일보』보도로 시작된 "남파간첩
을 민주투사 결정" 식의 감정적 여론몰이는 고문으로 참혹하게 숨진 사태
의 본질을 다시 가렸다. 문제의 핵심은 이들이 '남파간첩'이나 '빨치산'이었
다는 데 있지 않고, 유신체제의 감옥에서 반민주적인 사상전향제도와 맞서
싸우는 과정에서 살해당함으로써 전향제도의 야만성을 여론화하는 데 기
여한 사실에 있음에도 논의가 엉뚱하게 전개된 것이다.

그 결과다. 고문으로 살해했음에도 버젓이 '심장마비'나 '전신쇠약' 따위
로 사망 원인을 기재한 국가기관의 조직적인 '범죄'조차 문제로 제기되지
않았다. 공권력이 저지른 야만적 범죄의 진상이 밝혀짐에 따라 누가 책임져
야 하는가를 추궁해야 할 상황에서, 뜬금없이 "남파간첩이 민주화운동가"
따위의 감정적 선동이 공론장을 지배했다.

그렇다. '군사정권의 단물'을 먹은 사람들이 '단물'을 먹은 사실을 부정
한다고, 엄연한 사실이 가려지는 것은 결코 아니다. 지금 그들이 할 일은 '반
성'이지 '선동'이 아니다. 그럼에도 성찰과 고백으로 거듭날 '기회'를 거부하
고 되술래잡는다면, 어떻게 해야 할까. 저 부자신문이 "상스럽기 그지없다"
는 한 위원장의 말을 덧붙인다. "국민은 개혁을 강 건너 불구경만 할 것이
아니라 '우리의 일'로 해나가야 한다." _2004.12.10.

깨져야 할 두 신화, 미군과 남침

_설날에 생각하는 두 '최면제'

설날이다. 설의 말뿌리는 '사라'와 이어져 있다. 새것을 뜻한다. 나이를 셀 때 쓰는 '살'과 본디 같은 말이었다. '새롭다'는 뜻이 담긴 설은 새로운 날, 새롭게 서는 날이다.

민족의 전통 명절에 굳이 말의 뿌리를 찾는 까닭은 다른 데 있지 않다. 민족 앞에 드리워진 '검은 그림자' 때문이다.

더러는 '전쟁위기'를 과장하지 말라고 한다. 옳은 말이다. 전쟁위기를 부풀려 독재정권을 유지한 게 박정희 아니던가. 하지만 과장이나 호들갑을 떨 까닭은 없되, 위기는 위기로 바르게 인식해야 옳다. 그래야 위기의 현실화를, 우리 삶의 위기를 온전히 벗어날 수 있다.

더러는 6자회담의 '성과'를 들고, 더러는 '2004년 가을의 위기'도 현실화하지 않았다고 반문할 수 있다. 물론, 6자회담이 진행되고 있는 것도 사실이다. 부시 정권이 평화적 해결을 강조하는 것도 사실이다. 하지만 문제는 언제든지 바뀔 수 있는 '표면'에 있는 게 아니다.

평화 해결을 내세울 때마다 언제나 '어떤 가능성도 배제하지 않는다'는 '원칙'을 살천스레 강조하고 있지 않은가. 매파 가운데 매파인 라이스 국무장관은 이미 '폭정의 전초기지'로 규정하지 않았던가. 부시는 '민주주의의 확산'을 부르대지 않았던가.

대화의 희망 못지않게 전쟁의 위기가 엄존하고 있다. 더구나 부시 정권의 본질이 '폭정의 나라'에 미국 체제를 확산하는 제국주의에 있음을 결코 허투루 볼 수 없다.

문제는 우리 사회에 뿌리깊은 두 가지 '신화'에 있다. 하나는 주한미군이다. 주한미군의 존재에 대한 논의는 '성역'이다. 조금이라도 그 문제를 거론하면 '친북'의 딱지가 붙는다. 공론화에 나서야 할 언론이 되레 공론화를 막으며 '마녀사냥'을 벌이기 때문이다.

주한미군의 '신화'와 '최면제'는 또 다른 최면제인 '남침위협'과 맞물려 있다. 미군이 없으면 '북괴의 남침'을 우려하는 목소리는 뜻밖에도 높다. 그래서다. 미군이 세계에서 가장 처음으로 이 땅에 '슈퍼여단'을 만들겠다고 나서는 데도 국민 대다수는 둔감하다.

하지만 차분히 톺아볼 일이다. 남쪽의 국방비는 이미 1975년을 안팎으로 북쪽의 국방비를 앞질렀다. 30년 동안 누적된 차이는 그대로 첨단무기와 군사력의 질로 이어질 수밖에 없다. 군사력의 밑절미인 경제력으로 보면 차이는 더 크다.

한미관계를 연구해 온 사회과학자들이 공동연구해 최근 출간한 『전환기 한미관계의 새판짜기』는 남쪽의 군사력이 북쪽보다 훨씬 우세하다는 사실을 국내외 자료들을 바탕으로 명쾌하게 입증하고 있다.

이철기 교수는 더 나아가 '참여정부'의 '자주국방정책'이 지닌 허구성을 날카롭게 해부한다. 정부가 단순한 양적 비교로 북쪽 군사력을 부풀린 국방부의 논리에 따라 국방예산을 마구 증액하고 있다는 분석은 청와대가 진솔하게 경청해야 할 대목이다.

그렇다. 북쪽의 '남침위협'을 아직도 주장하는 것은, 다른 의도가 있거나 지적 게으름에서 비롯한다. 남쪽의 군사력이 여전히 북쪽보다 열세라고 주장하는 국방부는 더는 침묵해선 안된다. '평화와 통일을 여는 사람들'은 물론이고, 필자도 언제 어디서든지 국방부와 공개토론할 수 있다.

북쪽 군사력이 남쪽보다 열세라면, 미군의 문제는 명확해진다. 더구나 슈퍼여단으로 편성하거나, 평택으로 옮겨 '첨단영구기지'로 만들 아무런 이유가 없다. 부시와 라이스의 제국주의적 성격을 감안하면 더 그렇다. 바로 그들이 이 땅에서 저지를 '전쟁놀음'이 분명히 '확률'로 존재하고 있지 않은가.

주한미군과 '남침위기'의 신화를 이제 깨나가야 할 절박한 까닭이다. 해방 60돌을 맞는 설날. 참으로 다시 서야 할 까닭이다. _2005.02.07.

미국과 '우방'이 되고 싶은 평양

_6자회담 거부성명 냉철히 분석할 때

2005년 2월 10일. 조선민주주의인민공화국 외무성은 성명을 발표했다. 핵무기 보유를 공식선언하고 6자회담 참여를 '무기한 중단'하겠다고 단호하게 밝혔다.

평양이 핵무기 보유를 공식선언함으로써 이른바 '북핵문제'를 둘러싼 갈등은 새 국면에 접어들었다. 미국 조지 부시 정권이 '강경대응'으로 맞받아칠 때, 우리가 살고 있는 이 땅은 자칫 큰 재앙을 맞을 수 있다. 겨레의 내일에 짙은 먹장구름이 깔리는 상황에서 무엇보다 절실한 것은 냉철한 현실분석이다.

문제는 한국의 '주류세력여론'을 형성해 나가는 『조선일보』, 『동아일보』, 『중앙일보』가 민족적 위기상황 앞에서 최소한의 균형도 없이 철저하게 미국의 시각에서 논평하고 있다는 점이다.

2005년 2월 11일자 사설들을 보라. 『조선일보』는 "북, 다시 벼랑에서 핵을 굴리려는가"라는 자극적 제목의 사설에서 다음과 같이 주장한다. "북한은 자신들이 6자회담을 거부하는 것은 미국의 대북적대정책이 여전하기 때문이라고 주장했다. 부시 2기 행정부가 북한 정권을 인정하지 않고 있다는 인식이다. 그러나 부시 대통령은 지난 2일 국정연설에서 북한 정권에 대한 비난을 최대한 자제하면서 북핵문제를 외교적 방법으로 해결할 뜻임을 밝혔다."

『동아일보』도 사설("북 '핵보유 대화 거부' 최악의 선택이다")에서 "북한은 핵보유를 선언하면서 대화를 거부하는 이중의 도발을 했다"며 미국을 옹호했다. "부시 2기 행정부가 '북한과 공존하지 않겠다는 것을 정책화했다'는 주장도 납득하기 어렵다. 지난 주 조지 부시 미국 대통령의 국정연설 이후 전 세계가 내린 결론은 '부시 대통령이 북한을 자극하지 않기 위해 절제했다'는 것이었다."

사실은 어떤가. 두 신문의 주장은 지나치게 표면적이고 편파적이다. 재선된 부시의 새 국무장관 콘돌리자 라이스는 국회 청문회 과정에서 평양을 "폭정의 전초기지"라며 '체제변형'에 나설 것을 강력히 시사했다. "민주주의 확산이 미국의 의무"라는 라이스의 주장은 곧바로 부시의 취임연설에서 수십 차례나 강조됐다.

그렇다. '친북이나 반북' 따위의 단순논리로 상황을 바라볼 때가 아니다. 무엇이 옳고 그른지 차분히 톺아보아야 옳다. 이미 드러난 사실만으로 자문해 보라. 미국과 조선민주주의인민공화국. 두 나라 가운데 '대화를 하면서 전복을 꾀하는 이중전술'을 누가 썼는가. 게다가 미국은 이미 조선민주주의인민공화국의 내부 붕괴를 노리는 법안을 국회에서 통과시켰고, 대한민국에 주둔하고 있는 미군을 갈수록 첨단무기로 무장하고 있다.

더 심각한 문제는 한국 언론의 부시 옹호가 국내 기득권세력들의 여론 형성에 그치지 않는다는 데 있다. 미대사관이나 국무부가 한국 언론의 논조를 분석하며 한국의 여론을 '오판'할 수 있기 때문이다.

심지어 '사주'가 주미대사로 간 『중앙일보』는 사설("북, 또다시 벼랑끝 전술인가")에서 "북한이 이런 식으로 국제사회의 일치된 요구에 역행하는 길을 택한다면 그 끝은 엄청난 비극으로 이어질 수밖에 없다. 스스로 묘혈을 파는 행위나 다름없다"면서 "한미일을 포함해 어느 국가도 북한의 이런 위협에 굴복하지 않을 것임은 명백하다"고 살천스레 주장했다.

그래서다. 문제의 성명을 찬찬히 짚어 볼 필요가 있다. 성명은 미국이 "제도전복을 노리는 적대시정책을 포기하고 조미평화공존에로 정책전환"을 하면 "핵문제도 다 해결할 수 있다는 립장"을 거듭 강조하고 있다.

더구나 "미국이 우리 제도에 대해 시비질하지 않고 우리의 내정에 간섭하지 않는다면 우리도 반미를 하지 않고 우방으로 지낼 것이라는 립장을 명백히 밝히고 핵문제의 해결과 조미관계 개선을 위해 할 수 있는 모든 노력을 기울여 왔다"는 성명은 사태의 본질을 압축적으로 보여 준다.

그렇다. 지금 한국 언론이 할 일은 부시 정권을 일방적으로 편들면서 북쪽에 대해 "묘혈 파는 행위"로 협박할 때가 아니다. '폭압정권'에 '민주주의 확산이 의무'라는 부시 정권의 '이데올로기'가 현 상황을 자초한 것임을 왜 모르쇠하는가. 조선민주주의인민공화국 성명에 대해 라이스 국무장관은 "고립을 더 심화시킬 것"이라고 답했다. 미국 조지 부시 정권은 그렇게 말할 수 있다. 하지만 한국의 언론도 과연 그렇게 말해야 할까. 묻고 싶다. _2005.02.11.

대한민국 '주적'은 평화위협세력

_미 하원 국제관계위원장에 답한다

헨리 하이드. 미국 하원 국제관계위원회 위원장이다. 일리노이주 출신의 16선 의원이다. 그가 미 의회 청문회에서 살천스레 말했다. "(한국이 미국의) 도움이 필요하다면 당신(한국)의 주적(主敵)이 누구인지 분명히 해야 한다."

기실 놀랄 일도 아니다. 미국 하원의 국제관계위원장으로서 얼마든지 할 수 있는 말이다. 공화당에서도 보수파로 분류되기에 더 그렇다. 실제로 하이드는 2002년 12월에 다른 의원들과 방한하기로 했으나 갑자기 취소했다. 주한미군의 장갑차에 깔려 숨진 여중생을 추모하는 촛불시위가 그 '이유'였다.

하지만 미국이 주도하는 이른바 '세계화 시대'의 논리를 따르더라도, 한 국가가 특정국가를 '주적'으로 명문화하기는 옳지 않다. 실제로 거의 모든 나라가 '주적' 개념을 쓰고 있지 않다. 따라서 그가 '주적'을 밝히라고 목청을 돋군 것은 실소를 머금게 하는 내정간섭이 아닐 수 없다.

그런데 생게망게한 일이다. 미국 매파 의원의 비이성적 내정간섭에 되레 맞장구치는 부라퀴들이 있다. 친미사대주의자들이다. 문제는 아주 소수인 그들이 엄청난 여론 확성기를 보유하고 있다는 점이다. 『조선일보』, 『동아일보』, 『중앙일보』가 그것이다. 『조선일보』는 2005년 3월 12일자 사설("'한국의 주적은 누구인가'를 묻는 미국의 목소리")에서 "북한은 6자회담 거부 및 핵보유 선언 후 한 달이 지나도록 눈에 띄는 태도 변화를 보이지 않고 있다"며 "미국은 나름의 핵해결시간표에 따라 한국에 대해 분명한 입장 선택을 요구하고 나설 것"이라고 분석한다. 이어 정부에 "미국 내의 한국 불신론"을 제거하라고 촉구한다.

『중앙일보』도 같은 날 사설("대북 포용책에 대한 미 의회의 강경기류")에서 "정부는 한미공조의 원칙을 분명히 미국 조야에 밝히고 우리가 불필요한 오해를 받지 않도록 대미 외교를 강화해 나가야 한다"고 주문한다. 『동아일보』 사설("한국의 적은 누구냐고 묻는 미국")은 "정부는 한미간 신뢰의 토대가 흔들리지 않도록 좀 더 분명한 입장을 보여야 한다"고 강조한다.

언뜻 보면, '비판신문'이기에 충분히 할 수 있는 주장이라 볼 수도 있다. 하지만 세 신문이 한 목소리로 정부에 촉구하는 내용은 참으로 '위험'하다. 세 신문은 미국의 북침은 물론, 중국과 대만 또는 중국과 미국 사이의 분쟁에 우리가 휘말릴 수 있는 위험성을 눈감는다. "최근 주한미군의 역할 확대, 이른바 전략적 유연성 문제를 둘러싸고 우려하는 목소리가 있으나 분명한 것은 우리의 의지와 관계없이 동북아 분쟁에 휘말리는 일은 없다"는 노무현 대통령의 발언을 되레 공격한다. '사주'가 주미대사인 『중앙일보』의 3월 10일자 사설("미군 유연성, 한미갈등으로 번질 일 아니다")은 "왜 이 시점에 대통령이 이 문제를 공개적으로 거론했는지에 대한 의문"을 제기한다.

과연 그래도 되는 걸까. 스스로 '비판신문'을 자임하는 만큼 얼마든지 노무현 정권을 '비판'할 수 있다. 그들이 언죽번죽 말하듯이 판단도 독자의 몫이다. 하지만 최소한의 국익은 존재한다. 미군의 '전략적 유연성'은 저들에게 '유연'일지 모른다. 하지만 우리에겐 명백히 '경직된 전략'이다. 경직된 유연성으로 참화를 입을 때, 여야의 구분이 어디 있는가. 문제는 세 신문의 논조가 미국 정가와 시민사회에 '한국의 여론'으로 포장된다는 데 있다. 그래서다. 주적이라는 말이 무의미한 시대이지만, 굳이 밝히라면 명토박아 둔다.

우리에게 주적이 있다면, 한반도 평화를 위협하는 호전적 세력이다. 대한민국의 군도 바로 그 전쟁위협세력으로부터 국민의 생명과 평화를 지키기 위해 존재한다. 문제는 지금 이 땅의 평화를 위협하는 세력이 누구인가에 있다. 답은 미국의 16선 의원 헨리 하이드의 '성찰'에 맡긴다. _2005.03.12.

대한민국 안보, 정말 '이상 없음'인가

_국군과 '군 통수권자'에 묻는다

"국군은 국가의 안전보장과 국토방위의 신성한 의무를 수행함을 사명으로 하며, 그 정치적 중립성은 준수된다."

대한민국 헌법 제5조 2항이다. 그래서다. 곧장 묻는다. 과연 오늘 국군은, 그리고 국방부는 국가안보의 '신성한 의무'를 옳게 수행하고 있는가.

오해 없기 바란다. 어느 '선동적 언론인'의 표현을 빌리면, 필자는 군을 모독할 생각이 전혀 없다. 오히려 정반대다. '재향군인'의 한 사람으로서, 국가안보를 우려하는 충정으로 던지는 질문이다.

국군도 알고 있지 않은가. 한국에 온 콘돌리자 라이스 미 국무장관이 오자마자 찾은 곳을. 그가 한국에 내린 뒤 곧장 주한미군 블랙호크 헬기를 타고 지하벙커로 간 사실은 간단히 넘길 문제가 아니다. 한국의 '군 최고통수권자'인 대통령을 일요일에 만나는 일정도 문제이지만, 국방장관도 아닌 국무장관이 방문국의 미군 군사시설, 그것도 전쟁지휘소로 달려간 것은 '외교적 관례'에 어긋난다.

실제로 라이스의 보좌진들은 의도를 노골적으로 드러냈다. "북한이 6자회담에 계속해서 불참하고 있는 데 대해 미국 정부의 인내심이 바닥나고 있음을 분명히 보여 주는 것이다." 미국 언론도 맞장구쳤다. '유사' 시 군사력을 동원해 북핵문제를 해결하겠다는 의지를 강력히 시사한 것으로 분석했다.

라이스가 찾은 지하벙커는 전쟁 발발 때 '지휘소'로 이용되는 한미연합사령부의 지휘통제소다. 라이스가 방문했을 때 그곳에선 한미군사훈련에 따라 '전쟁 게임(War Game)'이 실시되고 있었다. 그래서다. 거듭 묻고 싶다. 국가안보에 이상은 없는가.

"이상 무"라고 답한다면 다시 묻는다. 그렇다면 왜 지금 이 시점에 국군은 한미군사훈련에 참여하고 있는가. 북쪽의 남쪽 선제공격 가능성이 과연 있는가. 아니잖은가.

평양의 『로동신문』 보도(2005년 3월 22일자)를 보라. "언제, 어느 시각에 핵전쟁이 터질지 모르는 긴박한 정세가 조성되고 있다." 북침 가능성을 심각하게 우려하고 있다. 『로동신문』은 "미국의 속셈은 군사력으로 우리 공화국을 압살하려는 것"이라며 "그를 위한 침략계획도, 기동력과 타격력을 겸비한 방대한 침략무력도 준비돼 있으며 각종 전쟁연습으로 전쟁준비도 완비상태에 있다. 남은 것은 반 공화국 침략구실뿐"이라고 주장했다.

물론, 그 주장을 곧이곧대로 믿고 싶지는 않다. 하지만 보라. 실제로 남쪽에서 대규모 한미군사훈련이 한창 벌어지고 있지 않은가. 항공모함 키티호크와 첨단무기로 무장한 스트라이커 부대도 투입되었다. 심지어 공격형 핵잠수함까지 버젓이 이 땅에 들어왔다. 단순히 '연례행사'로만 볼 수 없는 이유들이다.

그동안 성역으로 여겨 왔지만, 언론인으로서 분명히 묻는다. 왜 지금 미군은 이 땅에서 대규모 군사훈련을 벌이고 있는가. 그리고 왜 국군은 그 훈련에 참여하고 있는가.

친미와 반미, 친북과 반북의 이념 문제가 결코 아니다. 대한민국 안보를 결정적으로 위협할 '전쟁 가능성'이 지금 미국 조지 부시 행정부에 의해 시나브로 높아 가는 엄연한 사실의 문제이다.

거듭 강조하지만 대한민국 군에 '주적'이 있다면, 그것은 평화위협세력이다. 그것은 헌법의 명령이다. 주한미군이 '슈퍼여단'과 '미래형사단'에 이어 '동북아기동군'으로 개편되는 상황이다. 대한민국 헌법 제5조 1항을 보라. "대한민국은 국제평화의 유지에 노력하고 침략적 전쟁을 부인한다." 명문화하고 있지 않은가.

그래서다. 재향군인의 한 사람으로서, 그리고 언론인으로서 국방부장관에게 그리고 군통수권자인 대통령에게 정중히 묻는다. 오늘 군은 "국가의 안전보장과 국토방위의 신성한 의무를 수행함을 사명"으로 삼고 있는가. 정녕 대한민국 안보 "이상 없음"인가. _2005.03.23.

해방 60돌, 대안을 세울 때다

_민족과 민중해방의 지울 수 없는 꿈

2005년 8월 15일. 해방 60돌을 맞는 날이다. 더러는 '광복'이 옳다고 한다. 하지만 '빛'은 보이지 않는다. 해방이되 미완이다. 일본제국주의의 전범들이 무조건항복을 선언한 그날, 과연 우리는 분단을 어림이라도 했을까. 옹근 60년이 흐른 오늘도 이 땅에 드리우고 있는 짙은 전쟁의 먹구름을 상상이라도 했을까.

그래서다. 해방 60돌, 아니 분단 60돌을 맞은 오늘, 묻는다. 참담한 마음으로 묻는다. 과연 우리 겨레는, 우리 민중은, 그날 꿈꾸던 나라를 건설했을까. 대한민국과 조선민주주의인민공화국. 두 나라는 오늘 구제금융체제로 상징되는 신자유주의와 북미 핵갈등으로 침략당할 위협에 각각 시달리고 있다.

그렇다. 해방 60돌을 맞지만 우리는 민족위기를 벗어나지 못했다. 필연은 아니나 자칫 전쟁이 엄습할 가능성이 상존하고 있다. 적어도 미국 조지 부시 정권 안에는 이 땅에서 침략전쟁을 일으킬 작전계획이 문서화돼 있다.

그나마 남과 북이 전쟁위기를 공동으로 벗어나려고 노력하는 모습은 희망이다. 8·15 민족대축전 행사에 참가하러 남쪽에 온 북쪽 대표단 30명이 서울 동작동에 있는 국립현충원을 참배한 것은 상징적이다. 수구언론과 수구정객들은 저마다 언구력을 부리지만, 현충원 참배는 북쪽의 역사적 결단이다. 물론, 낙관은 금물이다. 뜻깊은 진전이 곰비임비 이어지고 있지만, 민족위기는 아직 해소되지 않았기 때문이다.

무엇보다 심각한 것은 민족위기가 민중위기와 직결되어 있는 점이다. 북쪽 인민의 경제적 어려움만이 아니다. 남쪽 민중의 살림도 빈곤으로 내몰리고 있다. 노무현 정권 들어 사회적 양극화는 더 심화되고 있다. 그럼에도 저 김대환 노동부장관의 긴급조정권 발동에서 볼 수 있듯이 노동정책은 거꾸로 줄달음질치고 있다. 정경유착에 언론과 검찰까지 가세하는 '삼성공화국'의 풍경은 또 어떤가.

과연 이 상황에서 통일이 가능할까. 아니다. 남과 북 두루 거듭나야 옳다. 북은 2002년 7월 1일 경제관리개선조치 뒤 정책변화가 또렷하게 나타나고 있다. 미국과 국교를 수립하며 관계정상화를 이룬다면, 그 변화는 한결 의미 있는 결실을 맺을 게 분명하다.

남쪽도 변화는 많았다. 하지만 뒤죽박죽이다. 노무현 정권이나 열린우리당에선 어떤 철학도 어떤 정책다운 정책도 보이지 않는다. 잘하라고 비판을 하면 대통령부터 나서서 대안이 무엇이냐고 외려 으름장이다.

그래서다. 해방 60돌을 맞는 오늘 옷깃을 여미며 제안한다. 민주화와 민중해방운동에 나섰던 모든 사람들이 힘을 모아야 한다. 이미 적잖은 사람들이 민주당과 열린우리당, 심지어 한나라당에 들어간 것을 모르지 않는다. 하지만 참으로 민주주의와 민중해방의 열정을 간직한 수많은 사람들이 지금 이 순간 곳곳에 흩어져 있다.

노 정권의 행보에 절망감과 무력감을 느끼고 있다. 바로 그 사람들이 소통해야 한다. 민주노동당이 제3당으로 존재하고 있음을 모르지 않는다. 하지만 진보의 원칙은 더 깊되 틀은 더 넓어야 한다. 이 땅에서 살아가며 물질적 고통은 물론, 정신적 고통을 받고 있는 대다수 유권자에게 새로운 세상이 가능하다는 확신을 줄 수 있어야 한다.

민족과 민중해방의 꿈이 조금이라도 가슴 한 켠을 저리게 하는 모든 사람이 공감한다면 길은 열리게 마련이다. 많은 사람들이 걸어가면 그게 곧 길이 된다하지 않던가.

왜 힘을 모아야 하는가. 간명하다. 한나라당은 말할 나위 없고 열린우리당도 민족위기와 민중위기를 미덥게 풀어 나갈 전망이 보이지 않아서다. 살천스레 민중을 억압하는 정치를 하면서 대안이 없는 비판은 하지 말라고 되술래잡는 저들에게 언제까지 속을 수 없다.

그렇다. 대안은 있다. 다만 조직화하지 못했고 실천 가능한 정책으로 다듬을 연구가 부족할 따름이다. 하지만 힘을 모은다면, 과학적이고 실천 가능한 정책대안도 얼마든지 마련할 수 있다.

　더는 비판에 머물 일이 아니다. 적극적으로 나설 때다. 대안을 세울 때다. 분단 60돌을 맞는 이 겨레를 위해서, 해방 60돌을 맞은 이 민중을 위해서, 그렇다. _2005.08.15.

맥아더 찬양하는 친미언론의 잇속

_수구언론 칼럼에 나타난 공통점

"무슨 토론이 필요한가."

『중앙일보』가 사설로 내놓은 주장이다. 더글러스 맥아더에 대한 토론은 이미 역사적 평가가 끝났기에 토론할 필요가 없다는 으름장이다. 그러면서도 자신들은 일방적 논평을 그치지 않는다. 감정적 선동으로 충분히 판세를 장악할 수 있다고 판단해서일까. 갈수록 거침없다. 차분히 학술적 평가를 해 보자는 주장에도 "토론할 게 없다"고 일축한 그들이 내놓는 '논리'는 기막히다.

보라. 『조선일보』강천석 논설주간이 쓴 2005년 9월 17일자 기명칼럼("한가윗날 평상 위의 역사가들")과 『동아일보』홍찬식 논설위원이 쓴 16일자 칼럼("맥아더 공격과 역사청산은 닮았다")을. 두 칼럼은 먼저 맥아더 동상 철거론을 원색적이고 자극적으로 폄하한다. 가령 강 주간은 묻는다. "그럼 '6·25는 민족해방전쟁이었다', '미국만 개입하지 않았더라면 전쟁은 한달 내에 끝났을 것이고 사상자는 남북 합쳐 1만 명이 되지 않았을 것이다'라는 요즘의 관제(官製) 역사는 누가 바로잡아야 합니까."

홍 위원은 "맥아더 끌어내리기에 앞장서는 쪽의 전략은 역사를 바로잡자는 명분을 앞세우고 역사를 과장하거나 왜곡해 대중의 감성에 호소하는 것"이라며 "반미와 '자유민주주의 부정'이라는 특정한 목표를 달성하기 위한 '정치운동'이 그 본질"이라고 규정한다. 과연 누가 본질을 왜곡해 감성에 호소하는 걸까.

더 황당한 사실은 두 논객의 '과녁'이다. 모두 '과거사 진상조사'를 겨눈다. 강 주간은 "정부가 만든 과거사진상조사위원회의 역사가—사실 그들은 운동가이지 역사가가 아닙니다—에게" 한국 현대사를 바로 세워 달라고 맡겼다며 '분노'한다.

홍 위원도 '맥아더 공격'이 역사청산과 닮았단다. "최근의 '역사청산'에도 같은 함정이 있다. '바른 역사'를 강조하는 명분에는 아무도 이의를 달

수 없다. 문제는 역사를 잘 모르는 사람을 앞에 놓고 역사적 근거를 짜깁기
하고 자료를 들이대면 역사는 얼마든지 재단될 수 있다는 점이다. 학술적
차원이 아닌 정치적 성격을 띠고 있는 것도 흡사하다."

『조선일보』와 『동아일보』의 두 칼럼은 결국 과거사 진상조사작업을 부
정하고 있다. 하지만 과거사 청산은 지금 정권이 하는 게 아니다. 국회에서
제정된 법적 절차에 따라 이뤄지고 있다. 『조선일보』와 『동아일보』처럼 친
일의 과거를 가진 언론사가 스스로 과오를 인정하지 않는 한 진상규명은 반
드시 필요하다.

두 신문과 달리 창간이 늦었기에 친일의 과거가 없는 『중앙일보』의 논
설위원은 맥아더를 엉뚱하게 삼성과 연결짓는다. 정진홍 위원은 2005년 9
월 13일자 칼럼 "맥아더와 삼성"에서 "이 나라를 송두리째 끝장내려는 분
명한 의도를 가진 세력이 엄존하고 있음을 실증하는 두 가지 사례가 맥아더
동상 철거와 삼성 때리기"라고 주장한 뒤 쓴다. "삼성을 때리는 이유 역시
간단하다. 평균주의와 획일화에 맞서 초일류를 지향하며 쭉쭉 잘 나가기 때
문이다. 그리고 그것이 대한민국의 생존 바탕을 이루기 때문이다."

참으로 가관 아닌가. 이들은 맥아더 논쟁을 감정적이고 자극적으로 요
약한 뒤 각각 자신이 쓴 신문사의 '사주'와 관련된 현안들을 섞는다.

맥아더 동상 사수나 옹호가 어느새 '과거청산'에 반대하고 삼성을 옹호하
는 논리로 둔갑하고 있다. 그 칼럼을 『조선일보』, 『동아일보』, 『중앙일보』
사주들은 어떻게 읽었을까. 그들의 기름진 얼굴이 떠오르지 않는가.

그래서다. 새삼, 개탄스럽다. 어쩌다가 한국 저널리즘이 이 지경까지 타
락했는가. 그렇다. "무슨 토론이 필요한가." _2005.09.19.

김정일 총비서에게 **띄우는 편지**

_60돌 맞은 조선로동당의 과제

조선로동당 김정일 총비서께.

안녕하십니까.

2005년 10월 10일, 조선로동당 창당 60돌을 맞았습니다. 고 김일성 주석이 옹근 60년 전 평양 인민 앞에서 한 저 유명한 연설을 되새겨 봅니다.

"돈 있는 자는 돈으로, 지식 있는 자는 지식으로, 노력(노동력)을 가진 자는 노력으로, 참으로 나라를 사랑하고 민주를 사랑하는 전 민족이 완전히 대동단결하여 민주주의 자주독립국가를 건설합시다."

그로부터 60년이 흐른 오늘, 대한민국의 한 언론노동자로서 편지를 띄우기까지 많이 망설였습니다. 북과 남에서 두루 환영받지 못할 수 있기 때문입니다.

하지만 쓰고 있습니다. 까닭은 하나입니다. 겨레가 세운 또 다른 조국인 조선민주주의인민공화국을 조선로동당이 그리고 김정일 총비서가 지도하고 있습니다.

북의 인민은 아니지만, 아니 바로 그렇기에 김 총비서가 공화국에선 들을 수 없는 말을 할 수 있을 터입니다. 이 편지는 민족언론과 민중언론의 길을 줄곧 추구해 온 언론 활동의 연장입니다.

본론으로 들어가겠습니다. 먼저 미국의 '선제 핵공격' 위협이 컸음에도 당당하게 맞선 조선로동당의 자주적 외교에 박수를 보냅니다. 미국은 결국 침략하지 않고 관계정상화에 나서겠다고 약속했습니다.

물론, 조미수교까지 넘어야 할 산이 아직 많음을, 미국이 언제든 또 다른 문제를 들고 나올 가능성을 모를 만큼 순진하진 않습니다. 그러나 6자회담의 성과는 분명합니다.

다자간 합의이기에 미국 또한 과거 제네바합의처럼 백지로 돌리기는 어렵습니다. 어찌 보면 '제 꾀에 제가 넘어간 셈'입니다. 바로 그럴수록 조선로동당 또한 '핵문제'의 온전한 해결에 유연할 필요가 있습니다.

아울러 인민의 삶을 개선하는 데 당의 역량을 집중해야 합니다. 인민이 굶어죽은 '고난의 행군'을 되풀이할 수는 없는 일 아닙니까.

2002년 7·1경제관리개선조처로 '조선식 개혁'에 나선 사실을 모르지 않습니다. 하지만 부족합니다. 김 총비서가 누구보다 잘 알듯이 조선로동당의 이념인 주체사상은 인민의 자주성과 창조성을 강조합니다.

현실은 어떻습니까. 김 총비서는 공화국에서만 살아 왔기에 미처 모를 수 있습니다. 하지만 김 총비서를 향한 과도한 '충성체제'는 인민의 자주적이고 창조적인 역량을 결집해 나가는 데 걸림돌이 될 수밖에 없습니다. 아래로부터 올라오는 인민의 자발적 의지와 슬기를 모아 나가야 '조선식 개혁'이 성공할 수 있습니다.

통일을 위해서라도 조선로동당의 변화가 필요합니다. 오늘의 대한민국이 북쪽 사람 대다수에게 그렇듯이, 오늘의 조선민주주의인민공화국은 남쪽 사람 대다수에게 결코 내일의 통일조국이 될 수 없습니다. 기실 바로 그것이 6·15남북공동선언의 정신 아니겠습니까.

"남측의 연합제와 북측의 낮은 단계의 연방제"가 통일의 방향이기에, 북을 인정하지 않는 남쪽 수구세력의 변화가 절박합니다. 동시에 북도 변화가 절실합니다.

김일성 주석은 60년 전 평양 연설에서 강조했습니다. "어떠한 당파나 개인만으로 이 위대한 사명을 완수할 수는 없다."

그 연장선에서 우리 민족해방운동이나 사회주의운동에 다른 정파나 다른 개인의 활동도 인정해야 옳습니다. 그것은 북과 남이 하나로 거듭나는 길이기도 합니다.

조선로동당이 거듭나는 바로 그만큼, 통일은 더 가깝습니다.

김 총비서도 이미 "과거에 해 왔던 길을 그대로 답습해서는 안 된다"고 강조하지 않았습니까? "미리 만들어진 생각에 구속돼 있거나 오래되고 시기가 지난 개념에 매달리는" 대신, 대담한 전환이 필요하다는 데 동의합니다.

참으로 나라를 사랑하고 민주를 사랑하는 온 겨레가 대동단결하여 자주 통일국가를 세울 과제는 옹근 60년이 흐른 오늘에도 우리 모두에게 미완의 사명으로 남아 있습니다. 김 총비서의 '통큰 결단'을 기대합니다. _2005.10.10.

삼류언론의 얼치기 논설주간

_제발 사실확인부터 하라

"하루 빨리 삼류와 얼치기들을 몰아내야 대학이 바로 서고 나라가 바로 설수 있다."『조선일보』 2005년 10월 15일자 사설의 결론이다. 제목은 "튀어서 눈길 끌려는 대학가의 강정구 무리"다. 사설 제목에서 '튀어서 눈길 끌려는' 논설위원실의 의도가 엿보인다. 하지만 넘어가자. 문제의 핵심은 단순히 튀어서 눈길 끄는 데 있지 않다.

먼저 새삼 확인할 상식이 있다. 언론의 상식, 저널리즘의 'ABC'다. 무엇일까. 사실확인 또는 정확성이다.『조선일보』 사설이 "역사와 현실에 대한 최소한의 객관성도 없는 튀는 주장으로 제2, 제3의 '강정구'가 돼 시선을 끌어 보겠다는 천박한 소영웅주의의 구린 냄새가 풍길 뿐"이라고 험악한 인신공격을 한 상대는 동국대 장시기 교수다. 장 교수가 민주화를 위한 전국교수협의회 홈페이지에 실은 글 때문이다.

『조선일보』는 장 교수의 글을 10월 14일자 1면과 A5면에 기사화했다. 기사 제목은 "장시기 동국대 교수 '제2의 강정구'? '김일성은 위대한 지도자' 주장"이다. 하지만 이 기사는 글쓴이의 전체 맥락을 무시한 전형적인 왜곡보도다. '최소한의 객관성'도 없다. 그것이 취재기자의 잘못인지 '데스크'의 왜곡인지는 중요하지 않다.『조선일보』가 1면에 부각해 보도하고, 사설로 살천스레 비난하며 여론몰이에 나선 '사실'에 주목해야 한다.

보라. 당장 한나라당이 자극적 논평을 내놓았다. "김일성 때문에 대접 받고 사는 사람들이 어찌 장시기 교수뿐이겠느냐"며 "강정구 교수 감옥 가는 것을 사력 다해 비호하는 사람들"은 "대한민국 국민으로부터 대접 받을 생각을 포기하는 사람들"이라고 주장했다. 섬뜩하다.

『중앙일보』도 같은 날 "다음에는 북한체제를 지지할 참인가" 사설을 내보냈다.『동아일보』도 "부활하는 김일성"이라는 한 논설위원의 칼럼을 실었다. 세 신문과 한나라당의 닮은 꼴은 여기서 그치지 않는다. 김종빈 검찰총장의 사퇴를 개탄한다. 하지만 장시기 교수의 글은 "부활하는 김일성"과 아무런 관련이 없다. 아니 오히려 김일성은 '근대적 지도자'일 뿐임을, 그리고 앞으로 현대적 지도자가 절실하다는 논지를 펴고 있다. 김일성은 "위대한 근대적 지도자"라는 분석은 그 논리전개과정에서 쓴 말이다.

『조선일보』사설은 "교수가 말하고 쓰는 거라 해서 무조건 학문과 사상의 영역이라고 우기는 것은 궤변"이라고 주장했다. 『중앙일보』사설은 더 나아간다. "대학교수의 주장이라고 해서 모두 학술적인 것은 아니다"라며 "그들의 주장이 연계성을 가진 게 아닌지 점검해 볼 필요도 있다"고 강조한다. 여기서 연계성은 물론, 평양과의 연계다. 우리 시대의 공안당국이 누구인지 극명하게 드러나고 있다.

분명히 짚어 두자. 강정구 교수의 주장은 한국전쟁이 북침으로 시작했다는 평양의 주장을 정면으로 부정하고 있다. 장시기 교수의 글 또한 김일성 주석의 유훈을 중시하는 조선로동당에 따가운 비판의 글이다.

그런데도 보라. 사실관계를 왜곡하며 "친북"으로 몰아세운다. "연계성 조사"까지 주문한다. 과연 이들을 언론인이라 할 수 있는가. 장시기 교수는 논란이 된 글에서 이미 한탄했다. "무식해도 이렇게 무식할 수 있는가?"

사실확인조차 제대로 하지 않고 보도하는 '삼류언론'과 그걸 토대로 '용감'한 주장을 서슴지 않는 '얼치기 논설책임자'들, 바로 그들이 대한민국을 망치는 주범 아닐까. 그래서다. 『조선일보』가 대학에 보낸 욕설을 되돌려준다.

"하루빨리 삼류와 얼치기들을 몰아내야" 언론이 "바로 서고 나라가 바로 설 수 있다."_2005.10.15.

그들의 '인권론'은 진실한가

_목소리 높아 가는 '대북인권공세'

사람을 잡아먹는 악어. 식인 악어다. 서양의 전설이 전하는 특별한 악어가 있다. 이집트 나일강의 악어다. 사람을 잡아먹은 뒤에 그를 위해 눈물을 흘린단다. 그래서다. 악어의 눈물. 그것은 위선, 아니 거짓의 눈물이다. 조선민주주의인민공화국의 '인권'을 들먹이는 윤똑똑이들을 보며 새삼 떠오른 '눈물'이다. 유엔총회가 대북인권결의안을 채택하면서 인권론자들의 눈물은 더 호소력을 지니게 되었다. 보라.

"위태로운 인권상황, 특히 상당수의 어린이가 영양실조로 육체적·정신적 발달에 지장을 받고 있는 데 대해 깊은 우려를 표명한다." 유엔총회가 채택한 '결의'의 일부다. 물론, 유엔의 결의는 어제오늘의 문제가 아니다. 2003년부터 유엔 인권위의 '연례행사'다. 문제는 대북인권결의를 총회가 채택한 데 있다. 나라 안팎에서 '인권론자'들의 목소리가 무장 커져갈 게 틀림없다.

당장 6자회담 앞에 짙은 먹구름이 드리웠다. 미국의 호전적 세력에게 '인권'은 얼마나 좋은 명분인가. 그뿐인가. 어김없이 이 땅의 한나라당도 흥분했다. 짝을 이루는 수구언론도 부르댔다. 한나라당은 곧장 선언했다. "대한민국은 인권국가이기를 포기했다." 찬찬히 톺아볼 일이다. 인권결의에 온 세계가 나선 게 결코 아니다. 유럽연합이 제출한 결의안의 표결 결과는 찬성 84표에 반대 22표다. 압도적 표차로 보이지만 기권이 62표다. 반대와 기권을 합치면 찬성표와 같다.

중국만이 아니다. 이집트와 쿠바도 미국과 유럽을 비난하며 강조했다. "정치적 목적을 위해 북한인권문제를 거론하는 것은 명백한 이중잣대(double standard)다."

실제로 그러하지 않은가. 미국이 주도하는 유엔은 지난 시기 친미국가에서 일어난 대량 인권침해에 침묵했다. 중남미에서 일어난 숱한 정치적 학살을 돌아보라. 아니 수백 명을 학살한 이 땅의 '오월'에 유엔은, 아니 미국은 무엇을 했는가. 미국은 되레 학살의 공범 아니었던가.

한나라당 또한 마찬가지다. 인권국가이길 포기했다는 한나라당의 주장은 차라리 연민을 느끼게 한다. 그들 스스로 대한민국의 인권을 유린한 자들 아닌가. 대한민국의 인권을 유린하거나 방조한 자들은 되레 공격한다. "왜 박정희와 싸우며 인권을 주장하던 진보세력이 북의 인권에 침묵하는가?"

유행처럼 '수구좌파'라는 딱지를 살천스레 붙인다. 한나라당과 수구언론은 갈수록 목소리를 높여간다. 하여, 진정으로 묻고 싶다. 바로 그대들이 아니었던가. 남쪽의 인권운동을 펴던 사람들에게 '북과의 연계' 운운하며 탄압하던 자들이. 조금이라도 논리적 판단을 할 수 있다면, 자문하기 바란다. 북쪽의 인권운동을 지금 남쪽에서 편히 살고 있는 그대들이 펴는 게 과연 도움이 되겠는가.

미국의 눈물 또한 위선이다. 진정으로 평양 어린이들 인권이 안타깝다면, 거듭 명토박아 둔다. 미국이 할 일은 따로 있다. 대북 경제제재를 풀고 수교에 나서라. 북핵문제는 그 순간 자연스럽게 해소된다.

현실을 냉철하게 직시할 때다. 인권을 들먹이는 미국의 제국주의세력은, 그리고 그에 용춤 추는 국내 일부 수구세력은 숨기지 않고 있다. 스스로 호전적임을. 저들의 인권론을 '악어의 인권론'으로 규정하는 까닭이다. 실제로 악어는 먹이를 먹을 때 눈물을 흘린다. 눈물샘의 신경과 입을 움직이는 신경이 같아서다. 먹이를 삼키기 좋게 침을 섞는 행위, 그것이 악어의 눈물에 대한 과학적 분석이다. 저 악어의 인권론도 그 연장선에 있지 않을까. 다른 나라를 잡아먹는 악어, 그렇다. 전설이 되어 가는 서양의 특별한 악어, 제국주의 악어다. _2005.11.21.

비전향 장기수 묘역 훼손 유감

_누가 갈등과 증오를 부추기는가

지나간 과거에 연연하지 말자. 수구세력이 늘 즐겨 쓴 수사다. 저들의 구린 과거가 드러날까 두려워서다. 하지만 과거의 재조명은 과거의 문제가 아니다. 미래의 문제다. 과거의 재평가도 미래 지향적이어야 옳다. 그래서다. 반민족 행위를 저질러놓고 언죽번죽 독립운동을 했다든가 '민족지' 타령을 하는 일을 용납해선 안 된다. 외세와 빌붙어 제 겨레를 팔아먹는 부라퀴들이 앞으로도 활개쳐서야 되겠는가. 남북관계를 둘러싼 원칙도 결코 다르지 않다. 미래 지향적이어야 마땅하다. 다만 남과 북은 서로 다른 국가임을 전제할 필요가 있다. 빨치산과 비전향 장기수의 무덤을 파헤친 '북파공작원'의 존재는 여러모로 상징적이다. 북파공작원, 남북대결체제의 '희생양'이었다. 대한민국은 그들의 존재조차 모르쇠했다. 오랜 세월 쌓여온 분노를 이해할 수 있다.

하지만 오늘의 남북관계는 다르다. 더는 대결국면이 아니다. 2000년 6·15 남북공동선언에서 합의되었듯이, 남과 북은 '평화통일'의 길로 들어섰다. 상식이지만 짚어 두자. 상식을 상식으로 이해하지 못하는 윤똑똑이들이 넘쳐 나서다. 평화통일은 상대의 존재를 인정하는 데서 출발한다. 상대를 인정하지 않을 때, 평화통일이란 한낱 허울에 지나지 않는다. 더구나 지금 한반도에서 전쟁을 일으킬 주체가 북이나 남일 가능성은 없다. 노무현 정부와 김정일 정부 두루 그럴 의지가 없다. 만 3년에 이른 한국전쟁과 그 뒤의 오랜 대결국면에서 우리 겨레가 얻은 핏빛 교훈은 무엇인가. 결코 전쟁으로 통일을 이룰 수 없다는 깨달음이다.

그러나 보라. 여전히 상대를 부정하려는 집요한 세력이 있다. 수구정당과 수구언론이 그들이다. 2005년 5월에 조성된 빨치산과 비전향 장기수 묘역의 묘비가 갑작스레 논란을 일으켰다. 『조선일보』를 비롯한 수구신문은 사설과 기사로 살천스레 비난했다. 그 결과다. 마침내 묘역마저 파괴되었다. '불굴의 통일애국투사 묘역'이나 '의사(義士)' 등의 문구가 논란의 대상이 되었다. 물론, 그 문구가 전쟁의 상흔이 남아 있는 사람들에게 자극이 될 수는 있다. 굳이 그런 문구를 묘역 앞에 써놓아야 했는지도 논란이 될 수 있다.

하지만 엄연히 구분할 일이다. 그렇다고 묘역까지 파헤치는 야만이 용인될 수는 없다. 대한민국은 더 이상 과거의 독재국가가 아니다. 민주공화국이다. 묘역에 묻힌 사람들은 인생의 대부분을 감옥에서 보냈다. 더러는 고문으로 살해되기도 했다. 그들을 안장하고 그 앞에 그들이 스스로 자임해온 삶의 지표를 써놓는다고 해서 대한민국이 무너지지 않는다. 강정구 교수의 인터넷신문 기고문으로 마치 나라가 결딴이라도 날듯이 소동을 피웠지만, 어떤가. 대한민국 안보는 이상 없다. 아니 정작 안보 불안은 이 땅 안의 미군에서 비롯되고 있다. 『오마이뉴스』가 보도했듯이 미국은 조선민주주의인민공화국에 선제 핵공격 작전계획을 세운 데 이어 실제 훈련까지 벌인 것으로 드러났다.

그렇다. 지금 대한민국의 안보가 불안하다면, 그 불안은 부시 정권의 위험한 불장난에서 연유한다. 정녕 대한민국의 안녕을 바란다면, 정치와 언론이 비판해야 할 과녁은 바로 미국의 제국주의적 정책이다.

그렇다. 지금 대한민국이 위기라면, 그 위기는 비정규직 노동자와 농민들의 생존권이 위협받는 데서 연유한다. 정녕 대한민국의 위기를 벗어나려면, 정치와 언론이 비판해야 할 과녁은 바로 현 정권의 신자유주의적 정책이다. 그러나 미국의 제국주의적 군사작전이나 민중 생존권은 공론화하지 않는다. 어쩌면 비슷한 운명이었을지 모를 '북파공작원'에 의해 '남파간첩'의 무덤마저 훼손되고 있다. 우리 '마음 속의 38선'을 언제나 증폭하는 자들이 누구인지 찬찬히 톺아볼 때다. _2005.12.06.

2 '검은' 라이스의 '하얀' 제국주의

무엇보다 아직 올 것이 다 오지 않았다는 것을 정녕 모르는가.
분명히 말하자. 조지 부시는 미국의 이익이라도 지킨다.
하지만 노무현은 무엇을 지킬까. 대체 어떤 국익이 있는가.
그래서다. 노무현이 부시보다 더 용서받을 수 없는 까닭은.
참수당한 김선일의 영전에 목놓아 통곡하는 까닭은.
옷깃을 여미며 묻는 까닭은.

누가 '사슴'을 '말'이라 부르는가

_이라크 파병 논란 '국어 상식'으로 마침표 찍을 때

사슴과 말은 다른 동물이다. 실없다고 실소 머금을 일이 아니다. 보라. 사슴을 말이라고 우기는 무리들이 오늘 대한민국에 넘치고 있지 않은가.

이라크 파병을 둘러싼 논란이 그렇다. 새삼 말할 나위 없이 '침략'과 '공격'은 다른 말이다. 느낌부터 그렇지 않은가. '침략'이란 말을 들을 때, 누구나 불의를 떠올리게 마련이다. 비단 어감의 차이가 아니다. 아무 국어사전이나 펼쳐 보라. 두 단어의 관계를 명토박아 가른다. '아무런 정당성이 없는 공격'을 침략으로 풀이한다.

결례를 무릅쓰고 감히 묻는다. 오늘 미국 조지 부시 정권의 이라크 전쟁은 침략인가, 공격인가. 둘 가운데 과연 어떤 것이 사실보도인가.

기실 해답은 이미 나와 있다. 미국의 전쟁 명분, 유일한 정당성은 '이라크군의 대량 살상무기'였다. 하지만 찾았는가. 아니다. 그래서다. 미국 안에서 부시 비판여론이 일고 있다. 미국 밖에선 반전여론이 시나브로 퍼져간다.

분명히 답하자. 침략이다. 하지만 우리 대다수는 '침략'이라고 말하는데 머뭇거린다. 까닭은 하나다. 미국에게 '침략'이란 말을 쓰기가 부담스럽기 때문이다. 바로 그 지점에 '지록위마(指鹿爲馬)'가 있다.

중국 진시황이 숨졌을 때다. 환관 조고는 거짓 조서로 태자 부소를 죽인다. 어린 호해를 황제로 세웠다. 실권을 잡은 조고는 황제에게 사슴을 바치며 서슴없이 '말'이라고 불렀다. 어린 황제는 당연히 신하들에게 묻는다. 사슴 아닌가. 신하들의 답이 어땠을까. 미루어 짐작할 일이다. 사슴이라 말한 신하들은 조고에게 모두 죽었다.

내시 조고. 그는 오늘 이 땅에도 시퍼렇게 살아 있다. 저 '부자신문'들을 보라. 침략을 일러 '공격'이라 부른다. 침략이라 할라치면 서슴없이 색깔을 씌운다. 하지만 냉철할 일이다. 우리 국어사전은 하나다. 진보의 국어사전이 따로 있고, 보수나 수구의 국어사전이 따로 있는 게 아니다. 미국의 이라크 침략을 공격이라 하는 것은 사슴을 말이라 부르는 짓이다.

그까짓 단어 놀음이라고 넘기지 말기 바란다. 침략이 정답이라는 데 동의하는가. 그렇다면 옷깃을 여미며 진지하게 제안한다. 대한민국 헌법을 보라. 제5조 1항이다. "대한민국은 국제평화의 유지에 노력하고 침략적 전쟁을 부인한다." 그렇다. '침략전쟁'도 아니다. '침략적 전쟁'을 부인한다고 못박았다.

거듭 강조하지만 명쾌한 문제이다. 마땅히 대한민국은 이라크 침략전쟁을 부인해야 옳다. 그러나 보라. 되레 침략전쟁에 공화국의 젊은이들을 보내고 있지 않은가.

정직하자. 국어사전을 들고 가장 부드럽게 말하자. 이라크 침략전쟁에 젊은이들을 보내는 모든 사람들은 헌법을 파괴하는 자들이다. 국가보안사범이다.

이 또렷한 진실 앞에 도리질하는 사람들이 있다. 윤똑똑이들이다. 간단한 문제가 아니란다. 복잡하단다. 과연 그러한가. 아니다. 복잡하기는 저 환관 조고 앞에서 사슴을 말이라고 동의했던 숱한 부라퀴들도 마찬가지였다. 얼마나 복잡했겠는가. 부귀영화를 지키려고 사슴을 말이라고 하기까지엔.

우리가 한글을 쓰는 한, 명백한 '침략'이다. 이라크 전쟁에 파병은 옳지 않다. 위헌이다. 진보와 보수의 시각 차이가 아니다. 국어만 바르게 쓰면 단숨에 풀릴 문제이다. 당대의 먹물들이 한문을 과시할 때, 주시경은 한글로 다음과 같이 썼다. "말이 오르면 나라도 오르고 말이 내리면 나라도 내리나니라. 이러하므로 나라마다 그 말에 힘쓰지 아니할 수 없는 바니라."

그렇다. 국어를 사랑하자. 우리말 온전히 쓰자. 침략은 침략이라 부르자. 제국주의는 제국주의로 부르자. 이미 스페인에 이어 온두라스도 병력 철수를 선언했다. 곰비임비 철수하는 그 땅에 왜 대한민국은 군대를 더 보내려는가.

마침 17대 총선은 국회를 바꾸었다. 제3당인 민주노동당은 파병철회를 당론으로 정했다. 그래서다. 열린우리당의 김근태 원내대표에게 당부한다. 숱한 '386의원'들에게 촉구한다. 파병을 철회하겠다는 결기를 세워라.

작게는 그것이 정치인 김근태가, 386의원들이 사는 길이다. 크게는 나라를 나라답게 가꾸는 길이다. 총선은 '장난'으로 치른 게 아니다. 더 이상 사슴을 말이라 부르지 말라. 사슴과 말은 다른 동물이다. _2004.04.21.

벌거벗은 럼스펠드와 잉글랜드

_성고문을 저지른 저들의 알몸을 보라

벌거숭이 왕. 대낮에 말을 타고 활보했다. 하지만 아무도 그에게 벌거숭이라고 소리치지 않았다. 소년만이 진실을 꿰뚫어볼 수 있었다. 벌거숭이라고 소리치며 웃었다. 눈과 맘이 맑아서다.

21세기인 오늘, 이라크인 포로의 벌거벗긴 몸이 온 세계의 신문지면과 방송화면에 나뒹군다. 벌거벗은 이라크 병사의 목을 끈으로 묶어 개처럼 끌고 가는 저 여성을 보라. 린디 잉글랜드 일병. 스물 한 살 된 미군이다.

이라크 병사의 성기에 총질 시늉을 하며 웃는 여군의 당당함은 또 어떤가. 물론, 여군만이 아니다. 미군 남성들은 성고문은 물론이고 학살을 서슴지 않았다는 보도까지 쏟아진다.

그렇다. 저 '아우슈비츠'는 1940년대에 결코 사라지지 않았다. 세계 최첨단의 물질문명 속에 깊숙이 똬리 틀고 있었다.

이슬람 문화를 비웃으며 백인들은 언구럭 부렸다. 검은 장막에 갇힌 이슬람 여성들을 해방시켜야 한다고. 이라크를 침략한 미국의 신보수주의자들(네오콘)도 말했다. 이라크 여성들의 인권을. 하지만 보라. 저 해방의 실체를. 저 인권의 진실을.

저들은 검은 장막만 거둔 게 아니다. 여성 포로들까지 옷을 벗겼다. 몸을 상품화하고 성개방이 마치 성해방인 듯 떠들어댄 백인 문화에 젖어서일까. 벌거벗긴 이슬람 전사들 앞에 젊은 미군들의 웃음은 오만으로 가득하다.

이슬람 문화에서 다른 사람 앞에 몸을 드러내는 일은 금기다. 아마도 미군은 그 사실을 알고 저질렀을 가능성이 높다. 하지만 보라. 오늘 지구촌 곳곳으로 곰비임비 퍼져 가는 저 몸의 수난은 과연 이라크인의 몸인가. 이슬람 문화인가.

아니다, 아니다. 저 학대 받은 몸은, 저 고문 받은 몸에서 우리가 발견하는 것은 미국의 알몸이다. 미국의 제국주의정책을 입안하고 실행에 옮기는 신보수주의자들이다. 바로 그들의 상징, 그들의 얼굴인 도널드 럼스펠드 국방장관의 알몸이다.

럼스펠드, 그는 한국의 유력신문에 의해 "가장 섹시한 인물"로 전면에 걸쳐 사진이 실린 미국 남성이다. 하지만 보라. 그의 알몸이 얼마나 '섹시'한가를.

정직하게 말하자. 그 알몸에 구토가 밀려오지 않는가. 럼스펠드는 파문이 커져 가자 포로 성학대는 "비미국적인 것"이라고 말했다. 과연 그러한가. 할리우드와 플레이보이의 나라, 포르노의 나라가 아메리카 미국 아니던가.

아무런 정당성도 명분도 없이 다른 나라를 침략하는 나라가 미국 아니던가. 그 침략의 야욕은 아직도 배고프지 않던가. 하여, 조선민주주의인민공화국을 겨누며 틈날 때마다 전쟁 협박을 하고 있지 않은가.

그렇다. 벌거벗긴 것은 이라크의 여성이 아니다. '자유의 여신'이다. 보라. 스물 한 살 미국 여성 린디 잉글랜드를. 고교 때 모범생이었고 기상학자가 꿈이었다는 잉글랜드. 그의 변신에 가족과 동창들이 놀라고 있단다. 믿지 못해 사진조작이라고 우긴단다.

바로 그곳에 문제의 핵심이 있다. 대학에서 기상학을 공부할 돈을 마련하려고 군에 입대한 젊은 미국 여성을 누가 저렇게 타락시켰는가. '네오콘'이다. 국방장관 럼스펠드다. 조지 부시 정권이다.

아무런 정당성이 없는 침략전쟁은 미국의 깨끗한 젊은이들마저 타락시켰다. 벌거벗은 잉글랜드가 딱한 까닭이다. 벌거벗은 럼스펠드에게, 벌거벗은 부시에게, 벌거벗은 미국의 '신보수주의자들'에게, 구역질을 느끼는 까닭이다.

그래서다. 21세기 '대명천지'에 저질러진 저 성학대와 고문을 보며 반세기 전 저들이 한국전쟁에서 무슨 일을 저질렀을까 추정하기는 과연 예민한 반응일까. 휴전 뒤에도 쉼 없이 이 땅의 여성들에게 저지른 엽기적 살인들을 떠올리는 것은 과연 기자뿐일까.

아니다. 이라크는 물론이고 우리 또한 더는 저들 앞에 용춤 추거나 피해자가 될 수 없다. 단호하게 선을 긋고 나서야 한다. 대한민국의 파병철회를, 국제사회에 선언해야 옳다.

하여, 촛불을 높이 들어 저 어둠 속에 똬리를 틀고 있는 미국의 치부에 빛을 밝히자. 저 야만의 침략전쟁에, 저 성고문의 전쟁에, 이 땅의 젊은 아들과 맑은 딸을 보낼 수는 정녕 없지 않은가. _2004.05.07.

피로 물든 서울 도심을 상상하라

_노 대통령과 열린우리당에 '경고'한다

아침 7시 30분. 수도 중심가 인파로 붐비는 역에서 폭탄이 터졌다. 지하철로 이어진 출근길은 삽시간에 피범벅이었다. 곧이어 다른 역에서도 터졌다. 피투성이 비명과 절규로 아비규환이었다. 하지만 폭탄은 또 터졌다. 10개가 연이어 폭발하면서 생지옥을 이뤘다.

단숨에 170여 명의 목숨을 앗아 갔다. 사랑하는 가족과 아침인사를 나누고 출근하던 평범한 시민들이었다. 삶을 마감하는 시간조차 갖지 못한 채 피칠갑을 한 주검이 되었다. 그뿐인가. 파편에 맞은 부상자도 600여 명에 이르렀다.

그랬다. 그러나 서울은 아니다. 2004년 3월 11일, 스페인 마드리드에서였다. 가증스럽게도 집권 국민당 정권은 테러의 배후로 바스크 분리주의 무장단체 '조국과 자유'를 지목했다. 하지만 진실은 곧 밝혀졌다.

냉철히 짚어보자. 참극의 책임은 누구에게 있는가. 폭탄을 던진 주체는 이라크 저항세력이었다. 하지만 자폭한 그들이 까닭 없이 폭탄을 던질 리 없다. 그들의 조국에 침략군으로 들어온 스페인에 대한 '응징'이었다.

물론, 스페인이 파병할 때 여론은 압도적으로 반대했었다. 하지만 오만한 국민당 정권은 막무가내였다. 반대여론을 모르쇠하고 파병을 강행했다. 언죽번죽 그들은 국익을 들먹였다.

그렇다. 그 결과다. 마드리드의 출근길이 피로 물든 것은. 그렇다. 그 결과다. 국민당이 곧 이은 총선에서 사회노동당에 정권을 빼앗긴 까닭은.

서울이 마드리드가 아니라고 마음 놓을 때가 아니다. 열린우리당이 총선을 마쳤다고 오만할 때는 더더욱 아니다.

현실을 직시하자. 이라크 저항세력은 이미 파병을 한 미국 동맹국에게 테러를 경고했다. 그런데도 보라. 노무현 정권은 추가파병을 강행할 태세다.

추가파병하면 의도했든 아니든 전투에 말려들 수밖에 없다. 만일 이라크인들을 '자위'든 '오인'이든 사살했다고 가정해 보라. 대한민국군은 이라크인들에게 무엇일까. 바로 '침략군'이 되고 만다.

보라. 미국 조지 부시 정권이 내세운 전쟁 명분은 거짓이었음이 낱낱이 드러났다. 그래서다. 그 전쟁을 주저 없이 '제국주의 침략전쟁'이라고 정의하는 까닭은. 이건 '비판적 시각'이어서가 아니다. 국어사전을 바꾸지 않는 한 가장 온전한 사실보도이다.

이라크 침략의 동기가 민주주의나 대량 살상무기 제거가 아니라 '석유 자원통제'였다는 사실은 미국 안팎에서 여러모로 확인되고 있다. 더구나 침략군이 저지른 성고문과 강간으로 이슬람의 분노는 하늘을 찌르고 있다. 그런데도 노무현 정권은 추가 파병한단다.

2004년 4월 미국이 이라크인을 상대로 실시한 여론조사에서 "미군 및 연합군의 주둔을 반대한다"가 82%로 나타났다. 미군을 '해방군'으로 보는 이슬람 국민은 7%에 지나지 않았다. 주목할 것은 이 여론조사가 '팔루자 학살'이나 이라크 포로 성고문이 아직 불거지기 전에 실시했다는 점이다.

과장할 생각은 없다. 추가파병으로 서울이 피로 물드는 게 필연은 아니다. 하지만 착각은 금물이다. 가능성은 엄존한다. 심사숙고가 마땅하다. 바로 이 글을 읽는 독자들 가운데도 그 테러에 목숨을 잃을 가능성이 있다. 반전집회 참여가 우리에게 절실한 까닭이기도 하다.

아직도 실감이 나지 않는가. 미국의 자타가 공인하는 중동 전문가 바버라 스토바세르 조지타운대 아랍어과 교수의 경고에 귀기울여 보자. 그는 한국의 이라크 추가파병을 우려하며 말했다.

"한국도 스페인처럼 위험해질 것이다."

물론, 추가파병을 말아야 할 더 크고 중요한 이유들이 있다. 인간학이나 윤리학만의 문제가 아니다. 전략적 차원에서도 그렇다. 미군이 이라크에 발 묶여 있는 게 한반도 평화에도 도움이 되기 때문이다.

하지만 그 모든 것을 접어 두자. 다만, 막무가내인 노 대통령과 열린우리당 지도부에 하나만 묻고 싶다. "피로 물든 서울 도심을 상상해 보았는가?"

오해하지 말라. 벅벅이 '책임'지라는 말이 아니다. 죽음 앞에 감히 누가 책임질 수 있단 말인가. 마드리드 출근길의 참혹한 교훈을 경고하는 까닭이다. _2004.06.16.

과연 '올 것'이 온 것인가

_김선일 씨 피랍이 주는 신호

"제발 난 죽고 싶지 않다. 난 살고 싶다."

참수위기에 놓인 대한민국 국민의 절규다.

두려움에 질린 그 호소를 들었을 때 받은 첫 느낌은 결연했다. "올 것이 왔다"였다. 찬찬히 돌아보라. 한국 정부는 2004년 6월 18일 이라크 추가파병을 공식 발표했다. 아랍 방송들이 곧장 주요 뉴스로 보도했다.

알 자지라 방송도 마찬가지다. 다음날 이라크의 최대일간지 『아자만』도 1면에 4단 크기로 편집했다. 특히 이 신문은 "한국군의 파병은 연합군에 세 번째로 많은 병력"임을 보도했다.

이라크 민중이 알 자지라와 『아자만』을 보고 읽으며 어떤 생각을 했는가는 자명하다. 김선일 씨가 파병 공식발표에 앞서 피랍되었으되, 발표 뒤 참수위기에 놓인 상황을 보라. 무장단체 또한 또렷한 '신호'를 보내고 있지 않은가. 파병철회와 한국군 철군을.

그래서다. 올 것이 왔다고 느낀 까닭은. 하지만 아니었다. 조금만 더 성찰해 보아도 충분하다. 거듭 새겨보자. 과연 올 것이 온 것인가.

아니다. 결코 아니다. 두 가지 이유에서다. 첫째, 김선일 씨의 참수위기는 올 것이 온 것처럼 '필연'이 아니다. 얼마든지 그 '올 것'을 막을 수 있지 않았던가. 추가파병을 하면 어떤 일이 벌어질지 이미 수많은 사람들이 예고하지 않았던가.

이미 지난 칼럼 "피로 물든 서울 도심을 상상하라"에서 노무현 대통령과 열린우리당에 경고했듯이, 사태의 책임은 추가파병을 결정한 노무현 정권에 있다. '마드리드 참사'를 거론하며 그 책임이 여론을 무시하고 파병을 결정한 스페인 집권당에 있다는 것을 명백히 지적하지 않았던가. 노 정권이 국민여론에 귀기울여 추가파병을 강행하지 않았다면, 얼마든지 피할 수 있는 사태이다.

하지만 더 심각한 것은 두 번째 이유이다. 올 것이 아직 다 오지 않았기 때문이다. 그렇다. 김선일 씨의 피랍과 참수위기는 '시작'일 따름이다. 피로 물든 마드리드처럼 '피로 물든 서울의 아침'이 얼마든지 가능하다. 보라. 미국의 '9·11 진상조사위원회'는 그 가능성을 실감나게 입증하지 않았던가.

알 카에다는 9·11 때 한국의 미국 시설물을 동시테러하는 방안을 검토했다. 미 진상조사위에 따르면 "태평양을 횡단하는 여객기를 납치해 공중에서 폭파하거나 일본이나 싱가포르 또는 한국 내 미국 목표물에 충돌하는 시나리오를 검토했다." 그 검토의 '프로그램'은 빈 라덴이 묻어 두었을 뿐이다.

심지어 2004년 6월 22일치 신문 사설에서 『조선일보』도 테러의 가능성을 언급했다.

"아무리 치밀한 대책을 마련하더라도 테러를 완전히 막아내기는 어려울지 모른다. 따라서 테러 예방 못지않게 중요한 것은 테러가 일어나고 난 뒤 정부와 국민이 얼마나 성숙한 대응자세를 갖는가 하는 점이다."

참으로 가증스럽지 않은가. 테러 가능성을 언급하며 언죽번죽 '성숙한 대응자세'를 주문하는 저 신문이.

그렇다. 문제는 단순하고 명쾌하다. 김선일 씨의 참수위기는 '신호'이다. 설령 그가 다행히 목숨을 구하더라도 신호는 살아 있다. 그 신호 속에 얼마나 큰 참사가 담겨있을지는 아무도 모른다. 이라크 민중 그리고 우리 민중이 어떤 실천을 해 나가느냐에 달려 있다.

그래서다. 명토박아 둔다. 올 것이 온 게 아니다. 필연이 아니다. 사람의 힘으로 얼마든지 피할 수 있는 '재앙'이다. 역사는 과거를 잊은 민족에게 반드시 보복해 왔다. 그 역사가 '신호'까지 보냈는데도 이를 묵살한다면, 그 책임은 과연 누구에게 있을까.

노무현 정권에게 파병철회를 진지하게 요구하는 까닭이다. 그가, 그리고 저 17대 국회의원들이 거부한다면, 민중의 힘으로 이뤄야 한다. 그것은 김선일 씨의 목숨을 살리기 위해서만이 아니다. 바로 우리 자신을, 우리의 사랑을 위해서다.

그렇다. 바로 이 지점에서 저 눈물의 절규는 우리 자신의 목소리이어야 옳다. "제발 난 죽고 싶지 않다. 난 살고 싶다."_2004.06.22.

통곡, 김선일
_조지 부시와 노무현의 차이

서른 넷. 고 김선일. 영전에 향을 사른다. 고개 숙여 사른다. 속죄의 마음으로 사른다. 향연이 원혼처럼 너울진다. 속절없이 눈물이 흐른다. "살려 달라!" 고인의 절규가 귓전에 생생하다. 그렇다. 붓이란 얼마나 무력한가.

하지만 그래서다. 쓴다. 참혹한 영전 앞에, 피맺힌 유령 앞에 쓴다. 슬픔을 삼키며 쓴다. 두 사람의 이름을. 조지 부시 그리고 노무현. 한 사람은 미국 대통령, 또 한 사람은 한국 대통령. '직업'은 같다. 하지만 두 사람은 다르다. 아니, 적어도 달랐다. 성장환경도 달랐고, 유권자에 '약속'도 달랐다. 하지만 보라. 오늘 두 사람은 '친구'다. 국제무대에 올라 '이중창'을 부른다.

무릇 사람은 누구나 자신을 객관화하기 어렵다. 스스로 미화하기 십상이다. 하물며 '인기'를 의식할 수밖에 없는 정치인은 더 그렇다. 하지만 정치인 자신이나 그 나라 유권자를 위해서도 착각이나 환상은 금물이다.

보라. 영국의 총리마저 국제사회에서 '부시의 푸들'로 불린다. 영국 다음의 대규모 파병나라인 대한민국의 대통령은 앞으로 무엇이라 불릴까.

미루어 짐작할 일이되, 그래도 짚어 보자. 고 김선일의 피맺힌 참수 뒤 조지 부시와 노무현의 논평을. 부시는 언죽번죽 말했다. "나는 아직 노무현 대통령과 대화할 기회를 갖지 못했지만 노 대통령이 자유세계는 이 야만적인 사람들의 잔인한 행위에 의해 협박당할 수 없다는 것을 이해할 것으로 희망한다."

'희망'만으로는 마음이 놓이지 않았을까. 덧붙였다.

"미국은 이 사람들에 의해 협박당하지 않을 것이다. 왜냐하면 우리는 자유와 인권, 인간의 존엄성, 예배할 수 있는 자유, 마음을 얘기할 수 있는 자유를 강력히 믿기 때문이다. 그리고 나는 노 대통령이 그것을 이해하고 있다고 믿는다."

부시의 '희망'과 '믿음'이 나온 뒤다. 노무현도 담화를 내놓았다. "테러는 반인류적 범죄이다. 테러행위를 통해서 얻을 수 있는 것은 아무 것도 없다.

결코 테러를 통해서 목적을 달성하게 해서는 안 된다. 우리는 이런 테러행위를 강력히 규탄하며 국제사회와 함께 단호하게 대처해 나갈 결심임을 밝혀드린다."

그렇다. '아량'이 넓은 사람은 말할 수 있다. 그것은 '국력의 차이'라고. 과연 그럴까. 아니다. 미국 공화당과 한국 열린우리당의 차이가 기실 없을 수도 있다. 하지만 모든 것을 고려하더라도 조지 부시와 노무현은 결정적 차이가 있다.

부시에게 이라크는 국익의 문제이다. 아니, 미국 지배세력의 이익이 또렷하게 걸려 있다. 석유 통제가 그것이다. 그래서다. 부시가 이라크를 제멋대로 '야만'이라 불러도, 수많은 미국인이 숨져가도, 미국에서 여론조작이 일어나는 까닭은.

하지만 노무현에게 이라크는 무엇인가. 대한민국에게 대체 이라크는 어떤 나라인가. 왜 우리가 이라크와 싸워야 하는가. 왜 우리 젊은이가 참수당해야 하는가. 왜 이 땅의 언론은 여론을 조작하는가. 공연히 사태를 호도하지 말기 바란다. 마드리드가 피로 물든 뒤, 총선에서 스페인은 사회노동당으로 정권이 넘어갔다. 곧장 철군했다. 묻고 싶다. 그 뒤 스페인 경제가 무너졌는가. 되레 오늘 이라크에서 한국의 기업들은 어떤 손가락질을 받고 있는가. 무엇보다 아직 올 것이 다 오지 않았다는 것을 정녕 모르는가.

분명히 말하자. 조지 부시는 미국의 이익이라도 지킨다. 하지만 노무현은 무엇을 지킬까. 대체 어떤 국익이 있는가. 그래서다. 노무현이 부시보다 더 용서받을 수 없는 까닭은. 참수당한 김선일의 영전에 목놓아 통곡하는 까닭은. 옷깃을 여미며 묻는 까닭은.

누가 죽였는가. 김선일을. _2004.06.23.

공화국의 밤

_벅벅이 불을 밝히자, 여울여울

밤이다. 캄캄해서일까. 윤똑똑이들이 곰비임비 무대에 오른다. 사뭇 근엄한 목소리다. "이성을 찾자." 살천스레 덧붙인다. "정치적으로 이용 말라." 누구를 이름인가. 고 김선일. 가난 탓에 이라크로 떠나 참혹한 주검으로 돌아왔다. "살고 싶다"는 고인의 절규는, 아니 비명은 2004년을 살아가는 모든 한국인의 귓바퀴에 '문신'으로 새겨졌다. 그래서다. 부아를 가라앉히고 냉철하게 짚어 보자.

김선일은 왜 죽었는가. 칼을 들이댄 자는 이라크 무장세력이다. 허릅숭이들이 '응징'을 주장하는 근거다. 실소로 넘길 일만은 아니다. 철부지의 선동을 방관할 만큼 오늘 한국인은 안전하지 않다. 사실 앞에 겸손하자. 미국 조지 부시 정권의 제국주의 침략전쟁에 노무현 정권이 놀아나지 않았다면, 이 모든 참극은 그저 악몽일 수 있다. 대한민국 30대가 참수당할 까닭이 무엇인가. 시한을 제시하고 파병을 철회하라는 저들의 결연한 최후통첩을 노 정권이 정면으로 곧장 거부하지만 않았더라도 구명협상은 가능했을지 모른다.

하지만 보라. 저 윤똑똑이들을. 테러에 굴복할 수 없다며 짐짓 '용기'와 '고뇌'를 내세운다. 누구인가. 피로 홍건한 무대에 뒤뚱뒤뚱 오른 저들은. 조지 부시 그리고 노 대통령이다. 그 뒤를 열린우리당과 한나라당이 부닐고, 어김없이 부자신문은 추썩거린다. 여기서 부시를 거론할 뜻은 없다. 부시가 '악의 축'을 거론한 2002년 2월, 이미 그에게 '악의 제국'이란 말을 돌려주었기 때문만은 아니다. 부시의 침략전쟁에 용춤 추는 노무현의 책임이 자칫 흐려질 수 있어서다. 김선일의 주검이 발견된 뒤, 그는 부시가 공개적으로 밝힌 '믿음'에서 한치도 벗어나지 않았다. 노 대통령만이 아니다. 입만 벙긋하면 '개혁'을 외치는 열린우리당의 신기남 의장도 부르댔다. "테러리스트 협박에 굴종하여 파병을 철회할 수는 결단코 없다." 참으로 별쭝맞지 않은가. 대체 누가 '협박에 굴종'하여 파병철회를 요구했는가. 이라크 무장단체를 '유괴범' 따위로 비유하는 신기남의 신기한 사고에서 무엇을 더 기대할 수 있는가. 한나라당은 또 어떤가. 추가파병안을 통과시킨 16대 국회의 1당은 누구였던가. 고인의 영전에 언죽번죽 조문하는 박근혜의 모습에서 위선을 읽는 것은 과연 과민반응일까.

더하여 『조선일보』, 『동아일보』, 『중앙일보』까지 굳이 고발해야 할까. 아니다. 다만 저들의 목쉰 노래에 노 정권이 더불어 '합창'하는 현실만 직시하자. 그렇다. 노무현을 사랑하는 사람들도 눈과 귀를 열 때가 되었다. 똑똑히 보라. 저 야합의 몰골을. 환청이 아니다. 저 저주의 합창은. 실제상황이다. 더 늦기 전에 참된 사랑을 실천할 때다.

그렇다. 문제는 누가 정부를, 아니 공화국을 바로 세울 것인가에 있다. 결코 절망할 일이 아니다. 보라. 민중이, 노동자가 일어서고 있지 않은가. 비단 전국 곳곳에서 타오르는 촛불만이 아니다. 정규직·비정규직·예비 노동자들 가슴마다 뜨거운 눈물이, 차가운 촛불이 번져 가고 있다. 이미 민간항공조종사노조로 구성된 항공연대가 '파병수송기' 조종을 거부하겠다고 선언했다. 전국운송하역노조도 학살전쟁을 위한 수송에 단호히 고개 저었다. 금속산업연맹도 오늘 총파업투쟁을 벌이며 '파병철회'를 결의할 예정이다.

그렇다. 한국의 노동자가 지며리 깨어나고 있다. 민주노동당의 국회의원 10명과 민주노총·한국노총이 조직적으로 연대하고, 그 물결이 저 촛불을 든 벗들과 만나야 한다. 촛불과 바다를 이룰 때, 그 때 비로소 노 정권은 파병을 철회할 수 있다. 그 때 비로소 더 큰 참극을 막을 수 있다. 그 때 비로소 이 땅에 평화를 지킬 수 있다.

그래서다. 30대 청년 노동자 김선일, 그를 우리 가슴에 묻자. 고인을 죽인 저들은 노상 노동자를 탄압한 바로 그들 아닌가. 자신의 이익을 '국익'으로 호도하는 저들의 언구럭에 더는 기만당하지 말자. 민중의 힘, 노동자의 힘으로 '나라다운 나라'를 만들어 갈 때다. 이 땅의 주인은 다름 아닌 우리 아닌가. 벅벅이 불을 밝히자. 여울여울, 공화국의 밤을. _2004.06.29.

나는 **조지 부시가 두렵다**

_슬그머니 다가온 전쟁위기

참담한 고백이다. 하지만 솔직히 털어놓으련다. 그렇다. 조지 부시. 미국 대통령인 그가 나는 두렵다.

기실 그가 대통령이 될 때부터 불길했다. 부자신문들은 그의 당선을 환호했지만, 나는 그가 무슨 일을 저지를지 예측하기 어려웠다. 불길한 느낌은 부시가 아프가니스탄을 침략할 때 불안감으로 바뀌었다. 이윽고 그가 이라크를 침략해 바그다드를 불바다로 만들 때 불안은 두려움이 되었다.

그래서다. 가능한 더 많이 글쓸 공간을 만들고 더 자주 강연시간을 마련했다. 미국의 석유자본과 군수산업에 뿌리를 둔 조지 부시 정권의 제국주의 정책을 비판한 까닭도, "피로 물든 서울을 상상하라"고 '선동'한 까닭도 그래서였다. 조지 부시가 두려워서였다.

그리고 2004년 7월을 맞은 오늘, 두려움은 더 커졌다. 보라. 이 땅에 슬그머니 찾아온 미국의 최첨단전폭기 F-117스텔스를.

영어 스텔스(stealth)는 '슬그머니' 또는 '은밀'을 뜻한다. 그것이 '스텔스'인 까닭도 분명하다. 레이더에 포착되지 않도록 만들었기 때문이다. 바로 그렇기에 '나이트 호크'라는 별칭으로 불리는 이 전폭기들은 개전 초에 전쟁상대 국가의 핵심지도부나 군사시설을 폭격하는 데 쓰이는 대표적인 선제공격 무기이다. 천문학적 자금이 투입되었기에 미 공군 전체를 합해도 55대뿐인 첨단무기이다.

바로 그 가공할 전폭기가 이 땅에 왔다. 한 대도 아니고 예닐곱 대도 아니다. 대한민국 국방부 발표에 따르면, ○○대이다. 한국 남부지역에 위치한 ○○기지에 배치돼 2004년 7월 2일부터 전술훈련에 들어 갔다. 몇 대가 오는지 정확히 발표하지 않았으나 일부 언론은 10여 대라고 보도했다. ○○대이므로 최소한 10여 대임은 틀림없다. 미국이 보유한 전체 스텔스전폭기의 20%가 날아온 셈이다. 이 전폭기가 한국에 처음 선보인 것은 1993년 팀스피리트훈련 때였다. 그 뒤에도 가끔 출몰했으나 "○○대"가 온 것은 처음이다.

미국의 일방적 통보로 이 땅에서 '훈련' 하는 전폭기 숫자도 대단히 이례적이거니와, 더욱 의아스러운 것은 앞으로 "수개월간 한반도 작전계획숙지 훈련"을 벌인다는 데 있다.

그래서다. 묻고 싶다. 왜 오늘 스텔스기가 떼지어 이 땅에 왔는가. 왜 "수개월 동안"이나 이 땅의 지형숙지훈련을 벌이는가.

국방부는 말한다. "주한미군병력을 대폭 감축키로 한 상황에서 대규모 무력시위를 통한 북한의 오판 가능성을 사전에 차단하기 위한 의도가 강하다."

거듭 솔직히 고백한다. 그 말을 믿고 싶다. 국방부가 미더워서가 아니다. 조지 부시가 두려워서다.

하지만 현실을 직시할 때다. "북한의 오판 가능성 운운"은 설득력이 없다. 남과 북은 최근 장성급회담에서 이룬 성과가 상징하듯이 시나브로 화해의 길을 걷고 있다.

반면에 조지 부시는 대통령선거를 앞두고 여론조사에서 밀리고 있다. 이라크 침략전쟁의 무모함 때문이다. 그래서다. 만일 조지 부시가 대통령선거에서 패배할 것이 확실한 상황에 부닥친다면, 그가 어떤 '충격적인 일'을 저지를지 모른다. 나라 안팎에서 '10월 위기설'이 거론되는 까닭이다. 스텔스기가 수개월 머무는 것과 맞아떨어진다.

더러는 '과장'이라고 나무랄 터이다. 하지만 설령 작은 가능성이라도 허투루 여길 수 없다. 거레의 명운이 걸린 문제 아닌가. 더구나 조지 부시 그가 누구인가.

이미 미국에는 『부시즘(Bushism)』이라는 책이 출간되어 있다. "논리도 없고 제멋대로이며 입에서 나오는 대로 아무렇게나 말하고 허위와 거짓에 넘치는 폭력적 책략을 정당화하는 조지 부시"의 실제 발언들을 모은 책이다. 바로 그 조지 부시가 낙선위기에 몰릴 때 감행할 수 있는 선거전략 가운데 하나가 이른바 '북핵시설' 폭격이다.

조지 부시가 두려운 까닭이다. 필연은 아니지만 엄존하는 그 가능성 앞에 '낙관'만 일삼는 이 땅의 윤똑똑이들은 더 두렵다.

부시의 불장난을 막을 주체는 이라크 민중과 한국 민중이다. 이라크 민중이 미군의 발목을 잡으면 잡을수록, 한국에서 '반전 촛불'이 타오르면 타오를수록, 부시의 불장난은 그만큼 줄어든다.

그런데 보라. 노무현 정권은, 열린우리당은, 그리고 부자신문들은 거꾸로 이라크 미군을 돕잔다. 추가파병을 '강행'하잔다.

하지만 내친 마당에 마저 고백하고 싶다. 부시보다, 윤똑똑이들보다, 참으로 더 무서운 사람이 있다. 자신 앞에 슬그머니 다가온 전쟁위기에 둔감한 이 땅의 '국민'이다. _2004.07.02.

대한민국 '간판'을 내리는 슬픔
_고 김선일의 절규를 그새 잊었는가

한나라당 대표 박근혜. 그가 '헌법의 수호자'로 나섰다. 딴은 처음이 아니다. 이미 '국가 정체성'을 들먹이지 않았던가. 혼자는 아니었다. 『조선일보』와 『중앙일보』가 추썩이고 『동아일보』가 뒷북쳤다. KBS·MBC·SBS도 중계방송하듯이 주요 '뉴스'로 '전파'했다.

그래서다. 민주공화국 대한민국은 온통 정체성 논란으로 들끓고 있다. 국가적 과제가 산더미처럼 쌓여 있는데도 엉뚱한 정쟁에 사로잡혀 있다. 정쟁의 수준도 차라리 민망스럽다. 도무지 부끄러움이란 모르는 자들이다.

헌정을 총칼로 짓밟은 제 아비를 비판하지 않은 채 언죽번죽 국가 정체성을 거론한다. 종신 집권을 위해 재차 헌정을 유린한 유신체제의 '퍼스트 레이디'가 엄숙하게 말한다. "헌법을 지키는 것은 생명을 지키는 것과 같다." 군부의 쿠데타를, 그리고 '유신'을 찬양한 저 제도언론도 온전히 살아남아 한껏 나팔을 분다. 국가 정체성을 목놓아 부르댄다.

그 결과다. 민주공화국이 실제로 '껍데기'가 되는데도 국가구성원 대다수가 둔감하다. 그 틈을 박정희의 딸은 십분 '활용'한다. "헌법을 지키지 못하면 대한민국이라는 간판을 내려야 한다." 기염을 토한다. 수구신문은 대서특필한다.

희극일까, 비극일까. 야당 대표가 그 말을 한 날, 실제로 노무현 정권은 헌법을 지키지 못했다. 대한민국 헌법이 부정하는 침략전쟁에 참전했다.

물론, 처음은 아니다. 우리가 미국의 침략전쟁에 한패가 되었던 것은. 국제사회에서 미국의 '용병국가'로 손가락질 받은 것은. 하지만 오늘의 상황과 비교할 일이 아니다. 그 때는 군부독재가 지배하던 시기였다. 그래서다. 차라리 오늘이 더 참담한 것은. 붉은 악마의 열정에 이어 촛불이 타오르고 '네티즌'에 힘입어 노무현 정권이 들어서지 않았던가.

하지만 보라. 미국의 '예속국가'임이 명확히 드러나고 있지 않은가. 민주시민들이 달궈진 아스팔트 위에서 단식을 하며 반대를 했는데도, 대통령 노무현은 휴가를 가지 않던가. 한국 정치의 새 장을 열었다는 '노사모'는, 그들의 정열은, 모두 어디로 갔는가.

2004년 8월 3일. 대한민국은 역사에 남을 치욕을 선택했다. 미국의 조지 부시 정권이 저지른 침략전쟁을 거들려고 이 땅의 젊은이들이 떠났다. '죽음의 땅'으로 가는 장병들 '환송식'도 몰래 열었다. 전투병 파병을 시작하는 날도, '보안'을 내세워 국민에게 쉬쉬했다. 헌법이 자신의 사상이라고 언죽번죽 밝힌 대통령은 '휴가 중'이다.

그렇다. 역사는 '노무현의 배신'을 분명히 물을 터이다. 하지만, 아니 그렇기에 차분히 묻고 싶다. 노 정권의 책임을 꼭 '역사'에만 물어야 할까.

우리 모두 정직하자. 오늘의 상황은 대한민국 '국민'의 수준을 고스란히 보여 주는 거울이다. 우리 아직 미국의 '예속국가'를 벗어나기엔 미숙한 국민 아닌가. 침략전쟁에 참전이라는 헌법유린을 일러 '통치행위'라고 옹호하는 헌법재판소를 보라. 정작 헌법을 유린하는 침략전쟁을 찬성하면서 냉전의 잣대로 헌법을 지키자는 제1야당과 수구언론의 선동을 보라. 열린우리당에 들어간 수많은 '386의원'들을 보라. 노사모와 노무현을 보라.

저들의 책임에 조금도 물타기할 뜻은 없다. 다만 한걸음 더 딛자. 과연 저들만의 책임일까. 뜻 있는 젊은이들이 단식까지 벌였지만, 대다수 대학생들은 모르쇠했다. 민주노총 지도부가 파병철회를 내걸며 기대를 모았지만, 대다수 노동자들은 침묵했다. 탄핵 철회를 요구하며 서울 광화문의 어둠을 밝혔던 시민들도 침략전쟁 파병에는 눈감았다. 고 김선일의 참극도, 핏빛 절규도 슬그머니 잊었다. 그것이 '민주공화국'의 현주소다. 대한민국이라는 '간판'을 내려야 할 진정한 까닭이다.

모멸감과 슬픔이 몰려오더라도 다함께 정면을 바라볼 때다. 공화국의 밤을. 이 땅에 드리운 저 불길한 먹장구름을. 그 때 비로소 다음 물음에 답이 나오지 않을까. 무엇을 할 것인가. _2004.08.03.

중국 공산당의 타락
_후진타오 총서기에 묻는다

중국 공산당. 소련과 동유럽의 몰락 뒤에도 드팀 없이 집권하고 있는 공산당이다. 1921년 상하이에서 창당해 49년 중화인민공화국을 건설하기까지 항일전쟁과 혁명의 가시밭길을 걸었다. 집권 뒤에도 이상과 현실 사이를 오가며 마오쩌둥·덩샤오핑·장쩌민·후진타오로 지도부를 '개혁'해 왔다. 상대적으로 '젊은 주석' 후진타오의 연설은 깔끔한 외모만큼이나 신선했다. '미래의 새로운 장'을 열겠다며 '화평굴기'를 강조했다. 하지만 현실은 어떠한가. 전혀 '평화로 우뚝 서자'가 아니다. 패권주의가 살천스레 고개를 쳐든다. 고구려 역사가 언죽번죽 중국사란다. 참으로 말살에 쇠살이다. 중국 공산당의 저 탁류에 맞서 12세기 『삼국사기』를 거론해야 하는가. 아니면 '코리아'라는 국호가 고려와 고구려에서 비롯된 것임을 상기시켜야 하는가.

그렇다. 문제는 중국 공산당이다. 중국 언론의 '성역'인 후진타오 공산당 총서기에게 오늘 분명히 묻는다. 공산당이라는 이름이 쑥스럽지 않은가.

중국 공산당은 오늘 타락할 대로 타락했다. 지금 다시 노선을 재정립하지 않으면 그 후과는 벅벅이 중국 인민에게 돌아갈 터이다. 다행히 '젊은 주석'은 총명과 겸손을 두루 갖춘 것으로 알려졌다. 더러는 '동북공정'이 후진타오의 의도가 아니라는 분석도 나온다.

하지만, 아니 오히려 그래서다. 오늘 중국의 모습을 똑똑히 살피기 바란다. 후진타오 정권은 일본의 고이즈미 준이치로 정권과 과연 얼마나 다른가. 야스쿠니 신사참배를 강행하는 고이즈미를 비판하면서 닮아 가려는가.

중국 공산당은 일찍이 "창문을 열면 파리도 들어올 수 있다"며 개방으로 인한 '오염'을 가볍게 여겼다. 하지만 96년 9월 베이징의 중화전국신문공작자협회 대강당에서 열린 한중 기자세미나에서 한국 쪽 발제를 통해 밝혔듯이, 중국 공산당의 '생산력주의'에는 큰 '구멍'이 있다. 중국 공산당 선전국장이 참석한 그 자리에서 나는 '들어온 파리'가 "온 집안을 돌아다니며 음식물 곳곳에 병균을 옮길 수 있다"고 '경고'했다.

2000년 다시 중국에 갔을 때다. 젊은 공산당원과 이야기를 나누며 우려는 더 커졌다. 그는 당원이 되는 '영광'을 말하면서 그것이 출세를 위한 길임을 부인하지 않았다. 심지어 입당절차의 하나인 '사상시험'은 '떠도는 공식집'을 "달달 왼다"고 말했다. 물론, 모두는 아닐 터이다. 하지만 사과 하나가 썩으면, 사과궤짝 안이 모두 썩는 것은 시간 문제다. 아무 부끄럼 없이 '부국강병'을 들먹이는 오늘의 공산당을 보라. 중국 인민이 마오쩌둥의 과오를 알지만 여전히 존경하는 까닭은 나라를 반석에 올려놓은 데 있다. 더구나 저우언라이 같은 참된 사회주의자도 있었다. 전후 미국이 주도하는 세계전략에 맞서 제3세계를 대변해 온 외교노선이 바로 저우의 노고가 아니었던가.

동유럽이 무너지기 전에 이미 중국은 초급사회주의단계론으로 개혁에 나섰다. 하지만 덩샤오핑이 숨진 뒤 초급단계론은 시나브로 목표를 잃고 있다. 고구려를 중국 역사로 편입하려는 중국 공산당의 몰골은 자신이 지금 얼마나 극우정당으로 타락하고 있는지를 여실히 보여 주는 '신호'이다.

물론, 그것이 미국을 겨냥한 중국의 전략적 선택이라면, 달리 할말이 없다. 하지만 한중, 한일, 중일, 일본과 조선민주주의인민공화국 사이에 곰비임비 갈등의 골이 깊어 가는 현실 뒤에는 미국의 동아시아 패권전략이 똬리 틀고 있다. 중국 공산당이 그 전략에 말려 가는 꼴은 보기 딱하다. 더구나 그 피해는 고스란히 동아시아 민중에게 돌아올 터이다.

얼마 전 일본 신문노련 중앙집행위원회에 참석해 초청강연을 했을 때다. 일본 언론인들에게 고이즈미의 신사참배에서 일본 풍경화가 아니라 미국의 그림자를 읽는다고 강조했다. 그 그림자를, 고구려가 중국사라는 중국 공산당의 오만에서도 읽는 것은 쓸쓸한 일이다.

중국 공산당이 부국강병을 내걸고 일본이 우향우로 돌진하는 오늘, 한국의 민중운동에 주어진 사명은 그만큼 크고 깊다. 문제의 핵심은 오늘 이 땅의 민중이 그 과제를 풀어갈 의지를 얼마나 지녔는지에 있다. _2004.08.13.

누가 국군을 '십자군'으로 만들었나

_지금이라도 이라크에서 전면 철군하라

십자군. 옹근 1,000년 전이다. 11세기 서유럽의 기독교도인들이 '성도' 예루살렘을 이슬람교도들로부터 '해방'하겠다며 벌인 전쟁이다. 200여 년에 걸쳐 여덟 차례나 저질렀다. 가슴과 어깨에 십자가를 붙여 사뭇 거룩한 모습으로 '분장'했다.

하지만 진실은 달랐다. 교황의 교회지배 야심과 봉건영주들의 더 많은 땅 욕심, 그리고 상인들의 탐욕이 중첩된 추악한 전쟁이었다. 십자가는 더러운 탐욕을 '성화'하는 명분에 지나지 않았다. 과도한 비난이라고 발끈할 기독교인들은 귀기울이기 바란다. 현 교황 요한 바오로 2세는 2000년에 "회상과 화해: 교회의 과거범죄"라는 문건을 발표해 십자군 원정을 '과오'로 고백했다.

1,000년의 세월이 흘러 참으로 생게망게한 일이 벌어졌다. 바로 그 십자군에 한국군이 들어가 있다. 알 카에다의 지도자 알 자와히리는 알 자지라 방송을 통해 '십자군'에게 '즉각적인 총공세'를 호소했다.

"전사들이여! 더 이상 기다리지 말라. 우리가 더 머뭇거린다면 침략자들이 우리를 하나하나 먹어 치우고 말 것이다. 한 나라가 당하면 또 다른 나라가 뒤를 이을 것이다."

'무슬림 세계에 쳐들어온 십자군'에 조직적으로 저항하는 것은 "모든 무슬림의 의무"라고 규정한 그는 '십자군'의 하나로 한국을 처음으로 지목했다. 이어 강력하게 촉구했다. "똑같이 공격하라."

참담한 일이다. 도대체 2004년 오늘 우리가 왜 이슬람인들에게 저 추악한 십자군으로 비난받아야 하는가. 오해 없기 바란다. 십자군 규정은 비단 알 자와히리만의 판단이 아니다. 오사마 빈 라덴은 처음부터 그렇게 규정했다. 무엇보다 조지 부시 미국 대통령이 "미국이 벌일 21세기 첫 전쟁은 십자군 전쟁"이라고 호언하지 않았던가. 이라크 전쟁의 전략을 '충격과 공포'로 내세우거나 이라크인에게 '자유'를 주겠다는 발상까지 꼭 닮지 않았던가.

원정의 식량난으로 이슬람인들을 가마솥에 끓이고 어린이는 꼬챙이에 꽂아 불에 구워 게걸스레 먹었다는 십자군의 만행으로부터 과연 오늘의 미군은 얼마나 자유로운가. 1만 명이 훌쩍 넘는 이라크인 학살과 야만적인 성고문을 보라.

그렇다. 역사 앞에 우리 모두 겸손하자. 십자군 전쟁의 최종 승자는 이슬람이었다. 십자군과 맞서 싸운 이슬람의 영웅은 술탄 살라딘. 기록에 따르면 그는 너그러웠다. 1차 십자군이 함락한 예루살렘을 90년 만에 되찾은 그가 '지하드(성전)'에 나선 까닭은 평화조약을 맺은 뒤에도 십자군이 이슬람인들을 짓밟아서였다. 예루살렘을 들어간 그가 남긴 유명한 경구가 있다.

"하늘나라의 가장 위대한 속성은 자비다."

실제로 영웅 살라딘은 예루살렘 왕과 포로들을 풀어 줬다. 자신의 돈까지 나눠 주며 돌려보냈다. 그러나 너그러움에 기독교인들은 재침과 학살로 답했다. 영웅 살라딘의 근거지였던 티크리트는 1,000년이 흐른 지금 이 순간 이라크 저항세력의 거점이 되고 있다.

이슬람인에게 십자군이 어떤 의미일지는 자명하다. 이슬람 젊은이들에게 성전을 촉구하는 알 카에다가 한국을 십자군의 하나로 거명한 것은 참담한 일이다. 차분히 돌아보기 바란다. 누가 이 땅의 국군을 저 추악한 십자군으로 만들었는가. 노무현 정권은 비전투병 파병에 이어 전투병을 파병했다. 미국을 찾아간 열린우리당의 천정배 원내대표는 '파병연장' 뜻을 밝혔다. 한 단계 한 단계 두루 국민을 우롱하는 작태 아닌가.

알 카에다의 '공격 촉구 방송'이 나오자 노 정권은 부랴부랴 국가안전보장회의를 열었다. 경찰은 '테러의 표적'이 될 수 있는 공항과 항만, 그리고 대중교통시설에 경찰특공대를 투입했다. 가장 경계를 강화한 곳은 미국대사관 주변이다. 알 카에다에 협력하는 파키스탄인 한 명이 테러 공격의 목표물을 물색하기 위해 한국을 방문했었다는 소식도 외신을 통해 전해지고 있다.

앞서 고 김선일의 참사가 있기 직전에 "피로 물든 서울 도심을 상상하라"고 경고한 바 있다. 다시 간곡히 촉구한다. 더는 국민의 생명을 담보로 삼지 말라. 더 큰 참사를 불러오기 전에 지금이라도 늦지 않았다. 이라크에서 전면 철수하라. 국민의 생명과 국토를 지켜야 할 대통령의 의무이거니와, 작게는 그것이 미국의 대통령선거에서 조지 부시 후보에게 타격을 주는 방법이기도 하다.

청와대와 국회의 권력을 한 손에 쥔 노 정권이 진지하게 경청하기 바란다.

_2004.10.03.

누가 '이완용'의 길을 걷고 있는가

_미국에 기울대로 기운 윤똑똑이들

이완용이 되고 싶은가. 오늘을 살아가는 모든 이들에게 그 질문은 '우문'일 수밖에 없다. 누가 이완용이 되고 싶겠는가. 하지만 조금 더 성찰해 보자. 과연 이완용이 살아 있던 시대에 그의 평가는 어땠을까. 마땅히 매국노라 비판한 이들이 있었다. 눈이 맑아서였다. 하지만 언제나 판단에 '신중'한 축들도 있게 마련이다. 이완용의 '깊은 뜻'을 헤아려야 한다는 둥, 우리가 처한 '현실'을 고려해야 한다는 둥 들먹거린 윤똑똑이들이다. 심지어 이완용을 '애국자'로 추앙한 무리도 있었다. 실제로 이완용은 독립협회의 회장을 지낸 인물 아닌가. 당시 이완용은 '현실'을 중시하고 민족의 운명에 '책임'질 줄 아는 '정치인'인 듯 행세했다.

여기서 자연스레 의문이 든다. 왜 그렇게 그 시대 사람들은 어리석었을까. 당연히 나올 법한 질문 아닌가. 하지만 어리석은 것은 어쩌면 그 질문일지 모른다. 우리가 역사를 공부하는 까닭은 다른 데 있지 않다. 현실을 더 정확하게 보기 위해서다. 아무리 '상대주의'가 판치는 세상이라고 하더라도, 오늘 이완용을 '애국자'로 여기는 자들은 없다. 적어도 겉으로는 그렇다. 그렇게 된 까닭은 무엇일까. 과거이기 때문이다. 무릇 과거는 늘 투명하게 보인다. 반면에 오늘을 살아가는 사람들은 현실을 투명하게 보기 어렵다. 왜 그럴까. 의식하든 않든 자신의 삶을 기준으로 '이해관계'를 따지는 데서 비롯된다.

그래서다. 보라. 부시 정권의 오늘을. 오만하지 않은가. 엄연한 주권국가인 조선민주주의인민공화국을 겨눠 '정권교체'를 주장한다. 부시 정권의 기반인 '네오콘'은 성명서까지 내 정권교체를 요구했다. 한국 정부를 비난하면서 '한국 국민에게 직접 호소해야 한다'는 주장까지 서슴지 않았다. 미국에 '할 말'을 못했던 노무현 대통령이 할 말을 비로소 하기 시작한 것은 그만큼 이 땅에서 전쟁위기가 높아졌다는 '증거'이다. 그런데 대한민국에 저 네오콘을 충실하게 따르는 무리가 있다. 북침을 꿈꾸는 그들은 '네오콘'이라는 우아한 이름 아래 숨어 있지만 명백한 제국주의자들이다. 그들의 논리를 앞장서서 기획하고 확산하는 '이론가'가 서울에 초청받는다. 버젓이 강연회를 연다. 그 제국주의자는 민족문제에서 이제 겨우 자기 목소리를 되찾기 시작한 노 대통령에게 독설을 퍼붓는다. "유독 노무현 정부만 이미 끝난 것이나 다름없는 정권과 사랑을 하고 있다."

그 말살에 쇠살을 '한국 언론'은 크게 보도한다. 이 나라의 '여론주도층'이 가장 손꼽는다는 『조선일보』의 김대중 고문은 "북한 정권교체설을 미리 앞서서 차단한다는 생각에서, 또는 일부 미국 네오콘의 개인적 주장에 발끈해서 계속 미국을 '깽판칠 나라'로 부각시키는 것은 명색이 동맹국이라는 나라의 대통령으로서 체통에 걸맞지 않은 일"이라고 '훈계'한다. 정작 비판받아 마땅한, 그리고 김대중 고문으로서는 찬양해야 마땅한 '파병연장'은 모르쇠한다.

『중앙일보』도 용춤 추는 데 앞장선다. "북한의 레짐 체인지를 원하는 나라, 사람들과 손발이 안 맞게 돼 있다"는 노 대통령의 발언을 1면에 대서특필하며 아예 표제로 "속뜻"을 캔다. 미국과의 '갈등'을 부추기는 편집이다.

그런 가운데 미국의 스티븐 해들리 안보보좌관 내정자가 "북한붕괴계획을 갖고 있다는 것은 사실이 아니다"라며 사뭇 생색을 내듯이 "정권변형"이 될 것이라고 말했다. 기다렸다는 듯이 대다수 신문과 방송은 부시 정권을 '평화주의'로 덧칠한다. 도대체 무슨 권리로 미국이 한 나라의 '정권변형'을 추구하는지 묻지 않는다. 그 전쟁위기가 바로 우리 자신의 삶과 직결된 문제인데도 그렇다. 정반대로 부시 정권의 제국주의 성격을 가리고 '미화'하기 바쁘다.

그래서다. 참으로 묻고 싶다. 정녕 이완용의 길을 걷고 싶은가. 저 윤똑똑이들을 보며 이완용을 떠올리는 것은 과연 과민일까. _2004.12.09.

검은 라이스의 하얀 제국주의

콘돌리자 라이스 장관 귀하.

미국 국무장관의 상원인준을 통과한 귀하에게 먼저 축하의 인사를 전한다. 국무장관 취임 준비로 바쁠 귀하에게 번거로운 인사나 예의는 줄이겠다. 나는 미군이 자신의 장갑차에 여중생 두 명이 압살당했는데도 언죽번죽 "누구의 과실도 없었다"고 주장했던 '혈맹국가'에서 언론인으로 활동하고 있다.

귀하는 청문회에서 조선민주주의인민공화국을 "폭정의 전초기지"라 규정하며 "위험한 정권을 관리"한다거나 "민주주의 확산이 미국의 의무"라며 '체제변형'에 나설 것을 강력히 시사했다. 예상했던 그대로 '검은 라이스'의 '하얀 제국주의'가 뚝뚝 묻어나는 발언들이었다.

'검은 라이스'라는 말에 혹 오해 없기 바란다. 내가 '검은'이라는 형용사를 귀하 이름에 썼을 때, 그것은 오만한 일부 백인의 경멸이 아니다. 호감의 표현이다. '역 인종차별'이라는 '고담준론'도 있지만 나는 "검은 것이 아름답다"는 말에 공감한다.

조지 부시가 재선했을 때 침묵한 것과 달리, 부시가 "나의 충실한 콘디"라 부르는 귀하에게 그래도 편지를 띄우는 까닭이다. 전임자인 콜린 파월이 흑인으로 백악관에서 '합리적 판단'을 내놓았기에 더 그렇다.

귀하도 알다시피 미국은 흑인을 노예로 삼은 원초적 폭정국가였고 아직도 그 차별은 남아 있다. 평균 흑인 가정의 소득은 백인 가정의 37%에 그친다. 물론, 돈과 명예와 권력을 움켜쥔 흑인도 있다. 귀하가 대표적 인물이다. 하지만 지성의 과제는 언제나 자신의 이해관계를 벗어나 판단하는 데 있다.

백인 중심의 사회에서 성공한 흑인은 절대소수다. 문제는 그 소수의 존재가 사회 전반의 '평등'을 과시하는 도구로 이용되는 데 있다. 현실은 전혀 다르지 않은가. 소수의 특혜 뒤에는 절대다수의 소외가 있다. 그런데도 귀하가 국가안보보좌관으로, 이어 국무장관으로 참여한 조지 부시 정권은 상속세를 폐지함으로써 흑백의 재산격차를 더 벌렸다.

군이 흑백차별을 거론하는 까닭은 다른 데 있지 않다. 흑인에 대한 집요한 폭정과 차별은 인종적 편집증에 터잡고 있기 때문이다. 에릭 프라이가 『정복의 역사 USA』에서 분석했듯이, 그 편집증은 흑인이 "인종에 대한 동등한 대우를 요구하는 것조차 미국 남부의 백인 신교도 문화에 대한 전쟁 선포"로 본다.

정치학을 공부한 귀하도 알고 있듯이, 미국의 정치전통을 '편집증'으로 통찰한 것은 역사학자 리처드 호프스태터이다. 세계를 '선과 악의 각축장'으로 파악하면서 강력한 적의 상을 구축한 뒤 그 적을 파괴하기 위해서라면 어떤 수단도 정당화하는 '음모의 전통'을 이른다. 미국이 폭정을 휘두른 적은 인디언이었고, 흑인이었고, 공산주의자들이었다.

소련과 동구가 몰락한 뒤 적이 사라진 미국의 하얀 제국주의는 마침내 새로운 적을 만들어 내지 않았던가. 깡패국가와 악의 축. 관념으로 존재하던 적대감은 2001년 9월 11일 테러를 '호기'로 행동에 옮겨졌다. 마치 기다렸다는 듯이 부시는 아프가니스탄에 이어 이라크를 침략했다. 테러와 이라크가 전혀 관계가 없는 데도 여론을 조작해 폭정을 휘둘렀다.

콘돌리자 라이스.

그래서다. '폭정의 국가에 민주주의 확산'이 미국의 의무라고 나선 귀하가 가장 먼저 눈 돌릴 곳은 미국의 폭정이다. 미국의 내면을 성찰할 참에 흑인으로 걸어온 자신의 길도 깊이 있게 반추해 보길 권한다.

백인 남성 중심의 편집증에 흑인 여성인 자신이 함몰되어 있는 것은 아닌지, 그리고 혹 그것이 '신데렐라 신화'에 가려 있거나, 더 나아가 성공 신화 자체의 노림수는 아닌지. 성찰을 바탕으로 차분히 톺아보기 바란다. 조선민주주의인민공화국의 지도자 김정일 위원장은 "부시와 함께 목 놓아 노래 부르고 싶다"고 밝힌 바 있다.

묻고 싶다. 무엇이 문제인가. 조선민주주의인민공화국의 인민이 굶주려 문제라면 길은 얼마든지 있다. 다름 아닌 김정일 위원장이 미국과 평화와 대화 그리고 경제교류를 바라고 있지 않은가. 그것이 '정권붕괴'든 '체제변형'이든 엄연한 자주국가의 정치체제를 미국이 마음대로 바꾸겠다는 것은 제국의 오만이다. 검은 라이스의 존재가 '하얀 제국'의 범죄를 희석화하는 방패가 아닌지 냉철히 숙고할 때다.

아울러 분명히 경고해 둔다. 만일 이 땅에서 미국이 조선민주주의인민공화국의 '체제변형'을 명분으로 '6자회담' 뒤에서 침략전쟁을 준비한다면, 지난 수십 년 동안 민주주의를 일궈 오며 성숙한 한국의 민중은 결코 좌시하지 않을 터이다. 한국 민중의 평화를 위한 투쟁에 인터넷으로 연결된 온 세계의 민중도 동참하리라고 나는 확신한다.

검은 라이스에서 하얀 제국주의가 아니라 '검고 아름다운 지성'을 읽을 수 있기를, 미국의 국무장관 이전에 세계 평화에 기여한 흑인으로 귀하의 삶이 기억되기를 바란다. _2005.01.20.

이 땅에 '슈퍼미군'은 필요 없다

_갈수록 짙어지는 전쟁 먹구름

제임스 매티스. 별 셋의 장군이다. 미 해병대의 핵심인 전투개발사령부의 사령관이다. 아프가니스탄과 이라크 침략전쟁에 지휘관으로 나섰다. 그가 공개토론회에서 언죽번죽 말했다. "사실 싸우는 것은 무척 재미있다. 사람들을 쏘는 것은 재미있으며 솔직히 나는 싸우는 것을 좋아한다."

단순한 실언이 아니다. '장군'은 구체적 사례까지 들었다. "아프간에 가 보면 베일을 쓰지 않았다는 이유로 5년 동안이나 여자들을 때리는 남자들을 보게 된다……. 그런 놈들은 더 이상 인간성이 남아 있지 않으며 그들을 쏘는 것은 무척 재미있는 일이다."

미 해병사령관의 '감싸기 발언'은 또 어떤가. "매티스 중장은 종종 매우 솔직하게 털어놓는 사람"이라고 두남둔다. "매우 솔직하게 털어놓는"다면 해병사령관도 같은 생각이라는 뜻으로 읽은 것은 필자만일까.

그렇다. 미 해병의 최고 지휘관들의 섬뜩한 '생각'이다. 장군들의 생각이 그 수준이라면, 일반 병사들은 어떨까. 이라크 포로들에게 야만적인 성고문을 가한 미군은 차라리 착하다고 보아야 할까. 미군 장갑차에 깔려 죽은 이 땅의 두 여중생이 새삼스레 떠오른 것 또한 필자만의 과민반응일까.

이미 고백했듯이, 필자는 조지 부시의 제국주의정책이 두렵다. 미 해병대의 전투개발사령관의 '뇌 구조'를 보라. 두남두는 해병대사령관을 보라. 시치미떼는 럼스펠드 국방장관을 보라.

바로 그들이 주한미군의 주력전투부대를 '슈퍼여단'으로 만든단다. 전 세계 해외주둔 미군 가운데 처음이다. 첨단무기로 무장해 기동성을 세배로 강화한 여단 규모의 독립작전부대다.

올해 패트리어트 미사일 배치와 함께 이를 운용할 병력도 1,000명 이상 늘린다. 한미안보정책구상(SPI)회의에 참석하러 서울에 온 리처드 롤리스 미국 국방부 동아태 담당 부차관보는 『한겨레』와 가진 인터뷰에서 '슈퍼여단'이 동아시아 지역의 '기동군'이 될 가능성을 완전히 부정하지 않았다. 중국과 대만 사이에 일어날 '긴장'에 슈퍼여단의 개입 문제를 묻자 "그런 유의 가정에 기반한 시나리오도 한국 외교부와 대화를 시작하면 논의할 수 있을 것"이라고 답했다.

이 땅의 평화를 지키려는 시민사회단체들이 한미안보정책구상회의가 열리는 국방부 앞에서 칼바람 맞으며 집회를 연 정당성이 확인되고 있다. 시민단체들은 "한반도가 대중국 패권을 위한 미국의 군사기지로 전락되고 아시아태평양지역 전체를 대상으로 한 미국의 침략전쟁에 한국군이 하수인으로 동원되는" 가능성을 가장 우려하고 있다. '슈퍼여단 1호'가 이 땅에 주둔할 때 동북아시아는 무제한적 군비경쟁으로 치닫게 되고, 우리 민족에게 드리우는 전쟁의 먹구름은 그만큼 짙어질 수밖에 없다.

문제는 미군의 위험한 장난을 단호히 막아야 할 의무가 있는 정부가 미더운 모습을 보이지 않는 데 있다. 그 정부를 감시해야 마땅할 신문과 방송이 우리 민족 앞에 다가오고 있는 전운을 모르쇠하고 있기에 더 그렇다.

그래서다. 불평등한 한미관계의 원천인 한미상호방위조약의 전면개폐와 전시작전통제권 환수에 네티즌들이 나서야 한다. '컴퓨터 전쟁게임'이 아니다. 실제상황이다. '슈퍼여단'의 존재는 우리 자신의 생존 문제다. 한국 사회의 대다수 구성원들이 미군이 이 땅의 '평화'를 지키고 있다고 정반대로 인식하고 있기에 더욱 그렇다. "사람을 쏘는 게 재미있다"는 "매우 솔직한" 미군의 '슈퍼여단'을 단호히 반대할 때다. _2005.02.05.

미국은 '한국 언론운동'에서 배워라

_미 국무부의 천박한 인권보고서를 비판함

미디어 소유의 집중은 현재 심각한 상태에 놓여 있으며 갈수록 심해지고 있다. 더욱이 그 미디어에서 경영을 담당한 사람들이나 논평자로서 상당한 지위를 차지한 사람들은 같은 특권층 엘리트에 속한다. 따라서 특권층의 인식과 소망, 태도를 공유하고 그들 자신의 이익을 반영할 수밖에 없다. 이 체계 안으로 들어오는 언론인들은 그와 같은 가치관을 받아들여 순응하지 않는 한 견뎌내기가 쉽지 않다. 여기서 읽기를 멈추고 돌아보기 바란다. 앞에 쓴 글은 누구의 '분석'일까. 혹시 필자가 쓴 책이나 칼럼을 읽어 온 독자라면 '늘 하던 말'을 새삼 왜 되풀이하느냐고 꾸짖기 십상이다. 하지만 아니다. 따옴표를 붙이지 않았지만, 이 글은 미국의 양심이라 불리는 촘스키의 책에서 인용했다.

한국의 언론현장에서 다듬어진 언론개혁의 논리와 노엄 촘스키의 주장이 다를 바 전혀 없는 것은, 언뜻 보면 흥미로운 일이다. 하지만 조금만 생각하면 당연한 일이다. 민주사회와 민주언론의 꿈은 어디서나 지성의 과제가 아니던가.

미국 국무부가 2월 28일 발표한 "2004년 인권보고서"가 황당한 까닭도 여기 있다. 세계 모든 나라를 조사한 '인권보고서'라는 이름을 달고 있는 문제의 정치적 문건은 미국이 2004년에 아랍인들을 겨눠 저지른 학살과 성학대, 성고문엔 눈감고 있다. 게다가 문건은 한국의 신문법을 들먹인다. "1개 일간신문의 시장점유율이 30%를 넘지 못하게 제한하는 법" 아래에선 어떤 3개 신문의 시장점유율 합계가 60%를 넘으면 "불법(illegal)으로 간주된다"고 사실과 다른 주장도 서슴지 않는다. 문건은 또 "비정부기구(NGO)들은 이 법안이 인쇄매체 분야를 통제하는 데 사용될 수 있다는 우려를 표명했다"고 분석했다. 참으로 생게망게한 일이다. 아니 한국의 '비정부기구'에 대한 모욕이 아닐 수 없다.

미 국무부는 잘 새겨듣기 바란다. 한국의 신문법 어디에도 불법 규정은 없다. 미 국무부의 문건을 비중 있게 보도한 부자신문 기사도, 사실과 다른 국무부의 주장이 민망스러웠는지 '해석'을 달았다. "정확히는 60%를 넘어도 불법이 아니라 독과점으로 추정된다. 신문발전기금을 지원 받을 수 없고, 독과점 지위를 남용해 시장질서를 해치면 처벌 받는다. 보고서가 '불법'이라고 한 것은 '정부가 통제할 수 있다는 것'을 뜻한 것으로 해석된다." 부자신문다운 해석이요, 미국에 대한 변함없는 '변호'다. 하지만 보라. 여론시장의 독과점 문제는 '미국의 양심'도 줄기차게 대책을 촉구하고 있다. 비단 촘스키만이 아니다. 미국의 언론인 윌리엄 그라이더는 묻는다. "배신당한 미국 민주주의, 누가 이를 국민에게 말할 것인가."

그라이더는 언론과 정치, 경제 엘리트들이 서로 동맹을 해서 "침몰하지 않는 무적함대"를 만들었다고 고발한다. "언론이 없는 여론을 만들어 내고 있는 여론을 왜곡하거나 소멸시켜 버린다"는 날카로운 비판은 한국의 언론 현실에 그대로 대입해도 적중한다. 더 황당한 것은 『중앙일보』다. 사설 "미국 인권보고서가 제기한 언론법 문제"에서 "해외에서까지 우리의 언론관계법에 우려를 표했다는 것은 그냥 넘길 일이 아니다"라고 강조한다. 헌법재판소에는 '심리'를 서둘러야 한다고 다그친다. 미국의 보고서에 잘못을 지적해야 함에도 전혀 아니다. 딴은 바로 그 신문의 사주가 '참여정부'의 주미대사 아닌가.

그래서다. 미국 국무부에 묻는다. 사실과 다른 보고서를 언죽번죽 내기 부끄럽지 않은가. 한국의 언론운동은 민주언론인들과 시민들이 힘을 모아 시나브로 결실을 맺어가고 있다. 미국이 진정으로 민주주의를 거론하려면, 먼저 자신부터 돌아보라. 그리고 한국의 민주언론운동을 겸허한 자세로 학습하라. 그도 싫다면 최소한 촘스키나 그라이더의 글이라도 읽길 권한다.

_2005.03.02.

노 대통령 '묵살'하는 미국의 장군들

_대한민국이 미군의 항공모함인가

슈퍼여단. 첨단무기로 무장한 미국의 새로운 전략부대다. 주한미군 2사단 제 1여단을 세계에서 처음으로 '슈퍼여단'으로 전환한다는 발표가 나온 게 겨우 한 달 전이었다. 주한미군이 없어도 남쪽의 군사력이 북쪽보다 우월한 상황에서, 미군의 슈퍼여단 창설은 전쟁 먹구름을 불러온다고 필자는 진단했다.

그러나 보라. 슈퍼여단은 그새 대규모 '야전훈련'을 벌였다. 미군 전문지 『성조지』의 2005년 3월 10일자 보도다. 2월 말부터 3월 8일까지 백여 대의 첨단 장갑차와 탱크를 동원해 임진강에서 '도하훈련'을 실시했다. 임진강이라면 휴전선 바로 코앞이다.

가정해 보라. 세계 최강의 '소련군'이 첨단무기로 무장한 뒤 휴전선 바로 북쪽에서 조선인민군과 더불어 도하훈련을 했다면, 공공연하게 남침위협을 한다면, 어떻게 되었을까. 아마도 이 땅의 수구세력과 부자신문의 부라퀴들은 '군사쿠데타'를 선동하거나 미국으로 도피하려고 짐 싸기 바쁠 터이다.

슈퍼여단의 임진강도하훈련에는 한국군도 참가했다. 미 사령관은 훈련 결과를 설명하며 살천스레 말했다. "지상군 투입 전에 적 전투시스템의 30~50%를 파괴할 수 있다."

바로 이것이 2005년 3월 10일 남과 북의 냉엄한 현실이다. 비단 슈퍼여단에 그치지 않는다. 주한미군은 올 여름까지 2사단을 사단과 군단 기능을 아우른 첨단무기의 '미래형 사단(UEX)'으로 바꾸겠다고 밝혔다. 왜 2년이나 앞당겨서 바꾸고 있을까. 당연히 물어야 할 질문이다. 하지만 묻지 않는다. 이 땅의 부자신문도 국회도 침묵한다. 국방부는 더 말할 나위 없다.

과연 그래도 되는 걸까. 차분히 톺아보자. 노무현 대통령은 "분명한 것은 우리의 의지와 관계없이 우리 국민이 동북아시아의 분쟁에 휘말리는 일은 없다는 것이며, 이것은 어떠한 경우에도 양보할 수 없는 확고한 원칙"이라고 강조했다. 그러나 한국 대통령이 '확고한 원칙'을 발표했는데도 미국의 장군들은 시들방귀로 여긴다.

윌리엄 팰런 신임 미태평양사령관. 해군제독 출신의 그는 미국 국회에서 주한미군과 관련한 질문에 "아시아태평양지역 미 군사력의 신속기동태세를 갖추는 것을 단기과제로 추진하겠다"고 마치 선포하듯이 말했다. 같은 날 리언 라포트 주한미군사령관도 "한미동맹은 대북 억지 및 필요시 격퇴라는 근본목적"을 확인하면서 "동시에 지역안정이라는 상호공약도 유지되고 있다"고 말했다. 한국 대통령의 발언을 모르쇠하며 자신의 논리를 언죽번죽 다짐하는 주한 미사령관과 미 태평양사령관을 보면서, 저들이 마치 이 땅의 주인처럼 행세한다고 여긴다면 필자만의 과민반응일까.

우리를 더 서글프게 하는 것은 대통령의 '참모'들이다. 노 대통령의 발언을 '전략적 유연성에 대한 조건부 동의'라고 해석하는 윤똑똑이가 있는가 하면, "한국이 전략적 유연성을 거부하면 미국이 주한미군의 추가감축에 나설 가능성이 크다"고 흘린다. '전략적 유연성'을 놓고 저들이 미국과 어떤 '협상'을 벌일지 우려할 수밖에 없는 까닭이다.

그렇다. 단순히 '슈퍼여단'이나 '미래형 사단'의 문제가 아니다. 대한민국의 운명이 걸린 문제다. 미국이 노리는 것은 대한민국의 미 '항공모함화'다. 중국과 대만의 분쟁에도 개입하고 북침을 할 수도 있다.

이미 미국은 최첨단 스텔스 F-117전폭기와 스트라이크 이글 F-15E전폭기의 한국지형숙지훈련을 마쳤다. 게다가 '프리덤 배너 훈련'을 비롯해 곰비임비 '첨단무기 실습'을 대규모로 벌여오지 않았던가.

그래서다. 식민지 주둔군처럼 추진하는 미 2사단의 일방적 '개편'에 노 대통령은 결기를 세워야 한다. 결코 무리한 요구가 아니다. "미국에 할 말은 하는 대통령" 약속을 지키라는 그 이상도 이하도 아니다. 국회도 여야를 떠나 슬기를 모을 때다.

아직도 왜 그래야 하느냐고 묻는다면, 거듭 분명히 증언한다. 오늘 우리는 '민족위기'를 맞고 있기 때문이다. _2005.03.10.

일본 '독도야욕' 뒤엔 늘 미국이 있다

미국 중앙정보국(CIA). 더러 영화도 생생하게 그려주듯이 가공할 힘을 지녔다. 그 CIA가 일본의 독도 영유권을 교묘하게 퍼트리고 있다. 사이버 외교사절단 '반크(VANK)'의 분석이다.

CIA 2002년 보고서는 독도를 "일본의 주장으로 분쟁이 되었다"고 간단히 소개했다. 그런데 2004년 보고서엔 "격렬하게(intensified)"와 "조명되다(highlighted)"는 단어를 추가했다. 다시 2005년에는 "미해결(unresolved)"과 "조업권리(fishing rights)"란 표현을 더했다.

문제는 CIA가 제작한 국가지도가 세계 주요 웹사이트에서 '기준'이 되는 데 있다. 반크는 실제로 "독도·다케시마 병기 사이트가 2004년 7월 622개였지만 12월에는 2,010개, 2005년 3월에는 2,180개로 점차 늘어나고 있다"고 지적했다. '사이버 외교사절단'의 분석을 대수롭지 않게 여길 수도 있다. 한국 언론의 보도를 보더라도 그렇다. 하지만 아니다. 미국 CIA가 누구인가. 그들이 괜스레 지도를 바꿀 만큼 한가한 사람들인가.

기실 독도의 이른바 '영유권 분쟁' 씨앗은 미국에 있다. 1945년 일본제국주의가 이 땅에서 물러갈 때다. 연합국은 미국 샌프란시스코에서 패전국 일본을 상대로 평화조약을 체결했다(1952년 4월 28일 발효).

당시 미국은 '평화조약'의 1차 초안(1947년 3월)에서 5차 초안(1949년 11월)까지는 독도를 한국 영토로 명문화했다. 하지만 일본의 '로비'에 흔들렸다. 6차 초안(1949년 12월)에선 삭제했다. 감히 일본 영토로 바꾸려고 언죽번죽 시도했다. 하지만 다른 연합국의 동의를 받지 못하자 조금 물러섰다. 한국이나 일본 어디에도 넣지 않은 채 조약문을 성안했다.

당시 이승만 정부는 주미 한국대사에게 수정교섭을 지시했다. 미국 국무부는 싸늘하게 답했다.

"독도는 한국의 일부로 다뤄지는 것이 결코 아니다. 1905년께부터 일본 시마네 현 오키 지청 관할 아래 있었고 이 섬은 예전에 한국에 의해 영토 주장이 이뤄졌다고 생각되지 않는다.”

일본은 지금도 미 국무부의 이 답신을 ‘애용’한다. 그렇다면 일본은 미국에 어떤 ‘로비’를 했을까. 독도를 ‘주일 미 공군의 폭격연습장’으로 ‘유혹’했다는 분석이 유력하다. 실제로 미군의 폭격연습으로 1948년 6월 30일 독도에서 고기를 잡던 우리 어민 16명이 억울하게 학살당했다.

독도의 군사적 가치는 이미 1905년 러일전쟁 때도 확인할 수 있다. 일본은 독도와 ‘본토’를 잇는 해저전선을 부설했다. 일본 도고 함대가 러시아 원정 함대를 격파했을 때도 독도를 적극 ‘이용’했다. 당시 그런 사실을 조선왕조는 알 수조차 없었다.

반면 미국은 어떠했는가. 두루 알다시피 이 시기 미국은 ‘가쓰라-태프트 협정’으로 필리핀을 삼켰다. 대신 조선에 이른바 ‘일본의 권리’를 인정했다. 일본이 독도를 자기 영토로 강변하는 출발점에, 미국의 뒷받침이 있었던 것은 움직일 수 없는 역사적 사실이다.

독도 ‘갈등’이 본격화한 1905, 1945, 2005년의 공통점은 무엇일까. 군사적 패권주의다. 이미 조선민주주의인민공화국은 독도를 “군사기지로 전변시켜 러일전쟁 때처럼 북방 침략에 효과적으로 써 먹으려 하고 있다”며 “그곳을 현대 전쟁의 요구에 맞는 다목적의 최신군사기지로 전변시켜 우리나라에 대한 재침 야망을 실현하는 데 리용하려는 것은 일본 반동들이 추구하는 주되는 정치군사적 목적”이라고 강조한 바 있다.

그렇다면 미국은 무엇 때문일까. 최근 이른바 미군의 ‘전략적 유연성’을 강조하는 조지 부시 정권의 흐름을 총체적으로 살필 필요가 있다.

그렇다. 결코 친미냐 반미냐의 문제가 아니다. 미국은 언제나 일본 편이었다는 엄연한 역사적 사실을 직시할 때다. 독도가 ‘최신군사기지’로 흉물스럽게 전락할 수는 더더욱 없다. 여야, 보수·진보를 떠나, 우리 모두 눈을 부릅떠야 할 절체절명의 까닭이다. _2005.03.14.

'폭정의 본거지'는 미국?

_미 국무장관에 보내는 공개편지 2

콘돌리자 라이스 귀하.

일본을 거쳐 한국을 방문하는 귀하에게 인사를 보낸다. 손님이 오면 반기는 게 한국의 오랜 전통이다. 하지만 유감이다. 귀하의 방한을 결코 환영할 수 없다. 아니, 반대한다.

귀하가 미 국무장관 인준을 받는 의회 청문회에서 '폭정의 전초기지(Outposts of Tyranny)'로 조선민주주의인민공화국을 규정했을 때, 나는 귀하에게 곧장 공개편지를 보낸 바 있다("검은 라이스의 하얀 제국주의", 2005년 1월 20일).

그 때 예고했던 대로, 귀하의 발언은 동북아시아 평화를 어둡게 하고 있다. 조선민주주의인민공화국은 외무성 성명을 통해 '핵무기 조건부 보유'와 '6자회담 조건부 거부'를 선언했다. 외무성 대변인은 귀하의 방한을 앞두고 그 '조건'을 다시 분명히 밝혔다.

"우리가 '폭정의 전초기지'라는 오명을 쓰고 회담에 나간다는 것은 상상할 수 없는 일"이라며 "미국이 6자회담을 정 하고 싶으면 현실적이고 현명하게 처신해야 할 것"이라고 강조했다.

귀하는 이에 대해 "나는 말꼬리를 잡으려는 논쟁에 휘말리지 않을 것"이라고 답했다. "북한에서의 삶이 어떤지, 어떤 체제인지 누구나 알고 있다"며 "나는 진실을 말했다는 데는 추호의 의심도 없다. 진실을 말했다는 이유로 사과한 사례를 알지 못한다"고 되받아쳤다.

하지만 귀하에게 권하고 싶다. 마음을 열고 자문해 보라. 갑자기 귀하의 빰을 때린 사람이 지금부터 대화하자고 언죽번죽 나서면 어쩌겠는가. 귀하는 대화에 나서겠는가.

진심으로 묻고 싶다. 귀하에게 "인간성이 마음에 들지 않는다"며 "성격을 정반대로 바꾸면 사귀겠다"는 사람에게 어쩌겠는가. 귀하는 정반대로 성격을 바꾸겠는가.

비유의 함정이 있음을 모르지 않는다. 하지만 되돌아보라. 상대가 폭정의 전초기지이기에 민주주의를 전파해야 한다고 주장한 뒤 대화를 하자는 귀하의 '외교'가 그 비유와 다를 바 있는가. 더구나 귀하는 "북한이 6자회담에 응하지 않는다면 엄청나게 많은 것을 잃게 될 것"이라고 경고까지 남발했다.

뺨을 때린 뒤 대화를 하려면 사과가 먼저 아닌가. 귀하의 사과 요구에 상대가 사과는커녕 되레 "대화하지 않으면 다시 뺨을 때릴 수 있다"고 살천스레 으름장 놓으면 귀하는 어쩌겠는가.

귀하는 조선민주주의인민공화국이 '폭정의 전초기지'임은 진실이라고 강조했다. 물론, 그렇게 생각할 수도 있다. 그래서다. 묻고 싶다. 그렇다면 미국은 '폭정의 본거지'인가.

어림없는 소리라고 눈흘기지 말기 바란다. 아무 근거 없이 내가 지어낸 말이 아니다. 다름 아닌 미국의 정치학자 닐 우드가 2003년에 *Tyranny in America*라는 책을 쓰지 않았던가. 한국에 『미국의 종말에 관한 짧은 에세이』로 옮겨진 이 책에서 닐 우드는 미국의 폭정을 갈피갈피 고발하고 있다.

귀하는 억울할지 모른다. 그런 견해는 미국의 수많은 정치학자 가운데 한 사람의 의견이라고 주장할 수도 있다. 마찬가지다. 조선민주주의인민공화국을 보는 시각도 다양할 수 있다. 조선민주주의인민공화국이 '폭정의 전초기지'라는 게 귀하의 '진실'이듯이, 미국을 '폭정의 본거지'라고 얼마든지 판단할 수 있다.

귀하처럼 미국에서 정치학을 연구한 닐 우드는 죽기 직전에 미국인에게 호소했다. 그의 절절한 호소를 귀하에게 들려준다. '쇠귀에 경읽기'일지 모르지만, 꼭 한 번은 깊이 성찰하길 바란다.

"내가 간절히 바라는 것은 미국인들이 하루빨리 현실감각을 회복해서

2001년 9월 11일의 파국에 이어 나타난 '성조기 휘날리며' 식의 고압적 애
국주의의 물결 속에서 자신들이 인류에게 얼마나 맹목적인 전쟁기계를 풀
어 놓았는지, 그리고 자신들과 나라의 장래가 어떻게 될 것인가를 깊이 차
분하게 성찰해 보도록 하는 것이다." _2005.03.19.

'미국 중심 인사'와 홍석현 주미대사

_노무현 대통령 발언의 허와 실

"미국을 중심으로 말하는 사람들이 있다." 노무현 대통령의 말이다. 터키 이스탄불에서 가진 동포 간담회에서였다. 대통령은 고백했다. "한국 국민들 중 미국 사람보다 더 친미적인 사고방식을 갖고 얘기하는 사람들이 있는 게 내게는 걱정스럽고 제일 힘들다."

충분히 이해할 수 있다. 갈수록 첨단무기로 전력을 강화하는 주한미군의 성격이 '동북아 기동군'으로 바뀌는 상황에서 언론인과 지식인들이 곰비임비 '딴소리'를 늘어놓고 있지 않은가. 미국의 '위험한 전략'에 정파를 떠나 공동대응을 해도 벅찬 상황 아닌가. 그럼에도 대통령의 발언을 부풀려 한미갈등을 실체 이상으로 부추기는 부라퀴들이 있는 게 엄연한 현실이다.

앞선 칼럼에서 지적해 왔듯이, 미국의 장군들은 대한민국의 주권과 대통령의 발언을 무시하는 일을 서슴지 않고 있다. 최근에는 '작전계획 5029' 중단을 놓고 미군 쪽에서 "은혜를 저버릴 수 있느냐"는 막말까지 흘러 나왔다.

하지만 작전계획 5029가 무엇인가. 군사적 범주와 다른 사안, 가령 '대량 탈북'이 일어날 때도 침략할 수 있는 '전쟁계획'이다. 당연히 한국 정부로서는 반대해야 할 사안이다. 이철기 동국대 교수는 국방부가 청와대나 국가안전보장회의에 제대로 보고조차 없이 미군과 '침략작전의 계획(5029)'을 논의했다는 점이야말로 큰 문제라고 지적한다.

그런데도 대다수 한국 언론에서 미국이 저지를 전쟁 위험성에 대한 우려는 찾아보기 어렵다. 정반대다. 가령 『조선일보』 2005년 4월 18일자 사설("친미·반미를 가르는 대통령을 걱정한다")은 "대통령의 말과 행동을 걱정하는 사람들을 친미로 몰아붙인다면 그것은 국가의 운명과 관련된 외교정책에 대한 이론(異論)을 원천 봉쇄하겠다는 것이나 다름없다"고 주장한다.

하지만 명토박아 두자. 『조선일보』의 보도와 논평은 단순히 '대통령의 말과 행동을 걱정하는' 수준이 아니다. 과연 그것이 '걱정' 수준이었는지 스스로 정직할 필요가 있다. 한국 언론의 '친미사대주의'를 줄기차게 비평해 온 필자로서는 『조선일보』의 '격정론'에 결코 동의할 수 없다.

정작 문제는 『조선일보』가 아니다. 말살에 쇠살이든 그 신문이 주장하면 한국 사회의 '의제'가 되었던 상황은 이제 '희미한 옛 추억'이 되었다.

문제는 오히려 『중앙일보』다. 게다가 그 신문은 홍석현 주미대사가 '사주'인 신문이다. 그런데도 『중앙일보』의 '미국 중심 사고'는 『조선일보』에 결코 뒤지지 않는다.

가령 논설주간인 '문창극 칼럼'이 대표적이다. 그는 "독도에서 미국을 본다"는 칼럼(2005년 3월 22일자)에서 엉뚱하게 미국을 "붙잡아 두어야 한다"고 주장한다. 이어 "독도의 숨은 그림"(4월 5일자)에선 "문제는 정부가 지금 균형자론을 말하면서 북한이라는 존재에 대해선 전혀 언급이 없다는 점"이라고 생뚱맞은 주장을 편다. 이어 "북한은 우리와 한편이 되는가, 아니면 다른 편인가" 묻는다. 결국 문 주간은 "균형자론 뒤에 숨은 그림"을 제시한다. "미국을 매개로 한 전통적인 한미일 안보구도"의 붕괴란다.

더러는 『중앙일보』 편집권의 자율성을 주장할지 모르겠다. 하지만 어떤가. 홍석현 주미대사의 놀라운 재산증식을 보도한 『중앙일보』를 보라. 이 신문의 편집권이 누구 손에 장악되고 있는지 입증되고 있지 않은가.

홍 대사의 재산증식에 나타난 문제점은 『조선일보』와 『동아일보』마저 사설을 통해 책임을 물을 만큼 뚜렷하다. 그런데 생게망게한 일이다. 열린우리당은 홍 대사의 위장전입을 비호하고 나섰다. 청와대의 논평도 '편들기'다. 무엇을 위해서인가. 주미대사로서 홍 대사가 할 일 때문인가.

하지만 홍 대사의 의중이 어디에 있는지는 『중앙일보』의 사설과 논평에서 확실하게 묻어난다. 그가 유엔 사무총장을 꿈꾼다면 더 큰 문제다. 미국의 '지원'이 필요하기 때문이다.

그래서다. 필자는 참으로 이해할 수 없다. "한국 국민들 중 미국 사람보

다 더 친미적인 사고방식을 갖고 얘기하는 사람들이 있는 게 내게는 걱정
스럽고 제일 힘들다"는 대통령의 의중을. 바로 그런 인물을 주미대사로 발
령내지 않았던가. 주미대사의 재산증식 과정에 위법성과 부도덕성이 드러
났는데도 두남두고 있지 않은가.

노 대통령이 또다시 말만 앞설 뿐 정책으로 찬찬히 구현해 가는 데 실패
할 가능성이 높아 보인다면, 과연 필자만의 기우일까. _2005.04.18.

'폭군' 부시와 노무현, 김정일

_가파르게 치닫는 전쟁위기

조지 부시. 그가 말을 하면 미국만 아니라 세계가 주목한다. 더 정확히 말한다면 세계의 언론이 주시한다. 부시가 백악관 기자회견에서 한 말은 워싱턴에 거주하는 여러 나라의 특파원들을 통해 지구 곳곳에 퍼진다. 틀린 말을 하더라도 '기정사실'로 되기 십상이다.

필자는 부시와 정반대다. 『오마이뉴스』에 칼럼을 써도 부시는 물론, 미국인이 읽을 가능성은 거의 없다. 한국으로 좁혀 보아도 크게 다르지 않다. 부시의 불장난을 '엄호'하는 신문사설과 윤똑똑이들이 줄을 잇고 있지 않은가.

하지만 적어도 필자는 믿음이 있기에 쓴다. 부시가 결코 꿈꿀 수 없는 눈 맑은 독자들이 이 땅에 있지 않은가. 그래서다. 조지 부시에게 명토박아 둔다. 오늘 '지구촌'에 가장 큰 폭군은 바로 부시, 당신이다.

근거는 명쾌하다. 부시는 '대량 살상무기'와 '9·11테러 관련'이라는 전혀 사실과 다른 '조작된 정보'를 전 세계 언론을 통해 기정 사실화한 뒤 이라크를 침략했다. 후세인을 체포했다. 성고문과 학살의 통계가 입증하듯이, 이라크 민중의 고통은 무장 커져가고 있다. 문제는 그가 "두 개의 전쟁이 가능하다"며 조선민주주의인민공화국에 대한 침략을 공공연하게 들먹인다는 데 있다.

『중앙일보』조차 지적했듯이 "이라크전으로 미국이 두 개의 전쟁을 동시에 벌이기는 어렵다는 게 전문가들의 지배적 분석이었다. 그러나 부시 대통령은 한반도에서 신형무기로 전투력이 증강됐다면서 이를 부인한 것이다."

부시는 김정일을 '폭군(tyrant)'으로, 그리고 '위험한 사람(dangerous person)'으로 규정했다. 인민을 굶기고 있으며 거대한 수용소가 존재한다고 말했다. 노림수는 무엇일까. '김정일의 후세인화'다. 침략전쟁의 명분 쌓기다.

그렇다. 살천스레 '두 개의 전쟁'을 공언할 만큼 부시는 호전적 권력자다. 아무런 정당성이 없는 이라크 침략전쟁에서 수만 명의 이라크인들을 학살한 그가 자성할 섶에 오히려 새로운 침략전쟁을 호시탐탐 노리고 있다. 그가 폭군이 아니라면 누가 폭군이란 말인가.

무엇보다 심각한 문제는 부시의 '전쟁 놀이터'가 이 땅이라는 데 있다. 그는 '명분'으로 핵무기와 굶주림과 수용소를 꼽았다. 하나하나 톺아보자.

핵무기 위험성이 가장 큰 나라는 바로 미국이다. 미국은 가공할 핵무기 보유도 모자라 지하군사시설을 관통하는 소형 핵무기를 대량으로 개발하고 있다. 조선민주주의인민공화국을 겨냥한 개발이라는 게 유력한 분석이다.

굶주림과 수용소도 마찬가지다. 미국의 빈부차이는 갈수록 커져가고 있다. 미국 인구의 25%가 빈곤층이다. 그 가운데 절반은 '빈곤선' 이하다. 부시가 먼저 눈 돌려야 할 것은 굶주리는 미국인들이다. 더구나 세계 인구의 5%에 지나지 않는 미국인이 세계 감옥인구의 25%를 차지하고 있다. 지금 이 순간 미국인 200만 명이 감옥에 있다. 수감자 60%는 '유색인종'이다.

하지만 부시는 미국 안의 굶주림 개선에 나서지 않는다. 반면에, 조선민주주의인민공화국은 미국과 국교를 정상화하고 경제교류를 원한다. 바로 인민을 '먹여 살리기' 위해서다. 핵무기 보유를 선언한 평양의 외무성 성명도 미국과 "우방"으로 지내고 싶다는 뜻을 밝혔다. 그러나 그 사실은 묻혀 있다. 미국 언론도, 심지어 한국 언론도, 묵살하거나 정반대로 왜곡하고 있기 때문이다.

『조선일보』와 『중앙일보』의 사설(2005년 4월 30일자)은 부시의 위험한 불장난이 노골화한 기자회견까지 되레 노무현 정부를 비난하는 데 '활용'한다. 그런 가운데 한미정상회담이 2005년 6월로 예정되어 있다. 미국에서 먼저 제의했고 미국에서 열린다는 점에서 '부시-노무현 회담'이 미국의 전쟁 책동에 '이용'당할 가능성도 크다.

참으로 개탄할 일 아닌가. 6·15 공동선언 5돌을 맞는 오늘, 한반도는 전쟁의 가파른 길로 치닫고 있다. 그래서다. 폭군 부시에 맞설 '노무현-김정일 회담'이 어느 때보다 더 절실하다.

누가 먼저 제의하느냐 따위의 '격식'에 매몰될 문제가 아니다. 부시-노무현 회담 전에 노무현-김정일 회담에 적극 나서라. _2005.04.30.

'전쟁위기 칼럼'이 근거 없다?

_워싱턴포스트와 조선일보·동아일보·중앙일보

전쟁위기를 부풀린단다. 과장한다고 눈을 흡뜨는 윤똑똑이들도 있다. 필자가 '전쟁위기'를 강조해 왔기 때문이다. 부자신문의 한 젊은 기자는 사석에서 우려했다. 칼럼에 근거가 부족해 신뢰성이 떨어진단다.

그랬다. 미국의 '북침위협'을 필자는 줄기차게 제기해 왔다. 그런데 과연 그것이 과장일까. 아니다. 명토박아 두거니와 이 땅의 전쟁 가능성은 지금 이 순간도 엄존한다. 물론, 필연은 아니다. 하지만 단 1%의 가능성만 있더라도, 전쟁은 경계해야 마땅하다. 더구나 한반도에서 전쟁 가능성은 1%가 아니다. 그 이상이다. 문제는 우리의 불감증이다. 조지 부시 정권은 늘 북핵문제의 평화적 해결원칙을 내세워 왔다. 하지만 주목하기 바란다. 말 그대로 '원칙'일 뿐이다. 언제나 덧붙이지 않았던가. "모든 가능성을 열어두고 있다"고. 열어두고 있다는 수사에 현혹될 때가 아니다. 그 '열림'은 닫힘이다. 아니 그 이상이다. 폭격이고 전쟁이다. '불바다'다.

보라. 『워싱턴포스트』를. 미국은 조선민주주의인민공화국을 '선제 핵공격'하는 침략작전계획을 완성했다. 군사전문가 윌리엄 아킨이 밝힌 이른바 '콘플랜 8022'는 2004년 6월에 도널드 럼스펠드의 서명을 받아 완성되었다. 『워싱턴포스트』에 따르면, 평양의 핵개발이 심각하고 다급한 위협으로 판정될 때 미국은 폭격기로 핵시설을 '족집게 공습(pinpoint)'한다. '벙커버스터' 미사일로 핵시설을 파괴한다. 이어 '사이버 공격'으로 조선인민군의 미사일망, 방공망, 통신망을 파괴해 '반격'을 저지한다. 미 특수부대가 투입되는 것은 그 다음이다. 그렇다. 미군은 이미 옹근 1년 전에 핵무기를 동원한 침략전쟁계획을 완료했다. 언제든지 '몇 분 안'에 전쟁을 일으킬 태세를 갖춘 셈이다.

그런데 참으로 생게망게한 일이다. 미국 언론도 비중 있게 편집한 핵전쟁위기를 정작 한국 언론은 시큰둥하게 반응한다. 아예 보도하지 않는다. 보도하더라도 축소편집한다. 과연 그래도 되는 걸까. 진지하게 묻고 싶다.

거기서 그치지 않는다. 미국의 북침 가능성을 우려해 이를 비판하는 평화단체와 시민단체를 서슴지 않고 매도한다. 2005년 5월 17일자 『중앙일보』 사설은 제목부터 서슬이 시퍼렇다. "미군기지 폭력시위 왜 미온적으로 다루나." 광주와 전남지역 시민들이 벌인 전쟁반대시위를 겨냥한 사설이다. "경찰은 시위대 중 한 명도 검거하지 않았다"며 "이는 분명한 직무유기"라고 도끼눈을 뜬다.

『동아일보』 사설도 언구럭 부린다. "반미로 안보를 날릴 셈인가." 사설은 "일부 재야단체 회원과 대학생들이 벌인 과격시위는 그 어떤 명분으로도 용인하기 어렵다"며 "국익에 해악을 끼칠 뿐"이라고 결론 내린다. 같은 날 『조선일보』 류근일 칼럼은 '압권'이다. 그는 "김정일 '남쪽 친구들'의 궤변"이라는 자극적 제목 아래 북미 핵문제로 빚어지고 있는 전쟁위기를 우려하는 목소리를 '김정일 감싸기'로 살천스레 몰아세운다. 이어 "대학가에 일고 있는 북한인권에 대한 관심이 아침 햇살처럼 수구좌파의 캄캄한 어둠과 미망을 걷어낼 날을 고대"한다. 무지하면 용감하다고 했던가. 류 씨에게 유일한 잣대는 '김정일'이다. 그런 단순논리로 대학생들을 선동할 수 있다고 생각하는 걸까.

그래서다. 분명히 기록해 둔다. '주미대사 신문'인 『중앙일보』 사설은 "이들이 어느 나라 국민인지 의심스럽다"고 썼다. 묻고 싶다. 『중앙일보』는, 아니 세 신문은, 도대체 어느 나라 신문인가. '전쟁위기'를 경고하는 필자의 칼럼은 신뢰성이 떨어져도 좋다. 하지만 칼럼의 생명과 비교할 수 없이 소중한 것은 민족의 생명이다. 세 신문에 간곡히 촉구한다. 친일과 친독재로 이미 죄가 차고 넘친다. 이제 그만 두기 바란다. 오월 그날이 다시 오고 있지 않은가.

_2005.05.17.

'거짓말쟁이' 부시와 '사기꾼' 블레어

_이라크 파병 또 연장하려는 청와대

"부시의 거짓말로 수천 명이 숨졌다."

2005년 9월 24일 미국 백악관 앞 광장에서 터져 나온 외침이다. 30만 명이 모였다. 같은 날 열린 국제통화기금(IMF)과 세계은행 연차총회를 반대하는 시민들이 합류한 사실도 상징적이다. 기실 신자유주의와 제국주의 침략정책은 '미국'이라는 동전의 앞뒷면이다.

상상해 보라. 대통령 집무실 앞에 30만 명이 모여 탄핵을 부르대는 시위를. 부시가 거짓말쟁이란 말도 참이고, 거짓말로 수천 명이 숨진 참사도 진실인 까닭이다.

조지 부시. 그는 이라크 후세인 정권이 대량 살상무기나 '9·11테러'와 아무 관련이 없는데도 거짓말로 여론을 조작했다. 결과는 참혹하다.

헤아릴 수 없을 만큼 많은 이라크인들이 죽었다. 미군 사망자도 1,900명을 넘어섰다. 부시가 휴가를 즐긴 텍사스 목장 앞에서 26일 동안 농성을 벌인 전몰병사의 어머니 신디 시한은 절규하듯 물었다. "얼마나 더 많은 희생이 필요한가?"

이날 반전시위는 워싱턴에서만 일어나지 않았다. 두 번째 파병국인 영국 런던에서도 10만 명이 모였다. '즉각 철수'를 요구하는 집회와 거리행진이 벌어졌다. 시위대는 블레어를 "사기꾼"으로 규정했다. 사임을 촉구했다.

언제나 진실은 거짓을 이기게 마련일까. 미국과 영국 안에서 철군여론은 무장 커져가고 있다. 부시와 블레어 정권 두루 철군을 '논의 중'이다.

그러나 파병 3위국 한국은 어떠한가. 노무현 정권은 파병을 또 연장하겠다고 나섰다. 국방부는 12월에 파병할 부대원들을 모집하고 있다. 2006년 예산안에도 주둔비용을 포함했다.

그럼에도 보라. 파병반대 국민행동이 주최한 서울역광장 집회에는 600여 명만 모였을 뿐이다. 파병연장이 의제가 되지 않아서다. 노 대통령이 "임기단축"을 거론하며 '연정론'을 제기하면서 거의 모든 사회적 쟁점이 가려졌다.

대다수 신문과 방송도 파병연장을 의제화하지 않는다. 인터넷언론도 예외는 아니다. 침략전쟁에 파병을 결정하고 주둔을 연장한 뒤 다시 연장하려는 노 정권을 비판할라치면, 맹목적 지지자들의 모욕을 하릴없이 감수해야 한다.

하지만 찬찬히 톺아보자. 한반도는 6자회담의 타결로 전쟁위기를 해소하는 첫걸음을 내디뎠다.『조선일보』김대중 고문은 "지난 60년간 이 땅의 알파와 오메가로 여겨졌던 미국이 한국으로부터 발을 빼는 작업을 시작하고 있다"(2005년 9월 26일자 칼럼 "북한은 몰려오고 미국은 비켜서고")고 언구럭 부리지만, 6자회담 타결로 전쟁의 먹구름을 가까스로 벗어나는 단초를 마련했다.

여기서 자연스레 의문이 들 수밖에 없다. 미국은 왜 '대화'에 나섰을까. 여러 가지가 있지만, 결정적 이유는 이라크 침략 때 전혀 예견 못한 민중 저항에 있다.

그렇다. 이라크에서 조국해방을 위해 몸 던져 싸우는 민중, 바로 그들이 이 땅의 평화를 지켜준 셈이다.

정작 우리는 무엇을 하고 있는가. 미국의 침략전쟁을 돕고 있다. 전투에 참가하지 않는다고 눈 홉뜰 일이 아니다. 바로 그만큼 미군 전투력을 도와주고 있지 않은가. 냉철히 자문해 보자. 한국군 파병, 그것은 이라크 민중에게 무엇일까. 자명하지 않을까. 배신이다.

이미 많이 늦었다. 하지만, '개전의 정'을 보일 기회는 있다. 기회는 기다려서 오지 않는다. 철군의 결단을 내려야 옳다. 청와대와 국회가 거부한다면, 주권자인 국민이 나서야 한다. 미국 국민이 거리로 나서듯, 영국 국민이 시위에 나서듯. _2005.09.26.

파병안에 대해 **찢고 까불지** 좀 말라?

_이라크 파병재연장과 '불감증'

"다수결로 통과된 파병안에 대해 찢고 까불지 좀 마라."

한나라당 국회의원의 발언이다. 국회 국방위원회 자리였다. 그가 "찢고 까불고" 있다고 살천스레 겨냥한 과녁은 누구일까. 이슬람 무장세력의 테러 가능성를 우려하는 사람들이다. 그는 "각국 정상이 오는 회의에 테러 위협은 어떻게 보면 당연한 일"이라며 눈을 부릅떴다. "테러에 노출된 것이 모두가 파병 탓"으로 몰지 말란다.

과연 그러한가. 부산에서 열릴 APEC(아시아태평양경제협력체)회의를 찬찬히 짚어볼 때다. 침략전쟁의 대표적 파병국가들인 미국과 일본, 호주의 '정상'이 참석한다. 주최국인 한국 또한 3,000명이 넘는 대규모 파병국가다.

정치인들에겐 망각이 '습관'일 수 있지만, 우리는 처연하게 기억하고 있다. 파병국가인 스페인과 영국에서 일어난 참사를. 마드리드에 이어 런던의 도심이 피로 얼룩지지 않았던가. 더구나 미국 조지 부시 대통령에 대한 이슬람의 분노는 무장 커져가고 있다.

여야의원 30여 명이 발의한 '이라크파견 국군부대(자이툰부대) 철군촉구 결의안'을 내면서 이영순 민주노동당 의원은 '즉각 철수'를 촉구했다. 현실적 방안도 잊지 않았다. "당장 철수가 어렵다면 APEC정상회담 전까지 최소한 철군계획이라도 발표하라." 임종인 열린우리당 의원도 파병 37개국 중 21개국이 이미 철군했거나 철군을 예정하고 있다면서 우려했다. "유독 우리나라는 철군도 감군도 발표하지 않고 있다." 그만큼 '테러'의 과녁이 될 가능성이 크다는 논리다. 실제로 그렇다. 침략국 미군도 절반 이상을 줄였다. 영국도 4만 5,000명에서 3만 9,000명을 줄였다.

하지만 무슨 까닭일까. 대한민국만 '흔들림' 없다. 연장 불가피론을 펴며 1,000여 명 철군을 흘렸을 때와도 사뭇 다르다. 윤광웅 국방부장관은 감군도 내년에나 검토할 문제란다. 그 사이에 어떤 곡절이 있었을까.

아무도 묻지 않는다. 집단 불감증이다. 아니 그 불감증은 기실 오래됐다. 철군안을 제출한 시점은 2005년 7월이다. 국회 국방위는 넉 달 남짓 처리를 미뤄 왔다. 열린우리당과 한나라당 간사단 사이에 '묵계'라는 분석이 지배적이다. 참으로 어렵게 열린 회의는 결국 표결처리도 못했다. 의원들이 하나둘 자리를 떴다. 회의 자체가 흐지부지됐다. 의결 정족수조차 채워지지 않았다.

유감이지만 진실을 직시할 때다. '테러 위협' 거론은 결코 찧고 까부는 짓이 아니다. 다름 아닌 국가정보원이 7일 시민들에게 '당부 말씀'을 공개했다.

"지난 7월 영국에서 G8 정상회담 기간 중 테러가 발생한 바와 같이 APEC정상회의 역시 주최국인 우리나라를 비롯 미국·일본·호주 등 파병국 정상들이 참석하기 때문에 테러 대상이 될 가능성을 배제할 수 없다."

마드리드와 런던에 이어 부산이나 서울이 피로 물들기를 바라는 사람은 아무도 없다. APEC회의가 무사히 끝날 수도 있다. 하지만 그 못지않게 유혈사태의 가능성을 주시해야 옳다. 무엇보다 아무런 명분도, 하다 못해 경제적 실리조차 없는 파병을 언제까지 연장할 셈인가.

노무현 정권도, 열린우리당과 한나라당의 절대다수도, 신문과 방송도 집단 불감증이다. 시민사회단체의 호소는 국민 대다수에 전달되지 않는다. 에이펙 회의를 제대로 보자는 전교조 교사들에 대한 마녀사냥의 노래만 울려 퍼진다. "찧고 까부는" 국회의원의 발언만 메아리 친다. 민주공화국 대한민국의 오늘이다. _2005.11.07.

부시 발언, 왜 한국과 일본에서 다른가

_한미공동선언이 유감스러운 이유

노무현과 조지 부시. 편한 차림으로 웃었다. '한미동맹과 한반도 평화에 관한 공동선언'을 내놓았다. 두 사람은 '한미동맹의 공고함을 재확인' 했다. 이른바 '북핵문제' 해결이 한반도 평화에 필수적이라고 다짐했다. 대체로 긍정적 평가가 지배적이다. 한반도 '평화체제' 전환에 부시가 열린 자세를 보였단다. 홍석현 사주가 검찰에 불려다니는 『중앙일보』는 "현정부 들어 가장 돋보인 한미정상회담"(2005년 11월 18일자 사설 제목)으로 '칭찬' 했다. 물론, 『조선일보』처럼 중국과 더 가깝지 않느냐고 캐묻는 '사설'도 있고, "앞에서 웃고 뒤로 틈새가 벌어지는" "냉엄한 현실을 직시"하자는 『동아일보』도 있다.

하지만 공동선언에서 무엇보다 눈여겨볼 곳은 "남북관계 및 평화체제 구축" 항목이다. 공동선언은 "남북관계의 발전이 북핵문제 해결 진전과 상호보강할 수 있도록 조화롭게 계속 추진해 나갈 것"을 합의했다.

보기에 따라서는 '진전'으로 볼 수도 있다. 하지만 찬찬히 뜯어보면 아니다. '북핵문제' 해결에 가장 큰 변수는 누가 보더라도 미국의 정책이다. 미국이 주도하는 '해결'과 '상호보강할 수 있도록 조화롭게' 남북관계가 발전해 가야 한다는 공동선언의 함정이 여기에 있다. 표현의 부드러움과 정반대로 미국은 남북관계에 개입할 '발판'을 마련한 셈이다. 회담 뒤 공동기자회견에서 한 노 대통령의 발언도 그 연장선이다. 부시와 나란히 서서 노 대통령은 강조했다. "남북정상회담에만 매달리지 않겠다."

여기서 한국에 오기 직전 부시가 일본에서 한 발언을 되새겨 볼 필요가 있다. 부시는 미일정상회담 뒤 가진 연설에서 주장했다. "북한을 촬영한 위성사진에는 하나의 도시로 착각될 만큼 대규모 정치범수용소들이 보이고, 밤이면 (전력난에) 암흑으로 뒤덮인다." 이어 단언했다. "이는 자유와 개방을 거부한 결과다." 근본주의적 신앙으로 '미국식 체제' 확산을 추진해 온 제국주의정책의 연장선에 있는 발언이다. 실제로 부시는 "우리는 고통받는 북한 주민을 잊지 않을 것이고, 21세기는 한반도 전역에 '자유의 세기'가 될 것"이라고 강조했다.

부시가 한국에서 보인 '웃음'과 분명 '의미'가 다른 발언이다. 무엇이 그의 진심일까 묻지 않을 수 없다. '북핵문제'를 평화적으로 해결하겠다는 부시의 말이 미덥지 않은 이유도 여기에 있다.

분명히 말하자. 조선민주주의인민공화국의 '전력난'과 '주민 고통'이 안타깝다면, 그가 적극적 의지로 실천할 일이 있다. 조미수교를 서둘러라.

미국은 김정일 위원장의 '경직성'을 거론한다. 하지만 현실은 정반대다. 부시가 '암흑으로 뒤덮인다'고 발언한 날이다. 브루킹스연구소의 알렉산더 보론소프 박사는 동북아정책강연회에서 진실을 토로했다. 그는 평양에 "잘 조직된 반미주의가 있다"고 전제했다. 그러나 "지난 2000년 올브라이트 국무장관이 평양을 방문하고, 조명록 차수가 워싱턴을 방문하던 시기에는 반미감정이 완전히 바뀌어 미국에 친근한 태도를 보이기도 했다"고 증언했다. 그런데 그 해 부시 후보가 대통령에 당선되면서 "모든 것이 원위치했다"고 분석했다.

그렇다. 부시가 '암흑의 나라'로 언죽번죽 지목한 그 나라는 지금 이 순간도 미국과 국교를 맺고 싶어 한다. 경제발전을 위해 손을 내밀고 있다. 문제의 핵심은 부시, 바로 그가 북이 내민 손을 모르쇠하는 데 있다. '전력난'이나 '주민 고통'을 들먹이는 부시의 발언이 역겨운 위선으로 들리는 까닭이다.

그래서다. 노 정권에 명토박아 둔다. 남북관계 발전의 주체는 남과 북이다. 설령 미국의 대북정책과 '조화롭게 발전'할 수밖에 없는 게 현실이라 하더라도, 그 주체는 우리에게 있어야 옳다. '미한공동선언'이 유감스러운 까닭이다. _2005.11.18.

버시바우 미국대사는 행복하다

_이 땅에 지천으로 깔린 친구들을 보라

행복한 버시바우. 괜스레 하는 말이 아니다. 알렉산더 버시바우. 주한 미대사다. 서울로 올 때부터 나라 안팎에서 눈길을 모았다. 까닭은 분명했다. 대한민국 건국이래 최대 '거물 대사'이어서다.

소련이 무너질 때 미 국무부 소련과장이었다. 그 뒤 '요직'을 두루 섭렵했다. 더구나 현직 러시아대사에서 곧장 서울로 발령 받았다. 파격이다. 그래서다. 러시아도 놀랐다. 왜 미국 조지 부시 정권은 '거물'을 서울로 보냈을까. 곰비임비 의혹의 눈초리가 이어졌다. 버시바우는 거물답게 연막을 피웠다. "북한에도 분명히 변화가 올 것이지만 소련, 폴란드, 독일과는 모든 상황이 다르다." 서울에 온 뒤 박근혜 한나라당 대표를 면담했다. 부임인사 명분이었다. 박 대표와 만난 그는 '북한인권국제대회'에 협조를 요청하며 말했다. "한국 내에서도 북한인권에 대한 여러 담론이 무르익고 인식이 제고되는 계기가 되길 바란다."

그로부터 한 달 뒤다. 버시바우는 행복하다. 한국 내에 담론이 무르익어서만이 아니다. 서울에 그의 친구가 넘쳐난다. 박근혜 대표를 비롯한 저 국회의원들만이 아니다. 친미사대언론들이 입을 모았다. 버시바우의 행복은 여기서 머물지 않는다. 한때 '진보인사'였던 안병직 서울대 명예교수마저 아예 '벌거숭이 친구'가 되었다. '북한인권국제대회' 공동대회장 안병직은 '선군정치'를 들어 북쪽을 비난했다. 마침내 6·15남북공동선언 폐기를 주장하고 나섰다. 어쩌다가 그가 일본에 이어 미국에까지 용춤 출 만큼 전락했을까.

버시바우가 노린 '인식의 제고'는 진보세력 사이에서도 시나브로 퍼져간다. 버시바우의 '승리'다. 가히 총독의 권세를 누리고 있다.

그래서였을까. 그는 당당하게 '선포'했다. "북한의 심각한 인권문제를 개선하기 위해 행동할 시기가 왔다." 관훈클럽 초청토론에서 조선민주주의인민공화국을 '범죄국가'로 규정한 데 이은 호전적 발언이다.

그래서다. 버시바우에게 단호하게 묻는다. 어떤 행동인가. 어떤 동원령인가. 버시바우는 4차 6자회담의 결실인 베이징공동성명을 묵살할 태세다. 그러면서 언구럭 부린다. "부시 대통령은 북한주민 생활개선과 인권개선에 많은 관심을 갖고 있다." 대회에 참석한 제이 레프코위츠 미 북한인권특사는 더 선명했다. "미국의 사명은 북한에 자유를 전파하는 것이다."

묻고 싶다. 왜 북이 선군정치를 하는지 미국 스스로 폭로해 주고 있지 않은가. 이미 미국은 올해 북한에 지원하기로 한 식량 5만 톤 가운데 2만 5,000톤의 지원을 취소했다. 대북 선동방송을 늘리고 이를 청취할 수 있도록 라디오를 공급하는 게 이른바 미국 인권법안의 뼈대다.

그렇다. 거듭 강조한다. 미국의 인권론은 '악어의 눈물'이다. 그리고 그 악어는 지금 우리를 겨냥해 돌진하고 있다. '행동 개시'를 선동하고 있지 않은가. 그 행동에 수구세력은 물론, 보수세력과 진보세력 일부까지 가세하고 있다.

그래도 우리는 태평성대다. 수구신문 탓만이 아니다. 수구신문으로부터 '색깔 공세'를 받은 게 억울해서일까. KBS와 MBC마저 월드컵축구 조 추첨으로 저녁 9시 뉴스를 도배질한다. 그런 가운데 한국기독교총연합회는 '북한동포의 인권과 자유를 위한 촛불기도회'를 열었다. 두 여중생의 원혼을 통곡하던 그 자리에서, 맞아 죽은 농민을 추모하는 그 촛불을.

저 "인권"을 소리 높여 외치는 촛불에 기름진 버시바우의 행복한 얼굴이 겹친다. 묻고 싶다. 과연 저들은 저들이 하는 일을 알고 있는 걸까. 적어도 한 사람은 분명 알고 있다. 행복한 버시바우다. _2005.12.11.

한국 언론의
'이중국적'

대한민국이라는 나라가 부끄럽다. 이 땅의 언론이 수치스럽다.
세 신문이 일본 외무성차관의 옹호에 이어 한미동맹 강화를
합창하는 풍경을 보라. 도대체 그 사설과 기사를 쓰는 한국의
언론인들은 국적이 어디일까. …… 바로 그들이야말로 가장
위험한 '이중국적자'가 아닐까.
저 부라퀴들에게 권한다. 차라리 한국 국적을 포기할 것을.
그게 그나마 정직한 삶이 아니겠는가.

잃어가는 '권위'가 어리석은 대중 탓인가

_조선일보 논설주간의 '권위'

"권위가 무너진 벌판에 부는 바람." 2004년 2월 9일자『조선일보』의 강천석 논설주간 칼럼이다. '추기경 품 파고든 그때 그들 …… 권력 얻으니 권위 부담되나'를 부제로 한 그의 칼럼은 '한 좌파신문의 논설위원'에 대한 비판을 담고 있다. 문맥상 '한 좌파신문의 논설위원'은 필자를 지목한 것이 분명한 만큼, 답변을 보내는 게 예의일 성싶다.

강 주간은, 김 추기경이『조선일보』의 과장보도를 그대로 믿은 채 발언하고 다시 그 발언을『조선일보』가 대서특필하는 여론조작을 지적한 필자의 칼럼에 대해 "얼마 전 한 좌파신문의 논설위원이 김수환 추기경을 향해 삿대질을 한 사건"이라고 규정했다.

칼럼을 쓰는 논설주간이 상대 논지의 핵심에 대해선 거론하지 않은 채, 교묘하게 추기경을 끌어들이는 모습은 참으로 남세스럽다. 필자가 '친정부 언론인'이 아니라는 사실은 강 주간도 알고 있어서일까.

"좌파 또는 친정부 언론인"으로 필자를 두루뭉수리 규정한다. 이어 다시 상대가 필자인지 아닌지 슬그머니 처리한 뒤 모호하게 묻는다. "권력 얻으니 권위 부담되나."

이 참에 분명히 말하자. 필자는 이미『한겨레』에 "바보 노무현"을 비롯한 칼럼들에서 노무현 정권의 실정을 강도 높게 비판해 왔다. 이는 언론계 안팎에서 두루 알려진 사실이기도 하다.

그럼에도 기자에게 '친정부 언론인'이라는 말을 슬쩍 끼워 넣은 까닭은 무엇일까. 기실 강 주간이 조금만 성찰해 보아도 알 수 있는 간단한 문제이다. 필자를 거론한 뒤 "권력 얻으니 권위 부담되나"라고 묻는 것은, 얼마나 엽기적인 우스개인가.

문제는 비단 강 주간만이 아니다.『조선일보』가 대표하는 '김대중 칼럼'도 기자를 겨냥해 다음과 같이 썼다.

"과거 역대 독재정치하에서도 성역처럼 여겨졌던 종교계 원로들의 발언도 이제는 더 이상 터부에 머물러 있지 않다. 노 정권은 그동안 자신들에 대한 비판과 지적에 대해 반박하고 공격해 왔다. 비판의 확산을 막으려는 방어적 공격이었던 셈이다. 이제 추기경의 발언마저 보란 듯이 공격의 대상이 된 마당에 누가, 어떤 원로가 감히 나서서 입을 열 것인가."

논지와 어긋난 상처내기 식 칼럼 앞에서 거듭『조선일보』를 비롯한 언론계 안팎에 묻고 싶다. 과연 필자가 그리고 필자의 칼럼이 친정부적인가. 한나라당을 대변해 온 두 사람은 그렇다면 '야당 언론인'이자 '언론 투사'인가. 지나가던 소가 웃을 일이다.

그래서다. 『조선일보』의 이사기자와 논설주간이 그동안 기자의 줄기찬 비판에 단 한번도 대응하지 않다가 갑작스레 "감히" "추기경을" 운운하며 '친정부'로 매도하는 모습은 실소를 머금게 한다. 묻고 싶다. 조금은 더 당당할 수 없는가. 과연 두 사람이 언제부터 추기경을 그렇게 높이 모셔 왔는가.

심지어 강 주간은 필자 개인에 대한 험담에 그치지 않는다. 강 주간은 『한겨레』를 '좌파신문'으로 규정했지만 되묻고 싶다. 과연 그에 동의하는 독자들이 얼마나 될까.

더구나 "쫓길 때는 권위의 품을 파고들다가도, 권력을 얻으면 권력 밖의 독립된 권위가 거추장스러운 법"이라며 "혁명한다는 사람은 으레 그렇다"는 대목은 도대체 누구를 염두에 둔 것인지조차 불분명하다.

만일 그 말이 민주화운동을 해 온 사람들을 이르는 비난이라면, 그야말로 수많은 사람들의 도덕성 일반을 싸잡아 비난하는 '인신공격'이다. 필자의 어법을 문제삼은 강 주간은 냉철하게 돌아보라. 누구의 어법이, 누구의 문법이, 상대에게 '삿대질'을 하고 있는가.

마침내 강 주간은 결론을 내린다. "종교의 권위, 예술의 권위, 대학의 권위, 언론의 권위가 무너진 벌판에는 우중(愚衆)을 앞세운 권력의 바람만 휘몰아친다." 그랬다. 기실 그가 하고 싶은 말이었다. 그는 언론의 권위가 무너진 것을 '우중', 곧 어리석은 대중의 탓으로 돌리고 있다.

얼마나 오만한 발상인가. 차라리 류근일 전주필의 말이 솔직하게 다가오는 것도 이 지점이다. 류 씨는 "『조선일보』 주필 할 때야 이런 얘기할 수가 없었다"며 말한다. "이젠 내 자신에게 솔직해지고 싶어."

무엇일까. 『조선일보』 주필 할 때 감추고 있었던 솔직한 심경은. 한마디로 그는 말한다. "국민은 바보이다." 류 씨의 독설은 여기서 그치지 않는다.

"인터넷에 흘러 넘치는 욕설과 저주를 보세요. 토론이 먹혀 들 자리가 있나. 공론이 형성될 수 없는, 토론과 대화가 먹혀 들지 않는 시대가 왔다."

네티즌을 겨냥해 "글이 무너진 폭민의 시대"라고 개탄하는 저 '솔직한 『조선일보』 주필'의 말과 현직에 있는 강천석 논설주간, 김대중 이사의 논리가 겹쳐지는 것은 필자의 과민반응일까.

하여, 『조선일보』에 간곡히 당부한다. 잃어 가는 신문권력의 '권위'를 되찾으려면, 그 신문의 대표 논객들부터 추기경 뒤에 숨거나 상대를 사실과 달리 '친정부' 따위로 몰아가는 비겁한 논리 전개에서 벗어나라. 네티즌은, 국민은, 더 이상 바보가 아니다. _2004.02.09.

조선일보가 새겨야 할 '교황의 충고'

_공중을 대중과 군중으로 만드는 자 누구인가

공중이 '군중'이 되었단다. 창간 84돌을 맞은 『조선일보』의 개탄이다. 또 『조선일보』 비판이냐고 눈흘기지 말기 바란다. 오늘의 『조선일보』는 단순히 그 신문 내부 구성원들의 신문만이 아니다. 소설가는 물론이고 '균형감' 갖춘 학자들까지 '참여'해 날마다 수백만 부의 인쇄물을 이 땅에 쏟아 내고 있기 때문이다.

물론, 『조선일보』 주장이 지닌 선동성과 허구성은 새삼스러운 일은 아니다. 문제는 정작 『조선일보』 내부에 있는 구성원들이나 그에 동조하는 윤똑똑이들이다. 누군가 그 잘못을 지적해 주지 않으면, 스스로 옳다고 착각하기 십상이기에 더 그렇다. 이를테면 2004년 3월 5일 창간 기념일을 맞아 내보낸 사설 "포위된 독립언론과 대의민주주의의 위기"를 보라.

제법 현학적이다. "권력에 대한 감시를 사명으로 하는 독립언론과 절대권력에 대한 견제를 사명으로 하는 대의민주주의는 근대시민사회가 탄생시킨 독립적으로 사고하고 이성적으로 행동하는 공중(公衆, public)을 그 토대로 해서 함께 출현한 기관"이라고 선언한다. 옳다. 누가 그 말에 반대하겠는가.

거기서 머물지 않는다. "운명 공동체라 할 독립언론과 대의민주주의가 왜, 누구에 의해, 어떻게 공격받고 위협당하고 있는가" 물으면서 "이것을 꿰뚫어 보는 투철한 인식이야말로 독립언론을 지켜내고 대의민주주의를 방어해야 할 이 시대의 선결 과제라고 할 수 있다"고 강조한다. 이 대목도 참으로 동의를 표하지 않을 수 없다. 그동안 수구신문들을 비판해 온 필자의 주장과 전혀 다를 바 없지 않은가.

하지만 차이는 그 다음부터다. 『조선일보』는 그 이유를 다음과 같이 '분석'한다. "독립언론과 대의민주주의가 직면하고 있는 오늘의 위기는 양자가 함께 딛고 서 있는 공중이 정치권력의 상징조작에 따라 감정적으로 반응하고 즉흥적으로 행동하는 대중(大衆, mass)과 군중(群衆, crowd)으로 급속히 교체되고 있다는 것이다."

과연 그러한가. 아니다. 여기서도 현실은 정반대다. 눈을 씻고 현실을 보라. 군사독재 시기와 권위주의 정부를 거치면서 대중과 군중에 머물러 있던 민중이 '급속히' 깨어나고 있지 않은가.

바로 그 군사독재는 물론이고 일본제국주의와 손잡고 더불어 부귀영화를 누리던 『조선일보』가 이 땅의 공중을 대중과 군중으로 만들지 않았던가. 바로 그랬기에 시민사회에서 자발적으로 '조선일보 구독거부운동'이 일어나고, 뜻있는 대학교수들과 문인들이 '조선일보 기고거부운동'을 벌이지 않았던가.

그렇다. 수구신문들의 여론 왜곡과 조작으로 공중은, 그리고 공론장은, 이 땅에서 뒤틀릴 대로 비틀어졌다. 바로 그 공중이 깨어나고 공론장이 이제 겨우 만들어지는 과정이 현 단계다. 욕설과 인신비방이 춤추는 일부 '댓글'의 부정적 현상도 꼭 비뚤게 볼 일만은 아니다. 댓글을 쓰는 이 또한 그 과정에서 진실을 학습하지 않겠는가.

문제는 공중의 깨어남과 공론장의 형성을 지금 이 순간도 저해하는 세력이 있다는 사실이다. 누구인가. 바로 수구신문이다. 『조선일보』의 잘못을 비판하면 곧바로 '친정부'나 '친북' 따위로 왜곡하고 있지 않은가. 『조선일보』의 '언론분류법'을 보라.

"권력이 기피하는 언론과 총애하는 언론의 지도를 당장 그려낼 수가 있다"고 나선다. 참으로 보기 딱하다. 자신들의 주장처럼 '비판적 독립언론'을 지향한다면, 왜 권력이 '기피'하거나 '총애'하거나를 사설에서 따지는가. 기피나 총애라는 말 자체가 이미 우리 시대 언론에 대한 자발적 모욕이 아닌가.

거듭 새삼스럽지만, 『조선일보』가 마치 정치권력에 대한 비판을 전담해온 듯 다짐하는 것도 희극이다. 과연 언제 자신들이 정치권력을 비판했던

가. 김대중 정권과 노무현 정권을 비판했다고 자부하고 싶은가. 색깔공세와 지역감정 조장도 비판이라면 그럴지도 모른다.

그래서다. '비판언론'과 '독립언론'을 부르대며 "외길을 걸어가겠다"는 『조선일보』에게 교황 요한 바오로 2세의 말을 들려주고 싶다.

"저널리즘은 여론에 막대하고 직접적인 영향을 끼치기 때문에 경제적으로 영향력을 지닌 집단, 이득, 특정이익단체에 지배되어서는 안된다."

2000년 6월, 언론인들에게 보낸 교황의 이 충고를 새겨듣고 차분히 성찰하기 바란다. 과연 오늘 이 땅에서 "경제적으로 영향력을 지닌 집단, 이득, 특정이익단체"를 누가 대변하고 있는가.

과거에도 그랬고 지금도 그랬듯이 바로 수구신문 아닌가. 그 '외길'을 앞으로도 걸어갈 셈인가. 하여, 간곡히 당부한다. 더 이상 공중을 군중으로 착각하지 말라. _2004.03.05.

한국 언론은 '왕조시대'에 살고 있는가

_신문의 날이 우울한 까닭

신문의 날이다. 하지만 그 누구도 축하의 말을 전하지 않는다. 오히려 질타가 쏟아진다. 신문이 위기라는 진단도 곰비임비 이어진다. 그래서일까. '신문의 날'을 기념하는 신문기자들의 목소리도 날이 서있다.

한국신문방송편집인협회의 최규철 회장이 대표적이다. 신문의 날 기념식 개회사에서 최 회장은 오늘의 언론을 "권력에 우호적인 친여매체와 비우호적인 비판매체"로 나눈다. 이어 개탄한다. "언론이 찢기고 갈라진다면, 국민은 헛갈릴 수밖에 없습니다. 언론에 대한 국민의 신뢰도 떨어지게 마련입니다. 좋아 할 쪽은 누구이겠습니까. 권력 아닙니까."

친여매체와 비판매체. 언론계 안팎에서 흔히 하는 말이다. 앞서『조선일보』의 김대중 이사기자도 '서울대 언론인대상'을 받으며 '한탄' 했다. "옛날에는 권력하고만 싸우면 됐지만 지금 언론의 문제는 언론 내부의 분열과 갈등에 있다."

답답한 일이다. 최규철 회장과 김대중 이사기자에게 언제 두 사람이 권력을 감시했고 싸웠는지 묻고 싶어서가 아니다. 1980년 민주시민들이 학살당했을 때, 두 사람이 무슨 기사를 썼는지 스스로 성찰해 보면 알 일이다.

참으로 답답한 것은 아직도 친여매체, 친야매체 따위의 저열한 논리가 언론계와 정가 안팎에 회자되고 있기 때문이다. 이 참에 분명히 짚고 넘어가자. 신문을 '여당지'와 '야당지'로 나누는 것은 한국적 상황에서 나온 말에 지나지 않는다.

건국한 지 반세기 가까이 평화적 정권교체가 전혀 없었던 한국의 정치상황에서 야당이나 야당지라는 말이 '도덕성'을 지녔을 따름이다. 이미 정권교체를 경험한 나라에서 여당과 야당을 과거의 잣대로 나누는 것은 타당하지 않거니와 설득력도 없다.

가령 우리에게 과거 '야당'이란 말은 '집권세력보다 더 정당성이 있는 정당'을 의미해 왔다. 하지만 그 야당의 개념에 오늘의 한나라당은 얼마나 값하는가. 앞선 칼럼("탄핵론자들이 야당 정서를 부추기는 속셈")에서 밝혔듯이, 그 '야당'이라는 이름에 걸맞은 정당은 민주노동당·녹색사회민주당·사회당 아닌가.

신문도 그렇다. 정권교체가 자유로운 국가에서 여당지와 야당지를 따지는 것이 어떤 의미가 있는가. 문제는 어느 정당, 어느 신문이 누구를 대변하는가에 있다. 권력감시라는 언론 본연의 과제 또한 행정부만이 아니라 입법부 그리고 모든 권력현상에 대한 감시여야 마땅하다. 그 권력에 언론도 예외일 수 없다.

그래서다. 한국 언론의 위기를 해소할 정책이 필요한 것은. 아직도 언론정책이라면 무조건 비난만 늘어놓는 윤똑똑이들이 있다. 바로 그들을 겨냥해 한국언론학회장을 역임한 방정배 교수는 정곡을 찌른다.

"언론정책에 대한 이해가 왕조시대나 개발독재시대 등 억압국가의 억압적 언론정책에 머물러 있다."

때마침 '신문의 날'에 출간된 방 교수의 『미디어문화정책론』은 왜 언론정책이 민주국가에서 필요한지 튼실한 이론적 배경과 정책내용들을 풍부하게 제시하고 있다. 기실 유럽에서는 1960년대부터 언론정책을 발표하고 입법화했다.

열린우리당과 한나라당에 언론정책이 과연 있는지 묻는 이유가 여기에 있다. 민주노동당은 언론정책을 이미 분명히 제시했다. 하지만 열린우리당과 한나라당의 언론정책은 과연 무엇일까. 아니, '언론정책'의 개념이라도 지니고 있는지 묻지 않을 수 없다.

두 당이 만일 언론정책 자체를 부정하겠다면, 다시 묻고 싶다. 한나라당은 공영방송 사영화 따위의 '정책'을 이미 드러내지 않았던가. 열린우리당의 정책은 아직 모호하다. 하지만 그 정책이 노무현 대통령처럼 언론과 소모적인 말싸움만 벌이는 '정책'이어서는 안 된다.

신문이 전혀 제 구실을 못하고 있는 오늘의 언론 위기상황은 기자 개개
인의 윤리적 결단을 촉구하는 것만으로 해소될 수 없다. 무엇이 문제인지,
그리고 그 문제를 해결하기 위한 정책은 어떤 것이 있는지 공당다운 정책을
내놓고 유권자의 심판을 받아야 옳다.

한국 언론은 여전히 '왕조시대'에 놓여 있을 수 있다. 하지만 그렇다고
정책 수준까지 '왕조시대'에 머문다면, 신문의 장래는 더욱 암담할 수밖에
없다. 신문의 날이 우울한 까닭이다. _2004.04.07.

언론개혁, 시민단체에 기대지 말라

_정부와 국회가 할 일이 따로 있다

언론개혁. 쉬운 일이 아니다. 자신이 든 칼날에 되레 찔릴 수 있다. 깊은 성찰과 투명한 정책이 필요한 까닭이다. 더는 미룰 수 없는 숙제이기에 더욱 그렇다.

더러는 '언론개혁'이란 말에 진저리 칠 법도 하다. 사회적 의제로 떠오른 지 오래 전 아닌가. 하지만 해결된 것은 없다. 책임은 누구에게 있을까. 찬찬히 톺아볼 일이다. 과거에서 배우지 않으면, 그 과거는 반드시 현실로 보복하기 때문이다.

1997년 12월. 어느새 '희미한 추억'이 되었지만, 그날 우리 민중은 역사를 일궜다. 처음으로 야당 후보를 대통령에 앉혔다. '김대중 죽이기'가 '유행어'가 될 만큼 언론의 따돌림을 받던 정치인이었다. 그만큼 언론개혁 기대도 컸다. 실제로 신문권력도 긴장했다. 하지만 김 정권은 자신을 과신했다.

그래서였다. 언론개혁운동을 펴온 사람들에게 귀기울이지 않았다. 긴장한 '부자신문'에게 '측근' 박지원이 '위스키와 현찰'로 다가갔다. 그 결과다. 신문권력은 김 정권을 시들방귀로 여겼다.

김대중 정권은 자신의 '정책 없는 언론정책'을 비판하면 듣기 싫어했다. 노상 지청구를 댔다. '소수 정권'이라는 변명이었다. 그렇게 집권 5년을 보내고 말았다.

하지만 민중은 위대했다. 2002년 12월. 노무현 후보를 대통령에 앉혔다. 이제야 뭔가 달라지리라 기대했다. 그런데 아니었다. '행정의 달인'이 국무총리에 올랐다. 청와대와 내각 두루 언론정책에 기초 개념조차 보이지 않았다. 다시 지청구를 늘어놓기 시작했다. "국회가 발목을 잡는다."

그렇게 소중한 1년을 다시 보냈다. 참으로 무던한 민중이다. 2004년 4월. 국회를 바꿨다. 그래서다. 언론개혁은 당연한 기대 아닐까. 열린우리당의 신기남 상임중앙위원도 언론개혁위원회를 만들겠다고 밝혔다.

하지만 일주일이 지나도록 잠잠하다. 오해 없기 바란다. 조급하게 뭘 이루자는 게 아니다. 정반대다. 찬찬히 가야 마땅하다면, 언론개혁위원회를 만들겠다고 툭 던지듯이 밝힌 모습은 미덥지 못하다.

언론개혁정책을 연구하거나 구상하는 모습도 보이지 않는다. 치열한 열정도, 치밀한 준비도 없이 불쑥 꺼낸 말이라면, 되레 언론개혁여론에 '물타기'라는 '오해'마저 살 수 있다.

심지어 여권 일각에서는 언론개혁을 '시민사회 몫'으로 돌리는 이야기가 솔솔 흘러 나온다. 어처구니없는 일이다. 시민사회의 몫이 없다는 뜻이 아니다. 시민사회의 언론개혁운동은 여권이 권하지 않아도 스스로 해 나간다. 시민사회 몫 운운하기는 되레 시민언론운동에 걸림돌이 될 수도 있다.

그래서다. 시민사회의 언론개혁운동을 '걱정'하지 말라. 정부와 국회는 자신에게 주어진 일을 하면 된다. 제 할 일은 하지 않은 채 시민사회를 거론하는 모습에서 또 다른 '지청구'를 발견하는 것은 과연 기우일까.

그래서다. 열린우리당과 노무현 정권에 묻는다. 더는 시민사회에 기대지 말라. 대통령으로 뽑았고 국회 과반의석까지 주었다. 그런데도 충분하지 않단 말인가.

노 대통령 자신부터 '직무정지 공간'에서 거듭나야 한다. 철학을 다시 세우고 정책을 구상할 때다. 엉뚱한 전기나 유행하는 소설은 청와대를 나와서 읽어도 늦지 않다.

물론, 대통령이 모든 걸 알 수는 없는 일이다. 다 알 필요도 없다. 인사권은 공연히 있는 게 아니다. 탄핵이 마무리되고, 청와대와 내각이 새 출발할 때, 언론정책을 어떤 기구가 담당할지 결정하고 그에 걸맞게 인선을 해야 한다. 동시에 열린우리당 내부의 소극적인 의원들부터 설득해 나갈 일이다.

국회에 언론개혁위원회를 둔다면 자칫 정쟁의 대상이 될 우려가 크다. 반면에 대통령 직속으로 할 때는, 언론개혁위원회가 노 정권을 위한 '어용조직'으로 오해 받을 수 있다. 대통령 직속으로 한다면, 위원회의 자율성과

독립성을 인선에서부터 보여 주어야 한다.

거듭 강조하지만, 언론개혁은 구호를 외치거나 '불쑥 제안'으로 될 일이 결코 아니다. 위원회를 2년 안팎의 한시기구로 구성해 언론개혁을 공론화하면서 한국 상황에 걸맞은 법과 제도를 마련할 때다. 신문·방송·뉴미디어를 아우르는 큰 그림을 그려야 한다.

언론개혁은 민주공화국을 온전히 세우는 데 꼭 필요한 시대적 과제이다. 언론개혁의 길에 '화두'를 던지는 까닭이다. 찬찬히 그러나 벅벅이. _2004.04.29.

진보운동과 안티조선의 한 길

"세상에 공짜는 없는 것 같다. 중요한 것, 좋은 것 하나하나 배울 때마다 수업료를 톡톡히 내고 있다."

노회찬 민주노동당 사무총장의 토로이다. 노 총장은 조선일보노동조합 초청강연으로 불거진 파문에 대해 "오해 소지가 있는 적절치 못한 표현이 있었던 점에 대해 사과한다"는 뜻도 밝혔다. 늦었지만 반가운 일이다.

물론, 노 총장은 "자신의 발언 취지와 실제 내용은 『조선노보』에 실린 기사와는 상당히 다르다"며 "『조선일보』의 해석에 따라 가공된 내용만 가지고 계속 이야기하지는 않았으면 한다"고 덧붙였다.

충분히 공감할 수 있는 말이다. 기실 『조선일보』의 거두절미 보도는 오래 전부터 전형적인 왜곡보도의 하나로 자리잡아 왔다. 당사자인 노 총장이 느꼈을 당혹감도 십분 이해할 수 있다.

그래서다. 톡톡히 수업료를 낸 참에 우리가 무엇을 배워야 하는가를 좀 더 분명하게 정리할 필요가 있다. 조선일보노동조합이 초청한 강연에 민주노동당 사무총장이 응할 수 있느냐의 문제부터 짚어보자.

현재 조선일보노조가 지닌 '한계'는 분명하다. 하지만 민주노조운동에 몸바쳐 왔고 민주노동당의 고위간부인 노회찬 당선자로서는 얼마든지 초청에 응할 수 있다. 만일 필자도 조선일보노조로부터 강연 요청을 받았다면—아마 초청할 가능성이 별로 없겠지만—갔을 성싶다.

그랬다. 노조에 '쓴 소리'를 하기 위해선 『조선일보』에 긍정적인 '레토릭'도 불가피 했을 터이다. 문제는 레토릭도 레토릭 나름이라는 데 있다. 노 당선자의 레토릭은 적어도 언론운동을 해 온 사람들에겐 납득할 수 없는 수준이었다.

그래서다. 조금은 더 진지한 성찰이 필요하지 않을까 싶다. 다수는 분명히 아니지만 일부 진보인사들 가운데 안티조선운동의 문제점을 거론하는 사람들이 시나브로 늘어나기 때문이다.

물론, 안티조선운동의 주체들도 비판 앞에 열린 마음이 필요할 터이다. 하지만 추상적이고 근거 없는 '딱지 붙이기'식 비판은 비생산적이다. 가령 왜 『조선일보』만 문제인가 묻는 것이 좋은 예이다. 충분히 제기할 수 있는 비판이다.

문제의 핵심은 안티조선운동보다 더 발전하거나 최소한 다른 차원의 언론운동을 적극 제안하는가에 있다. 그런 모습 없이 안티조선운동 전반을 무시하거나 심지어 경멸하는 일부의 태도는 의도와 관계없이 진보진영에 대한 믿음을 훼손할 수밖에 없다.

새삼스러운 말이지만 『조선일보』는 한국의 이기적인 기득권세력들의 감정을 가장 잘 대변한다. 그들이 정치·사회·경제를 보는 눈길이 그대로 묻어난다.

정치적 시각과 분리된 문화적 교양 또한 이 땅의 기득권세력이 지닌 삶의 태도와 '닮은 꼴'이다. 불우한 이웃을 도와야 한다면서 비정규직 노동자나 일자리나누기운동에 소극적이거나 색깔공세를 서슴지 않는 보도를 보라.

하여, 거듭 명토박고 가자. 『조선일보』와 부자신문들의 여론몰이 내지 여론형성으로 가장 큰 피해를 입는 사람들은 누구인가. 노동자·농민·빈민이다. 바로 진보정치운동이 서야 할 기반 아닌가.

'안티조선'에 가장 적극적으로 나서야 할 주체가 진보세력이어야 할 까닭이다. 실제로 그렇다. 적어도 필자가 아는 안티조선의 주체들은 누구 못지않게 진보적 정치관을 지니고 있다.

바로 그래서다. 안티조선에 머물 일이 아니라고 생각한다면, '안티부자신문'에 나서거나 그런 운동을 진지하게 제안하면 될 일이다. 안티조선운동이 시민단체 중심으로 전개된다면, 노동운동은 그리고 진보운동은 부자신문 전반에 대한 구독거부운동을 펴는 것도 방법이다. 그것이 덧셈의 자세가 아닐까.

진보진영과 안티조선운동의 연대는 무엇보다 언론개혁을 현실로 내오기 위해 절실하다. 열린우리당만으로 언론개혁이 과연 온전히 이루어질 수 있을까에 회의적인 눈길이 적지 않아 더욱 그렇다. 언론운동에 실천적 참여가 없었던 열린우리당의 '언론개혁론자'들과 민주노동당은 달라야 한다. 언론노련위원장을 역임한 권영길 대표가 상징하고 있지 않은가.

그렇다. 언론개혁에 나설 미쁜 정당으로서 민주노동당이 더는 실망을 주지 말아야 한다. 비싼 수업료였지만 그 수업료로 언론개혁 의지를 한결 정교하게 다졌다면, 오히려 축복일 터이다. 진보진영과 안티조선운동이 서로 손잡을 수 있다면, 더욱 아름다운 일 아닌가. _2004.05.24.

그렇다, **공영방송**이 **문제**다

_KBS '정연주 체제'에 묻는다

공영방송이 문제란다. 부자신문들의 한목소리다. 편파보도의 대명사로 불리는 신문들이 보도의 공정성을 들먹인다. KBS에 '정연주 체제'가 들어선 뒤 부자신문의 공세는 한층 더 불거졌다. 그래서다. KBS를 비판하고 싶어도 참은 까닭은. 하지만 더는 아니다. 오늘 공영방송과 부자신문의 전쟁 때문에 할 말을 미루기엔 상황이 급박해서다. 곧장 본론으로 들어가자. KBS의 정연주 사장은 미디어비평 프로그램 만든 것으로 만족하는가.

물론, 신문비평 프로그램을 만들라는 '주문'을 모르쇠했던 박권상 체제에 비해 정연주 체제가 한 걸음 더 내디딘 것은 사실이다. 하지만 텔레비전의 미디어비평 프로는 이미 MBC의 김중배 전사장이 만들었다.

필자가 박권상 체제를 비판했던 까닭은 비단 미디어비평 때문만은 아니었다. 그 시절 KBS가 김대중 정권과 정확히 '닮은 꼴'이어서였다. KBS 스스로 박권상에 비판적 화면을 내보낸 것은 정연주 체제가 들어선 직후였다. 그래서였다. KBS가 진정한 공영방송으로 거듭나길 기대했다.

그러나 아니다. KBS는 과연 얼마나 공영방송다운가. 가령 이라크 파병 사태를 담아내는 KBS의 그림을 보라. 위헌적인 파병에 그리고 고 김선일의 참혹한 죽음 앞에 과연 공영방송으로서 제 구실을 다했는가.

오해 없기 바란다. 필자만의 분석이 아니다. 정 사장이 선입견을 갖지 말아야 할 이유이다. 언론개혁국민행동이 최근 연 토론회에서 한국방송진흥원의 박웅진 연구원은 '김선일 씨 피살사건 관련 방송 3사의 보도'를 과학적으로 분석했다. 고인의 피랍이 처음 보도된 2004년 6월 21일부터 주검으로 돌아온 6월 26일까지의 6일간 저녁 8~9시에 방송된 종합뉴스(KBS 뉴스9, MBC 뉴스데스크, SBS 8뉴스)에 등장한 김선일 씨 관련 보도 325건을 분석한 결과를 보라. 파병반대론은 제대로 보도되지 못했다. 파병반대론을 다룬 보도 순서는 평균 12.6번째 꼭지였다.

그 결과가 아닐까. 차분히 돌아볼 일이다. 청년 노동자 고 김선일. 그가 참혹한 최후를 마쳤을 때, 이 땅의 대다수 사람들은 이라크 추가파병이 얼마나 무모한가를 처절하게 실감했다. 비단 국내만이 아니었다. 세계 주요외신들도 한국에서 파병반대론이 높아질 것이라고 보도했다.

그러나 7월 4일 리서치 앤 리서치가 전국 만 20세 이상 성인 남녀 800명을 대상으로 이라크 추가파병에 대한 여론조사를 실시한 결과는 정반대였다. 응답자의 54.3%가 추가파병을 "계획대로 추진해야 한다"고 답했다. "철회해야 한다"는 응답은 36.7%에 그쳤다.

무엇 때문일까. 한국 공론장의 기형적 구조 탓이다. 부자신문들이 입을 모아 합창하지 않았던가. 파병강행을. 『한겨레』와 『오마이뉴스』가 파병철회를 강력히 촉구했을 따름이다. 그래서다. 엄중하게 묻는다. 이 땅의 방송은 과연 무엇을 하고 있는가. 부자신문과 똑같은 목소리를 내지 않았다는 것만으로 과연 면책이 될 수 있을까.

다시 박 연구원의 분석을 보자. 피랍보도 직후 가족들의 반응을 다룬 보도에서 방송 3사는 부모의 애탄 심정만을 부각했다. 파병반대를 주장하는 가족의 목소리는 온전히 담아내지 않았다. 김선일의 죽음 직후 추가파병과 관련된 반대론이 63~76%에 치솟았다는 내용도 방송 3사 중 어느 곳도 다루지 않았단다. 6월 22일 민주노동당 의원들이 '파병철회'를 주장하며 무기한 농성에 들어갔지만 이를 보도한 방송사는 한 곳뿐이었다.

부자신문과 수구세력들이 공영방송을 겨냥해 참으로 유치한 비난을 늘어놓는 속셈은 다른 데 있지 않다. 말살에 쇠살일망정 비난공세로 공영방송을 주눅들게 할 수 있기 때문이다. 오늘의 공영방송은, 그리고 KBS는. 저 부자신문의 노림수에 과연 걸려든 걸까. 아니면 박권상 체제가 김대중 정권의 닮은꼴이었듯이 정연주 체제도 노무현 정권의 닮은꼴인가.

그 모든 게 공영방송의 어쩔 수 없는 숙명이라고 믿기엔 젊은 방송인들의 눈빛이 너무 맑지 않은가. _2004.07.06.

동아일보는 왜 몰락했는가

_1991년 '신 보도지침' 의미 성찰할 때

『동아일보』. 수모의 시대다. 끝 모를 나락으로 떨어지고 있다. '조중동'이라는 '유행어'가 상징하듯이 『조선일보』와 『중앙일보』의 다음 서열이다.

가히 몰락이다. 젊은 네티즌들로서는 과연 그런 시절이 있었을까 싶지만, 1980년대 말까지 『동아일보』가 지닌 신문의 권위는 감히 넘볼 수 없었다. 언론계의 '중견' 이상이면 누구나 알고 있는 사실이다. 『조선일보』 기자를 했던 한 언론인도 회고했다.

"『동아일보』는 『동아일보』 외에 모든 한국의 신문을 합친 것 이상의 권위가 있었다."

그랬다. 1975년 동아사태로 대량해직을 겪었음에도, 1980년대 중반 『동아일보』는 한국의 민주화운동에 적잖은 기여를 했다. 당시 '땡전뉴스'나 '또한 뉴스' 따위로 불리는 KBS의 '시청료거부운동'에 불을 지른 것도 다름아닌 『동아일보』였다. 『동아일보』 사회부기자들이 집요하게 파헤친 박종철 고문치사사건 때 '김중배·최일남 칼럼'은 『동아일보』의 명성을 한껏 높였다.

그 『동아일보』가 오늘 KBS로부터 '수구신문'으로 손가락질 받고 있다. 당시 『동아일보』에서 일하던 기자들로서는 참으로 '개탄'할 만하다.

하지만 어쩌겠는가. 그것이 진실인 것을. 『동아일보』의 권위를 이제 더는 찾아볼 수 없는 것을. 언제까지 과거의 '영화'만 회고할 일이 아니다. 무엇이 문제인가를 『동아일보』의 젊은 기자들이 진지하게 성찰해야 옳다. 『동아일보』가 『조선일보』와 『중앙일보』의 뒷북치기에 바쁜 것이 엄연한 현실 아닌가.

이를테면 『동아일보』의 2004년 8월 12일자 사설을 보자. "'언론 목 죄기'는 국민 알권리 빼앗기." 언론개혁을 다룬 사설 제목이다. 사설의 결론은 다음과 같다.

"현 정권은 작금에 와서는 '비판적 주요신문 타파'가 '언론개혁'의 핵심적 의도라는 속내를 숨기지 못하고 있다. 노무현 대통령의 표현을 빌리자면

"

'완장 찬 사람'이 바로 이들이다. 권력이 언론에 재갈을 물리고, 국민의 알 권리를 차단해서 얻으려는 것은 무엇일까. 이에 대한 국민적 감시와 공론이 필요한 단계에 이르렀다."

과연 그러한가. 아니다. 지금 청와대와 열린우리당 일각에서 언론개혁 입법을 노 정권의 이해관계로 풀어 가는 몇몇 인사들의 언행이 자칫 '오해' 를 불러일으킬 소지가 있는 것도 사실이다.

하지만 분명히 명토박아 두자. 언론개혁입법운동은 노 정권이나 17대 국회에서 시작된 게 아니다. 뿌리는 1975년 동아사태에서 찾는 게 마땅하다. 그리고 1991년 『동아일보』에서 일어난 '신판 보도지침'이 또 다른 계기가 되었다.

『동아일보』 사주로서 당시 사장이던 김병관은 그 해 8월 1일 김중배 편집국장을 전격 경질하면서 편집국에 '발행인 문건'을 회람시켰다. 『동아일보』가 '인민민주주의'를 추구하는 것을 용납할 수 없다는 터무니없는 주장을 담았다. 그 근거는 더욱 생게망게하다. 소설가 윤정모, 빈민운동가 고 제정구, 국사학자 안병욱 교수의 글을 받거나 소개했다는 것이다.

당시 『동아일보』 기자로서 느낀 당혹감은 지금도 생생하다. 아무리 좋게 보려해도 도저히 묵과할 수 없는 사태였다. 곧장 8월 14일자 『기자협회보』에 "숨은 권력과 편집국 민주주의"를 기고해 사주의 편집권 유린을 정면으로 비판한 까닭이다.

그로부터 옹근 7년 뒤다. 1998년 8월 언론개혁시민연대가 출범했다. 언개연은 창립선언문에서 입법운동을 천명했다. 당시 '최소 10년'을 전망했지만 6년 뒤인 오늘 그 입법은 '가시권' 안에 들어와 있다.

시시콜콜 과거를 늘어놓는 까닭은 다른 데 있지 않다. 『동아일보』가 『조선일보』의 아류'를 자청해 몰락한 기점이 1991년 8월이기 때문만은 아니다. 『동아일보』를 망친 것이 바로 '사주체제'라는 사실을 정직하게 마주하라고 젊은 언론인들에게 권하고 싶어서다. 언론개혁의 참뜻은 바로 그 사주체제를 혁신하자는 데 있다.

그렇다. 『동아일보』만이 아니다. 『조선일보』와 『중앙일보』의 뜻 있는 기자들에게도 이 참에 호소하고 싶다. 언론개혁입법운동은 바로 기자들이 쓰고 싶은 기사를 마음대로 쓰기 위해 시작한 일이다. 언론개혁 기사를 쓸 때 적극적 찬성이나 소극적 찬성은 어렵다고 하더라도 적극적 반대만은 삼갈 것을 간곡히 당부하는 까닭이다. '언론자유를 위협하는 자본에 맞서 기자들의 응전'을 촉구한 원로 언론인의 호소에 이제라도 화답해야 하지 않을까.

언론개혁운동의 고갱이는 노 정권과 무관하다. 누가 '완장'을 찼단 말인가. 전국언론노조와 시민단체들이 더불어 마련하고 있는 개혁입법의 '혜택'은 오늘 『동아일보』와 『중앙일보』 그리고 『조선일보』의 젊은 기자들이 가장 많이 누릴 것임을 확신한다. _2004.08.12.

동아일보의 가당찮은 'KBS 사장 비판'

_정연주 사장에게 거꾸로 묻는다

KBS의 정연주 사장. 국회와 신문에 날 선 비판이 쏟아진다.

한나라당은 국회 문화관광위원회에서 정 사장을 집중 공격했다. 한나라당의 소행이 하루 이틀의 문제가 아니어서 새삼스런 일은 아니다. "적기가 방송은 이라크 추가파병을 능멸하고 대통령을 조롱하기 위해 의도된 것"이라는 발언 따위를 거론하기란 무의미하지 않은가.

『조선일보』가 침묵할 리 없다. 사설 제목 "KBS, 갈 데까지 가보겠다는 건가"(2004년 9월 8일자)에서 묻어나듯이 내용 또한 감정적이다. 가령 "정연주 사장 취임 이후 KBS의 방송프로그램들이 대한민국의 정통성을 공격하면서도 정권의 정당성은 노골적으로 홍보하는 권력도구로 바뀌었다는 것은 모두가 아는 일"이란다.

과연 그러한가. KBS가 '대한민국의 정통성을 공격'하고 '권력도구'로 바뀌었는가. 모두가 아는 일이라고 하는 데 적어도 언론비평을 남 못지않게 해 온 나는 '금시초문'이다. "KBS가 한편으론 대한민국의 자해(自害)기구, 다른 한편으론 특정 정치세력의 부속기구"라는 주장도 마찬가지다. '말살에 쇠살'인 한나라당 의원들의 질의처럼 아예 대꾸할 필요조차 없는 억지 아닌가.

그래서다. 왜 『동아일보』인가 묻는 까닭은. 왜 『중앙일보』조차 슬금슬금 기피하는 일을 『동아일보』가 뒷북치고 있는가. 『동아일보』는 사설 "KBS, 공영방송 간판 내릴 작정인가"에서 정연주 사장을 거명하며 살천스레 물었다.

"정 사장에게 묻고 싶다. 무엇이 개혁이고 무엇이 반개혁인가. 현 정부 시책에, 집권세력의 이념에, KBS 사장의 입맛에 가까우면 개혁이고 그렇지 않으면 반개혁이란 말인가."

참으로 황당한 질문 아닌가. 국회 문광위에서 무엇이 개혁인가 묻는 한나라당 고흥길 의원의 질문에 정 사장은 아주 또렷하게 소신을 밝히지 않았던가.

　"우리 사회의 성숙도와 다양성을 지향하는 게 개혁이고, 이를 막는 게 반개혁이다."

　『동아일보』 사설은 이어 "국민의 공공재인 전파를 좌지우지하려는 정 사장의 태도는 실망스럽다"고 공격한다. 사뭇 엄숙하게 "민주여론의 장이 되도록 한다는 KBS 방송강령의 위반"이라고 선포한다.

　『조선일보』라면, 차라리 묻고 싶지도 않다. 하지만 『동아일보』 아닌가. 과연 오늘의 『동아일보』가 "민주여론의 장"이나 "공정성"을 들먹일 자격이 있는가. 좁게는 『동아일보』 논설주간에게 묻고 싶다. 정 사장에게 민주여론 이나 공정성의 잣대를 들이대기 민망스럽지 않은가.

　정 사장은 1975년 3월 『동아일보』에서 민주언론을 지키기 위해 단식을 벌이다가 해직당한 기자 아닌가. 박정희 정권과 야합한 『동아일보』 사주가 정 기자를 포함한 민주언론인들에게 마구잡이 폭력을 휘두르고 해고할 때, 논설주간은 어디에 있었는가.

　감옥을 들락거리던 해직기자 정연주는 "언론계 동료 선배들에게"라는 장 문의 편지에서 "(신문사 사장에 이어) 주필이니 국장이니 하시는 이들도 세 상에서 언론인이라고 보지 않게 된 지 이미 오래"라고 썼다. 그 때가 1977년, 그 글로 정 기자는 다시 중앙정보부에 끌려갔다.

　당시 30대 초의 정 기자가 정작 겨눈 것은 사장도, 주필도, 국장도 아닌 젊은 언론인들이었다. "당신들의 자포자기와 체념으로 빚어진 이 끔찍한 패 배주의 또는 허무주의가 마침내 냉소주의에까지 이르러 버렸다"고 고발했 다. 세월이 흐르면서 그 냉소주의는 어느새 '확신범'으로 바뀐 게 아닐까. 보라. 젊은 기자들의 기사에도 '적기가 트집'이 묻어나지 않은가.

　한나라당과 부자신문이 KBS시청자위원회의 임헌영 위원장 발언을 문제 삼기 또한 옳지 못하다. 시청자위원회는 방송을 '민주여론의 장'으로 만드 는 게 존재근거이다. 정 사장이나 임 위원장 두루 그들이 걸어온 길을 조금

이라도 아는 이라면, '권력의 입맛' 운운할 수 없는 사람들이다. 하물며 한나라당의 '언론인' 출신 의원들이나 군부독재와 밀월을 즐긴 부자신문의 비난은 참으로 방관하기 어려운 일이다.

하여, 오늘 정연주 사장에게 묻고 싶은 것은 오히려 정반대이다. 왜 KBS의 화면에 개혁을 더 담아내지 못하는가. 왜 자신의 소신을 보도에 더 담아내지 못하는가. 진지한 답을 기대한다. _2004.09.08.

열린우리당, '배신'인가 '본질'인가

_언론개혁 망치는 열린우리당의 언론법안

설마했다. 하지만 우려는 현실로 나타났다. 언론개혁입법을 하겠노라고 큰소리 치던 열린우리당을 보라. 가관 아닌가. 천정배 원내대표는 2004년 10월 15일 법안을 발표하며 기자회견을 열었다. 10월 17일 정책의원총회에서 당론으로 확정하고 이번 정기국회 안에 처리하겠다는 '결심'도 밝혔다.

열린우리당으로선 내심 법안통과를 낙관할지도 모른다. 이미 10월 12일 국회 문화관광위 소속 열린우리당 의원들이 언론개혁법안을 확정할 때 '실리적 접근'을 내세우지 않았던가. 바로 그래서였다. 언론개혁입법의 핵심과제인 '신문사 소유지분제한'을 도입하지 않기로 한 것은. 방송사의 지분제한까지 현행 '30% 이하'를 고수했다.

하지만 과연 그럴까. 열린우리당이 '소유지분제한'을 접으며 내세운 '위헌 논란' 따위는 더 언급하고 싶지 않다. 외국 사례를 든 것도 허탈하지만 웃어 넘길 수 있다. 다만 '족벌언론의 반발'을 꼽은 데 이어 '실리적 차원'을 든 것은 참기 어렵다.

소유지분제한을 삭제하면 족벌언론의 반발이 없거나 약하리라고 상상했는가. 순진함을 넘어 어리석은 일이다. 문광위 의원들이 법안을 확정했을 때 곧바로 『한겨레』는 10월 13일자 사설("열린우리당의 실망스런 '언론입법'")에서 비판했다.

"언론개혁입법을 국회에서 제대로 논의하기도 전에 아예 핵심과제를 배제하는 '자세'로 입법을 추진할 때 과연 그것조차 제대로 관철시킬 수 있을지 의문이다." 실제로 그러하지 않은가. 겨우 사흘이 지나 발표한 안을 보라. 문광위안보다 더 뒷걸음질쳤다.

후퇴에 후퇴를 거듭했는데 결과는 어떤가. 열린우리당의 법안이 나오자 '족벌언론'은 기다렸다는 듯이 거세게 반발하고 나섰다. 『조선일보』 10월 16일자 사설 제목은 "비판신문을 향한 복수심인가"이다.

자신을 '비판신문'으로 호도한 뒤 "입법의 도끼를 언론을 향해 휘두"른 것으로 규정한다. "민주주의의 근간인 언론의 자유에 칼을 들이대고 나선 것"이라는 저 도끼눈 앞에서 열린우리당의 '실리'란 대체 어디에 있을까.

청와대가 사뭇 '기대'를 걸고 KBS 정연주 사장까지 '조중동'에서 '조동'으로 줄인 바 있는 『중앙일보』는 어떤가. 『조선일보』와 전혀 다르지 않다. 사설 "언론시장규제는 언론자유침해다"에서 "신문업의 숨통을 조이려는 의도"라고 몰아친다. 『동아일보』라고 다를 바 있겠는가. '비판언론'에 대한 본격 탄압이란다.

세 신문의 목쉰 '합창'에 한나라당이 침묵할 리 없다. 한나라당 대변인은 "언론을 권력의 힘으로 제압하겠다는 언론통제법이자 정권연장법"이라고 비판하고 나섰다.

전망은 어떤가. 시민언론운동단체들은 물론이고 현장 언론인들 조직인 전국언론노조가 요구한 핵심과제들을 슬그머니 뺀 입법안조차 과연 열린우리당이 관철시킬 수 있을까. 단호한 '결기'도 없고 그 입법을 도와줄 아무런 '동력'이 없지 않은가. 그저 '소리'만 소란스럽지 않았던가.

그래서다. 앞선 칼럼 "언론개혁, 시민단체에 기대지 말라"에서 언론개혁에 "깊은 성찰과 투명한 정책이 필요"하다고 강조한 까닭은. "치열한 열정도, 치밀한 준비도 없이 불쑥 꺼낸 말"들만 '자기 과시'적으로 내놓은 열린우리당의 국회의원들에게 미덥지 못하다고 비판한 까닭은.

하지만 어떤가. 열린우리당은 전혀 귀기울이지 않았다. '불쑥 제안'과 '나홀로 기자회견'이 계속 이어졌다. 시나브로 우려가 커갔으되 그래도 침묵했던 까닭은 있었다.

그 정도의 '의지'를 과시하면서 설마 딴 짓을 할까. 한 가닥 기대 때문이었다. 그 기대마저 모두 사라진 오늘, 지난 10여 년 동안 언론입법운동을 제창해 온 당사자의 한 사람으로서 분명히 묻는다.

국민이 정권에 이어 국회 과반의석까지 주었는데도 언론개혁입법조차 온전히 추진하지 못하는가. 도대체 어디까지 '멍석'을 깔아 줘야 하는가. 정작 멍석 깔아 주니 엉뚱한 짓인가.

듣그럽지만 새겨듣기 바란다. 무능을 부정한다고 엄연한 무능이 사라지지 않는다. 정당한 비판 앞에 겸손하라. 새로운 결기를 세울 때다. 대통령은 물론이고 권력의 둘레에서 저마다 '한자리'씩 차지하고 있는 모든 이들에게 자성과 성찰을 촉구한다. _2004.10.16.

누더기 신문법과 '신문개혁'의 길

_언론노조와 시민단체에 귀기울여라

2005년 1월 1일 새벽. 국회 본회의에서 '신문 등의 자유와 기능보장에 관한 법률'(신문법)이 통과됐다. 재석 244에 찬성 133이다. 반대는 99였다. 4대 개혁법안 가운데 단 하나 입법에 '성공'했기에 그 법을 비판하기란 자칫 무모해 보이기 십상이다.

하지만 명토박아 두자. 열린우리당과 한나라당이 '합의'한 신문법은 누더기다. 언론개혁시민연대가 제출한 법안 가운데 고갱이인 신문사주의 소유구조개혁은 아예 논의조차 없었다. 사주의 절대권력을 제한하지 않은 '편집독립' 조항은 '수사적 의미'에 그칠 수밖에 없다.

그런데도 열린우리당은 '양보'의 미덕을 보였다. 편집위원회 편집규약 독자권익위원회 설치를 의무조항 아닌 '권고조항'으로 했다. '신문지면의 광고 비율 50% 제한'도 포기했다. 열린우리당은 "한나라당이 신문·방송의 겸영을 허용하지 않는다"는 데 합의했다고 사뭇 전과를 자랑한다.

딱한 일이다. 도대체 과반의석을 지닌 여당인지 거듭 묻지 않을 수 없다. 더러는 되술래잡는다. 우리에게 '날치기'라도 하라는 거냐고 눈을 부라린다. 황당한 일이다. '전략'이란 말은 괜스레 있는 게 아니다. 터무니없는 법안을 내놓아 결국 과반의석 여당의 법안을 '속 빈 강정'으로 만든 한나라당의 '전략'을 보라. 부끄럽지 않은가.

그 정도의 '능력'밖에 없으면서 수구언론을 상대로 소유구조를 기필코 개혁하겠다고 선포했던 여당의원의 모습을 돌아보라. 그래서였다. 신문개혁법 입법과정에서 언론노조나 시민언론운동단체가 열린우리당에 실망을 거듭한 까닭은.

실제로 누더기법에도 한나라당 의원들은 곰비임비 익살을 떤다. 이계진 의원은 "독자 취향대로 신문을 선택할 권리, 즉 헌법상 행복추구권 침해"라고 부르댔다. 도대체 앞뒤가 맞지 않는 주장이다. 독자 취향대로 신문을 선택할 권리를 확보하기 위해 다름 아닌 신문기자들 대다수가 공동배달제도를 요구한 기초사실조차 모르는가.

『중앙일보』 고위간부를 지낸 고흥길 의원은 "신문법이 통과되면 탈당하겠다"며 자리를 박차고 나갔단다. 우스개의 '압권'은 박근혜 대표다. "세계어느 나라에도 찾아볼 수 없는 법"이어서 "웃음거리가 될 것"이란다. 이어덧붙인다. "받아들일 수밖에 없는 소수야당의 현실이 슬프다." 슬픔에 대한모욕이다.

『조선일보』와 『동아일보』가 침묵할 리 없다. 두 신문이 2005년 1월 3일자 신문사설로 "언론정신"이나 "언론자유"를 거론하는 희극까지 굳이 비평하고 싶지 않다. '관람'할 가치조차 없지 않은가.

그래서다. "여론의 다양성을 보장하고 신문산업의 진흥을 위하여 신문발전위원회와 신문발전기금을 설치(제27조 및 제33조)"하는 과정이나 "국민의 폭넓은 언론매체 선택권을 보장하기 위해 신문유통원을 설립(제37조)"하는 일에 신중한 판단과 내실이 필요하다.

물론, 사주의 독점적 소유구조개혁과 편집민주주의의 제도화를 비롯한언론개혁운동의 과제는 지속될 수밖에 없다. 그 절실한 과제는 언제나 그랬듯이 현장 언론인들(전국언론노동조합)과 시민언론운동가들의 몫이다. 걱정할 까닭이 없다. 하지만 신문발전위원회와 신문유통원 설립의 문제는 정치권의 몫이다. 걱정스런 까닭이다.

신문법 시행은 아직 반 년이 남았다. 지금부터라도 정치권이 언론개혁의입법이나 제도화 과정에서 겸손하기 바란다. 언론운동을 해 온 사람들에게귀기울인다고 해서 '공로'가 정치인에게 돌아가지 않는다고 생각한다면 단견이다. 정반대다. 언론운동가들의 의견을 청취하고 이를 반영해 법제화를이룬다면, 그것이 정치인으로서 '업적'이다. 운동을 하는 사람들은 '공'을 탐하지 않는다. 언론개혁의 시대적 과제를 어떻게 현실로 최대한 구현하는가,그것이 문제다. _2005.01.02.

신문개혁과 열린우리당이 할 일

_비판을 비아냥으로 오독하지 말라

국회의원. '헌법기관'이란다. 국회의원으로 누릴 권리가 얼마나 많은가. 국회가 공전하든 난장판이든 꼬박꼬박 챙기는 세비는 또 얼마나 두둑한가. 특권과 세비를 주는 까닭은 하나다. 같은 시대를 살아가는 사람들의 삶을 좌우할 법을 만드는 사람이기 때문이다.

직업이 언론인이기에 적잖은 정치인들을 만났다. 국회의원만이 아니다. 대통령·장관은 물론이고, 어디든 '자리'에 앉은 사람들을 보면 공통점이 있다. 자리에 '가기 전'과 '간 뒤'가 다르다. 인간적으로 씁쓸한 경험이다.

물론 모든 정치인이 그렇지는 않을 터이다. 언론인이 쓴 글까지 '정파'의 색안경으로 볼 사람도 있을 터지만, 진실은 진실대로 말하자. 대한민국 국회의원이 누리는 특권과 세비에 정면으로 문제를 제기하고 실천에 옮긴 정당은 처음 국회에 진출한 민주노동당뿐이다. 기실 민주노동당의 그 결단만으로도 높이 평가할 대목이지만, 온전히 평가받지 못하고 있다. 대다수 신문과 방송이 민주노동당을 모르쇠해서다.

대다수 국회의원이 지닌 거드름은 그들만의 잘못은 아닐 수도 있다. 출세 지향적 관료나 먹물에게 국회의원은 '정중히 모실 대상'이다. 심지어 공영방송 텔레비전 토론장을 보더라도 마찬가지다. 나이는 물론이고 토론 주제에 적절성 여부와 관계없이 국회의원은 가장 '중요한 자리'에 앉는다.

하지만 이제 달라질 때가 되었다. 국회의원은 시민사회에서 불거지는 문제에 대해 법을 만드는 사람일 뿐이다. 입법을 제대로 하려면 자신의 몸을 지금보다 더 낮춰야 할 까닭이다.

하물며 17대 국회에 과반의석을 준 열린우리당에 보내는 국민의 기대는 더할 나위 없이 컸다. 그 일을 온전히 못할 때 비판은 응당 언론인의 과제다.

문제는 언론이 제 구실을 못하면서 마땅한 비판마저 '오독'하는 데 있다. 가령 열린우리당의 김재홍 의원은 『오마이뉴스』에 쓴 필자의 칼럼("누더기 신문법과 신문개혁의 길")에 다음과 같이 반론을 폈다.

"미흡한 언론개혁입법이 끝나자마자 어느 언론인은 인터넷매체에 기고한 글에서 이렇게 비판했다. '그 정도의 능력밖에 없으면서 수구언론을 상대로 소유구조를 기필코 개혁하겠다고 선포했던 여당의원의 모습을 돌아보라.'

우리 당에서 처음부터 일관되게 소유지분제한을 주장해 온 의원은 나 혼자였다. 몇몇 동료의원들은 이에 동조했다. 그러나 많은 의원들은 그것이 진정한 언론개혁이라는 설명에 동의하면서도 현실적으로 실천하기 어려울 것이라며 당론에서 배제할 것을 주장했다.

물론 처음부터 소유지분제한에 반대한 의원들도 많았다. 그런 상황에서 나는 그 언론인의 글처럼 비아냥의 대상인가. 나는 그 언론인에게 묻고 싶다. 개혁에 필수적인 것도 현실적으로 실천하기 어려우면 아예 제외하는 편이 옳다는 것인가."

분명히 말하자. 필자는 김 의원을 '비아냥' 할 뜻이 전혀 없다. '인연'도 있다. 그가 국회로 갔을 때 잘하길 바랐다. 하지만 언론개혁을 '선포'하는 방식으로 추진하는 모습을 보며 우려는 시나브로 커갔다.

냉정히 돌아보기 바란다. 김 의원이 반론에서 말한 대로 그는 소유지분제한을 주장한 '유일한 여당의원'이었다. 하지만 과연 그것이 '자부'할 일인가. 언론운동을 줄곧 해 온 사람들이 김 의원의 행보와 열린우리당을 '조바심'으로 지켜본 까닭이다.

여당의원이 할 일은 불쑥불쑥 기자들을 만나 선언식으로 개혁을 '선포'하는 게 아니었다. 동료의원들과 뜻을 나누고 조직적으로 접근해 나가야 옳았다. 더구나 언론노조위원장 출신의 권영길 의원과 민주노동당이 있지 않았던가.

그래서다. 앞선 칼럼에서 열린우리당의 '전략 부재'를 한나라당과 비교한 까닭은. 김 의원이 밝혔듯이 앞으로도 "언론개혁 타령"을 하겠다면, 김 의원은 물론이고 열린우리당에 꼭 당부하고 싶다. '타령'이나 '선포' 또는 '과시'나 '정략'으로 언론개혁입법에 나서지 말라. 오랜 세월, 언론운동을 벌여온 언론노조와 시민단체 앞에 겸손하게 다가가라.

김 의원은 필자에게 물었다. "개혁에 필수적인 것도 현실적으로 실천하기 어려우면 아예 제외하는 편이 옳다는 것인가."

짧게 답하고 싶다. 필자의 그 칼럼을 다시 읽어보라고. 과연 그 칼럼이 그런 주장인가. 정반대 아닌가. _2005.01.07.

'상류층'의 타락과 김대중 기자

_끝없는 곡필이 불러올 '재앙'

인간 김대중은 청개구리 심보를 타고났다. 그래서 언론인 김대중도 청개구리의 가장 못된 심사를 그대로 빼닮았고 그러기에 그는 남들이 "좋다" 하면 "나쁘다" 하고 "이리 가자" 하면 "저리 가자" 하며 "앉아라" 하면 "서자" 하는 어깃장 선수다.

'인신공격'으로 오해하기 십상이다. 하지만 아니다. 위 두 문장은 필자의 글이 아니다. 『조선일보』 김대중 고문의 '친구' 류근일의 글이다. 따옴표만 뺐을 뿐이다.

김대중의 '기자정신'을 높이 평가한 류근일은 무슨 까닭인지 그를 '조련'할 방법까지 일러준다. "그래서 그를 조련하는 최선의 방법은 그의 어깃장 놓기에 굳이 관심을 보이지 않음으로써 그로 하여금 싱거워서 제풀에 좌판을 치우게 만드는 것이다." 냉철한 통찰이다. 친절한 충고도 이어진다. "쓸데없이 대적하다가 공연히 그의 청개구리적 쾌감만 증폭시켜 줄 필요가 없는 것이다."

그렇다. 김대중을 잘 아는 류근일의 충고를 따라야 옳을지 모른다. 하지만 필자는 그럴 수 없다. 그의 곡필이 끝없이 펼쳐지고 있어서다. 김대중 고문은 칼럼 "신문이 무슨 죄를 지었기에"(2005년 1월 10일자)에서 '신문법'을 비난했다. 물론, 그도 언론의 자유를 누릴 권리가 있기에 비판은 자유다.

자신의 칼럼집을 내며 서슴없이 『직필』이라 제목을 정하고 "기자는 비판한다 고로 존재한다"는 부제까지 내걸지 않았던가. 말이 나온 참에 하나 더 짚어 두자. 그에겐 '비판정신'만 있지 않다. 1980년 오월, 민주시민을 '총을 든 난동자'로 살천스레 쓴 기자가 자신의 칼럼을 언죽번죽 '직필'이라 자랑하는 '용기'도 갖췄다.

하지만 언론인이 지닌 '비판의 자유'도 그것이 사실을 왜곡하는 '용기'까지 허용하는 것은 아니다. 김 고문의 칼럼을 보라. 그는 아예 "신문규제법안을 통과시켰다"고 법 이름을 바꾼다. 김 고문은 한국의 언론역사를 "총체

적으로 결산"할 때 "국민의 이익에 부합해 왔다는 것이 국민의 일반적 인
식"이라면서 목소리를 높인다. "그럼에도 지금 신문은 권력을 비판해 왔다
는 이유로 잠재적 범법자 취급을 당하고 있는 셈이다."

명백한 사실왜곡이다. 김 고문이 한국의 언론사까지 거론했기에 명토박
아 둘 필요가 있다. "지금 신문은 권력을 비판해 왔다는 이유로 잠재적 범
법자 취급"을 받는 게 아니다. 정반대다. 언론이 군사독재권력을 줄곧 비판
하지 못했기 때문에 '권언복합체'로 손가락질 받지 않았던가.

현실을 보더라도 마찬가지다. 김 고문은 『조선일보』에 참으로 오랜 세월
에 걸쳐 '기명 칼럼'을 쓰는 행복을 누리고 있다. 하지만 그가 쓴 숱한 칼럼
에는 사회적 약자에 대한 옹호를 찾을 수 없다. 그의 '비판정신'은 이기준
전교육부총리의 문제에도 침묵한다. '권력비판'의 수준도 한나라당의 '정파
적 비난'과 거의 같거나 더 못하다. 사실을 공공연하게 왜곡하기 때문이다.
김 고문이 한나라당을 '기회주의'로 비난하는 모습이 가관인 까닭이다.

『조선일보』 고문은 신문법이 "신문에다 대고 '네 영향력은 이 선을 넘을
수 없다'고 명령하는 것"이라고 주장한다. 신문법을 제대로 읽어 보았는지
의문이다. 신문법 어디에도 그런 조항은 없다.

신문법 제17조의 '시장지배적사업자 규정'은 일반일간신문 및 특수일간
신문(무료 일간지 제외)의 시장점유율(발행부수 기준)이 1개사 30%, 3개
사 60% 이상일 경우다. 시장지배적 사업자 규정은 신문시장의 독과점 방지
와 여론의 다양성 확보를 위해 마련됐으며 시장지배적 사업자가 될 경우 신
문법 34조(기금의 용도) 2항에 따라 '신문발전기금'을 받지 못하는 정도가
가장 큰 '규제'이다. 시장점유율이 30%에 어림도 없고, 설령 3개사 60%에
포함된다고 하더라도, 신문발전기금 자체를 '권력의 당근'으로 주장한 『조
선일보』로서는 "통분"할 아무런 까닭이 없다.

문제는 사실왜곡을 서슴지 않는 '비판' 정신과 직필을 자처하는 '용기'를

지난 김대중 고문을 대한민국의 정치·경제·사회·문화의 '상류층'이 가장 좋아하는 데 있다. 물론, 좋아하는 것도 자유다. 다만 '문제' 하나 건네고 싶다.

그의 칼럼을 읽으며 현실을 바라볼 때, 자신도 모르게 '동반 타락'하고 시대 발전에 뒤떨어진다는 사실을 우리의 '상류층'은 언제쯤 깨달을까. 꼭 장상·장대환·송자·이기준처럼 '재앙'을 맞은 뒤에 혹 가능할까. 진지하게 성찰해 보길 권한다. 류근일의 '호평'과 더불어. _2005.01.10.

신문개혁, 또 '선포'로 입법할 셈인가
_ '2단계 언론개혁'에 앞서 필요한 성찰

국회를 통과한 신문법. 그것을 '누더기'로 비판한 칼럼에 열린우리당의 한 국회의원이 보인 '반응'은 짚어볼 곳이 많다. 먼저 필자가 김재홍 의원에 동의하는 대목부터 톺아보자.

신문법이 "엉터리라는 비판"은 아무나 하고 "개나 소"도 한다는 주장부터 그렇다. '감정'이 묻어나지만 이해할 수 있다. 그는 이어 말한다. "적어도 영향력 있는 매체에 실리는 칼럼이란 이름의 글은 달라야 한다. 정확한 취재 정보와 그에 바탕한 분석과 설득력 있는 비판, 그리고 비전을 담지 못한다면 지면 낭비다."

이 대목도 전적으로 동의한다. 그래서였다. 필자가 지난 칼럼 "상류층의 타락과 김대중 기자"를 쓴 까닭은. 『조선일보』고문이 신문법을 '엉터리'로 비난해서다.

그런데 엉뚱하게 열린우리당 김 의원의 비판은 김대중 기자를 겨냥하고 있지 않다. 필자다. 지난 칼럼 "신문개혁과 열린우리당이 할 일"이 "되나 못되나 한 건 더 쓰고자 하는 매명 칼럼"이란다. 감정적 공격에 침묵이 낫겠다고 판단했지만, 김 의원의 다음 글이 걸린다.

"글 자체로 보면 반박하고 싶지도 않지만, 언론개혁의 의제를 활성화한다는 취지에서 쓰고자 한다."

무엇보다 먼저 우려가 앞선다. 열린우리당 의원인 그가 "언론개혁 2단계"를 또다시 "선포"하는 식으로 나서고 있어서다. 열린우리당과 더불어 언론개혁을 거론하는 것 자체가 과연 옳은 일인가 회의감마저 든다.

하지만 정직하게 말하고 싶다. 열린우리당이 다수당인데 어쩌겠는가. 게다가 열린우리당 안에 있는 적잖은 국회의원을 아직은 믿고 싶다. 김 의원보다 언론개혁에 깊은 고심을 해 온 의원들도 보인다.

필자가 김 의원에게 보낸 비판은, 당 안의 동료의원들과 더 공감대를 나누고 조직적으로 일을 추진하라는 지적이었다. 자신이 '깃발'을 들었다는 식으로 일을 추진하고, 또 그것을 스스로 높이 평가하는 모습은 '여당의원이 할 일'과 거리가 멀다고 판단했기 때문이다.

필자의 비판에 그가 격하게, 그러나 완전히 빗나가게, 보인 반응은 크게 두 가지다. 먼저 시민단체와 "공동으로 언론개혁 대토론을 주최"했다는 것이다.

토론회를 열었다는 사실, 그리고 그곳에 여야의원들과 시민단체가 참여했다는 사실을 들어, 김 의원은 언론운동단체에 다가가지 못했다는 필자의 비판에 대해 "취재하지 않고 앉아서 쓴 기사"라고 비판했다. 묻고 싶다. 앞으로도 토론회를 열었다는 이유로 언론운동단체와 대화했다고 주장할 셈인가. 거듭 성찰을 촉구한다.

취재가 부족하다는 느낌은 기자라면 누구나 스스로 지닌다. 하지만 적어도 '언론 현장'에 관한 한, 필자는 김 의원이 전혀 관심을 드러내지 않을 때부터 취재해 왔다. 실제로 언론개혁 현장에서 어떤 일이 벌어지고 있는지 여당의 한 의원 차원을 넘어선 범위에서 줄곧 취재하고 있다. 여러가지 사정과 판단으로 취재수첩에 묻어 둔 진실 앞에 늘 부채감을 느낀다.

다시 정색을 하고 촉구한다. '선포'를 하며 '따라오라' 하지 말고, 내부 조직부터 다지면서 언론운동단체를 '따라가라'고.

김 의원은 또 필자의 글이 "노골적으로 정파성을 담고 있다"며 "민주노동당을 예찬하면서 그 당을 따르라는 식"이라고 말했다. 이어 "본인도 계면쩍었던지 '언론인이 쓴 글까지 '정파'의 색안경으로 볼 사람도 있을 터지만, 진실은 진실대로 말하자'고 전제했다"고 주장한다. 황당한 논법이다. "언론인이 쓴 글까지 정파의 색안경으로 보는" 대표적인 사람이 바로 김 의원이다.

필자는 지금까지 어떤 정치인, 어떤 정당도 '예찬'하지 못했다. 솔직히 "매명 칼럼"을 어떻게 쓰면 되는지, 또 국회의원이 되려고 하거나 한 '자리' 차지하려면 어떤 칼럼을 써야 하는지 누구보다 잘 알고 있다. 그러나 그렇게 해 오지 않았고, 앞으로도 그럴 생각이 없다.

게다가 "지금 의원의 세비는 잘 나가는 언론사의 국장급 수준에도 못 미친다"며 "세비라도 현실화해야 한다"는 김 의원의 주장과 민주노동당 의원들의 세비에 대한 자세가 엄연히 다른 걸 어쩌겠는가.

신문법이 누더기나마 통과된 상황에서 먼저 할 일은 또다른 '선포'가 아니라 과거 입법과정에 무엇이 문제였는가를 진지하게 짚어보는 일이다.

달을 가리키는데 언제까지 손가락만 보려는가. _2005.01.12.

한국 언론 속에 똬리튼 '이중국적자'들

_차라리 미국이나 일본 언론을 '자임'하라

"최근 한국이 한미동맹서 벗어나고 있다." 야치 쇼타로 일본 외무성 사무차관의 말이다. 일본을 방문한 한국의 국회 국방위원들과 만난 자리에서 그는 "한국은 균형자적 역할을 하겠다고 하는데, 일본은 이를 받아들일 수 없다"고 강조했다.

외교관례상 명백한 결례이자 오만이다. 문제는 그 다음이다. 일개 일본 사무차관의 비공식자리 발언으로 뒤늦게 한국 언론과 정가에서 '당쟁'이 벌어졌기 때문이다. 더없이 개탄스러운 일이다. 그래서다. 톺아볼 필요가 있다. 야치 차관이 그 발언을 한 것은 2005년 5월 11일 아침이었다. 주일 한국대사관으로부터 내용을 보고 받은 외교부는 곧장 주한 일본공사를 불러 항의했다. 주일 한국대사관도 유감을 전했다.

하지만 야치 차관의 비공식자리 발언은 귀국한 국방위원들의 입을 통해 언론에 보도됐다. 첫 보도는 24일이었다. 이어 25일 저녁 TV뉴스로 이어지고 26일 『조선일보』, 『동아일보』, 『중앙일보』는 일제히 사설을 실었다. 한 목소리였다.

『조선일보』 사설("'믿을 수 없는 한국'을 바로 보라")은 "정부가 야치 사무차관의 말에 대해 그 진위 여부를 짚어볼 생각은 않고 '왜 그런 말을 했느냐' 식으로 따지고 화를 내는 것은 문제를 풀겠다는 자세가 아니다"라고 되레 정부를 비난했다. 『동아일보』 사설("노 대통령, 잘못된 정보에 갇혀 있지 않나")과 『중앙일보』 사설("한국과는 대북정보 공유 못한다")도 마찬가지다. 세 신문은 일본 외무차관의 결례와 오만을 결코 지적하지 않았다. 오히려 정부를 비난하며 한미동맹이 위기에 처했다고 부르댔다. 결국 청와대와 외교통상부는 다시 일본 정부에 항의하지 않을 수 없게 되었다. 국내 언론의 마구 부풀리기식 비난 탓이다. 그러자 한국 언론은 정부가 돌연 태도를 바꿨다고 비아냥거렸다. 참으로 기막힌 일이다. 정부의 강력한 항의에 결국 야치 차관은 27일 "(본인 발언이) 한국 내에서 논의를 불러일으키고 오해를 초래했다면 유감이다"라고 말했다.

그러자 세 신문은 28일 또 일제히 사설을 실었다. 『조선일보』 사설("'야치 발언' 파문과 한국 외교의 수준")은 "한 나라 외교의 속이 이렇게 훤히 들여다 보여서야 외교가 외교다운 구실을 할 수 있겠는가"라고 물었다. 『동아일보』 사설("'야치 발언' 대응이 보여 준 외교 현주소")은 "청와대가 그의 발언을 '주제넘은 일', '무책임한 언동' 등의 용어를 동원해 비판한 것이나 '한일정상회담 재고 가능성'을 흘린 것도 외교적 상궤에서 벗어난 일"이라고 주장했다. 『중앙일보』 사설("한일관계 더 이상 악화돼서는 안 된다")도 "야치의 발언 문제는 이 정도에서 덮어 두는 게 온당하다"며 재차 일본을 두둔했다.

대체 저들이 어느 나라 신문인지 새삼 묻지 않을 수 없다. 문제의 핵심은 이들이 외교를 국내 정치용으로 삼는다고 정부를 비난하는 데 있다. 하지만 정작 외교를 국내 정치용으로 삼는 자들은 누구인가. 바로 세 신문이다. 그들에겐 미국의 위험한 '작전계획 5029'에 대해서도 오직 '정보유출'이 문제다. 미국의 선제공격용 전폭기가 다시 이 땅에서 지형숙지훈련을 벌이겠다고 나서도 침묵한다. 저들은 실제로 미국이 침략전쟁을 저질러도 지지하지 않을까.

그래서다. 대한민국이라는 나라가 부끄럽다. 이 땅의 언론이 수치스럽다. 세 신문이 일본 외무성차관의 옹호에 이어 한미동맹 강화를 합창하는 풍경을 보라. 도대체 그 사설과 기사를 쓰는 한국의 언론인들은 국적이 어디일까. 저들이 한일정상회담과 한미정상회담에서 무엇을 주문하고 어떻게 여론을 호도할지 불을 보듯 뻔하다. 바로 그들이야말로 가장 위험한 '이중국적자'가 아닐까.

저 부라퀴들에게 권한다. 차라리 한국 국적을 포기할 것을. 그게 그나마 정직한 삶이 아니겠는가. _2005.05.28.

막가는 조선일보 어디까지 갈까

_젊은 언론인들에게 묻는다

"그를 조련하는 최선의 방법은 그의 어깃장 놓기에 굳이 관심을 보이지 않음으로써 그로 하여금 싱거워서 제풀에 좌판을 치우게 만드는 것이다."

『조선일보』 전주필 류근일의 말이다. "쓸데없이 대적하다가 공연히 그의 청개구리적 쾌감만 증폭시켜 줄 필요가 없다"고 덧붙였다. 여기서 '그'는 김대중이다. 기실 옳은 말 아닌가. 류 씨가 규정했듯이 "선천적으로 청개구리"인 김 씨의 글에 굳이 관심을 보일 이유가 없다. 이미 그의 칼럼이 지닌 '영향력'은 현직 언론인 사이에서 추락한 지 오래다.

문제는 '청개구리 언론인'이 김 씨에 그치지 않는다는 데 있다. 그가 젊은 기자들에게 끼친 해악이 시나브로 나타나고 있다. 보라. 2005년 6월 14일자 『조선일보』 사설을. 제목부터 "정부가 무료배달하면 신문은 뭘로 은혜 갚나"이다. 논리도 없고 기본적인 사실관계도 왜곡하는 그 사설을 보며 류 씨의 '충고'가 떠오른 까닭이다. '관심'을 보이지 말자고 스스로 타일렀다.

하지만 그 순간 의문이 불거졌다. 어쩌면 그것이야말로 허허실실의 '노림수'가 아닐까. 더구나 『조선일보』 사설은 신문법 무력화를 목표로 한 치밀한 공세의 연장선에 있다. 이미 세계신문협회 서울총회 소식을 보도할 때 『조선일보』는 사실을 왜곡했다. "한국의 신문법은 독자의 선택권 제한"이라는 왜곡된 사실을 언죽번죽 1면 머리로 편집한 까닭이 무장 분명해지고 있다. 세계신문협회의 입을 빌려 '거짓'을 기정사실화하고, 다시 이를 밑절미로 국내 여론을 호도한 뒤 신문법 자체를 무력화하겠다는 의도가 엿보인다. 실제로 『조선일보』는 최근 헌법재판소에 위헌신청을 냈고, 신문유통원을 겨냥해 사실과 다른 선동에 나섰다.

그래서다. 『조선일보』 사설에 "대적"이 결코 "쓸데없는" 일이 아닌 까닭은. 『조선일보』는 "신문유통원은 이 정권과 그에 동조한 언론단체가 밀어붙였던 새 신문법에 따라 일부 신문사들이 추진해 온 신문공동배달기구"라고 단언한다. 과연 그러한가.

정권과 그에 동조한 언론단체는 명백한 거짓말이다. 굳이 '동조'라는 표현을 쓰겠다면 "언론운동단체와 그에 동조한 정권과 국회"라 해야 옳다. 현장 언론인들이 신문공동배달기구를 요구해 온 것은 김영삼 정권 시절부터다. 지며리 일궈온 운동이 국회에서 불완전하나마 결실을 맺은 게 '신문법'이다.

무엇보다 압권은 사설의 맺음말이다. "이 정권과 이 정권의 심부름을 도맡은 사이비 언론개혁단체는 헌법 제1조를 읽긴 읽었고, '민주공화국에서의 언론의 역할'을 알기라도 하는가" 묻는다. 참으로 치졸하지 않은가. 그래서다. 『조선일보』가 무너지고 있다고 단언하는 까닭은. 물론, 새삼스러운 일은 아니다. 비단 신문시장에서 독자 감소만이 아니다. 의제설정력이 떨어진 지도 오래다. 말살에 쇠살이라 하더라도 『조선일보』가 1면에 부각하면 한국 사회의 주요 쟁점이 되었던 시대는 이미 사라졌다.

무너지고 있는 까닭은 『조선일보』가 자성의 모습을 전혀 보이지 않는 데 있다. 되레 신문의 기초인 사실관계까지 왜곡하며 선동에 나선다. 상황이 이런데도 그 사이에서 '중립'을 펴는 윤똑똑이들이 곳곳에 있다. 바로 그들을 믿고 『조선일보』는 사실을 왜곡하며 위헌신청을 내고 있다. 사실조차 비틀며 자사 이익을 옹호하는 보도와 논평, 바로 그것이 한국 저널리즘 몰락을 불러온 주범이다. 신문법은 죽은 저널리즘을 다시 살리려는 불씨다.

그래서다. 『조선일보』만이 아니라 『동아일보』와 『중앙일보』의 젊은 기자들에게도 충심으로 호소하고 싶다. 신문의 신뢰 위기는 곧바로 젊은 언론인들의 우울한 미래로 이어질 수밖에 없다. 적극적 저항은 어렵다손 치더라도 최소한 '사주의 앞잡이'로 전락할 이유는 없지 않은가. 기자 아닌가. _2005.06.14.

누가 기자들에게 비명을 지르게 했나

_ '월간중앙 사태'의 핵심과 삼성

"기자들의 최소한의 자기표현이자 비명이라고 생각한다."

『월간중앙』 기자들의 항변이다. 『월간중앙』 기자 13명은 2005년 6월 20일 '독자와 국민 여러분께 드리는 말씀'을 성명서로 냈다. "자크 로게·청와대·김운용 위험한 3각 빅딜 있었다"는 기사를 외압으로 싣지 못해서다. 기자들은 비단 이 기사만이 아니라고 '고발'한다. 최근 두 달 동안 "NSC·청와대·거대자본 등의 외부 압력과 『중앙일보』 고위관계자의 내부 압력" 모두를 받았단다.

『월간중앙』 기자들의 용기에 먼저 갈채를 보낸다. 한국 저널리즘이 결코 죽지 않았다는 사실을 온 몸으로 증언하고 있지 않은가. 그래서다. 이 참에 문제의 핵심을 정확히 짚을 필요가 있다. 삭제된 기사는 김운용 전국제올림픽위원회(IOC) 부위원장의 자진사퇴를 전제로 자크 로게 IOC 위원장과 청와대가 극비협상을 통해 세 가지 약속을 했다는 내용이다. 세 약속은 2014년 동계올림픽의 평창 유치, 태권도의 정식종목 유지, IOC 위원의 한국인 승계를 이른다.

청와대는 국익을 내세워 협조를 요청한 것으로 알려졌다. "기사를 뺄 수 없다면 IOC 총회가 열리는 7월 이후에 써 줄 수 없느냐"고 '읍소'했다는 보도까지 나오고 있다. 기사의 내용과 IOC 7월 총회를 감안하면 국익론이 전혀 근거가 없는 것은 아니다. 청와대 협조 요구를 『월간중앙』의 대표이사와 편집장은 분명하게 거부했다.

명토박아 둔다. 이 지점까지 문제는 없다. 정부로서도 국익이라는 판단이 선다면 협조를 요청할 수 있다. 압력이 아닌 협조 요청은 미국이나 유럽에서도 얼마든지 있을 수 있다. 물론, 그 판단이 언론 고유의 몫임은 더 말할 나위 없다. 실제로 『월간중앙』은 요청을 단연 거부하지 않았던가.

문제는 그 다음이다. 『월간중앙』 대표이사가 갑자기 태도를 바꿨기 때문이다. 『월간중앙』의 기자들은 "실명을 적시할 수 없지만 '거대자본'의 압력에는 결국 버티지 못하고 무릎을 꿇고 말았다"고 말했다. 하지만 말끔하게 실명을 밝히자. '거대자본'은 삼성이다. 실제로 기자들에 따르면 삼성그룹 상무가 『월간중앙』을 방문했고 그 직전에는 『중앙일보』 고위관계자가 『월간중앙』 대표이사에게 전화를 걸었다.

그렇다면 문제의 핵심은 다시 삼성이다. 왜 삼성이 나섰는지는 아직 확인되지 않았다. 청와대의 협조 요청인지 아니면 IOC위원인 이건희 회장의 독자적 판단인지 규명이 필요하다. 중요한 것은 청와대의 협조를 거절했던 『월간중앙』의 편집정책이 삼성그룹 상무의 방문 뒤 바뀐 사실이다. 기실 『중앙일보』조차 자신이 삼성과 무관하다고 공언해 오지 않았던가. 그런데도 자회사인 『월간중앙』까지 삼성의 권력이 결정적이란 사실이 폭로됐다. 그렇다. 바로 그것이 자본의 편집권 유린이다. 일찍이 1991년 동아사태 당시 김중배 국장이 갈파했듯이 언론자유를 위협하는 최대 권력은 자본임이 재확인되었다.

그래서다. 문제는 다시 누더기 신문법이다. 『월간중앙』 사태는 신문사 소유구조와 저널리즘의 발전이 무관하다는 주장이 얼마나 허구적인가를 여실히 입증해 주었다. 튼튼한 자본이 오히려 저널리즘의 독립을 보장한다는 논리가 얼마나 현실과 동떨어져 있는가를 명쾌하게 보여 주었다. 누더기 신문법마저 '위헌'이라고 주장하는 신문사들 내부에서 젊은 기자들 사이에 일고 있는 새로운 바람이 아름다운 까닭이다.

『월간중앙』 기자들의 비명이 비명으로 그쳐서는 안될 이유도 여기 있다. 자본의 언론통제 아래 언론자유를 유린당하고 있는 기자들의 비명, 그것이 민주언론의 합창으로 우렁차게 울릴 날은 언제쯤일까. _2005.06.22.

방송을 '자본의 품'에 넘길 셈인가

_방송통신구조개편 대통령직속으로 추진하라

"대통령은 방송통신구조개편을 왜 총리에게 미루려하는가." 언론운동단체들의 준엄한 물음이다. 미디어주권수용자연대, 민주언론운동시민연합, 언론개혁시민연대, 전국언론노동조합, 지역방송협의회, 한국방송기술인연합회, 한국방송프로듀서연합회, 한국언론정보학회가 공동으로 기자회견까지 열었다. 방송현장의 언론인들과 시민단체들이 두루 망라되어 한 목소리를 냈다.

그런데도 왜일까. 청와대는 시들방귀로 여긴단다. 방송통신구조개편위원회의 국무총리 산하 설치가 사실상 굳어졌다는 게 미디어단체들 사이의 '정설'이다. 청와대 안에 언론운동을 했던 인사들이 적잖게 들어가 있기에 더욱 납득할 수 없다. '권부'에 들어가면 생각이 달라진다는 '철칙'에서 그들까지 정녕 자유롭지 못할 것일까. 방송과 통신의 융합을 총리실에 맡기겠다는 것은 참으로 뜬금없는 발상이다. 그렇지 않아도 '미디어 난개발'이 우려되고 있지 않은가. 지상파 방송사들까지 광고주인 재벌의 입김을 받기 시작하면서 아예 소유제한을 없애자는 '용감'한 주장이 솔솔 흘러나오는 상황이다. 방송과 통신이 융합할 때, 자본이 튼튼한 통신의 힘이 압도적으로 커질 것은 '산수' 문제다.

만일 방송까지 자본의 통제 아래 들어간다면, 한국의 여론시장은 급속도로 '자본의 천국'이 될 수밖에 없다. 기실 저 '부자신문'들의 여론형성 독점력이 2000년에 접어들면서 시나브로 깨져간 데에는 공영방송과 인터넷의 구실이 컸다. 공영방송인 KBS와 MBC의 오늘이 있기까지 민주방송인들의 열정이 있었다. 하지만 그 못지않게 언론수용자의 힘이 컸다.

물론, 아직 공영방송 이름에 값하기엔 갈 길이 멀다. 문제는 방송이 자본의 통제 아래 놓여 거꾸로 퇴화할 가능성이다. 이미 방송과 통신 융합 논의에서 '산업의 시각'이 주도하고 있지 않은가. 그런 상황에서 방송과 통신 융합 문제를 총리실에 맡긴다면 귀결점은 자명하다. 더구나 총리실 산하로 두려는 이유를 들어보면 쓴웃음이 나온다. 대통령에게 '과도한 정치적 부담'이 될 수 있단다. 이른바 '오일게이트'나 '행담도 개발 사건'으로 홍역을 치른 청와대가 또다시 대통령 직속으로 위원회를 추가 설치하는 데 여론의 부담을 느낀다는 말도 들린다.

하지만 짧은 생각이다. 만일 총리실 산하에 두었을 때를 가상해 보라. 두루 알다시피 진대제 장관은 삼성재벌의 최고경영자 출신이다. 방송과 통신 융합에서 자본의 논리가 방송을 압도할 것이라는 우려가 나오는 이면에는 정보통신부가 존재하고 있다. 더 분명히 말하자면, 오래 전부터 다시 방송에 진출하고 싶어 하는 삼성재벌의 그림자가 드리워져 있다.

만일 방송이 자본의 통제 아래 놓이고 삼성재벌이 방송까지 내놓고 진출하는 시나리오가 현실화한다면, 그것은 한국 민주주의에서 돌이킬 수 없는 후퇴가 될 것이다. 그 '부담'을 청와대는 총리실로 넘길 속셈인가.

오해라면, 처음부터 당당하게 대통령이 책임질 일이다. '참여정부'와 '삼성재벌'의 결탁설은 이미 한낱 '주장'으로 들리지 않고 있다. 학계에서도 깊이 있게 분석되고 있다. 방송과 통신 융합으로 한국이 "세계 속의 IT강국"으로 설 수 있음을 모르지 않는다. 하지만 디지털미디어의 발전은 21세기 전자민주주의의 또 다른 화두와 병행해서 검토해야 옳다. 바로 그렇기 위해서라도 방송과 통신 융합의 문제는 대통령직속위원회에서 다뤄야 한다. 총리실 산하에 둔다는 것은 방송이 결코 행정 차원의 문제가 아니라는 점에서 원론적으로도 타당하지 않다.

'참여정부'의 이름을 아직 내리지 않았다면 언론운동 현장의 목소리에 겸허하게 귀기울이기 바란다. 청와대에 들어가면 모두 달라진다는 말을 더는 듣고 싶지 않다. _2005.07.14.

누가 이상호 기자를 협박했는가

MBC 이상호 기자의 '이상한 취재'가 화제다. 정작 기사는 나오지 않았는데 기사내용은 떠돌고 있어서다. 실제로 'X파일'이라는 정체 모를 '기사'가 큰 파문을 일으키고 있다. 이 기자가 미국까지 가서 취재한 내용은 아직 공개되지 않았다. 다만, 삼성그룹과 『중앙일보』, 그리고 대통령후보 진영이 으밀아밀 나눈 이야기를 도청한 테이프를 이 기자가 입수한 것만은 분명하다.

불법도청테이프를 공개했을 때의 법적 문제와 테이프 자체의 조작 여부를 쉽게 가리기 어려웠다는 이야기도 나돌았다. 하지만 떠도는 내용의 중대성에 비추어 본다면, 취재내용을 방송해야 옳았다. 보도방법에 조금만 신경을 쓴다면, 첫 보도가 진실을 명확히 가려내는 데 결정적 구실을 할 수도 있다. 더구나 이상호 기자가 말했듯이 "MBC는 1987년 방송민주화투쟁 때 국민의 힘으로 세운 공영방송" 아닌가. 군부독재의 나팔수에서 거듭난 방송에 더해 언론노조위원장 출신인 '최문순 체제'가 들어서지 않았던가.

그래서다. MBC의 보도는 시간 문제라고 확신한다. 오히려 내가 문제 삼고 싶은 대목은 이상호 기자의 취재 '회고담'이다. 그는 민주언론운동시민연합 주최로 열린 대학언론강좌에서 "'X파일' 보도를 위해 어떤 희생이라도 감수할 각오가 돼 있다"고 말했다.

왜 희생을 감수해야 할까. 그 당연한 의문은 다음 회고에 가면 차라리 묻힌다. 충격적 토로가 이어지기 때문이다. 미국에서 테이프를 입수하는 과정에 "삼성에 취재내용과 일정이 다 노출돼 한국에 돌아오지 못할 수도 있을 것이라고 생각"했단다. 왜 이상호 기자는 삼성에 취재내용과 일정이 노출되면 귀국하지 못할 수도 있다고 생각했을까. 그냥 넘길 문제가 아니다. 그만큼 삼성그룹이 우리 사회 모든 영역에서 '권력'을 휘두르고 있기 때문이다. 이른바 '무노조 경영'이라는 이름의 전투적 노동통제를 해 온 기업 아닌가. 헌법에 보장된 노동기본권마저 유린하면서도 '무노조 경영방침'을 당당히 내세우는 기업 아니던가. 그뿐인가. 전투적 노동통제 과정에서 노동자들에게 인권유린도 언죽번죽 자행해 왔다.

그래서가 아닐까. 한국에 돌아오지 못할 수도 있다고 생각한 것은. 기실 그런 '불안감'은 삼성을 비판할 때 따라다닌다. 가령 삼성을 비판하는 칼럼을 쓸 때마다 선후배 기자들로부터 "집에 들어갈 때 밤길 조심하라"는 '농담'을 들어 왔다. 우스개지만 그저 우스개만은 아니다. 전투적 노동통제가 입증하듯이 삼성그룹은 전투적 집단이기 때문이다. 더구나 삼성의 '율사군단'은 얼마나 막강한가. 현직 헌법재판소장을 비롯해 삼성 출신의 율사들은 곳곳에 포진해 있다. 삼성 내부의 율사들 또한 강력하다. 이른바 '스타 검사'들이 곰비임비 삼성으로 갔다. 삼성과 법정다툼을 할라치면 차라리 포기하고픈 심리가 생겨나는 까닭이다.

그래서다. 이참에 이상호 기자가 더 분명하게 밝혔으면 싶다. 왜 돌아오기 어렵다고 생각했는가. 취재기자가 어떤 취재대상에서 '공포감'을 느낀다면 그것이야말로 저널리즘 발전에 가장 큰 걸림돌이다. 더구나 "정보기관"까지 이 기자에게 "조심하라는 주의"를 줬다.

있을 수 없는 일이다. 마땅히 어느 정보기관의 누가 "조심하라"고 협박했는지 명토박아 공개해야 옳다. 삼성과 『중앙일보』, 그리고 대선후보 사이에 오간 대화를 취재하는 기자에게 왜 "조심하라"는 주의를 줬는지도 밝혀야 한다.

그렇다. 삼성은 오늘 공룡처럼 서 있다. 스스로 헌법의 기본권을 묵살하면서 여야합의로 통과된 법까지 위헌소송을 내는 기업이다. 삼성의 비리를 취재하는 기자가 귀국하기 어렵다는 '불안감'이나 몸조심해야 한다는 '공포감'을 느끼는 상황은 한국 민주주의가 얼마나 껍데기뿐인가를 입증해 준다. 바로 그 때문이라도 'X파일'은 공개해야 옳다. 누가 협박했는지도 마땅히 보도해야 옳다. _2005.07.21.

홍석현 대사, 사퇴하고 신문 손떼라

_한때 '계몽군주'로 불렸던 언론사주의 추락

썩어도 그렇게 썩으리라곤 미처 생각 못했다. 악취가 진동한다. 정계와 재계와 언론계. 부패의 삼각동맹 구조가 고스란히 드러났다. 대통령을 하겠다고 나선 이회창의 품격도 묻어난다. 삼성그룹 회장 이건희는 또 어떤가. 한국 언론이 '수도사적 경영인'으로 칭송하고, 대학이 명예철학박사로 추어올린 인물 아닌가. 하지만 그가 불법 행위를 서슴지 않고 추진했던 사실이 밝혀졌다. 정경유착의 대표적 보기다. 하지만 무엇보다 악취가 진동하는 것은 언론이다. 홍석현.『중앙일보』 사주다. 그가 벌인 '활약상'은 압권이다. 오죽하면『동아일보』조차 사설에서 홍 씨를 '타락한 정상배'라고 비난했겠는가.

실제로 MBC 보도가 사실이라면, 홍 씨는 불법적인 정경유착에 깊숙이 개입했고, 선거전략까지 충고했다. "노조와 호남에 아무리 아부해도 안되니 보수 편에 서라"고 이회창 후보에게 말했다는 대목은 믿겨지지 않는다.

그가『중앙일보』지면의 최고결정권자라는 사실은 얼마나 끔찍한가. 실제로 홍 씨가 재벌의 불법 정치자금 '심부름'을 하고 대통령후보와 유착했을 때,『중앙일보』는 노골적으로 편파보도를 했다. 과연 그가 신문사를 소유할 자격이 있는지 냉엄하게 묻지 않을 수 없다. 편집권이 사주에게 있는 오늘의 신문현실이 지닌 위험성을 새삼 확인할 수 있다. 하지만 문제는 여기서 그치지 않는다. 보라.『중앙일보』2005년 7월 23일자 사설을. 제목부터 심상치 않다. "'X파일', 도청의 진상규명이 먼저다." 사설은 "소위 'X파일'이라는 것이 세상을 떠들썩하게 만들고 있다. 누구도 확인할 수 없는 이 괴문건에 온 나라가 휩쓸려 들고 있다. 그것이 진실이냐 아니냐는 뒷전에 있다"라며 사뭇 '개탄'한다. 심지어 "어쩌면 '헛것'을 좇아 흥분하고 있는지도 모른"단다. 과연 그러한가.

마침내 "문제의 본질"은 "도청"이라고 강조한다. 물론, 도청은 그것대로 밝혀야 옳다. 국가정보원의 전신인 국가안전기획부가 비밀도청팀을 운영한 사실은 용서할 수 없는 범법행위다. 하지만 불법도청이 문제라고 해서 도청된 내용을 묵살할 수는 없는 일이다. 그 내용이 단순범죄를 넘어 민주주의를 유린하는 것이라면 더더욱 그렇다. 그런데도 당사자인 홍석현 주미대사는 언죽번죽 말했다. "오래된 일이라 전혀 기억이 나지 않는다." 앞으로의 대응방안에 대해서도 "여기 올 때도 뜻대로 된 게 아니다. 앞으로도 큰 흐름에 맡기겠다"고 밝혔다. 참으로 부끄러움을 모르는 사람 아닌가. 대체 그가 생각하는 '큰 흐름'이란 무엇을 염두에 둔 것일까.

그래서다. 명토박아 둔다. 홍석현 주미대사와 『중앙일보』는 사과부터 하라. 그게 한때는 윤똑똑이들로부터 '계몽군주'로 불렸던 언론사 사주로서 그나마 명예를 지키는 길이다. 언론인의 길을 꿋꿋하게 걸어가려는 『중앙일보』의 젊은 기자들을 위해서라도 그렇다. 『중앙일보』 고위간부들도 마찬가지다. 위기에 처한 '사주'의 눈에 들기 위해 사태를 호도하려 들수록, 그나마 유지하고 있는 신문의 품격만 떨어질 따름이다.

물론, 사과를 한다고 모든 게 해결될 일은 아니다. 홍 씨는 주미대사직에서 곧장 사퇴해야 옳다. 그 모습으로 유엔 사무총장에 나서겠다면 국가적 수치다. 『중앙일보』를 살리겠다면, 신문사 일에서도 그만 손을 떼기 바란다.

마지막으로 사법당국에 촉구한다. '눈치'를 살필 때가 아니다. 『중앙일보』 주장대로 녹음내용의 진상을 규명하기 위해서라도 수사는 불가피하다. 명백히 불법을 모의했는데 그걸 모르쇠한다면 더 이상 검찰이 아니다. 게다가 삼성의 떡고물이 검찰에도 흘러갔다는 내용까지 있지 않은가. 검찰의 명예를 걸고 진상을 밝힐 일이다. 구렁이 담 넘어가듯 넘길 일이 결코 아니다. 노무현 대통령부터 진실규명에 분명한 의지를 밝혀야 옳다. _2005.07.23.

중앙일보 사설, '사과'인가 '협박'인가

"다시 한 번 뼈를 깎는 자기반성 하겠습니다."

『중앙일보』 2005년 7월 25일자 사설 제목이다. 이미 지난 칼럼에서『중앙일보』의 사과를 요구한 바 있기에,『중앙일보』의 진솔한 반성이 담기길 기대했다. 제목이 주는 인상은 다분히 그랬다. 하지만 아니었다.

보라. 사설은 "홍석현 전사장이 지난 한 시대의 정치적인 악습에 관련된 것"이라고 서술했다. 홍석현 씨의 문제를 은근히 "한 시대의 정치적인 악습"으로 물타기 한다.

더구나 이번 사태와 직접 관련이 있는 1997년 대선보도의 편파성에 대해서도 자성의 모습은 보이지 않는다.

"대선 때의 문제로『중앙일보』가 겪어야 했던 고초는 말할 수 없이 컸습니다. 대선에서 승리한 김대중 정권은『중앙일보』를 압박해 왔고, 그 결과 홍 전회장은 1999년 탈세 혐의로 구속되기에 이르렀습니다."

여기서 그치지 않았다. 심지어 "말이 '보광 탈세' 사건이지 사실은 선거에서 상대 진영을 도왔다는 괘씸죄"였다고 살천스레 주장한다. 기막히지 않은가. 솔직히 말하자. 당시 대선보도의 편파성은『중앙일보』에 머물지 않았다.『조선일보』의 편파성도『중앙일보』 못지않게 극심했다. 당시 김대중 주필은 항의하러 온 사람들에게 "곧 없어질 정당"이라고 거나하게 대꾸하지 않았던가. 따라서 홍 씨의 구속을 '괘씸죄'라고 주장하는 것은『조선일보』에 대한 '모욕'이 아닐까. 아울러 김대중 정권만이 아니라 사법부에 대한 모욕이다. 한 점 자성도 없지 않은가.

더 중요한 문제는 그 '괘씸죄'가 "이번에 불거진 파일의 내용과 연관이 된 것"이라는 주장에 있다. 이어 언죽번죽 주장한다.

"홍 전사장 본인도 그때 공개적인 사과와 반성을 했습니다. 그로 인해 감옥까지 갔습니다. 그렇다면 일사부재리 원칙이 있듯이 대가는 이미 치렀다고 보아줄 수도 있습니다. 물론 당사자는 끝없는 반성과 자기성찰을 해야 합니다. 그렇다 하더라도 억울한 점도 있을 것입니다."

어느새 홍 씨는 억울한 피해자다. 『중앙일보』는 "안기부 X파일의 내용이 마치 '지금의 『중앙일보』'의 모습인 것처럼 폄하하는 일부의 움직임에 대해서 안타까움"을 밝히며 "8,000여 개의 도청테이프 중 유독 특정 정치인과 기업, 그리고 『중앙일보』에 대해서만 집중적으로 문제를 삼고 있는 현상황은 이해할 수 없는 대목"이라고 주장했다.

명토박아 둔다. 내가 『중앙일보』에 "사과가 먼저다"라고 비판한 것은 『중앙일보』의 첫 사설이 '문제의 본질'을 '불법도청'으로 규정하며 "도청 진상규명이 먼저다"라고 주장했기 때문이다. 정확히 '지금의 『중앙일보』' 모습을 비판한 칼럼이다. 그 사설이 나온 날 『중앙일보』 앞에서 언론운동단체들이 시위를 벌인 것도 그 때문이다.

게다가 『중앙일보』는 "8,000개의 도청 테이프"라며 확인되지 않은 사실을 사설에 쓴다. 이어 안기부 도청팀장이 『조선일보』, 『동아일보』, KBS, MBC, SBS를 거론한 인터뷰를 인용해 "자기들은 정도를 걸어온 것처럼 하는데 정말 역겹다"는 발언을 그대로 사설에 옮겼다. 곧장 "과거를 청산하기 위해서는 불법도청 자체는 물론 도청테이프에 담긴 모든 내용이 함께 밝혀져야 한다"고 주장했다.

독자에게 묻고 싶다. 다른 신문과 방송사의 '테이프'도 "함께 밝혀져야 한다"는 주장은 과연 진실을 남김없이 규명하려는 의지일까, 아니면 방송과 신문의 후속보도를 막으려는 '협박'일까. 물론, 다른 언론사의 '대응'도 주목할 일이다. 『중앙일보』를 위해서라도 사법당국은 이 신문이 제기한 다른 언론사에 대한 의혹을 한 점 남김없이 밝힐 일이다.

『중앙일보』는 또 "권력에 대한 비판을 결코 소홀히 하지 않겠다"면서 "『중앙일보』를 의도적으로 매도하고 정략적으로 이용하려는 기도에 대해서는 결연히 맞서 싸울 것"이라고 밝혔다. 참으로 궁금하다. "정략적으로" 접근하는 자, 과연 누구인가.

　그래서다. 거듭 촉구한다. 사과를 하려면 제대로 하라. 『중앙일보』 홍석
현 사주와 고위간부들에게 엄중하게 묻는 까닭이다.

　'다시 한번 언론탄압을 주장할 셈인가.' _2005.07.25.

대사 사퇴로 그칠 일인가

_홍석현 중앙일보 사주에게 묻는다

재갈. 말을 부리려 입에 가로 물린다. 쇠뭉치다. 여기에 고삐를 맨다. 순종할 수밖에 없다. 그 재갈을 한국 언론에 물리겠다고 누군가 공언했다. 그것도 방송기자와의 인터뷰 자리였다. 21세기 대한민국에서 일어난 일이다. 그는 단언했다. "우리 같은 사람들 흥분시키면 진짜 언론 재갈 다 물려 놓을 거야."

서슬 시퍼렇다. 누구일까. 생뚱맞게도 불법도청의 팀장이다. 콧방귀 뀔 일이 아니다. 보라. 무람없이 범행을 시인했다. 도청만이 아니었다. 주요 인물을 감시하고 미행했단다. 살천스레 경고했다. "나를 건드리지 말라." 마침내 '자해 소동'까지 빚은 그는 언론에 자술서를 배포했다. 우리 사회 모든 분야에 "아첨, 중상모략, 질투"가 있다고 폭로했다.

더 생게망게한 것은 재갈 협박을 받은 언론이다. 도청팀장은 자신이 입을 열면 다치지 않을 언론사가 없다며 눈을 홉떴다. 게다가 명토박아 거명했다. "『조선일보』, 『동아일보』, SBS 다 똑같아. MBC는 다른가, KBS도 똑같지." 심지어 『중앙일보』 홍석현 '사주'를 비판하는 언론사들한테 자격이 있는지 비아냥거렸다.

그럼에도 '명예' 훼손된 언론사들은 궁따고 있다. 딴은 짐작 못할 일도 아니다. 『조선일보』 방 씨와 『동아일보』 김 씨 이야기가 솔솔 돌고 있지 않은가. 다만, 얼키설키 엮인 실타래를 풀려면 실마리부터 꼭 잡아야 옳다. 방 씨와 김 씨의 테이프는 아직 나타나지 않았다. 그 테이프를 풀 실마리 또한 역설이지만 홍 씨에게 있다.

홍석현. 한때 언론현장과 학계에서 '계몽군주'로 불린 인사다. 하지만 그가 '밀실'에서 어떤 일을 꾸미는 사람인지 또렷하게 드러났다. 권력 중의 권력인 언론권력, 그 가운데 계몽군주의 실체는 정작 얼마나 초라한가. 결코 착각하지 말 때다. 홍 씨는 고작 재벌의 '검은돈' 심부름꾼에 지나지 않았다.

　문제는 그 '심부름꾼'이 부자신문의 최종 결정권자라는 데 있다. 홍 씨가 대선후보와 삼성을 넘나들 때다. 『중앙일보』는 편파보도의 절정을 달렸다. 기자가 후보 지원 문건까지 작성했다. 노골적 정략보도를 꼬집는 시민사회를 겨눠 "사실보도를 왜 트집잡나"며 언구럭 부리는 사설도 냈다.

　조세포탈로 구속될 때 홍 씨에게 "힘내세요" 응원했던 보도 자세도 달라지지 않았다. 불법 도청범의 협박을 대서특필한 1면 편집은 그 연장선이다. 도청범의 협박은 어느새 신문 사설의 '협박'으로 이어진다. 자칫 '언론 전쟁'이나 '정치 음모론' 따위로 본질이 흐려질 판이다. 하지만 아니다. 불법 도청범이 언론에 재갈을 물리겠다고 호언하는 세상은 분명 물구나무서 있다. 물구나무의 '비결'은 한국 언론의 '황제 경영'에 있다. 사주의 약점을 잡아 언론에 재갈을 물리겠다는 발상, 기실 그것은 군부 쿠데타 시절의 '전통'이었다. 그 전통은 정보기관의 퇴직인사가 언론에 재갈을 물리겠다고 호기를 부리는 데서 살아난다. 군부 퇴각 뒤 언론에 가장 큰 힘을 휘두르는 재벌 또한 '사주'들을 매개로 그 전통과 맞닿아 있다.

　바로 그래서다. 언론사 '사주'로서 기본조차 없는 부라퀴들이 민주주의의 꽃인 선거보도를 짓밟는 야만에 마침표 찍을 때가 되었다. "노조와 호남은 아무리 아부해도 안 된다"고 대선후보에게 조언하는 '계몽군주'를 보라.

　홍 씨의 주미대사 사퇴로 그칠 일이 아니다. 사주들이 신문을 쥐락펴락할 수 없도록 소유구조개혁에 다시 힘을 모을 때다. 벅벅이 벗겨야 한다. 언론인의 말을 부리려 입에 가로 물린 저 재갈을. _2005.07.28.『한겨레』

'언론사 고위간부' 김대중과 X파일

_ '김대중 칼럼'이 의미하는 것

"'강정구 발언'이 의미하는 것."

『조선일보』 김대중 고문의 2005년 8월 1일자 칼럼 제목이다. '김대중 칼럼'의 영향력이 시나브로 사라지고 있지만, 아직 그의 칼럼을 좋아하는 사람들도 분명 있다. 그가 언제나 대변해 온 기득권세력이 특히 그렇다. 무엇보다 '수구세력'으로 손가락질 받고 있는 사람들에게 김대중 칼럼은 불편한 심기를 달래주는 '안정제'이자 거친 증오를 담아내는 '무기'다.

보라. 김대중 칼럼은 동국대 강정구 교수의 '맥아더 발언' 가운데 아주 자극적인 대목을 살천스레 부각한다. 이어 강 교수 발언에 "상황들을 집약하는 상징적 의미"를 부여한다.

"보수적 입장의 한 대학교수" 말을 빌려 "이 다음 단계는 보수층과 우익을 대상으로 하는 테러로 이어질 것이 분명하다"고 전한다. 궁금하다. 어떤 교수였을까. '다음 단계'가 테러로 이어질 게 분명하다고 단호히 밝혔다는 교수는. 과연 지금 보수층과 우익을 대상으로 하는 테러를 일으킬 '운동권'이 있기라도 한가.

더 큰 문제는 김대중 칼럼이 그나마 진전되고 있는 6자회담에 '불편함'을 드러낸다는 데 있다. 이를테면 김 씨는 "미국은 그동안 기회 있을 때마다 북한을 위해 미국이 '자제'해 줄 것을 요구하며 6자회담의 성사를 자신들의 노력의 결과인 것으로 내세우려는 한국 당국의 '허울 좋은 한미공조'와 국내 정치 이용 기도에 실망하고 또 식상해 왔다"며 6자회담에 나선 한국 정부를 미국의 눈으로 비판한다.

이어 "한국의 좌파세력이 정치권력의 전면에 포진하는 상황의 연장선상에서 앞으로 한미관계가 더 이완되고 미국의 동북아 영향력이 먹히지 않을 상황이 올 수 있다. 그렇다면 이런 상황에 대비, 차라리 북한과 직접 거래해서 김정일 정권의 인정·보장과 경제지원을 내세워 핵과 인권문제를 도모하는 것이 한국을 통하는 것보다 훨씬 효과적이라는 판단을 할 수 있다"고 쓴다.

과연 언론인이 글을 이렇게 써도 될까. 당혹감마저 든다. "한국의 좌파 세력이 정치권력의 전면에 포진"했다는 『조선일보』 고문의 해괴한 주장은 넘어가자. 사회의식 수준이 아직도 군부독재 시대의 낡은 사고에 머물고 있는 것을 어쩌겠는가.

그러나 묻고 싶다. 『조선일보』 고문은 6자회담이 잘 풀려 가는 게 싫은가. 아직 낙관하기에 이른 6자회담이 '대화를 통한 북미 핵문제 타결'로 진전되는 게 불편한가. 김 고문은 6자회담이 어떻게 결말 나길 바라고 있는가. 더 황당한 것은 그가 곧바로 안기부 X파일을 거론하는 데 있다.

"이처럼 김정일 정권이 대남·대미전선에서 그들에게 유리한 호재를 만나 이를 극대화하는 정치공세를 펼 때 이것은 크게는 한국 전체에, 작게는 한국의 정통보수세력을 코너로 모는 결과를 가져올 수 있다. 작금에 폭로되고 있는 안기부의 도청사태와 재벌·언론·정치권력의 유착을 보여 주는 도청 내용들은 더더욱 좋은 배경을 제공해 주고 있다."

그렇다. 김대중 칼럼의 강조점은 바로 여기에 있다. 김 씨는 "한국의 정통보수세력을 코너로 모는 결과"를 '우려'한다. 그 앞 문장에선 "김정일 정권의 정치공세"로 언구럭 부리지 않았던가. 슬그머니 북의 '대남공세'를 들먹인 뒤 '정통보수세력'을 자극하고 곧바로 X파일을 거론했다. 안기부 X파일이 공개되는 것을 덮고 싶은 '언론사 고위간부'의 치밀한 노림수다.

하지만 대체 '정통보수세력'이란 누구를 말하는 걸까. X파일의 공개를 두려워하는 사람들이 '정통보수세력'이란 말인가. 아니다. 이 땅에 참으로 '정통보수세력'이 있다면, 누구보다 먼저 추악한 파일의 공개를 요구해야 마땅하다. 더구나 『조선일보』는 이미 홍석현 씨의 X파일에서 자유롭지 못하기에 자중해야 옳다. 김대중 후보의 건강 문제를 제기한 신문이 『조선일보』 아니던가.

무엇보다 기막힌 것은 청와대와 열린우리당이다. 모호하게 '진실규명'만 되풀이한다. 정작 X파일의 남김없는 규명에 적극 나서려는 모습은 보이지 않거나 소극적이다. 왜 그럴까. '연정구상' 또는 '정권이양'이 뜻대로 되지 않아 너무 바쁘기 때문일까. 아니면, 이 모든 게 '지역구도' 탓이기에 그쪽에 '전력'을 다해야 한다고 판단해서일까.

어쩌면 그들 스스로 이미 김대중 고문이 말하는 '정통보수세력'에 들어가고 있어서는 아닐까. 그래서다. 모든 민주·진보세력이 손잡아야 할 까닭은. 단결해야 할 까닭은. _2005.08.01.

신문의 위기 자초하는 '비판신문'

_신문고시, 더는 왜곡하지 말아야

비판신문 죽이기. 다시 화제다. 한국 언론이 정치권력으로부터 얼마나 자유로운가는 더 이상 논란이 될 수 없다. 이미 국제적 평가까지 나왔다. 사회구성원들 또한 바보가 아니다. 『조선일보』, 『동아일보』, 『중앙일보』가 권력의 탄압으로 위기상황이라고 전혀 생각하지 않는다.

그런데 세 신문만은 아니다. 사설을 통해 언죽번죽 '호소'한다. '비판신문 죽이기' 또는 '손보기'가 진행 중이란다. 사실이라면 큰 '뉴스'다. 더구나 정권이 비판신문을 죽이고 있는데도 민주언론운동단체들이 침묵하고 있지 않은가. 아니, 죽임을 당하고 있는 언론을 외려 비판하지 않은가.

역설은 어디서 비롯되었을까. 발단은 공정거래위원회가 세 신문의 본사에 대해 신문고시 준수 여부를 조사하겠다고 나선 데 있다. 세 신문은 곧장 반발했다. 신문사 생존론에 더해 '미풍양속'론까지 들먹였다. '불법 경품' 제공행위를 합리화하고 나섰다. 신문사 생존을 위협하고 있다는 저들의 주장에 민주언론운동시민연합은 성명을 내어 물었다.

성명은 결코 과장이 아니다. 실제로 경품과 무가지로 독자의 60%가 움직인다는 조사결과도 나와 있다. 불법경품을 전면 금지할 때, 신문시장의 변동은 우리가 상상하는 이상으로 클 수 있다. 2005년 4월 '신고포상제'가 도입되었지만, 반짝 효과에 그쳤다. 굳이 신고하지 않는 '미풍양속' 때문이다. 민언련에 따르면, 최근 세 신문사 지국의 신문고시 위반은 60%에서 80%에 이르고 본사가 개입한 정황도 드러났다.

그런데도 『조선일보』는 사설 "공정위의 본업은 비판신문 죽이기인가" (2005년 12월 2일)에서 "이 정권 출범 이후 정권의 신문 잡는 몽둥이 역할을 떠맡아온 공정위"라고 규정했다. 명백한 왜곡이다. 어떤 '몽둥이'로 신문을 잡았는지 묻고 싶을 정도다.

『동아일보』 사설도 『조선일보』의 과장논리를 닮아간 지 오래다. "정권의 홍위병 같은 언론단체가 2년 전에 제출한 고발장을 들고 신문사 안방에 들어온 공정위 역시 정권의 하수인에 불과하다"는 사설("비판신문 안방 뒤지는 공정거래위")은 이 신문이 『조선일보』와 달리 그나마 지켜오던 품격마저 잃어버렸음을 입증해 준다.

『조선일보』와 『동아일보』가 바로 다음날 사설에서 공정거래위원장의 "비리 의혹"을 강도 높게 제기한 사실도 흥미롭다. 스스로 돌아보라. 누가 이른바 '손보기'를 하고 있는가. 누가 '죽이기'에 나섰는가.

『중앙일보』 사설 "때늦은 신문사 조사, 비판신문 손보기냐"는 기막힌 논리까지 전개한다. "내년의 지방선거나 2007년 대선을 의식한 신문 길들이기"라는 '의구심'을 제기한다. 묻고 싶다. 공정위가 불법경품을 조사하면 선거와 같은 중요한 국면에 보도 논조가 수그러들 가능성이 있다고 생각하는가. 딴은 홍석현 사주의 뜻에 따라 선거보도가 춤춘 신문이기에 어쩔 수 없다고 여겨야 할까.

무엇보다 갑갑한 '비판'은 『중앙일보』의 다음과 같은 주장이다. "서구 선진국들은 '신문의 위기는 민주주의의 위기'라며 신문을 적극 지원하고 있다. 지원은커녕 이 같은 비판언론 옥죄기가 계속된다면 한국 민주주의의 앞날도 어두울 수밖에 없다는 게 우리 생각이다."

『중앙일보』의 신문 위기는 민주주의의 위기라는 주장에, 신문 지원이 필요하다는 논리에, 동의한다. 아니, 동의가 아니다. 그 논리를 오래 전부터 개진해 왔다. 그래서다. 거듭 묻고 싶다. 그렇다면 왜 신문 지원을 명문화한 신문법에 살천스레 반대해 왔는가. 왜 신문공동배달제도를 폄훼하고 있는가.

명토박아 둔다. 신문의 위기는 이미 권력을 포기한 노무현 정권의 '죽이기'에 있지 않다. 신문의 위기는 신문고시 보도에서 다시 확인되듯이 신문을 자신의 이해관계에 따라 만드는 데서 비롯된다. 신문 저널리즘의 위기는 기자가 사주의 홍위병으로 전락한 데서 증폭된다.

농민이 거리에서 맞아 죽어도 모르쇠하는 신문들, 바로 그곳에 위기의 본질이 있다. 농민과 노동자가 줄을 이어 죽어가고 있음에도 정권을 비판하지 않는 신문이 비판신문을 자임한다면, 소가 웃을 일이다. 참된 비판신문이 목마른 오늘이다. _2005.12.04.

4 저 상여에
장송곡을
부르라

상여꾼들의 면면을 보라.
저마다 헌법기관을 자임하는 국회의원들이다.
저마다 지성인을 자처하는 고위 언론인들이다.
상여의 한 귀퉁이에 노 정권의 장·차관들이 있다.
그렇다. 참으로 가증스러운 상여다. 상여꾼 바로 그들이 살해자 아닌가.
그 상여의 진실을 꿰뚫어볼 때, 보수세력이 쉼 없이 심고 있는
환상에서 벗어날 때, 한국 정치는 비로소 성숙할 수 있다.
저 상여에 호곡 아닌 장송곡을 부르는 까닭이다.

한국 보수주의의 장송곡

_보수세력 정체 분명히 인식해야 한국 정치 성숙

상여다. 흉상인 까닭일까. 꽃도 없다. 창백한 상여꾼들이 만가를 부른다. 구슬프지 않다. 머구리 끓는 소리다. 행렬을 따르는 만장을 보면 비로소 의문은 풀린다. 을씨년스레 솟은 만장에 한자로 쓰여진 네 글자를 보라. '韓國右派(한국우파).' 옳다. 한국 보수주의의 상여다.

무릇 우파의 존재 이유는 민족과 국가에 있다. 자칭 '이 땅의 우파'들 또한 이미 스스로 '민족진영'을 내세우지 않았던가. 좌파와 진보가 민족과 국가의 틀을 벗어나 인간과 인류를 이야기하더라도, 우파와 보수는 민족과 '국가의 신성'을 거론해야 겨우 이름값을 할 수 있다.

그래서다. 아무리 한국 사회의 이념적 지형이 뒤틀려 있어도 이제 분명히 할 때가 되었다. '열린 보수'를 자처하는 신문의 편집인과 논설주간이 '보수주의자'의 신앙고백을 줄이어 하고 나섰기 때문이다. 그들이 진보세력을 싸잡아 '포퓰리스트'로 매도하고 있기에 더욱 그렇다.

독자를 우롱하는 물음이 아닐까 걱정스럽지만 짚어보자. 반민족행위자를 가려내고 그 죄를 묻는 일, 과연 누구의 몫인가. '조국'에 주둔한 외국 군대가 민족의 어린 딸들을 짓밟을 때, 분연히 일어서야 할 몫은 누구에게 있는가. 국민의 의무로 군에 입대한 청년이 의문의 죽음을 당했을 때, 그 원한을 풀어 줄 진상규명엔 누가 나서야 하는가.

답은 명쾌하다. 마땅히 '우파' 또는 '보수'가 할 일 아닌가. 그러나 보라. 친일인명사전 예산을 전액 삭감한 국회의원들을. 반민족행위자의 진상을 규명하자는 법안을 거부한 저 정치모리배들을. 의문사 진상규명의 법률개정안을 아예 심의조차 거부하는 국회를. 과연 저들이 '우파'를 자처해도 좋은가. 과연 저들이 보수주의자인가. 아니다. 결코 아니다.

다시 상식으로 돌아가자. 정치가 마땅히 풀어야 할 국가적·민족적 과제들을 모르쇠할 때 비판해야 할 몫은 누구에게 있는가. 언론에 있다. 하지만 과연 그러한가. 아니다. 되레 수구정객들을 '선동'하거나 기껏해야 침묵이다. 바로 그 언론이 말끝마다 '보수'를 내세우거나 심지어 '열린 보수'를 자처해도 과연 괜찮은 걸까.

더는 볼만장만할 때가 아니다. 정직하게 말하자. 그들은 결코 보수세력이 아니다. 수구세력일 뿐이다. 돌이켜 보라. 한국의 보수주의자를 자처하는 사람들 가운데, 이 땅에 형식적이나마 민주주의를 이룰 때까지 독재권력과 싸운 사람이 누가 있는가.

과연 그들 가운데 누가 친일의 반민족행위자들이 우글거리는 민족현실을 고발했는가. 과연 그들 가운데 누가 미군 장갑차에 온 몸이 짓이겨진 두 여중생을 추모하는 촛불시위에 참여했는가. 오히려 거꾸로 아니던가. 외세와 정치권력·경제권력에 부닐며 일신의 부귀영화만 좇거나 촛불을 끄기 위해 안간힘을 다하지 않았던가.

그렇다. 한국의 보수는, 한국의 우파는, 민족과 국가의 존엄성을 마땅히 지켜야 할 때 나서지 않았다. 더 심각한 것은 그들이 언죽번죽 부끄러움마저 잃었다는 사실이다.

경제성장 과정에서 인권탄압을 어쩔 수 없이 겪었다는 막말까지 서슴지 않는다. 보수주의자와 우파로서 지녀야 할 최소한의 덕목과 의무조차 외면한 그들이, 자신과 자신의 가족만 챙겨 온 부라퀴들이, 마치 자신들이 민족과 국가를 위해 행동하고 있다고 착각하고 있다.

그 결과다. 한국의 우파, 한국 보수주의는 넘쳐나는 돈으로 그 자신은 물론이거니와 수많은 먹물들을 사부자기 '매수'했다. 심지어 '젊은 세대들'마저 그들의 무분별한 이데올로기 공세에 시나브로 젖어 가는 상황이다. 보라. 더러는 '현실'이라는 이름으로, 때로는 '개혁'이라는 명분으로, 자신의 정체를 감추거나 미화하고 있지 않은가. 친일의 진상을 규명하자는 데 심지어 노무현 정권의 고위관료마저 반대를 표명했다.

한국 우파의 죽음을 새삼 애도하는 까닭이다. 상여꾼들의 면면을 보라.

저마다 헌법기관을 자임하는 국회의원들이다. 저마다 지성인을 자처하는 고위 언론인들이다. 상여의 한 귀퉁이에 노 정권의 장·차관들이 있다.

그렇다. 참으로 가증스러운 상여다. 상여꾼 바로 그들이 살해자 아닌가. 그 상여의 진실을 꿰뚫어볼 때, 보수세력이 쉼 없이 심고 있는 환상에서 벗어날 때, 한국 정치는 비로소 성숙할 수 있다. 저 상여에 호곡 아닌 장송곡을 부르는 까닭이다. _2004.01.14.

'보수세력 살리기', 그 유행과 위선

_한나라당과 조선일보의 '우국', 무엇이 문제인가

보수를 살리잔다. 『조선일보』에 '국민작가' 그리고 '귀공자들'까지 나서서일까. 가히 유행이다. 너도나도 보수세력을 살려야 한다고 아우성이다. 딴은 좋은 일이다. 앞서 "한국 보수주의의 장송곡"(2004년 1월 14일)을 노래한 기자에겐 더욱 반가운 일이다.

그러나 참으로 생게망게한 일이다. '보수세력'을 살리자는 사람들의 말과 행동을 보라. 과연 저들에게 보수세력을 살리자는 '진정성'이 깃들어 있는가. 저들이 말끝마다 강조하는 '우국충정'은 또 어떤가. 물론, 굳이 누군가의 진정성을 쉽게 예단하거나 왜곡하는 시류를 따를 뜻은 전혀 없다. 하지만 논리의 심각한 왜곡은 바로잡아야 마땅하다.

보수를 살리자는 사람들이 가장 먼저 내세우는 '깃발'은 결코 자신은 수구세력이 아니라는 주장이다. 자신들을 '수구세력'이라 부르는 것은 '빨갱이'란 말과 같은 색깔공세란다. 과연 그러한가.

아니다. 그 주장은 저들의 현실인식이 얼마나 관념적인가를 웅변으로 말해 준다. 보라. 지금 누구도 수구세력이라는 이유로 감옥에 가지 않는다. 하지만 '빨갱이'들은 지금 이 순간도 숱하게 철창에 있다. 그것이 어찌 동일선상에서 색깔공세로 논의될 수 있단 말인가.

그렇다. 수구세력이란 비판은 결코 색깔공세가 아니다. 대한민국 헌법을 보라. 가장 중요한 헌법조항이 무엇인가. 대한민국은 민주공화국이라는 선언이다. 거듭 상식으로 돌아가자. 민주공화국의 가장 밑절미는 무엇인가. 의사표현의 자유이고 사상의 자유이다. 문제는 바로 그 자유를 부정하는 세력이 이 땅에 깊이 뿌리내리고 있다는 사실이다.

누구인가. 새삼 말할 필요가 없을 터이다. 분명히 말하자. 대한민국 헌법정신에 우리가 충실해야 한다면, 바로 그들이야말로 '반체제인사'다. '국가보안사범'이다. 민주주의의 기본을 부정하는 자들, 어찌 그들이 보수세력이란 말인가. '외세의 앞잡이'로 행세하고 민주공화국의 근본을 훼손하는 자들이 보수세력을 자임하거나 가장하는 현실에서 바로 이 땅의 모든 문제가 비롯된다.

보수를 살리자는 윤똑똑이들은 또 다른 '깃발'을 내걸었다. 자신들의 꿈이 '보수와 진보가 함께 공존하는 세상'이란다. 『조선일보』가 '국민작가'라고 칭송한 이문열 씨의 '선언'이기도 하다. 더구나 그는 "보수세력의 부름을 받았다"며 한나라당 공천심사위원회에 들어가 있다.

문단의 정치화를 언제나 비난하던 그의 정치참여 따윈 굳이 말하고 싶지 않다. 하지만 그가 자신이 '보수와 진보의 공존'을 꿈꾼다고 밝히는 것까지 묵과하긴 어렵다. 인터넷을 일러 "저질 포퓰리스트들이 지배하고 있다"고 질타한 '고급 지식인'의 판단력이라 믿기엔 너무나 아귀가 맞지 않아서다.

비단 이 씨만이 아니다. 보수와 진보의 공존을 들먹이며 자신은 보수라고 자처하는 회색빛 언론인이나 대학교수들이 곰비임비 늘어나고 있다. 그렇다. 유행에는 까닭이 있다. 참으로 편리한 처세술 아닌가. 똑똑한 지식인들이 수구신문에 글을 쓰지 않는 공간을 이용해 비싼 원고료 챙기며 '중립 지식인'으로 제법 명성도 얻기란 얼마나 아름다운가.

하여, 명토박아 말하자. 만일 그들이 진정으로 '보수와 진보가 함께 공존하는 세상'을 꿈꾼다면, 그들은 나의 동지이다. 솔직한 고백이다. 지금 이 순간까지 "오지랖 넓다"거나 "매명주의자"라는 악담까지 들어가며 여기저기 글을 쓰고 강연을 다닌 이유도 바로 그곳에 있다.

그래서다. 더욱 묻고 싶다. 어째서 보수와 진보가 공존하는 세상을 꿈꾸면서 그 공존을 거부하는 수구세력과 싸우지 않는가. 아니 오히려 그들 편에 서는가. 보수와 진보의 공존을 위해 애면글면 노력하는 사람들에게 '친북'이나 '친정부' 따위의 수구적 비난에 가담하거나 기껏해야 외면하는가.

아니 차라리 그 정도에 그친다면 그래도 괜찮다고 보아야 할까. 마치 자신이야말로 수구와 빨갱이 담론 사이에 중립을 지키는 듯 자처하는 풍경을 보라. 더 나아가 보수와 진보의 공존을 거부하는 수구세력과 싸우는 사람들을 "단순하다"거나 "미숙한 포퓰리스트" 따위로 비난하는 저 '복잡한 사람'들, 저 '성숙한 사람'들을 보라. 구토가 밀려오지 않는가.

그래서다. 다시 묻고 싶다. 보수세력을 살리자면서 수구신문의 여론조작과 싸우지 않고, 수구정당의 노선과 싸우지 않은 채, '호화 단란주점'에서 불러대는 저 목쉰 유행가의 제목은 무엇일까. '총선 사기극'일까. '위선'일까.

_2004.02.27.

박정희와 김재규, 그리고 영남정서

_핏빛 역사로부터 우리는 무엇을 배울 것인가

'결론'은 박근혜였다. 뜬금없이 "보수세력을 살리겠다"며 호들갑을 떤 숱한 윤똑똑이들이 이윽고 이른 종착점이다. 비단 언론만이 아니었다. 정치인, 문인, 학자들이 '보수'를 살리자며, '야당'이 필요하다며, 저마다 목소리를 높여 왔다.

박근혜 씨가 한나라당 대표로 선출된 뒤, 이제 그 목쉰 유행가는 시나브로 사라지고 있다. 까닭은 단 하나다. 영남지역의 여론이 '호전'되고 있어서다.

그랬다. '박근혜 체제'는 영남에서도 무너지던 한나라당 지지율을 끌어올리고 있다. 대구경북지역이 특히 그렇다. '박정희 향수'란다. 가히 대단한 위력이다. 그의 딸이라는 까닭만으로 '제1야당'의 대표가 되었다.

영남의 박정희 향수를 전혀 이해할 수 없는 것은 아니다. 박정희 시대는 물론이거니와 오늘에 이르기까지 줄곧 『조선일보』와 『중앙일보』는 박정희 찬가를 읊어대지 않았던가. 40여 년 동안 일방적인 신문보도를 접한 사람들에게 '고향사람' 박정희 향수는 어쩌면 당연한 일인지도 모른다.

더구나 경제성장의 신화가 그 위에 두텁게 덧칠되어 왔다. 그 덧칠로 4월 혁명 공간에서 이미 경제개발계획을 세우고 있었다거나, 미국이 한국의 급속한 성장정책을 입안했었다는 역사적 진실은 파묻혀 왔다.

그래서다. 차분할 일이다. 대구·경북이 낳은 인물이 어찌 박정희에 그치겠는가. 바로 그 박정희를 쏜 김재규 또한 영남의 아들 아니던가. 굳이 김재규를 거론하는 까닭도 여기에 있다. 김재규 중앙정보부장은 "항소이유서"에서 그가 박정희를 쏜 이유를 다음과 같이 토로했다.

"학생들의 유신체제에 대한 저항은 더욱 거세어졌고 급기야 부산·마산 사태로까지 발전하였던 것입니다.…… 부마 사태는 그 진상이 일반 국민에게 잘 알려지지 않았지만 굉장한 것이었습니다. 특히 부산에는 본인이 직접 내려가서 상세하게 조사하여 본 바 있습니다만 민란의 형태였습니다.…… 바로 청와대로 들어가 박대통령에게 보고를 드린 일이 있습니다.…… 본인이 직접 관찰하고 판단한 대로 솔직하게 보고를 드렸음은 물론입니다.

그랬더니 박대통령은 버럭 화를 내면서 '앞으로 부산 같은 사태가 생기면 이제는 내가 직접 발포명령을 내리겠다. 자유당 때는 최인규나 곽영주가 발포명령을 하여 사형을 당하였지만 내가 직접 발포명령을 하면 대통령인 나를 누가 사형하겠느냐' 하고 역정을 내셨고 같은 자리에 있던 차 실장(차지철 경호실장)은 이 말 끝에 '캄보디아에서는 300만 명 정도를 죽이고도 까딱없었는데 우리도 데모대원 100만~200만 명 정도 죽인다고 까딱있겠습니까' 하는 무시무시한 말들을 함부로 하는 것이었습니다.

그런데 박 대통령의 이와 같은 반응은 절대로 말만에 그치는 것이 아니라는 것이 본인의 판단이었습니다. 박 대통령은 그 누구보다도 본인이 잘 압니다. (이승만과 달리) 그는 군인 출신이고 절대로 물러설 줄을 모르는 분입니다.…… 얼마나 많은 국민이 희생될 것인지 상상하기에 어렵지 아니한 일이었습니다."

더러는 "항소이유서"를 믿을 수 없다고 할지 모른다. 하지만 부마 사태를 돌아보면 김재규의 증언은 살갗에 와 닿는다. 역사에서 가정은 부질없지만, 만일 그가 박정희를 쏘지 않았다면, 박정희는 얼마나 많은 영남인들의 가슴을 쏘았을까.

냉철하게 성찰할 필요가 있다. 영남의 시민들을 탱크로 학살할 '임전태세'를 불태우던 그가 영남에서 향수를 불러일으키는 현실은 얼마나 기막힌가. 형장의 이슬로 사라진 김재규 부장은 최후진술에서 국민에게 당부했다.

"자유는 그냥 얻어지는 것이 아닙니다. 값비싼 대가를 치러서 얻어지는 것입니다. 그동안 우리의 자유가 병들었던 것도 우리의 노력 부족과 무관심에서 빚어졌습니다. 우리는 자유가 없어지고 나서 그 귀중함을 알게 되기 쉽습니다.…… 자유는 남의 것이 아니고 나의 것입니다. 국민 모두가 한마음으로 지킵시다."

"나는 오늘 마지막으로 이 나라에 자유민주주의를 회복시켜 놓았다, 20~25년 앞당겨 놓았다 하는 자부, 누구의 무엇하고도 바꿀 수 없는 자부를 가지고 있습니다. 아무쪼록 우리 대한민국에 자유민주주의가 만만세가 되도록 기원하고 또 10월 26일 민주회복 국민혁명이 만만세가 되도록 저는 기원합니다.

다만 내가 이 세상을 빨리 하직함으로써 자유민주주의가 이 나라에 만발하는 것을 보지 못하고 가는 그 여한이 한량없습니다. 그러나 이미 모든 것이 기약되어 있기 때문에 내가 못 보았다 뿐이지 틀림없이 오기 때문에 나는 웃으면서 갈 수 있습니다."

이 땅에 민주주의를 25년 앞당겨 놓았다는 자부심으로 불가에 귀의한 채 세상을 뜬 김재규. 하지만 그가 '거사'를 한 지 옹근 25년을 맞은 오늘, 고향에서 불고 있는 저 '박정희 향수'를 김재규의 원혼은 어떻게 바라보고 있을까.

생의 마지막 순간에 김재규는 옥중수첩에서 박근혜에 대해 짧은 기록을 남겼다. "구국여성봉사단과 큰 영애(여러 차례 건의했으나 관여치 말라는 노여움만 삼)."

하여, 참담한 가슴으로 묻는다. 역사로부터 아무것도 배우지 못한 민족에게 역사는 보복한다는 말이 떠오르는 것은 과연 기우일까. 민주운동과 진보운동이 본디 강력했던 대구와 경북에서 불고 있는 저 '바람' 앞에, 우리 언제까지 눈 돌려야 하는가. _2004.03.29.

'개혁세력'은 자기 개혁부터 하라

_'6월항쟁' 맞는 지선 스님의 죽비소리

다시 유월이다. 항쟁의 달이다. 1987년 6월항쟁으로 한국 민주주의는 한 단계 성숙했다. 전두환 정권에 맞서 민주주의 열망이 들불처럼 타올랐다. 그 결과다. 모든 신문, 모든 방송이 '청렴결백한 지도자'로 '찬송가'를 읊었던 전두환은 무릎 꿇었다.

그랬다. 그날의 유월은 닫혔던 '정치 공간'을 열었다. 새 공간으로 '운동가'들도 곰비임비 들어갔다. 1988년 총선에서 2004년 총선까지 다섯 차례 선거를 치렀다. 학생운동, 시민운동, 노동운동 출신들이 국회의원이 되고 어느새 여당의 '지도부'가 되었다.

국회만이 아니다. 김영삼, 김대중에 이어 노무현 정권이 등장했다. 17대 총선으로 6월항쟁을 완수했다는 '선언'까지 솔솔 나온다.

하지만 과연 그러한가. 1980년대 최루탄 쏟아지는 거리에서 사자후를 토했던 지선 스님은 단호하게 고개를 젓는다. "6월항쟁 당시와 본질적으로 변한 것은 없다."

비단 국가보안법과 노동악법이 온존하고 있어서가 아니다. 스님은 '가진 자'와 '아는 자'들이 자신이 지닌 것을 나누지 않으려는 태도에 전혀 변함이 없다고 꾸짖는다. 실제로 그러하지 않은가. 자신이 누리는 기득권을 조금도 나누지 않으려는 저 부라퀴들을 보라.

기득권을 지키려 온갖 논리를 들먹인다. 케케묵은 색깔 공세도 서슴지 않는다. 노무현 정권의 경제정책까지 '좌파'로 몰아치는 부자신문의 선동은 또 어떤가.

지선 스님은 본질이 달라지지 않은 사례로 언론을 지목한다. 민주운동의 현장을 떠나 산문에서 참선에 정진해서일까. 스님의 눈에 언론개혁은 결코 복잡하지 않다. 쉽고 명료하다. 민주주의와 통일 그리고 인권신장을 가로막아 온 과거 보도에 대해 진솔하게 사과하고 앞으로 바른 길 가겠다고 약속하면 그것이 바로 언론개혁이란다.

명쾌하지 않은가. 그런데 문제는 사람이 전혀 바뀌지 않았다는 데 있다. 군부독재에 부닐던 언론인들이 고스란히 살아남아 언론사를 지배하고 있다는 지적은 핵심을 찌른다. 스님은 먹물들의 '알량한 자존심'이 자신의 과오를 인정하지 않게 만든다고 덧붙인다.

하지만 지선 스님의 가장 준엄한 비판은 '운동 경력'의 정치인들을 겨냥한다. 운동할 때는 미처 드러나지 않았던 한계가 권력을 쥔 뒤에 나타난다고 질타한다. 단순한 실망이나 쉽게 타락한다는 경고에 그치지 않는다.

운동을 했던 정치인들이 권력의 자리에 가면 함께 운동했던 사람들을 배제한다고 한탄한다. 자신이 모든 걸 독점하려는 '탐욕' 때문이란다. 스님의 깊은 통찰은 수구세력을 보는 눈길에서도 묻어난다.

"반면에 수구세력은 '아량'이 있다. 생각이 조금 다르다고 배제하지 않는다. 왜? 그렇게 해야 자신도 오래 권력을 누릴 수 있다는 것을 안다."

김대중 정권에 실망해서일까. 노무현 정권의 모습도 걱정스럽다. 스님이 노 대통령은 물론이고 열린우리당의 '개혁인사'들에게 '자기 개혁'을 강조하는 까닭이다.

함께 운동할 때는 미처 몰랐지만 '자리'를 갖게 되자 '수구세력의 아량'조차 없는 "참으로 형편없는 사람들이 많다"는 것이다. 그래서다. 오만한 그들에게 스님은 과거를 돌아보라고 권한다. 겸손을 주문한다. 지선 스님을 아는 청와대와 국회의 정치인들이라면 귀기울여 마땅한 '법문' 아닐까.

이라크 파병을 보는 시선도 그 연장선에 있다. 침략전쟁의 야만성과 부도덕성이 백일하에 드러난 상황에서도 파병을 고집한다며 되묻는다.

"거대한 악 앞에 동조할 것인가, 아니면 조금 피해를 보더라도 거부할 것인가." 참으로 명료한 질문이다. 답도 자명하지 않을까. 지선 스님은 반미를 우려하는 '원로'들에 대해서도 "기우"라고 잘라 말한다. 국민을 너무 우습게 보는 시각이란다.

　　원로들이 기득권화했다는 쓴소리도 빼놓지 않았다. 원로들이 없다는 주
장에 대해서도 되짚었다. 바로 그들이 원로들을 죽이지 않았던가.

　　그랬다. 고 문익환 목사를 한국 언론은 '소영웅주의자'라고 살천스레 매
도했다. 문 목사와 더불어 민주화운동에 헌신한 함세웅 신부를 보는 언론의
눈길도 곱지 않다. 차분히 성찰해 볼 일이다. 언론은 어떻게 원로를 '이용'
하는가. 또 원로를 어떻게 죽이는가.

　　지선 스님은 현재 고불총림(古佛叢林)의 유나(維那) 스님으로 백양사(白
羊寺)에 머물고 있다. 스님은 다시 6월부터 하안거 참선에 든다. 스님의 '죽
비 소리'가 청류암(淸流庵) 청류처럼 시원한 유월이다. _2004.05.31.

부자와 여자

_뒤틀린 증오로 빗나간 '정당한 분노'

부자와 여자. 논리적 맥락이 동떨어진 말이다. 하지만 두 낱말은 대한민국의 한 30대 남성에게 '필연'으로 다가왔다. 유영철. 경찰에 따르면 그에게 부자와 여자는 '증오'로 이어졌다. "26명을 살해했다"고 진술했다. 서른 네 살. 청년노동자 고 김선일과 동갑이다. 1970년생인 그의 생명도 온전할 리 없다. 이미 부자신문이 '극형'을 들먹이듯이 밧줄에 걸릴 터이다. 오해 없기 바란다. 고 김선일과 비교할 뜻은 전혀 없다. 다만 유영철의 삶을, 1970년 생 한국인의 인물화 또는 풍경화로 그려 볼 필요는 있다. 서른 넷에 전과 14 범이었다. 가장 최근에 감옥 문을 나섰을 때 다짐했단다. "있는 놈들은 모두 죽여야 한다."

왜 그랬을까. '희대의 살인마'로 다시 철창에 갇혔을 때 말했다. "내 인생이 순조롭지 못하고 전과자로 전락하게 된 것은 부자들 때문이다." 그래서다. 윤똑똑이들은 입을 모은다. 부자와 여자에 대한 빗나간 증오이자 왜곡된 한풀이라고. 물론, 틀린 말은 아니다. 참으로 참혹한 범죄 아닌가. 다만 성찰해 볼 일이다. 실제로 그의 삶을 톺아보면 '순조롭지 못한 인생'은 가난 탓이었다. 막노동을 하던 아버지의 4남매 가운데 3남인 그에게 불행의 꼬리는 길었다. 열 넷에 '아빠'가 숨졌다. 결국 인문고를 가지 못했다. 공고 시절 '절도'로 소년원에 갇혔다. 이어 감옥을 들락거렸다. 안마사와 결혼했지만 복역 중 이혼당했다. 출소해 정을 준 여성도 결국 손사래치며 떠났다.

엽기적 살인행각 끝에 최종 검거된 날은 2004년 7월 16일. 우연이지만 옹근 5년 전 탈옥수 신창원이 잡힌 날이다. 신창원, 그도 가난한 농부의 아들이다. 어려서 '엄마'를 잃고, 가난으로 학교를 중퇴했다. 열 다섯에 절도로 소년원에 갔다. 서울 돈암동의 부자를 털다가 강도치사로 무기징역이 확정됐지만 감옥을 탈출했다. 다시 잡혔을 때, 그는 일기를 남겼다. 자신과 "전두환·노태우, 그 추종자들"의 죄를 비교하며 물었다. "누구의 죄가 더 무거운가." 고백에선 서리서리 적개심이 돋는다. "수백을 살해한 자들은 아직까지 살아서 잘난 체하며 떵떵거리면서 호화로운 생활을 하고 있는데, 한 순간의 잘못된 생각으로 사람을 해쳤지만 자신의 죄를 진심으로 뉘우치고 속죄의 삶을 살아 보고자 했던 사형수들은 죽었고 지금도 죽는 날만 기다리고 있다.”

탈옥수의 소년원 회고도 섬뜩하다. 교도관이 재소자들의 입을 모두 벌리라고 명령한 뒤, 차례차례 그 안에 가래침을 뱉었단다. 비슷한 시기에 소년원에 간 유영철에게 감옥은 어땠을까. 교도소에서 증오를 ‘교도’ 받지 않았을까. 인명을 경시한 사고는 자신의 인명이 경시 받아서가 아닐까. 증오의 화살이 첫 절도와 맞물려 부자로 정조준된 게 아닐까.

문제는 정당한 분노가 뒤틀린 증오로 빗나갔다는 데 있다. 온갖 쾌락을 누리되 전혀 나눌 줄 모르는 보비리들, 이 땅의 수구세력에 정당한 방법으로 맞서야 했다. 잘못된 과녁은 그가 살해한 여자들에서 정점에 이른다. 체포된 뒤 여성들에게 “함부로 몸 놀리지 말라”고 말했지만, 진실은 어떠한가. 살해한 여성 대다수는 그와 같은 처지 아닐까. 빗나간 증오가 애먼 여성의 참극으로 이어진 셈이다. 가부장제의 남성중심사고가 그를 지배한 탓이다.

“있는 놈”에게 부니는 여성에 대한 범죄적 적개심은 그들을 성욕의 ‘배출구’로 삼은 기름진 남성에 대한 정당한 분노로 나아가야 했다. 범죄학의 ‘세력이론’을 빌릴 필요도 없다. 분명하지 않은가. 탐욕적인 부라퀴들이 ‘매매’라는 이름으로 얼마나 많은 여성을 사실상 ‘강간’하고 있는가.

물론, 분노를 살인으로 드러내기는 인간적 죄악이자 저들의 ‘올가미’다. 돈으로 돈 세상을 참으로 벗어나려면, 울뚝밸을 삭이고 고통받는 사람들과 손을 잡아야 한다. ‘정치 참여’로 비상구를 찾아야 했다. 하지만 그는 정반대의 길을 갔다. 그래서다. 유영철과 그 손에 죽어간 동시대인들의 저 참혹한 운명 앞에 하릴없이 무력감을 느끼는 까닭은. 황금 만능의 대한민국 풍경에 스멀스멀 분노가 솟는 까닭은. _2004.07.20.

왜 유영철에만 '분노'하는가

_ '희대의 살인범'에 우리 '공범' 아닌가

무릇 삶은 누구에게나 절대가치다. 스스로 목숨을 버릴 수 있지만, 누구도 다른 이의 삶을 파괴할 권리는 없다. 동서고금 두루 살인을 엄히 다스린 까닭이다. 사람을 죽이는 순간, 그는 이미 자신의 양심으로부터 '살인자'로 손가락질 받는다.

유영철. "26명을 살해했다"고 경찰에 진술한 그는 분명 '희대의 살인마'이다. 더구나 애먼 여성이나 노인, 노점상을 살해한 것은 용서할 수 없는 광기다.

범죄의 양과 질 두루 참혹했다. 그래서다. '살인마를 낳은 것은 한국 사회'라는 엄연한 사실을 성찰하는 일조차 버겁다. '황금만능'의 세태를 찬찬히 짚어보기보다는 "돌로 쳐죽여야 한다"는 유족의 말이 가슴에 와 닿지 않은가. 그렇다. 정녕 사람이 사람을 그렇게 할 수는 없다.

다만 차분히 자문해 보자. 과연 우리는 유영철에만 분노해도 좋은가. "한 사람을 죽이면 살인자이어도 수백 수천을 살해하면 영웅"이란 말을 떠올려 보자. 물론, 우리는 그 말이 더는 용납되지 않는 시대에 살고 있다.

인류가 '정복전쟁을 일으킨 영웅'을 '침략의 전범'으로 단죄하기까지 얼마나 많은 민중이 피를 흘렸던가. 얼마나 '거짓 국익'을 위해 숨겨 갔던가. 당대 대다수 독일인의 '사랑'을 받았던 아돌프 히틀러는 오늘 독일인에게 한낱 '광기의 전범'이다.

그렇다. "수백 수천을 살해하면 영웅"이란 '구호'는 빛 바랜 선동이어야 마땅하다. 그러나 보라. 오늘 우리 눈앞에 벌어지는 현실을. 수천이 아니라 수만 명을 학살하는 침략전쟁이 '진행형'이다.

그 불장난을 저지른 자, 누구인가. 새삼스럽되 명토박아 두자. 미국의 조지 부시다. 이라크를 침략해 수많은 이라크 사람을 살해하고 성고문했다. 이른바 '9·11테러'는 물론이고 '대량 살상무기'와도 무관한 이라크에서 무고한 남녀노소가 최소 1만여 명이나 살해당했다. 눈 돌리지 말라. 바로 부시가 전범 아닌가.

　그래서다. 솔직하자. 과연 누가 더 '희대의 살인마'인가. 1만여 명의 애먼 이라크 사람들을 죽인 조지 부시와 유영철 사이에. 만일 우리가 두 '사건'의 성격이 전혀 다르다고 인식한다면, 그것은 그만큼 우리 사회가 아직 민주화하지 못했다는 증거에 지나지 않는다. 아니 우리 사회가 미숙하다는 자기 고백에 지나지 않는다.

　희대의 살인마 유영철은 그의 방에서 발견된 시에 묻어나듯이, 정에 굶주렸다. 더러는 코웃음칠 터이다. 하지만 '사진 속의 사랑'이라는 제목 아래 써놓은 시는 '살인마'의 가슴에 무엇이 물결쳤던가를 '증언'한다.

　'온 가족이 / 모였었던 순간이었습니다 / 모처럼 많은 대화 나누며 / 웃을 수 있었던 자리였습니다 / 너무나 행복해 / 그 순간을 사진 속에 담았습니다 / 오랜 시간 흘러 / 그 때의 사진을 다시 꺼냈습니다 / 사진 속의 어머니는 / 가족 모두를 껴안고 계셨습니다 / 어머니 품에 자식 모두를 안고 싶어 / 정말 힘들게도 겨우 모두를 안고 계셨습니다.'

　실제로 유영철의 '과거'를 짚어보면 그가 사랑에 목말랐던 사실을 짐작할 수 있다. 범죄학 교과서도 뒷받침하듯이, 어린 시절 사랑을 박탈당하고 잔인한 공격을 받았던 사람은, 극단적인 폭력·살인을 저지를 가능성이 높다.

　문제는 부자의 아들로 태어나 온갖 '사랑'을 누렸을 자들이 언죽번죽 저지르는 살인극이다. 전범 조지 부시가 그렇다. 알렉스 캘리니코스가 『미국의 세계 제패전략』에서 명쾌하게 분석하고 있듯이, 부시의 침략전쟁은 세계의 경제적·정치적 분포를 미국에 유리하게 변화시키려는 제국주의정책이다.

　사람보다 이윤이 최고의 가치인 신자유주의 깃발 아래서 침략전쟁은, 희대의 살인극은, 예고된 것일 수밖에 없다. 그렇다. 대한민국에서 '돈 세상'을 저주하며 일어난 '엽기적 살인'은 그 맨 끄트머리의 병리적 현상에 지나지 않는다.

하여, 거듭 묻는다. 우리는 왜 유영철을 희대의 살인마로 비난하면서, 조지 부시에게 더없이 관대한가. 위선 아닌가. 아니면 유영철이 그렇듯이 한국인 대다수에겐 인명 경시의 사고가 어느새 깊숙이 내면화해 있는 걸까.

명백한 미국의 침략전쟁에 용춤 추며 추가파병하는 우리 조국을 보라. 이라크 침략전쟁에 파병을 고집하는 정부·국회·부자신문은 오늘 저 희대의 살인마와 과연 얼마나 다른가. _2004.07.21.

중앙일보 '정운영'을 애도함

_과연 '진보'는 부패했는가

정운영. 현재『중앙일보』논설위원이다. 하지만 1990년대 그는 대표적인 '진보논객'이었다. 적잖은 젊은이들의 가슴을 사로잡기도 했다. 기실 그렇게 된 데에는『한겨레』의 '기여'가 컸다. 얼마나 오랫동안 그에게 고정칼럼을 '제공'했던가.

정 위원이『한겨레』에 불쾌감을 드러낸다는 말도 더러 들리지만, 기실 1988년 창간한『한겨레』의 16년 동안 정 위원에 견줄 만한 '특혜'를 받은 사람은 찾기 어렵다.

그가『중앙일보』논설위원으로 글을 쓰기 시작할 때, 당혹스러웠지만 그래도 좋은 글을 쓰길 기대했다. 하지만 아니었다. 이따금 예전의 흔적을 찾아볼 수도 있었지만 그의 칼럼은 대부분 뒤틀려 있었다. 딴은『한겨레』에 고정칼럼을 연재할 때도, 그의 현학적인 뒤틀림이 사내 일각에서 문제로 제기되기도 했었다.

그럼에도 정 위원에 대한 비판을 자제했던 까닭은 적어도 그의 '몫'이 있다고 판단해서였다. 하지만『중앙일보』에 쓴 "반동의 반동은 반동을 부른다"(2004년 7월 28일자)를 읽으며, 더 참는 것은 논객 '정운영'을 위해서도 바람직하지 않다는 판단이 들었다. "보수 못잖은 진보의 부패"라는 작은 제목이 붙은 글에서 정 위원은 다음과 같이 주장한다.

"과거에는 정권이 간첩을 만들어 내고 전향을 않는다는 이유로 교도소에서 장기수를 때려 죽이는 천인공노의 악행을 저지르기도 했다. 다시는 없어야 한다. 그렇다고 지금 공권력에 의한 살인을 인정하고 추후의 피해배상으로는 모자라서 민주화 유공자라는 월계관까지 씌워야 하는가.

과거에는 공안기관이 반정부 인사를 죽이고 증거를 없애 버리는 인면수심의 패악을 부리기도 했다. 엄히 다스려야 한다. 그렇다고 지금 간첩혐의 복역자가 조사하지 않으면 의문사 조사가 불가능한가. 법적으로 문제가 없다고? 과거의 군사독재정권들도 똑같은 말을 했었다. 법적으로 문제없음을 사회가 마음으로 받아들이기까지 기다릴 줄 알아야 개혁이 새로운 반동의 빌미가 되지 않을 것이다."

정 위원에 따르면 '반동의 빌미'를 진보세력이 주고 있다. 하지만 과연 그러한가. 아니다. 반동의 빌미를 주고 있는 것은 지금 정 위원이 몸담고 있는 『중앙일보』다. 아니 반동을 부추기고 있다.

보라. 비전향 장기수가 엄연한 민주공화국에서 고문으로 살해당했는데도 지금 우리 사회에는 그에 대한 분노는 찾아보기 어렵다. 피해배상도 온전히 이루어지지 못했다.

그런데 그것도 모자라서 '민주화 유공자라는 월계관'까지 씌워야 하느냐고 정 위원은 개탄한다. 의문사진상규명위원회의 일과 민주화보상심의위원회의 일까지 구분 못할 만큼, 그의 정신이 벌써부터 혼미해진 것일까.

간첩혐의 복역자가 꼭 조사해야 하느냐며 다그치는 대목에선 과연 이 글을 쓴 사람이 '정운영'이 맞는지 의심스러울 정도다. 수구신문의 마녀사냥에 맞선 의문사위의 해명을 거두절미해 인용한 뒤 언죽번죽 말한다. "과거 군사독재정권도 똑같은 말을 했었다."

여기서 그치지 않는다. 정 위원은 진보가 부패했다고 비난한다. "학창에서 진보를 외치던 누가 지금 고관이 되어 리무진을 타는지 나는 모른다. 그러나 진보의 부패가 보수의 부패 못지 않다는 사실만은 보도를 통해 보아 왔다. 지식인 얘기도, 판사 얘기도, 위원회와 기금 얘기도, 노조 얘기도 심심찮게 듣고 있다."

물론, 나도 '리무진 탄 진보'를 좋아하지 않는다. 하지만 그들이 진보를 대표하지 않는다. 오늘 한국의 진보는 힘겨운 싸움을 벌이고 있다. 무더위 아래 노동자들과 학생 그리고 진보정당이 단식을 해도 여론이 제대로 형성되지 않는다.

왜 그런가. 바로 『중앙일보』를 비롯한 부자신문들의 외면 탓이다. 게다가 수구세력은 터무니없이 국가정체성 논란을 벌이고 있다. 저들의 작태를 비판하기는커녕 그 소동을 일으키는 신문에 글을 쓰며 진보를 부패했다고 몰아치는 정 위원의 모습은 섬뜩하다. 하물며 반동의 빌미를 준단다. 그래서다. 정 위원에 묻고 싶다. 참으로 '부패한 진보'는 누구인가. 혹 자신이 아닌가.

오늘 정 위원을 '애도'—그는 '매도'라고 읽을지 모르겠지만—하는 마음은 쓸쓸하다. 하지만 언젠가 내가 타락할 때 그 잘못을 지적해 줄 후배를 '각오'하고 있다. 그때 후배의 지적이 일리가 있다면, 미련 없이 절필할 것을 약속드린다. _2004.07.28.

대한민국이 이미 공산화됐다?

_ '원로' 1,500명의 '무서운 시국선언'

"아직 적화통일은 안됐지만 대한민국은 이미 공산화됐다."

사람들 사이에서 '공공연하게 회자되고 있는 말'이란다. 원로들의 주장이다. 2004년 9월, '대한민국의 자유와 민주주의 수호를 위한 시국선언에 동참한 사람들 일동'이 낸 시국선언문이다.

기다렸다는 듯이 수구신문들은 지면을 '도배질' 했다. 『조선일보』1면 표제는 제법 묵직하다. "원로 1,500여 명 건국 후 최대규모 시국선언"이다. 사설은 시국선언이 "1970년대 유신시대와 80년대 군부독재하에서 정권에 비판적인 원로들과 지식인들의 유력한 현실참여방식"이었다고 같은 반열에 놓는다.

눈을 의심케 하는 대목이다. 순진하다는 나무람을 각오하고 묻는다. 『조선일보』기자들은 정녕 그렇게 생각하는가. 저 군부독재와 맞서 싸웠던 민주인사들의 시국선언과 오늘의 '원로선언'의 무게가 참으로 같은가.

오직 하나만 짚어 보자. 과연 오늘의 '원로'들은 시국선언을 한 뒤 '공안당국'에 줄줄이 체포되었는가. 정반대 아닌가. 군부독재와 싸웠던 시국선언 참가자들을 잡아 가둔 바로 그 인물들이 오늘의 시국선언문에 버젓이 원로라는 이름으로 '참여'하고 있지 않은가.

보라. 저 1980년 오월의 총리 신현확이 '상징'하고 있지 않은가. 도대체 누가 허문도와 이원홍 따위를 '원로'라고 불렀는가.

아무리 이해하고 싶어도 납득할 수 없다. 대체 이 땅의 언론에 재갈을 물렸던 자들까지 버젓이 '원로'라고 보도하는 수구신문 '언론인들'의 머리엔 무엇이 들어 있을까. 과연 그 신문에, 오늘의 한국 저널리즘에 '기자정신'이란 있는 걸까.

『조선일보』는 짐짓 엄숙하게 묻는다. "겉으로는 국민적 단결과 화합이 이루어진 듯했지만 내부적으로는 분열과 갈등이 내연하고 있던 그 시대의 바닥을 흐르던 목소리를 대변했던 시국선언이 오늘 다시 들려오게 된 것은 무엇을 의미하는가."

사뭇 준엄한 질문을 『중앙일보』도 거든다. "보안법 충돌, 나라가 흔들린다"는 사설은 "상황을 보는 마음은 참으로 답답하다"면서 따진다. "우리가 이럴 때인가, 어쩌다 이 지경까지 왔는가."

거듭 순진하게도, 나는 참으로 묻고 싶다. 두 신문은 정녕 몰라서 묻는가. 무엇을 의미하는지, 어쩌다 이 지경까지 왔는지 모르는가.

'이 지경까지 온' 까닭부터 냉철히 톺아볼 일이다. 수구신문, 부자신문의 호들갑처럼 '이념적 내란'이 빚어진 것은 바로 자신들이 의문사진상규명작업에 엉뚱한 '색깔공세'를 퍼부으면서, 노무현 정권의 정체성을 거론해서 아닌가. 불을 지른 방화범이 도대체 누가 불을 질렀느냐고 개탄한다면 우리 그를 일러 무엇이라 불러야 옳은가. 정직하게 답할 일이다.

『조선일보』의 물음, '무엇을 의미하는지'에 답은 더 자명하다. "대한민국이 공산화됐다"는 원로들의 '높은 뜻'이 지닌 의미를 굳이 설명해야 옳은가. 민주주의의 가장 밑절미인 표현의 자유를 부정하고 2000년 남북공동선언마저 "명백히 우리 헌법을 위반한" 것이라는 저 선언의 뜻은 무엇인가. 우리 '원로'들에게는 민주공화국을 유린한 군부독재의 헌법이 아직도 유효한 걸까.

노무현 체제를 일러 '공산화' 됐다고 판단한다면, 사회당·노동당이 집권하고 있는 영국·독일·스웨덴은 어떤 나라일까. 21세기 '세계화 시대'를 살아가기 참으로 민망한 일 아닌가. '대한민국 원로' 1,500여 명이 시국선언문을 내놓으며 살천스레 공산화를 거론하는 풍경은 차라리 슬프지 않은가.

게다가 그들은 "지난 60년간 대한민국의 편에 서 준 맹방에 대해 변함없는 신뢰를 재확인하면서 미국에 요구"한다. "한미연합사령부의 연합작전체제를 확고하게 유지"하란다. 그래서다. 이미 조지 부시가 두렵다고 고백한 나는 우리 '원로' 1,500여 명이 무섭다.

아직 한국전쟁이 끝나지 않았을 때, 보수주의자 가인 김병로가 국가보안법에 부정적이었던 사실을 되돌아보면 더 그렇다. 도대체 대화와 토론이 가능하지 않은 '원로들'이 대한민국에 1,500명이나 되고, 그들을 1970년대의 시국선언과 같은 위상으로 부추기는 '언론'을 보기란 끔찍한 일이다.

　이 나라가 '대통령을 가진 국민'과 '대통령을 못 가진 국민'으로 갈라졌다는 말이 나올 정도라고 개탄하는 저 '최고 신문'을 보라. 참으로 무서운 사람들 아닌가. 민주주의를 일궈온 우리가 '무장해제' 말아야 할 진정한 이유가 바로 여기에 있지 않을까. _2004.09.10.

누가 영남을 모욕하는가

_부마항쟁일 앞두고 열린 궐기대회

대구·경북 시도민 궐기대회가 열렸다. 국가보안법 폐지를 '결사 반대' 했다. 부산에 이어 영남지역에서 '바람'을 몰아보려고 안간힘이다. 그래서일까. 대구시가 관리하는 대형전광판은 궐기대회를 중계했다. 대회에 참석한 일부 시민들의 구호는 살천스럽다. "빨갱이들을 죽이자."

다음날인 2004년 10월 15일. 부자신문들은 사진과 함께 보도했다. 특히 『조선일보』는 2면에 부각해 편집했다. 두루 알다시피 궐기대회는 지난 9월 9일 각계 인사들의 시국선언을 지지하는 대회이다. '대한민국이 이미 공산화했다'는 시국선언 탓일까. 노무현 정권을 좌파로 규정하는 연설과 구호가 부산에 이어 대구에서도 넘실댔다. "빨갱이들을 죽이자"와 더불어 "노무현 개구리를 죽이자"는 외침이 나왔다.

비단 궐기대회만의 문제는 아니다. 한가위가 끝난 뒤였다. 한나라당은 국가보안법 사수를 다시 부르댔다. 박근혜 대표부터 결의를 다졌다. 영남이 지역구인 한 의원은 '추석 민심'이라며 말했다. "세상을 뒤집어 엎어야 한다는 사람들이 많아 신분을 밝히기 민망할 정도였다."

그래서다. 옹근 41년 전의 10월 15일을 새겨보는 까닭은. 1963년 오늘은 대통령선거일이었다. 후보는 박정희와 윤보선으로 압축됐다. 군부쿠데타세력이 '민정'의 허울을 쓰려는 선거였다. 박정희와 윤보선의 표 차이는 겨우 16만 표였다. 살얼음 승부였다. 공명선거가 치러졌다면 선거결과가 어떻게 되었을까. 접어 두자.

문제는 대통령선거에서 16만 표 차이를 이룬 결정적 이유이다. 당시 윤보선은 박정희의 사상을 들고 나섰다. 전주 유세에서였다. "나는 그가 여순반란사건에 관련된 빨갱이라는 말을 들었다." 흥분했다. 여기서 머물지 않는다. 선거 막바지였다. 윤 후보를 지지하는 인사가 '실언'을 했다. 경북 안동에서였다.

"영남에는 빨갱이가 많다." 선거는 끝났다. 전문가들은 물론, 중앙정보부마저 윤보선이 '사상논쟁'으로 50만 표 이상을 손해 보았다고 분석했다. 영남과 호남 두루 사상논쟁을 벌이는 정객을 용서하지 않았다.

40여 년이 흘렀다. 바로 그 영남에서 거꾸로 '빨갱이 사냥' 목소리가 울린다. 국가보안법을 사수하잔다. 물론 영남의 모든 분들이 그렇게 생각하진 않는다. 하지만 가볍게 넘길 수 없는 사실이 있다. 한나라당이 '고향 민심'을 내세워 '국보법 사수'를 외치고 있지 않은가. 부산과 대구에서 '궐기대회'가 열리지 않은가.

과연 그래도 되는 걸까. 아무리 부자신문이 40여 년 동안 여론을 왜곡해 왔다고 하더라도 그렇다. '뿌리'를 잃어도 좋은 걸까.

다수의 영남 사람들이 김대중 정권이나 노무현 정권에 비판적인 까닭은 납득할 수 있다. 하지만 그 이유가 두 정권이 '친북 좌파'라서 그렇다면, 참으로 안타까운 일이다. 무엇보다 사실과 다르거니와 방향이 틀려서다. 경제 문제도 마찬가지다. 영남은 물론이고 대한민국 서민들의 삶이 핍박한 이유를 노 정권의 무능으로 비판하는 것도 이해할 수 있다. 하지만 그 대안이 한나라당이거나 부자신문이 선동하는 '성장제일주의'라면, 개탄할 일이다.

그렇다. 분명 '모든 영남'은 아니다. 군부쿠데타 뒤 처음으로 진보정당의 지역구 당선이 이루어진 두 곳이 모두 영남 아니던가.

때마침 부마항쟁 25돌을 맞고 있다. 박정희 군부독재를 물리친 '신호탄'은 영남에서 쏘았다. 그러나 보라. 저 군부독재에서 서로 '밀월'을 즐기던 자들이 부산·대구를 찾아 국보법 사수를 부르대는 풍경을. 신자유주의노동정책에 미국과 동맹을 중시하는 노 정권을 '좌파'로 기만하는 현실을. 한나라당이 '고향 민심'을 내세워 국보법 사수를 부르대는 상황을.

그래서다. 부마항쟁을 맞아 영남의 오늘이 차라리 서글픈 까닭은. "반역을 심판하는 시퍼런 분노의 칼날"을 기념하는 '10·16 부마항쟁탑'의 저 핏빛 글자가 눈에 밟히는 까닭은. _2004.10.15.

노무현, 이건희 그리고 이남원

_대한민국이 부끄러운 까닭

이남원. 스물 여덟 살. 태권도 도장에서 일한다. 그의 아름다운 연인은 박인숙. 두 사람은 내년 봄에 결혼을 약속했다. 이남원과 박인숙. 두 이름은 본인에게도 낯설다. 익숙한 이름은 따로 있다. 다니엘 학스트롬과 사라 박 달스코그. 그렇다. 한글 이름은 앙가슴 깊숙이 갈무리해 두었을 뿐이다.

다니엘과 사라. 둘은 스웨덴 사람이다. 다니엘은 생후 넉 달 만에, 사라는 두 살 때 입양됐다. 한국말은 "쪼금 알아요"다. 다니엘과 사라의 행복한 눈빛에는 슬픔이 고여 있다. 웃을 때도 묻어 났다. 입양 문제가 나왔을 때 어두운 표정은 잔잔한 분노가 되었다.

"요즘은 한국에서 많이 입양 오지 않아요. 중국에서 많이 오죠. 이유가 뭔지 아세요? 값이 싸기 때문이지요."

다니엘은 쓸쓸하게 '입양 산업'이란 말을 썼다. 실제로 스웨덴 양부모 가운데 "내가 너를 입양할 때 얼마나 많은 돈을 들였는데"라고 화를 내는 사람들이 더러 있단다. 현재 스웨덴에 한국 '입양인'은 1만여 명에 이른다. 옛날 옛적만도 아니다. "상대적으로 값이 비싸졌지만" 지금도 한 해 100명이 스웨덴에 입양된단다. 그들의 운명은 어떨까.

"스웨덴 언론은 늘 입양아들의 성공담만 소개합니다. 한국 언론도 그렇다면서요. 하지만 그렇지 않아요. 제발 진실을 알려 주세요."

입양아들은 어렸을 때 자신이 백인인줄 안다. 아빠·엄마·형제가 모두 그렇기에 자연스러운 감정이다. 하지만 곧 그 정체성은 산산조각 난다. 자신이 '한국인'임을 안다. 정체성에 심각한 균열이 따른다. 해가 거듭할 때마다 무장 더해간다. 학교에 가기 싫고 학업에 열중할 수도 없다. 양부모와 시나브로 멀어진다. 결혼할 때쯤이면 갈등은 더 불거진다. 한국인과 결혼하려는 스웨덴 여성은 드물다. 세상에 오직 자기 혼자라는 고독이 몰려온다. 자살이 많다. 심리적 갈등을 늘 이고 산다.

"한국이 어려웠을 때는 이해할 수도 있어요. 하지만 이제 정부가 할 일은 당장 '아기 수출'을 그만 두는 일입니다."

다니엘은 덧붙였다. 국가의 품격 문제라고. 그는 스톡홀름에 진출한 삼성전자와 현대자동차를 볼 때마다 혼란을 느낀다며 묻는다. 최첨단 전자제품을 수출하고 스톡홀름 거리에 한국의 자동차들이 달리는데 왜 아직도 아기 수출인가.

"이 곳에서 돈 벌어 다 어디에 쓰는지 모르겠어요. 진열장에서 삼성전자 제품을 볼 때마다, 달리는 한국 자동차를 볼 때마다 그런 의문이 들어요."

전형적인 한국 여인처럼 검은 머리를 딴 사라가 나지막하게 보탰다.

"아기를 입양하는 외국인들이 자신의 행위를 자비로 생각하는 것이 큰 문제랍니다. 그것은 자비가 아니지요. 한 인간의 운명을 전혀 그와 상의하지 않은 채 바꾸는 일입니다."

다니엘과 사라는 스웨덴에서 그 자비 이데올로기를 깨기는 불가능하다고 입을 모았다. 어떤 스웨덴 언론도 자신의 목소리를 담아내지 않는단다. 그래서 희망은 단 하나다. 한국이 더는 아기들을 '수출' 하지 말아야 한다고 강조한다. 사라는 우려를 섞어 말했다. "한국에서도 미혼모들이 아기를 키울 수 있도록 사회보장이 필요해요."

칼럼의 제목을 "노무현, 이건희 그리고 이남원"으로 잡은 까닭은 다른 데 있지 않다. 앞의 두 사람이 이남원의 '고백'을 경청할 '자리'에 있어서만은 아니다. 노 대통령과 이 회장 두루 스웨덴에 '공공연한 관심'을 보여오지 않았던가.

그래서다. 스웨덴의 사회복지를 괜스레 '과시'삼아 말할 때가 아니다. 조금이라도 의지가 있다면, 당장 할 수 있는 일부터 나서라. 현실을 들어 '아기 수출'을 하기보다 사회보장 확대를 비롯한 근절 대책을 세울 일이다. 스웨덴은 물론이고 유럽과 미국에 흩어진 입양인들의 네트워크를 조직하고 그들에게 조금이라도 따뜻한 눈길을 보내기는 얼마든지 할 수 있는 일 아닌가.

　　스웨덴의 다니엘과 사라, 아니 이남원과 박인숙의 내년 봄 결혼식이 쓸쓸하지 않도록 한국의 두 사람에 촉구하는 까닭이다. 어쩌면 그것은 두 사람의 '스웨덴 담론'에 얼마나 진실이 담겨 있는가를 판단할 수 있는 시금석이 아닐까. _2004.11.02.

실체 없는 좌우갈등에 '개혁' 실종

_수구세력을 '수구'로 불러야 할 까닭

개혁입법. 2004년 내내 대한민국을 달군 쟁점이다. 2005년에도 갈등은 더 커질 전망이다. 가령 국가보안법을 보라. 숱한 민주시민이 칼바람을 맞으며 단식했지만 열매를 거두지 못했다. 되레 거꾸로 간다. 열린우리당마저 슬그머니 후퇴하고 있다.

왜 그럴까. 갈등을 부풀리는 담론에 오그라들어서다. 이를테면 『조선일보』는 오래 전부터 '사상적 내전상황'이라고 부르댔다. 살천스레 '좌우갈등'을 부추기는 담론이 곳곳에서 나온다. 한국NGO학회가 '한국 사회의 갈등과 NGO'를 주제로 연 토론회(2005년 1월 14일)에서도 좌우갈등과 보혁갈등의 우려는 컸다. 시민단체가 '보혁갈등'을 부추긴다는 진단도 나왔다. 우려할 일임에 틀림없다.

무릇 갈등 자체를 부정적으로 볼 이유는 전혀 없다. 기실 갈등은 민주주의가 무르익는 발효제 아닌가. 하지만 현재 한국 사회에서 벌어지는 정쟁은 민주사회의 성숙과 동떨어져 있다. 정계와 언론계에서 두루 개혁입법을 둘러싸고 벌어지는 갈등은 전혀 생산적이지 못하다. 어떤 곡절일까. 왜 생산적 갈등이 이 땅에선 비생산적이 될까.

논쟁의 구도가 잘못되어서다. 차분히 톺아보자. 오늘 한국 사회에서 벌어지는 갈등이 과연 좌우갈등인가. 천만의 말씀이다. 좌우를 구분하는 기준이 여러 갈래가 있지만, 적어도 합의점은 있다. 좌파가 추구하는 가치는 계급과 인류다. 반면에 우파는 민족과 국가를 중시한다. 하지만 과연 한국에서 그런 잣대가 가능한가. 아니다. 한국의 자칭 '우파'는 그것이 낡은 '우파'든 '새로운 우파'든 민족과 국가를 중시하지 않는다. 경시한다.

참으로 우파라면 제 민족을 다른 민족에게 팔아먹은 자들의 진실을 규명하자는 법안에 앞장서야 하지 않은가. 굳이 '새로운 우파'가 아니어도 좋다. 적어도 '우파'라면 제 국가 안에서 함부로 전쟁계획을 세우는 다른 국가에 자주의 목소리를 내야 옳지 않은가. 하지만 보라. 정반대 아닌가. 되레 과거의 진상을 밝히자고 나서면 '급진좌파'로 몰아세운다. 제 나라에서 벌어지는 다른 나라 군대의 범죄는 물론이고, 범죄 은폐에 대해서도 모르쇠하거나 두남둔다. 과연 그것이 우파인가.

아니다. 그것은 우파가 아니다. 개혁입법을 둘러싼 갈등이 결코 좌우갈등일 수 없는 까닭이다. 그렇다면 그것은 보혁갈등인가. 아니다. 보수와 혁신은 마땅히 공존해야 한다. 하지만 거기에는 전제가 있다. 보수든 혁신이든 민주주의의 기본가치를 존중해야 한다. 민주주의의 가장 밑절미는 무엇인가. 사회구성원들의 표현의 자유와 사상의 자유다.

그 자유를 부정하는 세력을 과연 보수라 할 수 있을까. 사상의 자유를 부정하는 국가보안법을 옹호하는 언론은 자기 모순이다. 과연 그 언론을 우리가 '보수언론'이라 할 수 있을까. 친일언론이 민족언론으로 행세하는 모순과 한치도 다르지 않다. '사상의 자유를 부정하는 법을 옹호하는 언론.' 그것은 '언론'이 아니다.

문제는 민주주의 사회의 기초상식마저 이 땅에선 전혀 통하지 않는 데 있다. 오늘의 한국 사회에서 벌어지는 갈등을 좌우갈등이나 보혁갈등으로 설명할 수 없는 데도, 좌우갈등과 보혁갈등을 거론하는 것은 왜일까. 노림수다. 누구의 의도일까. 수구기득권세력이다. 외세와 독재정권에 부닐며 얻은 기득권을 조금도 양보하지 않으려는 정계와 언론계의 부라퀴들, 그들이 자신의 '구린 이익'을 '사수'하려 내세우는 것이 '좌우갈등'이다.

그래서가 아니던가. 정작 진보정당인 민주노동당은 '좌우갈등'을 거론하는 신문들의 지면에서 제대로 거명조차 되지 않는다.

문제의 심각성은 실체가 없는 '좌우갈등'론에 국회 과반의석을 지닌 열린우리당이 움츠러드는 데 있다. 그래서다. 명토박아 두자. 한국 사회의 이념지형이 있다면, 그 지형은 '좌우'나 '보혁'이 아니라 '수구·보수·진보'로 분석해야 옳다.

'우파'나 '보수'로 자신을 미화하는 수구세력이 부르대는 '좌우갈등'이나 '보혁갈등' 담론에 노무현 정권의 '개혁'이 끝내 실종된다면, 이 나라의 주인인 유권자가 너무 슬프지 않은가. 수구세력에게 '수구'라는 제 이름을 불러 줘야 할 까닭이다. _2005.01.15.

박정희가 살해한 '영남의 양심'

_한나라당 박근혜 대표가 해야 할 일

살인마 박정희. 그렇게 쓰면 감정적 선동일까. 더구나 박정희 향수가 짙은 나라 아닌가. 하지만 그렇게 외친 여성이 있다. 그것도 박정희가 살아 있을 때다. 비단 "살인마 박정희"라고 외치는 데 그치지 않았다. 곧바로 절규했다. "천벌을 받으라!" 누구였을까. 서슬 시퍼런 '유신체제'에서 "살인마 박정희, 천벌을 받으라!"고 부르댄 여성은. 고 우홍선의 부인이다. 우홍선. 그는 옹근 30년 전인 1975년 4월 9일 형장의 이슬로 사라졌다. 그만이 아니다. 대구와 영남에서 태어나 이 땅의 민주주의와 민족통일을 고뇌하며 깨끗하게 살아가던 인재들이 줄이어 사형대에 올랐다. 고 우홍선의 부인은 회고했다. "저는 남편이 사형당한 이후 신문에 나온 박정희 사진을 그가 죽을 때까지 5년 동안 이가 아프도록 꼭꼭 씹어서 뱉곤 하였습니다. 남편 산소에 매주 꽃을 들고 찾아가서 푸른 하늘을 향해 '살인마 박정희 천벌을 받으라!'고 외쳤습니다. 한번 외치면 효과가 없을 것 같아 꼭 세 번씩 외쳤습니다."

그랬다. 박정희는 결국 '천벌'을 받았다. 하지만 어떤가. 아직도 민주공화국 곳곳에 시퍼렇게 살아 있지 않은가. '민청학련을 배후 조종한 인민혁명당 사건'이 고문으로 조작되었음은 더는 '비밀'이 아니다. 의문사진상규명위원회도 이미 중앙정보부(현 국가정보원)의 고문조작으로 사건의 성격을 규정했다. 서도원, 도예종, 송상진, 우홍선, 하재완, 김용원, 여정남, 이수병. 대법원에서 사형판결을 받은 바로 다음날 살해당했다. 스위스 제네바의 국제법학자협회는 일찌감치 4월 9일을 '사법사상 암흑의 날'로 선포했다.

사형당한 당사자는 물론, 유족이 겪은 고통도 심각했다. 동네 아이들이 어린 아들을 새끼줄로 매어 끌고 다니면서 "너희 아빠는 간첩이다"라며 때렸다. 그뿐인가. 나무에 묶어 놓고 총살시키는 '놀이'를 벌였다. 초등학생 딸이 소풍 갔을 때는, 아이들이 몰려와 도시락에 개미를 넣었다. "간첩의 딸"이라며 돌을 던졌다. 어린 딸은 나무 뒤에 울면서 도시락을 먹었다.

그랬다. 그것이 박정희 시대였다. 영남에서 일어난 일이었다. 사형당한 사람 대다수가 대구와 영남지역에서 활동하던 민주인사들이었다.

박정희가 대구를 중심으로 활동하던 민주인사들에게 사법살인을 저지른 이유는 '장기집권 전략'에 있었다. 지역감정을 부추겨 영남을 영구집권의 토대로 삼는 데 '눈엣가시'가 대구지역의 민주인사들이었다.

그러나 어떤가. 참으로 생게망게한 일 아닌가. 바로 그 대구와 경북지역이 지금 이 순간도 박정희 향수의 진원지다. 『조선일보』, 『중앙일보』, 『동아일보』가 불러대는 '박정희 찬가'는 지금도 울려 퍼진다. 30년이 다가오도록 인혁당 원혼들의 재심과 명예회복이 이루어지지 못한 결정적 이유다.

그래서다. 명토박아 말한다. 사법살인의 진실규명에 가장 적극 나서야 할 사람은 한나라당 박근혜 대표다. 아버지의 죄를 딸에게 묻는 게 결코 아니다. 정치인 박근혜가 제1야당, 그것도 대구를 본거지로 한 정당의 대표인 까닭이다. 더구나 그는 아직도 과거청산의 시대정신을 모르쇠하고 있지 않은가. 고 우홍선의 부인이 산소에서 절규할 때 박근혜는 어디에 있었는가.

희망은 있다. 박정희가 죽인 민주주의의 '양심'이 대구에서 힘차게 부활하고 있다. 대구경북 25개 시민사회단체들은 2005년 4월 6일부터 나흘동안 대구 곳곳에서 30주기 추모제를 연다. 경북대 총학생회 주최로 8일에는 전야제가 열린다. 전야제에 앞서, 대구백화점 앞에서 경북대까지 벌일 '삼보일배'는 뜻깊다.

참회의 절, 어찌 젊은 지성인만의 몫이겠는가. 인혁당 고문조작사건으로 살해당한 민주인사의 진실을 밝히는 일, 더는 미룰 수 없는 시대적 과제다. 사법살인, 그것은 우리 모두의 양심을 비추는 거울이다. _2005.04.03.

열린우리당, '박근혜 비판'의 조건

_'인혁당 학살' 명예회복의 책임

"인혁당 사건은 대한민국 사법부 치욕의 날로 온갖 고문과 조작으로 얼룩져 있다." 열린우리당 대구시당의 성명이다. 백 번 옳은 말이다. "유족들이 겪었던 고통은 상상을 초월할 정도"라는 주장도 지당하다. 이어 박근혜 대표를 겨냥했다. "유신독재정권의 희생양이 된 민주인사들과 용공조작에 의해 고통 받아 온 그 가족들에 대한 죄과는 지금까지도 단 한마디의 사과나 용서를 구한 적이 없다." 적절한 비판이다. 그러나 "인혁당 사건 재심과 명예회복을 위한 명확한 입장을 밝힐 것"을 야당 대표에 촉구한 것은 생뚱맞다.

새겨듣기 바란다. 필자는 이미 인혁당 사건의 진실규명과 명예회복에 박근혜 대표가 적극 나서 줄 것을 촉구한 바 있다.

그 칼럼이 나간 뒤 '시골노인'이라고 밝힌 분은 『오마이뉴스』에 "경상도 사람의 사죄"라는 제목으로 글과 함께 성금을 보냈다. "인혁당사건을 진짜 간첩사건으로 믿어 왔던 경상도 대구지역의 32년생 시골 노인이 사죄의 뜻으로 6·25 참전용사 보훈금의 일부를 성금으로 보냅니다."

그랬다. 진실규명과 명예회복은 일흔이 넘은 '경상도 참전용사'의 동참 의지에서 드러나듯이 국민적 공감대를 얻고 있다.

따라서 지금 집권여당이 할 일은 한나라당 박근혜 대표 비판이 아니다. 그 비판은 민주언론이나 사회단체 몫이다. 열린우리당과 '참여정부'가 할 일은 진상규명과 명예회복에 발벗고 나서는 일이다.

이미 2002년 의문사진상규명위원회는 중앙정보부의 고문조작사건으로 규정한 바 있다. 하지만 '민주화운동관련자 명예회복 및 보상심의위원회'는 명예회복 인정을 주저하고 있다. 서울지방법원에 청구된 재심도 3년이 지난 오늘 이 순간까지 먼지만 켜켜이 쌓여가고 있다. 행정부나 사법부 두루 천박한 '색깔공세'를 일삼는 수구언론의 '눈치'를 보고 있는 게 아닐까.

그래서다. 엄중하게 정부여당의 책임을 묻는 까닭은. 국가정보원이 '진실규명을 통한 발전위원회'를 구성해 조사 중이라고 '변명'할지 모르지만,

그렇게 마냥 '여유'를 부릴 때가 아니다.

형장의 이슬로 사라진 민주인사 가운데 고 하재완 선생의 부인 이영교 씨는 EBS 라디오에서 하소연했다. "해마다 이 때가 되면 사법살인 문제가 거론된다. 곧 후속조처가 있으리라 기대하지만 하루만 지나고 나면 그만이다. 이미 일흔이 넘은 유족들이 많다. 생전에 진상규명과 명예회복을 보고 싶다."

다시 4월 9일이 지났다. 보라. 인혁당과 함께 탄압 받은 민청학련 구속자가 국무총리 자리에 올라 있다. 대통령과 국가정보원장에는 '인권변호사'가 앉아 있다. 오늘 이 시점에서 진상규명과 명예회복의 책임은 한나라당 아닌 집권여당에 있다. '참여정부'가 해야 할 최소한의 의무 아닌가.

문제는 정부여당의 의지가 결연해 보이지 않는다는 데 있다. 대통령이나 국무총리가 과연 얼마나 적극 나섰는지 묻고 싶다. 열린우리당도 마찬가지다. 과거사법과 국가보안법 처리를 2월 임시국회에서 슬그머니 미뤘다. 심지어 '밀약설'까지 불거졌다. 과연 4월 국회에서 과거사법을 처리할지 두고 볼 일이다. 인혁당 사법살인의 근거가 된 국가보안법이 이른바 '실용주의'로 흐지부지 되는 꼴은 여러모로 상징적이다.

그래서다. 이 참에 대통령과 열린우리당에 거듭 촉구한다. 제발 더 이상 변죽만 울리지 말라. 하나하나 성실하게 풀어 가라. _2005.04.10.

고대 총학생회에 박수를 보내는 까닭

_부디 '마녀사냥'에 절망 않기를 바란다

"미친개에는 몽둥이가 최고." 『조선일보』 인터넷판에 올라온 자극적 제목이다. 고려대 총학생회를 겨냥한 기사다. 한 고대생이 대학 홈페이지 게시판에 올린 글을 인용한 이 기사는 "내가 고대생인데 저 몇 XX들이 고대생의 대표인양 행동하는 게 너무 화가 나서 꼭 두들겨 패 주고 싶었다"거나 "대자보 붙이거나 시위하는 총학 새끼들 내 눈에 보이면 가만 안 둘 것"이라는 말을 그대로 실었다.

한국 저널리즘의 수준을 고스란히 보여 준다. 이미 『조선일보』와 『중앙일보』는 사설을 통해 고려대 총학생회를 강도 높게 비난했다. 이건희 삼성그룹 회장에게 명예철학박사학위를 수여하는 대학에 항의해 총학생회가 이를 비판하며 시위를 벌였다는 이유다. 삼성 직원들과 학생들의 몸싸움은 학생들만의 '폭력'으로 둔갑했다. 비단 언론만 '마녀사냥'에 나선 게 아니다. '재계'도 흥분하고 나섰다. 전국경제인연합회, 대한상공회의소, 한국경영자총협회의 개탄이 곰비임비 이어진다. 참여정부의 장관과 청와대 수석도 거들고 나섰다. 삼성이 '친정'인 진대제 정통부장관은 삼성의 '무노조 경영'을 적극 옹호하고 나섰다. 김영주 경제정책수석도 "기업가 정신의 긍정적인 면"을 들먹였다.

철학박사 학위를 준 고려대는 어윤대 총장 이름의 사과문을 발표하고 처장단이 '총사퇴'했다. 참으로 가관 아닌가. 과연 이건희 회장의 명예철학박사학위 수여식에서 학생들이 시위를 벌인 게 청와대와 장관이 나서고 대학보직교수들이 총사퇴할 사안인가. 고려대의 김병관 이사장은 "고려대가 이건희 회장에게 박사학위를 수여하게 된 것은 영광"이라며 "이 회장에게 박사학위를 수여한 사실은 고려대의 새 역사 속에 중요한 기록으로 남게 될 것"이라고 자평했다.

물론, 고려대의 역사에 기록은 될 터이다. 하지만 문제는 어떻게 기록되는가에 있지 않을까. 삼성그룹 이건희 회장이 누구인가. 이건희 회장 홈페이지 주소를 입력하면 삼성그룹 홈페이지로 연결될 만큼 삼성과 이건희 회장은 동일시된다. 삼성의 '무노조 경영'의 중심에도 이 회장이 있다.

삼성의 노조 탄압은 새삼스런 일이 아니다. 노동법이 존재하지만 삼성은 '치외법권지대'다. 비단 노조 탄압만이 아니다. 공정거래위원회의 조사활동까지 내놓고 방해하는 기업이 바로 삼성이다. '세계적 기업인'으로 정부와 재계가 한 목소리로 찬사를 늘어놓지만 한국 자본주의체제에서나 가능한 기업인이다. 그 점에서 '세계적'일까. 탈법과 불법까지 저지르며 노조를 탄압하는 삼성의 '무노조 경영'은 삼성이 '전투적 기업'임을 입증해 준다. 흔히 한국의 노동운동을 "전투적 노조"로 생각하지만, 전혀 사실과 다르다. 냉철히 톺아보라. 삼성이 증언하듯이 전투적인 것은 노조가 아니라 기업인들이다.

하지만 일반적 인식은 정반대다. 왜 그럴까. 저들이 여론시장을 장악하고 있기 때문이다. '학위소동'에서 볼 수 있듯이 대한민국에서 삼성을 견제할 곳은 찾기 어렵다. 한때 『동아일보』가 『중앙일보』와 경쟁하며 삼성을 비판하기도 했다. 하지만 김병관 사주와 이건희 회장이 사돈으로 맺어진 뒤 그마저도 사라졌다. 바로 그 '전투적 기업'의 대명사 삼성의 이건희 회장에게 사돈인 김병관 이사장은 철학박사의 '명예'를 주며 "영광"이라고 말했다. 참으로 부끄러운 일 아닌가.

그래서다. 언론인으로서, 그리고 사소하게는 고려대에서 석사를 마친 졸업생의 한 사람으로서, 막강한 권력을 누리는 저 '전투적 기업인'에 맞선 고대 총학생회에 아낌없는 박수를 보낸다. 부디 정치·경제·언론의 부라퀴들이 벌이는 '마녀사냥'에 절망하지 않길 바란다. _2005.05.04.

'고1 촛불시위' 누가 이용하나

_낡은 '설교' 늘어놓는 저들의 속셈

"고1 촛불시위 부추기지 말라."『중앙일보』사설 제목이다. 사상 처음으로 고교생들이 대입제도를 비판하며 연 시위에 '여론주도세력'의 눈은 대체로 차갑다. 냉갈령에 그치지 않는다. 한국의 기득권세력은, 그리고 그들을 대변하는 신문들은 촛불시위마저 교묘하게 '이용'하고 있다.

찬찬히 톺아보면, 저들의 공통점이 있다. 고등학생들의 맑고 밝은 촛불을 굳이 색안경을 쓰고 살천스레 바라본다.『중앙일보』는 "어린 학생들을 정치적 목적으로 이용한다는 의심을 받을 수 있다"고 주장한다.『조선일보』가 침묵할 리 없다. "고등학생까지 촛불 들고 나서게 해서야"(사설 제목) 개탄한다. 엉뚱하게 "친정권"을 들먹인다. "이 정권 들어 친정권세력의 정치성 촛불집회가 잇따르더니 이제 16세 고등학생들까지 자신들의 힘을 보여 주겠다며 촛불을 들고 나서는 사태가 벌어지게 됐다."『동아일보』사설도 "고1 촛불시위 자제 바란다"고 훈계했다. "누구도 시위를 부추겨서는 안된다"고 으름장이다.

참으로 뜬금없지 않은가. 고등학생들의 자발적 촛불집회에 웬 '정치색깔'이고 웬 '친정부 타령'인가. 그뿐인가. "다 큰 어른들이 어린 학생들 등에 올라타고 뭔가 생색내기를 하려는 것 같은 모습은 보기에도 안 좋다"(『조선일보』)고 비아냥거린다. 물론, 세 신문이 그렇게 보는 것도 자유다. 정작 문제는 고등학생들의 시위를 매도한 저들의 노림수다. 그들은 다시 한목소리로 고등학생들에게 침묵을 강권한다. 가령 "어른들에게 맡기는 것이 바른 길"(『동아일보』)이라고 주장한다. 심지어 "시위할 시간이 있다면 그 시간에 공부하는 것이 더 옳다"(『중앙일보』)고 꾸지람이다.

학생들의 촛불시위에 '정치색'을 덧칠하고 침묵을 요구한 저들의 과녁은 무엇인가. 어처구니없게도 '본고사 부활'이다.

『동아일보』는 사설("김 부총리는 '내신의 난' 본질 알고 있나")에서 "정부가 입시에서 완전히 손을 떼는 것"이 근본적 해결책이라고 주장한다. 이어진 사설은 "대입 3불(不)정책 법제화는 시대착오"란다. 노골적인 여론몰이다. 이건희 삼성 회장의 "세계적 경쟁력을 갖춘 인재 한 사람의 가치가 매년 1조 원의 이익을 내는 기업과 맞먹는다"는 발언까지 인용해 가며 '경쟁'을 강조한다. 결국 이 신문에 따르면 "본고사, 고교 학력차 반영, 기여입학제 등을 금지하는 3불정책"을 풀어야 한다. 『조선일보』 사설도 "학교간 학력격차를 반영하지 못하는 현행 제도로는 대학이 우수한 학생을 뽑는 데도 보탬이 되지 못한다"고 단언한다. 『중앙일보』도 대학의 "독립적인 입시안"을 촉구한다.

그렇다. 결국 귀결점은 '경쟁강화'다. 황당하지 않은가. 경쟁 중심의 교육, 학우들을 자살로 몰아 가는 교실에 항의해 연 촛불집회를 '호기' 삼아 되레 '경쟁'을 주문하는 저들을 보라. 첫 단계는 촛불집회의 정치적 해석, 다음 단계는 학생들에게 공부만 하라는 주문, 이윽고 '경쟁강화정책'을 요구한다. 그럼에도 언죽번죽 주장한다. "학생들을 불안에서 벗어나게 해야 한다"(『중앙일보』 사설). 그래서다. 누가 고등학생들의 촛불집회를 부추기는지 참으로 묻고 싶다. 바로 당신들 아니던가. 끝없는 경쟁의 논리를 집요하게 주입하는 기득권세력과 그 '앞잡이 언론' 아닌가. 하릴없이 자문하는 까닭이다. 교육다운 교육을 받고 싶다는 청소년의 열망, 그 소망이 타오른 맑은 촛불도 부라퀴들의 캄캄한 잇속을 밝게 비추기에는 아직 부족한 걸까.

10대들의 촛불시위마저 '경쟁력 강화'로 몰아가는 저들에게 '경쟁'보다 '연대'가 사람 본연의 가치임을 깨우쳐 줄 수 있는 길은 어디에 있을까. '촛불'을 들고 찾을 때다. _2005.05.09.

무상의료·무상교육이 비현실적인가

_'비현실적 색깔론'으로 모는 의도

무상의료·무상교육. 그 말을 들을 때 가난한 사람들은 무엇을 가장 먼저 떠올릴까. 아마도 '비현실적 꿈'이 아닐까. 하지만 꿈을 현실로 구현하겠다고 나선 사회단체와 정당이 있다. 전국민주노동조합총연맹과 전국농민회총연맹, 그리고 민주노동당이다.

세 조직은 2005년 5월 23일 '무상의료·무상교육'을 주제로 토론회를 열었다. 토론회에 앞서 기자회견도 했다. 무상의료·무상교육 실현에 본격 나서겠다는 결기를 밝혔다. 하지만 왜일까. 대다수 신문과 방송은 토론회도 기자회견도 아예 묵살했다.

물론, 보도 여부는, 그리고 보도의 경중은, 모름지기 언론사 고유의 권한이다. 그러나 한 사회에서 언론의 의제설정 기능이 중요한 사실에 비추어 볼 때, 무상의료·무상교육은 결코 허투루 여길 수 없는 사안이다. 사회복지가 천박하고 부익부 빈익빈 현상이 무장 도드라지는 한국 사회에선 더욱 그렇다.

언론이 앞장서서 의제로 설정해야 마땅한 일 아닌가. 고칠 수 있는 병인데도 돈이 없다는 이유만으로 삶을 마감하거나, 배우고 싶은데도 돈이 없어 진학을 못하는 나라는 엄밀한 뜻에서 '민주공화국'이라 할 수 없다.

노동단체와 농민단체, 그리고 원내 제3당이 한 목소리를 냈는데도, 한국 언론은 의제로 삼을 뜻이 없다. 보도조차 모르쇠다.

까닭은 크게 두 가지다. 먼저 비현실적이라는 주장이다. 비현실적 '선동'이기에 보도가치가 없다고 판단한다. 다른 하나는 '색깔론'이다. 딴은 부자 신문들을 보라. 현재 시행되고 있는 의료제도나 교육제도에 대해서도 '좌파'니 '사회주의'니 호들갑 떨지 않는가. 그 부라퀴들에게 무상의료·무상교육은 수염을 떨 법한 의제일 터이다.

하지만 거듭 냉철할 때다. 무상의료·무상교육이 사회주의인가. 아니다. 유럽의 숱한 자본주의 국가에서 이미 현실이 된 지 오래다. 필자가 현장에서 확인한 스웨덴 사회는 거기에 더해 저렴한 주택 공급까지 포함한다.

명토박아 둔다. 무상의료나 무상교육을 '비현실적 선동'이라거나 '사회주의정책'이라 규정하는 담론이야말로 거짓 선동이다. 더러는 필자의 칼럼이 과격하다거나 대안이 없다고 한다.

하지만 찬찬이 짚어보라. 한국의 언론상황 자체가 크게 왜곡되어 있기에 그럴 따름이다. 무상의료·무상교육을 시행하는 나라는 수없이 많다. 다만 한국인들이 태어나서 지금까지 '경쟁체제'에서 살아 왔기에 현실감을 느끼지 못할 뿐이다. 그것이 어찌 과격한 주장이란 말인가. 어찌 대안이 없다 하는가.

군사독재와 손잡거나 떡고물을 챙겼던 기득권세력이 무상의료나 무상교육 주장을 시들방귀로 여기는 것은 어쩌면 당연한 일이다. 현재 누리고 있는 기득권체제를 동해물이 마르고 백두산이 닳도록 누리고 싶을 터다. 그 부라퀴들에게 무상의료와 무상교육은 전혀 절실하지 않다. 정반대다. 자칫 기득권을 조금 빼앗길 수 있기에 결사반대해야 한다.

문제는 민중이다. 더구나 가난한 사람들이 무상의료와 무상교육을 '비현실적'이라고 포기하는 것을 어떻게 보아야 할까. 800만 명 이상이 비정규직 노동자인 사회에서 무상의료와 무상교육이 의제로 설정되지 못하는 책임은 일차적으로 언론과 정당에 있다.

하지만 궁극적 책임은 따로 있다. 바로 우리 자신이다. 묻고 싶다. 혹 우리 자신도 그것을 '비현실적'이라고 생각하지 않는가. 우리 자신도 그것을 '색깔론'으로 보지 않는가.

필자는 지난 10년 동안 대학과 시민단체 그리고 노조로 강연을 다니며 무상의료와 무상교육을 강조해 왔다. 까닭은 하나다. 그것이 한국 민주주의를 질적으로 성숙시킬 구체적 정책이어서다. 민생이라는 이름에 걸맞은 '민생정책'이어서다.

그렇다. 어떤 정당의 문제로 여길 일이 아니다. 대다수 민중에게 행복을
줄 수 있는 정책이다. 바로 그렇기에 기득권세력은 묵살하거나 비현실적이
라고 언구럭 부린다. 그 매도야말로 가장 사악한 선동이 아닐까. _2005.05.24.

사법부의 민주노동당 죽이기?

_오해인가 이해인가

한국 정치에 실망을 거론하기란 차라리 쑥스럽다. 정치라면 으레 모리배들이 하는 일로 여기기 십상이다. 하지만 정치에 대한 경멸과 포기는 누군가의 노림수다. 정치적 무관심은 기득권의 유지와 직결되기 때문이다. 기실 일상적 정치활동이 중요한 까닭도 여기 있다.

그러나 정작 정치법제는 일상적 정치행위를 엄단하고 있다. 가령 조승수 의원을 둘러싼 법정 공방은 무엇이 문제인가를 엿볼 수 있는 한 단면도다. 사건의 발단은 총선에 나선 그에게 주민대표들이 "음식물 자원화 시설에 대한 입장을 밝혀 달라"고 요구한데서 시작했다. 지역 구청장 출신이기도 한 조 후보는 "주민 동의 없이 일방적으로 건설을 추진하지 못하도록 노력하겠다"고 답했다. 그 답변으로 조 의원은 국회의원직 상실 위기에 놓여 있다. 사법당국이 사전 선거운동이라고 판정했기 때문이다. 법정 선거운동이 시작되기 하루 전에 그 발언을 했다는 게 이유다. 이미 그는 1심과 2심에서 '당선 무효형'인 벌금 150만 원을 선고받았다. 임박한 대법원 판결에서 최종 확정되면 의원직을 잃게 된다. 대다수 언론에 보도조차 되지 않았지만, 조승수 의원 변호인단이 2005년 5월 30일 현행 선거법에 대해 위헌법률심판제청 신청을 낸 까닭이다.

차분히 톺아보자. 지역주민에게 중요한 사안에 대해 자신의 생각을 표현하는 것도 선거운동 기간 전에는 할 수 없다는 법 조항은 정치적 자유를 보장하는 헌법정신에 위배된다. 비단 '통상적 정당활동'의 문제가 아니다. 의정보고 활동을 할 수 있는 현역 의원에 비해 정치 신인은 불리할 수밖에 없다.

특정 정당의 차원을 넘어서, 조 의원의 의원직 상실 위기는 더 큰 문제점을 함축하고 있다. 사법부의 '진보정당 죽이기'라는 분석이 그것이다. 실제로 금품과 향응을 제공하거나 심지어 허위사실을 유포한 의원들까지 당선 무효형 미만의 벌금을 받은 사례가 그런 진단에 설득력을 더해 준다. 심지어 총선에 출마하며 재산 신고를 하는 과정에서 선거법을 어긴 박희태 의원에 대해서는 검찰이 불기소 처분을 내리기도 했다. 금품이나 향응으로 유권자를 매수하지도, 허위사실을 유포한 것도 아닌 사안으로 의원직을 빼앗는 판결을 내리는 것은 현행 선거법 제정의 정신에 비추어보더라도 납득할 수 없다. 더구나 울산북구의 후보별 여론조사 추이나 실제 득표 차이를 보더라도, 한 주민간담회에 참석해서 원론적 발언을 한 사실이 당선에 영향을 끼쳤다고 보기 어렵다. 더 중요한 것은 조 후보가 그런 발언을 할 때, 그것이 '불법'이라고 짐작이나 했을지에 있다. 금품향응이나 허위사실 유포와 결정적으로 다른 지점이다.

그래서다. 민주노동당은 물론, 시민사회에서 보수적인 사법부의 '진보정당 죽이기'라는 비판이 나오는 까닭은. 두루 알다시피 17대 총선에서 영남은 한나라당이 휩쓸었다. 그럼에도 민주노동당의 조승수 의원과 권영길 의원이 울산과 창원에서 당선됐다. 조 의원에게 당선무효형을 내린 1심과 2심이 울산지법과 부산고법이라는 사실은 여러모로 시사적이다. 게다가 국회에 처음 진출한 민주노동당의 의석은 정확히 법안발의 요건인 10석이었다. 만일 조 의원이 의석을 잃으면 민주노동당은 독자적으로 법안발의가 불가능하다.

사법부의 '진보정당 죽이기'라는 분석이 오해인가 진실인가는 역설적으로 대법원 판결에 달려 있다. 울산지법과 부산고법의 판결과 대법원의 판단이 같다면, 사법부가 의도했든 아니든 역사는 사법부의 진보정당 죽이기로 기록할 가능성이 높다. 이미 대한민국 사법부는 진보당 조봉암 당수에게 사형판결을 내림으로써 한국 정치 발전에 씻을 수 없는 오욕을 남겼다. 대법원의 깊은 성찰을 기대한다. _2005.05.31.

'맥아더 동상 철거론'이 미숙한 주장인가

_악다구니가 토론을 누르는 사회

더글러스 맥아더. 그의 동상을 둘러싸고 빚어진 충돌은 쓸쓸한 풍경임에 틀림없다. 동상을 지키던 젊은 전경은 대나무에 찔려 실명 위기에 몰렸다. 경찰 쪽에서 날아온 돌에 맞아 두개골이 함몰된 사람을 비롯해 부상당한 시민도 20여 명에 이른다. 병원구급차를 막아선 장면에선 하릴없이 서글픔이 밀려온다. "저 안에 빨갱이가 타고 있다" 소리치며 병원으로 가는 차를 막아선 사람들을 보라. 섬뜩하지 않은가.

하지만 어떤 살풍경도 '유혈충돌'이 아무런 교훈도 남기지 않은 채 넘어가는 모습만큼 스산하진 않다. 침묵해도 무방했을 노무현 대통령과 이해찬 국무총리까지 나서서 동상 철거 시도는 "성숙하지 못한 역사의식"으로 매도했다.

미국을 의식해서일까. 미국에 간 노 대통령은 반대의지를 거듭 밝혔다. 이 총리도 국무회의에서 '엄정대응'을 강조했다. "불법적인 동상 철거 시도"는 한미간의 우호관계에 도움이 되지 않을 뿐 아니라 우리 사회의 성숙된 역사의식에도 반한단다. 참으로 묻지 않을 수 없다. 대체 무엇이 '성숙'인가. 누가 누구에게 '성숙'의 잣대를 들이미는 행위만큼 오만한 일이 더 있을까. 역사의식의 성숙을 들먹이는 청와대의 이병완 비서실장이 전두환 정권 시대에 어디에 있었는지 돌아보면 실소마저 나온다.

동상 철거론은 맥아더를 마치 '구국의 신'처럼 추앙하는 우리 사회의 일각에 경종을 울려주었다. 한국 현대사 연구의 권위자인 미국의 브루스 커밍스가 『김정일 코드』에서 분석했듯이, 맥아더는 전쟁 초기부터 원자폭탄 사용을 요구했다.

1950년 7월 9일. 전쟁이 벌어진 지 겨우 보름 남짓 되던 날이다. 미국 합참은 다행히 맥아더의 요구를 거부했다. 그해 10월 중국군 참전을 명분으로 맥아더는 다시 원자폭탄 투하를 열망했다. 맥아더는 "적의 전진을 지연시키기 위해서는 26개의 원자탄이 필요하다"고 강조했다. 맥아더를 보는 찬반의 선입견에서 벗어나 당시 그가 한 말을 차분히 톺아볼 때가 되었다.

"동해로부터 서해에 이르기까지 코발트 방사선으로 막을 형성할 것이다. 그 지역의 생명체는 60년, 혹은 120년 후에야 다시 소생할 것이다."

그랬다. 그게 더글러스 맥아더의 진실이다. 만일 그의 미친 구상이 실현되었다면 어떻게 되었을까. 진지하게 성찰해 볼 일이다.

브루스 커밍스만이 아니다. 미국 국무부에서 역사자문위원으로 활동한 역사학자 마이클 샬러는 『더글러스 맥아더』에서 맥아더가 더 큰 권력을 추구했다고 증언했다. 검은 색안경과 목도리, 파이프와 말채찍으로 자신을 상징화하거나 자신에 호의적 기사를 쓴 언론인들에게 '보답'을 아끼지 않은 이유도 거기에 있었다. 맥아더가 만일 해임되지 않았다면, 그가 망발을 한 시점에서 "아직 60년 혹은 120년이 지나지 않은" 이 땅에는 "동해로부터 서해에 이르기까지" 생명체가 없는 회색지대가 거의 전역을 형성하고 있었을지 모른다. 맥아더를 떠받드는 수구언론에 분명하게 묻고 싶다. 과연 그래도 좋은가.

더 심각한 문제는 맥아더의 광기가 비단 과거에 머물지 않는 데 있다. 무엇보다 오늘 이 순간도 미국 조지 부시 정권은 평양에 선제 핵공격을 위협하고 있다. 그래서다. 맥아더 동상을 둘러싼 논란을 지금 어정쩡하게 마쳐서는 안 된다. 언론도 토론과 논쟁을 활성화하는 데 나서지는 못할망정 악다구니로 방해는 말아야 한다.

대체 누가 감정적 대응을 하고, 누가 성숙하지 못한 역사의식을 지니고 있는가. 한가위 둥근달 아래서 냉철하게 짚어볼 때다. _2005.09.15.

대체 지금 누가 집권당인가

_한나라당·수구언론 휘하에 들어가는 공안당국

다시 뭉쳤다. 자칭 '자유민주주의자'들이. 한나라당 강재섭 원내대표는 눈을 흡떴다. 강정구 교수는 "자유민주주의체제하에서 같이 숨쉴 자격"이 없단다. 검찰과 경찰을 지목하며 으름장이다. "조속히 사법처리에 박차를 가하라." 언뜻 한나라당이 집권당이라는 착각마저 든다.

실제로 허준영 경찰청장은 강 교수 '구속수사' 의지를 강력히 내비쳤다. 국가보안법상의 '찬양고무죄'란다. 재벌도 가세했다. 김상렬 대한상공회의소 상근 부회장을 보라. 강 교수의 강의를 들은 대학생에게 채용 때 불이익을 줄 태세다. 한국 언론을 새삼 언급하고 싶진 않다. 수구신문들은 앞다투며 사설과 칼럼을 쏟아냈다. 심지어 강 교수의 두 아들까지 파고들어 치졸한 인신공격에 나섰다.

가장 큰 쟁점은 "6·25전쟁은 북한 지도부가 시도한 통일전쟁"이라는 강 교수의 발언이다. 잘라 묻고 싶다. 그렇다면 한국전쟁은 무엇이란 말인가. "북한지도부가 시도한 통일전쟁"이라는 강 교수의 주장은 오히려 '북한지도부'의 북침론을 정면으로 부정하는 규정 아닌가.

문제의 고갱이는 다른 데 있다. 북쪽 지도부가 통일을 시도한 전쟁이라는 규정은 결코 문제일 수 없다. 그것은 사실이기 때문이다. '통일전쟁'의 가장 큰 교훈은 이 땅에서 무력으로 통일을 이룰 수 없다는 깨달음이었다. 그래서 나온 게 7·4공동성명이고 6·15남북공동선언 아닌가.

이 참에 하나 더 명토박아 두자. "미군이 개입 안했으면 통일했을 것"이라는 강 교수의 가정보다 더 중요한 가정이 있다. 해방정국에서 미국이 단정수립을 '고집'하지 않았다면, 한국전쟁 자체를 막을 수 있었다. 친미사대 언론은 단정 때문에 남쪽이나마 '북한체제'를 면했다고 주장한다. 강 교수를 사냥하는 '논리'도 그 연장이다.

하지만 그 주장은 단순화의 오류를 범하고 있다. 미국이 애초 38선을 긋지 않았더라면, 그리고 모스크바 3상회의 결정이 실행되었다면, 남과 북을 아우르는 통일정부의 지도자가 누가 되었을까는 미지수다. 가령 이승만과 김일성 못지않게 해방공간의 강력한 정치지도자들이 있었다. 좌에서 우까지 박헌영, 여운형, 김구가 그들이다. 따라서 미국 아니면 '북한식 통일'이라는 가정은 옳지 못하다. '불순한 의도'가 엿보인다.

왜 불순한가. 톺아보라. 강 교수를 논리 비약과 자극적 색깔론으로 곰비임비 공격하는 저들을. 유감스럽게도 'X파일'의 당사자들이다. 정·경·언 유착세력, 그들이 강 교수를 마녀로 몰고 있다. 더구나 그들은 교수를 사냥하며 언죽번죽 잇속을 다시 챙긴다. '과거청산'과 연계한다. '삼성 편법상속'을 덮어 두잔다.

분명하지 않은가. 그 노림수가. 게다가 죽어 가는 국가보안법을 되살릴 '호기'다. 그뿐인가. 남북 사이에 모처럼 조성된 대화를 가리틀지 못해 안달이다. 강 교수를 들먹이며 남북화해정책을 비난하는 저들을 보라.

그럼에도 노무현 정권과 열린우리당은 강 교수 마녀사냥에 침묵으로 일관하고 있다. 도대체 집권당이 누구인지 궁금할 정도다. 그것도 "검찰독립"이라고 지청구 댈 터인가. 자신들이 '독립'시킨 공안당국이 한나라당과 수구언론 '휘하'에 들어가는 꼴이 보이지 않는가. 아니, 연정 없이 이미 권력은 이양된 걸까.

바로 그래서가 아닐까. 평생 단 한 순간도 자유민주주의자가 아니었던 저들이 자유민주주의를 지키겠다고 나서는 희극은. _2005.10.07.

그들의 '검찰독립' 외침에 헛웃음 나온다

_아직도 '10월 유신'체제로 착각하는가

"검찰의 독립성을 심각하게 훼손시켰으며, 대한민국의 법질서를 근본적으로 무너뜨리는 행위다."

한나라당 박근혜 대표가 검찰독립을 부르짖었다. '부풀려진 쟁점'마다 언제나 한나라당과 함께 하는 부자신문들이 침묵할 리 없다. 밤중에 사설을 교체하는 수고까지 마다하지 않았다.

『중앙일보』 사설은 천정배 법무장관의 "수사 지휘"가 "검찰독립"을 침해한다고 날을 세운다. 『조선일보』 사설은 검찰독립부터 자극적이다. "이 정권은 강정구 씨의 국선변호인인가." 비아냥이다. 『동아일보』는 김종빈 검찰총장에게 외친다. "끝까지 검찰독립 수호하라."

검찰 내부에서도 독립 열기가 달아오른다. 『한겨레』와 인터뷰한 검찰간부는 말했다. "검사들이 자부심을 가지는 것은 대한민국의 헌법을 지킨다는 것인데, 이렇게 되면 자부심에 상처가 생긴다."

검사의 자부심은 대한민국 헌법을 지키는 데 있다? 얼마나 비장한가. 사뭇 우국충정이 넘쳐나지 않은가. 그런데 왜일까. 헛웃음이 나오는 까닭은.

오해 없도록 명토박아 둔다. 검찰은 독립해야 옳다. 하지만 독립에 앞서 톺아볼 일이 있다. 먼저 "검찰독립"을 부르대는 한나라당·수구언론·공안검사들에게 묻고 싶다. 낯부끄럽지 않은가.

박근혜 대표는 "대한민국의 법질서를 근본적으로 무너뜨리는 행위"라고 주장했다. 그래서다. 한나라당·수구언론·공안검찰에 잘라 묻는다. 대한민국이 아직도 스스로 두 손 들어 만세 불렀던 "10월 유신체제"로 착각하고 있지 않은가.

대한민국 헌법을 들먹이는 그들이 민주공화국 헌정을 유린한 박정희·전두환 쿠데타에 찬가를 불렀던 바로 그 무리라는 사실은 덮어 두자. 흘러간 '과거' 아닌가.

하지만 "6·25는 통일전쟁"이라는 대학교수의 글이, 이 땅에 원자폭탄을 퍼부으려 했던 더글러스 맥아더를 우상화하는 것에 대한 비판이 '구속수사 사안'이라는 저들의 주장은 생생한 현실이다.

이미 앞선 칼럼("대체 지금 누가 집권당인가")에서 강조했듯이, 6·25를 "북한지도부가 시도한 통일전쟁"이라는 언술은 논쟁의 여지가 없는 사실이다. 앞으로 5년만 지나도 우스개가 될 법한 논란을 마치 대한민국이 곧 결딴이라도 날듯이 호들갑 떨어야 과연 옳은가.

더구나 천정배 법무부장관의 '지휘권 발동'은 『조선일보』조차 사설에서 인정했듯이 "법률적으로 가능"한 일이다. 과거 은밀하게 '발동'하거나 아예 내놓고 '지시'했던 사실과 비교하면 천 장관의 서면 발동은 얼마나 투명한가.

그럼에도 『조선일보』는 언구럭 부린다. "우리의 '사상의 자유시장'은 강씨 같은 삼류 주장조차 직접 해독하지 못하고 있다는 데 문제가 있다"며 엉뚱한 진단을 내린다. "현 정권이 출범 이후 '관영'방송 등을 통해 특정 이념을 퍼뜨리면서 사상의 자유시장 질서를 해치는 불공정행위를 계속해 온 게 그 원인"이란다.

참으로 국민을, 방송인을 무시하는 명예훼손이요, 오만이 아닐 수 없다. 더욱이 인과관계도 물구나무서 있다. 오늘날 사상의 자유시장을 천박하게 만든 주체가 바로 수구언론 아니던가.

검사의 자부심은 대한민국 헌법을 지키는 데 있다! 검찰의 독립은 그 자체가 목적이 아니다. 민주공화국 수호에 있다. 쿠데타 정권에 휘둘리던 검찰의 참담한 과거 때문에 나온 주장이 '검찰독립'이다.

하지만 지금 한나라당·수구언론·공안검찰이 곰비임비 주장하는 "검찰독립"을 보라. 민주적으로 선출된 정권이 합법적으로 공안세력을 견제하는 상황에서 터져 나오고 있다.

그렇다. 지금 우리는 민주공화국의 헌법을 똑바로 지켜야 한다. 진정 공안당국이 주시할 대상은 대다수 교수사회마저 외면할 만큼 힘없는 한 대학

교수가 아니다. 민주주의의 기본가치를 압살하려는 힘있는 '반민주세력' 들
이다.

　검찰독립, 그것은 뼈를 깎는 거듭남 없이 결코 이루어지지 않는다. 젊은
검사들이, 그리고 민주시민이 눈 부릅떠야 할 까닭이다. _2005.10.13.

누가 지금 '혁명전쟁'을 하고 있는가

_시국선언 나선 1만 인사에 묻는다

나라가 망한다고 아우성이다. 국가위기란다. 대한민국의 내로라 하는 인사들이 1만 명 남짓 '뜻'을 모았다. 2005년 10월, '시국선언'을 했다. 하지만 아무리 톺아보아도 납득할 수 없다. 생각의 차이가 아니다. 전제부터 사실이 아니기 때문이다.

시국선언문의 첫 문장을 보라. "오늘 대한민국은 좌경화가 나라의 안방과 심장을 위협하고 있는 위험한 나라"란다. 근거는 청와대와 "KBS, MBC, SBS 등 공중파 TV"다. 짚고 가자. "KBS, MBC, SBS 등 공중파 TV"가 지금 좌파의 손에 넘어가 있는가. 반론의 가치조차 없는 주장이다. 핵심으로 곧장 가자. 선언문이 일관되게 비난하는 과녁은 노 정권이다.

시국선언 인사들만 아니다. 한나라당 박근혜 대표도 국가정체성을 정면으로 제기하고 나섰다. 수구신문, 부자신문들도 시국선언을 크게 보도하고 사설로 지지하고 나섰다. 곧 대한민국이 결딴이라도 날 듯 부르댄다.

가장 '압권'은 『조선일보』 류근일 칼럼이다. 류근일은 서슴없이 진단한다. "지금 그들이 하고 있는 것은 정치가 아니라 대한민국을 뒤엎으려는 '혁명전쟁'이다."

과연 그러한가. 노 정권은 지금 '혁명전쟁'을 하고 있는가. 명백한 거짓말이다. 노 정권은 혁명에 나서기는커녕 좌파도 아니다.

어떤 좌파가 비정규직을 양산하는 법안을 버젓이 '보호' 법안으로 내놓는가. 어떤 좌파가 틈만 나면 노동운동을 매도하는가. 새삼 묻고 싶다. 만일 노 정권이, 열린우리당이 좌파라면, 민주노동당은 뭐란 말인가.

그래서다. 나는 시국선언에 나선 1만 인사들이 기본 상식조차 모를 만큼 우매하다고 생각하지 않는다. 그것은 1만 인사에 대한 모욕 아닌가. 그렇다면 왜일까. 왜 그들은 상식조차 외면한 채 노 정권을 '좌파'로 몰아세우는 걸까. 더구나 '혁명전쟁'이라는 극한 용어까지 사용할까.

'류근일 칼럼'에서 그 실마리를 찾을 수 있다. "대한민국 역사를 먹칠하고, 비판언론을 옥죄고, 법치기능, 검찰기능, 사법기능, 교육계, 수도서울, '일류' 집단, 한미동맹을 뒤흔들고 있다"는 진단을 보라. 기득권세력의 위기의식이 담겨있다.

류근일은 "그들의 '혁명전쟁'에 맞서는 측이 해야 할 일도, 그와 맞먹을 수 있는 전투적 투쟁역량"이라며 이를 갖추라고 전투적 용어로 호소한다.

시국선언문에선 속내가 더 분명하게 드러난다. 노 대통령에게 "친북·반미 성향의 좌익 인맥을 척결·추방"하라면서 가장 먼저 무엇을 요구하고 있는가.

"과거사법·언론법 시행 및 국가보안법·사학법 입법의 무리한 추진"과 "시장경제를 심각하게 왜곡시키는 '강남'과 '삼성' 때리기"를 "즉각 중지해야 한다"고 못박는다.

그렇다. 이른바 'X파일'로 위기에 몰린 모든 기득권세력의 '궐기'다. 부동산 투기를 막으려는 정책으로 '불편'을 느낀 '강남인'들의 '혁명전쟁'이다. 친일의 과거가 드러날까 두려운 친일언론이 이들의 '혁명전쟁'에 나팔을 분다.

그래서다. 『조선일보』의 주장으로는 "삼류"의 "얼치기 대학교수" 글인데도, 이를 끊임없이 부풀려 결국 '구국운동'까지 나설 만큼 수구세력이 '대한민국 위기'를 불러온 까닭은.

참으로 이보다 더한 희극이 있을까. 희극으로 넘길 만큼 한가한 나라가 아니기에 정색을 하고 묻는다. 노무현 정권이 진정 좌파라고 생각하는가. 간곡히 촉구하는 까닭이다. 주장은 하되, 제발 거짓말은 말라. _2005.10.19.

'교수 사냥' 실패하자 '교사 사냥' 인가

_전교조 마녀몰이의 노림수

한국 저널리즘이 또다시 '구국의 칼'을 뽑았다. 한 대학교수가 인터넷에 올린 글로 나라가 결딴이라도 날듯 호들갑 떨던 바로 그 신문들이다.

세 신문과 한나라당이 '합창' 했음에도 한국 사회는 이성을 잃지 않았다. 차분했다. 스스로 민망스러웠을까. 슬그머니 꼬리 내렸다. 다만 '구국의 칼'을 칼집에 넣기 쑥스러웠을 터이다.

때마침 그들의 충혈된 눈에 '전교조'가 들어왔다. 전국교직원노조 부산지부가 홈페이지에 올린 '아시아태평양경제협력체(APEC) 정상회의 반대 동영상'이 그것이다. 기다렸다는 듯이 다시 휘슬을 불었다. 강정구 교수 사냥에 나섰던 '사냥개'들이 거품을 물었다. 보라. 살천스레 달려드는 저 살풍경을.

마녀사냥터 들머리엔 펼침막이 걸렸다. 섬뜩한 글자가 쓰여 있다. "전교조 '인간세뇌공장'이 망치는 우리 아이들." 『조선일보』 사설 제목이다. 한나라당은 최고위원·중진연석회의와 긴급 의원총회를 잇따라 열었다. '우리아이 바르게 키우기 특위'를 구성했다. 박근혜 대표와 전여옥 대변인도 흥분했다.

『중앙일보』는 1면 머리기사로 큼직하게 '지금 전교조는……' 연재물을 시작했다. 첫 회 제목은 "촌지 추방에서 반미로"다. 『동아일보』도 파문이 확산되고 있다며 지난 시기의 수업자료까지 분석하고 나섰다.

그래서다. 흥분하지 말고 답해 주기 바란다. 지극히 쉬운 질문이다. "이 나라의 초중고 교실이 얼마나 붉어졌는가?"

가슴에 손을 얹고 정직하기 바란다. 아니지 않은가. 현실은 정반대 아닌가. 초중고생들 대다수에게 가장 큰 꿈은 '부자'다. 한 나라의 소년과 소녀들의 가슴을 사로잡는 게 돈 아니면 연예인이 되어 버린 세상이다. 그렇다. 정작 위기가 있다면 그것이 위기다. 심지어 대학생들조차 다수로 변해가고 있다.

왜 그럴까. 부자신문들이 날마다 달마다 해마다 벌여온 '세뇌' 탓이다. 그럼에도 왜 부자신문과 한나라당은 교실이, 대학이 마치 붉게 물들어 간다는 듯이 언구럭을 부릴까. 게다가 사실관계도 어김없이 비튼다.

전교조가 만든 게 아님에도 버젓이 "전교조가 만든 APEC 반대 영상교재"라고 못박는다. "APEC 정상회의의 긍정적인 효과를 나타낸 것은 1쪽이고 부정적 영향을 드러낸 것이 30쪽 분량"이라고 왜곡도 서슴지 않는다.

왜 그럴까. 노림수가 있다. 다름아닌 저들의 발언에서 '불순한 의도'가 묻어난다.

한나라당의 한 의원은 격정을 토로했다. "19세, 대학 1년생에 한나라당 지지자가 거의 없다는데, 전교조 수업 때문인 것 같다." 부자신문도 마찬가지 아닐까. '한나라당 지지자' 대신에 '부자신문 구독자'를 넣어보라.

한나라당 강재섭 원내대표는 더 '솔직'하다. "이번 일은 여러 문제와 얽혀 있다. 여권의 사학법 개정 요구에도 다 얽혀 있다"고 언죽번죽 밝혔다.

교육인적자원부도 용춤 춘다. 동영상 자료가 학교현장에서 수업자료로 활용되는 일이 없도록 장학지도를 강화하겠단다.

대체 이 나라를 어쩌자는 걸까. 대한민국이 긴급하게 풀어야 할 문제들은 산적해 있는데, 저 모리배들은 어쩌자고 늘 생뚱한 문제로 국론 분열을 부추기는가.

전교조를 '인간세뇌공장'이라며 쏘아보는 부자신문과 한나라당에 한 마디만 덧붙이자. 스스로 거울 앞에 서보라. 보이지 않는가. 긴긴 세월 편향된 논리로 사람을 세뇌해 오느라 뻘겋게 충혈된 눈이. _2005.11.03.

박근혜 대표와 "잘못 알고 있는 국민"

_더는 사학법으로 국민을 기만하지 말라

잘못 알고 있는 국민. 박근혜 한나라당 대표의 말이다. 2005년 12월 14일 한나라당 의원총회에서 박 대표는 거침없이 말했다. "국민은 자세한 내용을 모르고 잘못 알고 있는 국민도 있다."

'신념'도 확고했다. 여론을 신경쓸 때가 아니란다. 사뭇 비장감마저 감돈다. "국민들에게 나라가 어떻게 잘못되고 있고 이것이 방치될 때 미래가 얼마나 두려운 결과가 나올지 알리고 노력해야 한다." 대한민국이 '동토의 땅이 될 것'이라는 경고도 잊지 않았다.

무엇일까. 제1야당의 대표가 '동토의 땅'을 우려할 만큼 대한민국이 위기인 까닭은. 생게망게하게도 사학법이다. 사립학교 이사제도에 개방형이사제도를 도입한 게 그렇단다. 그 법으로 이 나라가 흔들린다는 게 박 대표의 '깊은 식견'이다. 그럼에도 국민 여론이 호응하지 않는 것은 국민이 잘못 알고 있어서다.

강재섭 원내대표도 거들었다. "혹시 언론과 일부 국민의 반응이 어떻다는 것을 신경쓰면 안 된다."

박 대표와 한나라당이 '강공'으로 나선 배경에는 종교지도자들이 자리하고 있다. 김수환 추기경은 박 대표를 만난 자리에서 말했다. "정말 걱정되는 것은 나라다. 목적이 학교비리 척결에만 있는 것 같지 않다." 추기경은 이어 "군종 신부들 얘기로는 '새로 군에 간 젊은이들에게 주적이 어디냐'고 물으면 '미국'이라 한다더라"고 말했다. '색깔공세'가 묻어나는 추기경의 발언을 부자신문들이 대문짝 만하게 보도한 것은 물론이다.

솔직히 궁금하다. 추기경마저 사학법 개정의 '목적'이 불순한 데 있다고 참으로 생각하는 걸까. 기사를 보면 의문은 곧 쉽게 풀린다. 추기경은 박 대표에게 말했다. "신문을 보니 단단히 결심하신 것 같다." 어떤 신문일까. 추기경이 본 신문은. 추기경의 다음 발언은 그 신문이 어떤 신문일지 충분히 짐작케 한다.

　"(사학법 개정안이) 긴급하고 화급한 법도 아니고, 식견 있는 많은 사람이 100% 반대하는데도 밀어 붙인 이유를 모르겠다." 딴은 '신문사주'가 사학재단 당사자인 『조선일보』, 『동아일보』, 『중앙일보』만 읽으면 "식견 있는 많은 사람이 100% 반대"한다고 생각할 수밖에 없다. 사학법은 '빨갱이 법'일 수밖에 없다.

　국민이 잘못 알고 있다는 진단은 한국기독교총연합회 회장인 최성규 목사의 발언에서도 확인된다. "사학법이 개정되면 안 좋다는 것을 국민이 너무 모르는 것 같다."

　과연 그러한가. 아니다. 국민은 잘 알고 있다. 사학재단이 개방형이사(개정과정에서 전체 이사의 겨우 25%로 줄었다) 제도를 도입하는 게 사학경영의 투명성을 확보하기 위한 최소한의 장치임을. 보라. 초헌법기업인 삼성그룹조차 사외이사제도를 운영하고 있지 않은가.

　더구나 개정된 사학법은 전두환 정권의 입법보다 수준이 낮다. 전 정권은 학사운영과 교원임명권을 모두 교장에게 주고, 이사장 직계 존비속이 겸임하지 못하도록 명문화했다. 그 법이 개악된 것은 역설적이게도 6월 대항쟁 뒤였다. 3당 통합으로 국회를 좌지우지한 민자당이 그 주역이었다.

　그렇다. 상식에 어긋나는 '색깔공세'는 이제 그만 접기 바란다. 부자신문들의 비이성적 여론몰이가 횡행하고 있어도 국민은 잘 알고 있다. 결코 박근혜 대표의 진실을 잘못 알고 있지 않다. 다만 박 대표의 잘못을 알고 있을 뿐이다. _2005.12.14.

5_ 우리는
왜 분노하지
않는가

대한항공 조종사들이 '항공안전'을 내걸고 파업을 했을 때를 보라.
"이 가뭄에 웬 파업", "고액 연봉 조종사들의 이기주의" 따위가
부자신문들의 지면을 도배질하지 않았던가. 하지만 대한항공의
항공 사고는 일어나지 않았다. 그보다 더 소중한 게 있을까.
조종사들의 노동조건 개선이 결코 '배부른 이기주의'가 아닌
절실한 까닭이다. 그렇다. 노동조합은 자본의 논리가 지배하는
사회에서 민주주의를 성숙시켜 가는 견인차다.
대한민국 자본주의가 오늘 천박한 까닭도, 우리 사회 구성원들이
비인간적인 살벌한 경쟁에 내몰리는 이유도, 다른 데 있지 않다.
노동조합 조직률이 아직 12%에 지나지 않아서다.

'메기' 이해찬과 '미꾸라지'

_한 손엔 대타협, 다른 손엔 칼?

"공무원노조가 불법행위를 하는 것을 용서하지 않겠다." 국무총리의 서슬 푸른 경고다. 이해찬. 한 때는 재야인사로 불리던 그는 국무총리로 취임한 첫날부터 노동운동을 비난했다. "요즘 노사현장은 70~80년대에 비하면 이익분쟁 차원이고, 쟁의의 전개양상이 과하다."

견토지쟁(犬兎之爭). 고사성어까지 곁들였다. 기다렸다는 듯이 부자신문들은 그의 발언을 대서특필했다. 대문짝만하게 그의 얼굴이 신문에 나오고 한마디할 때마다 부자신문이 호의적 보도를 해서일까. 노동조합에 대한 '공격'과 엄포는 곰비임비 이어졌다. "불법과 위법이 묵인되고 사회안정이 무너지면 국민이 불안해 한다."어디서 많이 듣던 가락 아닌가. 과거 박정희가 즐겨 불렀고, 그가 죽어서 권좌를 떠난 뒤엔, 부자신문들이 늘 합창해 왔다. 실제로 이해찬 총리는 한나라당 당사를 찾아가 박근혜 대표에게 신임 인사를 하며 말했다. "민주화운동을 할 때는 박 전대통령의 한쪽 측면만을 보고 맹렬히 비판했었다." 이어 그는 '사고의 균형'을 찾았다며 무람없이 덧붙였다. "그러나 지나고 보니 박정희 대통령의 경제적 성과 없이는 이렇게 못 왔다는 생각이 든다."

총리 이해찬의 '의식'은 공무원들을 상대로 한 '특별 교육'에서 극명하게 드러났다. 그는 서슴없이 자신을 비유했다. '미꾸라지 논의 메기.' 풀이도 했다. 미꾸라지를 키우는 논에 메기 한 마리를 풀어 놓으면 미꾸라지들이 잡아 먹히지 않으려고 이리저리 뛰는 바람에 더욱 건강하게 된단다.

그래서다. 총리 이해찬. 참았지만 이제 그에게도 과거 노무현 대통령에게 던진 물음을 들려주련다. 권력의 단맛에 벌써 취했는가. 공무원들 스스로 공직사회를 바로잡겠다는 공무원노조를 겨눠 "불법" 운운하면서, 메기를 자처하는 저 '민주화운동가'를 보라. 그의 눈엔 공무원들이 고작 미꾸라지로 보이는가. 국무총리로 출세한 '민주인사'의 거만은 정치군인의 그것보다 역겹다.

정색을 하며 묻는다. 이 총리에겐 노동현장에서 스스로 목숨을 끊은 노동자들이 줄을 이은 현실이 보이지 않는가. 해고와 구속을 감수하며 일어선 저 공무원들의 맑은 소리가 들리지 않는가. 딴은 15년 넘게 국회의원으로 생활하며 장관도 거치고 재산도 넉넉한 형편에선 노동자들—물론, 여기엔 박봉의 대다수 공무원이 포함된다—의 피눈물을 모르는 게 '정상'일지도 모른다. 문제는 그가 언죽번죽 '노사정 대타협'을 부르대는 데 있다. 참으로 딱하지 않은가. 노동자들에게 '불법 엄단'을 내세우면서 타협을 주장하는 '민주인사'의 모습이.

게다가 그는 "여당의원들은 자신들이 생각하는 좌표보다 50% 정도 오른쪽으로 봐야 여당 역할을 제대로 할 수 있다"고 '훈계'하기도 했다. 대체 열린우리당과 노무현 정권이 서 있는 좌표가 무엇이라고 생각하는가. '우향우'한 지 오래인 노 정권에 총리로 들어가 한다는 소리가 "50% 정도 더 오른쪽"인가.

이해찬 총리가 노사정 대타협을 진정 원한다면, 지금 '견토지쟁' 할 때가 아니다. 부자신문을 상대로 권력의 냄새를 솔솔 풍길 때는 더욱 아니다. 공무원노조 대표들과 만나 머리를 맞대며 토론을 벌여야 하지 않을까.

노무현 대통령과 골프 칠 시간에, 차라리 민주노총 지도부와 가슴을 연 대화를 나눠야 하지 않을까. 노사정 대타협은 '선언'한다고 이루어지는 게 아니다. '대타협'에 동참하지 않는다고 노동조합을 엄히 다스릴 셈인가.

이미 권력의 문에 들어선 지 오래인 이해찬 총리에겐 어쩌면 덧없는 기대일지 모르지만 간곡히 제안한다. 오늘 자신의 모습을 거울에 비춰보기 바란다. 무엇이 보이는가. 살천스레 자신을 응시하는 메기가 보이지 않은가. _2004.08.25.

'노사정 대타협'의 위선

_대화의 '허울' 쓴 여론공세

가물가물하다. 권력과 손잡은 '먹물'을 우리 무엇이라 불렀던가. 그 이름을 다시 새긴다. 어용지식인. 박정희, 전두환, 노태우에 부닐던 어용지식인은 늘 넘쳐났다. 언론인, 문인, 교수들이었다. 권력의 성격이 바뀌면서 '어용'이란 말은 시나브로 사라졌다. '어용'보다 '참여'가 온당하게 들렸다. 딴은 갈고 닦은 지성을 현실화한다면 '보국' 아닌가. 잘못된 현실을 바꾸기란 어쩌면 권장할 미덕일지 모른다.

김대중을 거쳐 노무현 정권이 들어선 뒤 지식인의 참여는 여느 때보다 왕성하다. 먹물만이 아니다. '운동가'까지 곳곳에 포진했다. 아니 그 정도가 아니다. 대통령에 오른 두 김 씨 또한 '민주인사' 아니었던가. 그들보다 기여는 적지만 '인권변호사' 노무현도 대통령에 앉았다.

문제는 그들 모두 권력을 쥔 뒤다. 현실을 지청구로 군부독재자를 어금지금 닮아 간다. 노동 문제에 이르러선 한결 두드러진다. 국제사회에서 손가락질 받는 악법을 근거로 살천스레 "불법 엄단" 으름장이다. 권력을 만끽하는 풍경이다.

본디 권력을 잡겠다고 나선 정치인들은 그렇다고 접자. 참으로 이해할 수 없는 것은 정치인도 아닌 이들이다. 누구인가. 김대환. 현직 노동부장관이다. 경제학 교수인 그는 학식과 성품 두루 높이 평가받아 온 학자였다. 부조리한 사회현실에 모르쇠하지도 않았다. 참여했고 발언했다. 노 당선자 시절 '정권인수위'에 들어간 그가 조각에 빠졌을 때 아쉬움마저 느꼈다. 현직 노사정위원장에 눈길이 가면 더 허전해진다. 김금수. 그 이름 석자는 현재 대다수 노동운동가의 가슴에 깊숙이 박혀 있다. 부자신문의 표현을 빌리면 '노동운동의 대부'다. 그의 영향과 감화로 노동운동에 뛰어든 젊은이들도 적지 않다.

하지만 생게망게한 일이다. 노동정책은 그대로 아닌가. 여전히 불법을 내세워 엄단한다. 정책결정에 노동자를 따돌리는 구태도 달라지지 않았다. 가령 '노사정 대타협'만 보더라도 그렇다. 이른바 '대타협'에서 노동자는 더 잃을 것밖에 없지 않은가. 금융노련의 한 간부는 분노를 삭이며 물었다. "무엇으로 우리가 조합원에게 타협을 설득할 수 있단 말인가." 차분히 톺아볼 일이다. 실제로 그러하지 않은가. 악법으로 노동자를 곰비임비 구속하면서, 대타협을 윽박지르기란 위선 아닌가. 올해 초 노사정의 '일자리 사회협약'을 되돌아보자. 선언으로 끝나지 않았던가. 그 선언에 나선 김 위원장의 모습은 차라리 민망스러웠다.

물론, 오늘의 노동현실을 모두 권력 탓으로만 돌릴 일은 아니다. 일차적 책임은 응당 지난 10여 년 노동운동을 이끌어온 '지도부'에 물어야 할지 모른다. 지도부에만 싸움을 맡기거나 뒤에서 '평론'만 일삼는 이들 또한 그 '문책'에서 자유롭지 못할 터이다.

하지만 그 자성이 문제의 본질마저 흐릴 수는 없다. 보라. 이 땅의 자본가들을. 조금도 양보하지 않으려는 저들의 완고함이야말로 노사관계를 무장 악화시키는 주범 아닌가. 더구나 그들의 논리를 세련되게 포장해 날마다 수백만 부씩 뿌리는 공범이 있지 않은가. 부자신문만이 아니다. 방송 3사도 노동운동에 결코 '중립'이 아니다. 비단 언론에 그치는 것도 아니다. 자본의 권력에 부닐며 떡고물 챙기는 어용교수, 어용문필가 따위는 얼마나 널려 있는가.

그래서다. 언죽번죽 '노동귀족'을 들먹이는 대통령이나 '불법 엄단'을 앵무새처럼 부르대는 국무총리에게도 '언론의 자유'를 한껏 주자. 다만 김금수 위원장과 김대환 장관에게는 그럴 수 없다. 믿음 때문이다. 노동운동만 지지하라는 뜻은 아니다. 다만 최소한의 일은 해야 옳지 않은가.

정부·여당과 한나라당이 '합창'하는 대타협이 허울만 타협이지 노동운동을 겨냥한 '여론 공격'임을 모르는가. 그것이 '오해'라면 대타협에 어떤 내용이 들어가야 하는지 당당하게 밝혀야 옳지 않은가. 선언식으로 압박하는 대타협이 이 땅의 노동운동을, 이 땅의 노동자들을, 벅벅이 옥죌 것임을 누구보다 잘 알지 않는가. 그런데도 왜 궁따고 있는가. 그 '깊은 뜻'은 대체 무엇인가. _2004.08.31.

참여정부의 공무원노조 '사냥'

_ "대화 필요 없다" 이어 서슬 푸른 '엄벌'

노동자 마녀사냥. 쉼없이 저질러져 왔다. 노동자들이 절대다수인 이 땅은 그 사냥터였다. 문제는 그저 사냥에 있지 않다. 부자들과 부자신문의 집요한 '사냥'으로 저들의 '마녀 생각'이 가난한 사람들 사이에도 두루 퍼져 있기 때문이다.

보라. 노무현 정권과 열린우리당을. 부자신문의 사냥을 만끽하고 있지 않은가. 허성관 행정자치부장관은 전국공무원노조 집회에 도끼눈을 부라린다. 최기문 경찰청장과 더불어 기자회견을 열었다. 참석자들까지 모두 채증해 '사법처리' 하겠단다. 서슬이 시퍼렇다. 실제로 그렇다. 휴일에 연 집회에 '참여정부'의 경찰은 원천봉쇄와 마구잡이 연행을 일삼았다.

더러는 눈을 흘긴다. "불법을 방관하란 말이냐." 하지만 차분히 성찰해 보자. 갈등의 씨앗은 어디에 있는가. 노동부가 2004년 8월에 '공무원노조 법안'을 정기국회에 제출하겠다고 밝히면서 불거졌다. 여기서 눈여겨볼 대목이 있다. 2003년에 당사자인 공무원들이 반대한다는 이유로 노 대통령이 유보를 '지시'한 법안에서 전혀 달라지지 않았다는 사실이다.

법안을 조금만 들춰 보더라도 알 수 있다. 정부가 지난 1년 남짓 동안 어떤 '여론'을 수렴했고 당사자인 공무원노조와 어떤 '대화'를 거쳤는지 드러난다. '특별법안'을 만든 것이나, 노동기본권 가운데 단결권과 교섭권만 보장하되 행동권을 부정한 것 두루 그대로다. 두 사안은 공무원노조가 법안 저지에 나선 가장 큰 이유였다.

공무원노조는 법안을 일방적으로 만들 때 '총력투쟁'을 거듭 예고해 왔다. 그런데도 무슨 깜냥일까. 노동부는 '쇠귀에 경읽기'였다. "국민에 대한 봉사자인 공무원이 파업할 경우 행정서비스 중단과 국가기능 마비 등으로 인해 국민에게 직접적인 피해를 줄 우려가 크다"는 엄숙한 주장만 앵무새처럼 되풀이해 왔다.

말살에 쇠살인 정부 '논리'대로 한다면, 영국이나 프랑스의 '국가기능'은 이미 몇 차례나 '마비'되어야 했다. 국민도 '직접적인 피해'를 입어야 했다. 하지만 그러한가. 과문한 탓인지 듣지 못했다. 되레 영국이나 프랑스의 '공무원서비스'는 한국과 비교할 수 없을 만큼 친절하다는 이야기는 넘쳐 났다. 더러는 행동권을 인정할 때 극한적인 상황을 들어 우려를 표명한다. 국가보안법 사수론자들이 '광화문 인공기'를 내세우는 꼴과 어금지금하다. 행동권을 인정하더라도 영국과 프랑스처럼 행정명령으로 필요한 '제한'을 할 수 있다는 합리적 반론에도 돌아오는 것은 하나다. 우격다짐이다.

물론, 정부로선 공무원노조와 대화에 나섰다고 주장할 수도 있다. 가령 김대환 노동부장관은 2004년 9월 18일 노동부장관실 옆 회의실에서 전국공무원노조 대표들과 '면담'에 나섰다. 대화로 해결하라는 여론을 의식해서였을까. 하지만 '면담'은 겨우 10분 만에 끝났다. 김 장관이 자리를 박차고 나갔다.

'개혁교수'로 기대를 모았던 노동부장관 김대환. 그가 갑자기 회의실을 떠나며 남긴 말은 실망을 넘어 추하다.

"노동부가 만든 공무원노조법안은 전혀 문제가 없다. 대화할 필요 없다."

그뿐인가. 대화의 자리에서 그는 공무원노조를 "당신네 집단"으로 거론했다. 그렇다. 노무현 정권에 환상을 가질 때가 아니다. 톺아보기 바란다. "대화할 필요가 없다"는 게 노동부장관이 마지막으로 던진 말이다. 그리고 행자부장관은 공무원들의 주말 집회조차 엄벌하겠다고 나섰다. 지금 이 시각 경찰은 '엄벌'을 집행하고 있다.

만일 두 장관과 경찰청장의 '언행'이 노 대통령의 뜻과 무관한 '경거망동'이라면 장관을 해임할 일이다. 하지만 그것이 대통령의 뜻이라면 문제는 또렷하다. 탄핵정국을 거치면서도 전혀 '개전의 정'이 없는 노 정권과 싸워야 한다.

무엇보다 '압권'은 허 장관이 엄벌을 선포하며 언죽번죽 "테러위협"을 든

데 있다. 대체 알 카에다의 '테러위협'과 공무원노조의 평화적 집회가 어떤 관계에 있는가. 그 물음은 접어두더라도 냉철히 짚을 게 있다. 갈수록 심각해지는 테러 위협은 누구 책임인가. 노 정권이 저지른 일 아닌가. 그런데도 그것을 빌미로 공무원노조를 탄압하는 노 정권을 우리 무엇이라 불러야 옳은가. _2004.10.10.

공무원노조를 보는 '싸늘한 눈길'

_국민의 눈인가 부자신문 눈인가

공무원노동조합. 2004년 11월, 우리 사회의 '마녀'가 되었다. '사냥'이 한창이다. 은유가 아니다. 대검찰청 공안부가 나섰다. 대검 공안부장이 직접 경고했다. 엄중처벌하겠단다. 실제로 전국공무원노조 위원장과 사무총장에 체포영장을 청구했다.

공안당국의 시퍼런 서슬 뒤에는 이른바 '여론'이 있다. '네티즌'도 예외는 아니다. 정치의식이 강렬한 사람들조차 노동조합에 이르러선 막무가내다. 뿌리깊은 편견을 드러낸다.

고백하거니와 필자도 예외는 아니다. 유럽의 노사관계를 '공부'하러 들렀을 때다. 참으로 부끄러운 경험을 했다. 암스테르담 공항이었다. 비행기가 예정시간이 지나도 뜨지 않았다. 기내방송이 나왔다. '엔진 이상'이란다. 그렇게 1시간이 흘렀다. 다시 안내방송이다. "엔진 점검을 마치고 이제 떠난다." 활주로로 나갔다. 그러나 멈췄다. 되돌아왔다. "엔진이 켜지지 않아 다시 점검한다." 그렇게 다시 2시간. 좁은 기내에서 기다렸다. 3시간이 흘러서야 비행기는 이륙할 수 있었다.

정작 문제는 다음이었다. 비행기가 이륙하자마자 기장의 음성이 들렸다. 필자는 짧은 영어청취력 탓에 잘못 들었는가 싶었다. 하지만 아니었다. 기장은 분명히 말했다.

"승객 여러분. 초과시간으로 네덜란드 노동조합법에 따라 승무원들이 쉬어야 하기에 기내 서비스가 줄어들 수밖에 없습니다."

이 글을 읽는 독자들에게 묻고 싶다. 과연 이해할 수 있는가. 언뜻 필자도 납득할 수 없었다. 하지만 유럽인들 대다수는 말이 없었다. 묵묵히 받아들였다. 지나가는 승무원에게 물었다. 대답은 간명했다.

"승객들의 불만도 안다. 하지만 이 비행기가 3시간 늦게 떠났지만, 조금만 더 늦춰졌다면 기장부터 모든 승무원을 바꾸게 되어 있다. 왜? 가장 중요한 것은 승객의 안전 아닌가."

그 순간 많은 '장면'들이 눈앞에 스쳐갔다. 만일 한국에서 우리 비행기가 그렇게 늦었다면, 우리는 어떻게 대응했을까. 만일 기내방송에서 기장이 그렇게 방송했다면, 한국인 승객들은 어떻게 반응했을까.

대한항공 조종사들이 '항공안전'을 내걸고 파업을 했을 때를 보라. "이 가뭄에 웬 파업", "고액 연봉 조종사들의 이기주의" 따위가 부자신문들의 지면을 도배질하지 않았던가. 하지만 조종사노조가 건설된 뒤, 대한항공의 항공 사고는 일어나지 않았다. 그보다 더 소중한 게 있을까. 조종사들의 노동조건 개선이 결코 '배부른 이기주의'가 아닌 절실한 까닭이다.

그렇다. 노동조합은 자본의 논리가 지배하는 사회에서 민주주의를 성숙시켜 가는 견인차다. 대한민국 자본주의가 오늘 천박한 까닭도, 우리 사회 구성원들이 비인간적인 살벌한 경쟁에 내몰리는 이유도, 다른 데 있지 않다. 노동조합 조직률이 아직 12%에 지나지 않아서다.

그뿐인가. 한 세기 가까이 노동자에 대한 '마녀사냥'을 친일신문, 군부독재신문, 부자신문들이 자행해 왔다.

보라. 그 연장선에 있지 않은가. "이 가뭄에 웬 파업?"이라는 저 부자신문의 논리를 우리 앵무새처럼 반복하고 있지 않은가. '경제가 어려운데 웬 공무원 파업?'이라고.

공무원 노조에 『중앙일보』, 『조선일보』, 『동아일보』가 살천스레 쏟아 보내는 '저주'를 보라. 세 신문의 사설들에 담긴 감정적이고 자극적인 선동, 그것은 말 그대로 중세의 마녀사냥과 다를 바 전혀 없다. 공무원의 단체행동권을 보장한 유럽의 나라들이 엄존하고 있는데, 그것을 '허용'하면 정부기능이 마비될 듯이 호들갑 떨고 있지 않은가.

공안언론과 공안당국의 손발 맞추기는 어제 오늘의 일이 아니다. 하지만 노무현 정권이기에 그래도 묻고 싶다. 대화를 거부하고 노동 문제에 대검 공안부가 나서는 게 과연 민주주의 사회인가.

『조선일보』는 사설(2004년 11월 9일자)에서 물었다. "전공노는 싸늘한
국민 눈길도 못 느끼나." 참으로 묻고 싶다. '싸늘한 눈길'의 주체는 과연 국
민인가. 부자신문인가. 아니면 그들이 오랜 세월에 걸쳐 주입한 '마녀 이데
올로기'인가. _2004.11.09.

누가 민주노총에 돌을 던지나

_비정규직 노동자를 들먹이는 위선

"자신보다 훨씬 더 어려운 비정규직 노동자, 납품업체 노동자, 하청 노동자, 이주 노동자들에 대한 사랑의 정신이 없는 노동운동은 조직 이기주의만 남는 썩은 노동운동이다."

박승옥 민주화운동기념사업회 수석연구원의 진단이다. 3주 전에 열린 전태일기념사업회 토론회에서 던진 그 말이 갑자기 『중앙일보』에 실렸다. 민주노총이 오래 전에 예고한 시한부 총파업이 벌어진 날이다.

『중앙일보』에 따르면, 박 연구원은 "전태일 이후 30년 넘게 가시밭길을 걸어온 한국 노동운동이 위기를 넘어 멸망의 길로 가고 있는 게 아닌지 우려스럽다"며 "비정규직, 연소·여성 노동자, 이주 노동자 문제를 자기의 문제로 끌어안고 나아가야 한다"고 주장했다.

박 연구원의 '우려'가 들어간 기사의 제목은 "친노동계 인사들도 비판/경제위기 외면한 이기주의 노동운동 사회적 고립 자초"이다. '친노동계 인사'들의 이름이 줄줄이 나온다. 어김없이 한국노총 간부가 있다. "자신들의 이익만 챙기기 위해 파업을 한다"며 "이는 노동운동의 사회적 고립을 자초하고 있는 주된 요인"이라고 질타하는 경제학 교수도 있다.

3주 전의 토론회 내용을 민주노총의 파업과 맞물려 편집한 『중앙일보』는 주먹만한 표제부터 심상치 않다.

"그들만의 노동운동"으로 규정한다. "대기업 강성노조"가 "연례행사처럼 파업"을 벌이고 비정규직 노동자를 외면한다는 표제도 보인다. 이틀에 걸쳐 주요 지면을 도배질할 만큼 작심한 '기획기사'다. 문제의 기사들은 민주노총이 비정규직법안에 반대하기 위해 시한부 총파업을 벌인 날 아침에 전국에 100만 부 넘게 깔렸다.

참으로 생게망게한 일 아닌가. 부자신문들은 언제나 민주노총을 노동귀족으로 몰아세웠다. 그리고 늘 비정규직 노동자와 대비해 자극적으로 보도했다. 그런데 보라. 정작 민주노총이 비정규직 노동자들을 위해 총파업을 벌이자, '그들만의 운동'이라고 몰아세운다.

노무현 대통령의 말을 그대로 '인용'한 부자신문을 일러 '친정부 신문' 따위로 비난하고 싶지는 않다. 하지만 적어도 앞뒤는 맞아야 옳지 않은가. 비정규직 노동자를 위한 파업을 비판하는 기사에서 정규직이 비정규직을 외면한다는 주장은 대체 무슨 '논리'인가.

조금 더 정직하게 묻자. 그렇다면 부자신문은 비정규직 노동자들의 차별 해소를 위해 무엇을 했는가. 되레 비정규직을 늘려오는 데 '일등공신'이 아니던가. 그런데도 오늘 비정규직 노동자들의 권익을 내건 민주노총을 일러 비정규직을 외면한다고 언죽번죽 비난하는 저들의 '용기'는 어떻게 이해해야 옳은가.

부자신문의 위선은 새삼스런 일이 아닐 수도 있다. 하지만 이른바 "친노동계인사"들의 3주 전 토론회 내용까지 끌어들여 민주노총의 파업을 비판하는 모습은 민망스럽지 않은가.

하지만 찬찬히 톺아볼 일이다. 3주 전 "친노동계 인사"들의 비판 논리에 충실하려면, 그들은 물론이고, 『중앙일보』도 민주노총의 비정규직법안 반대 총파업을 적극 지지해야 옳지 않은가.

그러나 비정규직을 위한 민주노총 파업에 적극 지지하는 목소리는 듣기 어렵다. 부자신문들의 보도 자세는 되레 정반대이다. 딴은 그 토론회가 열리던 시점에 이미 민주노총은 비정규직법안의 반대를 내걸고 파업을 예고하지 않았던가.

그래서다. 언론이 논리적 일관성도 없이 노동운동에 마녀사냥을 벌이는 현실을 직시할 때다. 이른바 '한국 노동운동의 위기론' 또한 언론의 문제를 제쳐 둘 때 전혀 의도하지 않은 결과를 불러올 수 있다.

여전히 비정규직보호법안에 아무런 문제가 없다고 주장하는 저 윤똑똑이 노동부장관 김대환을 비판해야 마땅할 섰에 오히려 그 법안을 온 몸으로 저지하려는 민주노총을 비난하면서, '비정규직 노동자'를 들먹이는 저 '부자신문'을 보라. 뒤죽박죽이 아닌가. 기막히지 않은가.

　문제는 『조선일보』나 『중앙일보』의 해괴한 논리에 너나 할 것 없이 물들어 가는 세태에 있다. 상식이 상식으로 통하지 않는 사회, 대한민국이 그 굴레를 벗어날 때는 언제쯤일까. _2004.11.27.

2004 세밑 '예수'의 죽음

_국회의 밤을 밝히는 촛불 속 노동자

시린 겨울 밤. 문밖을 본다. 빨간 십자가들이 곰비임비 반짝인다. 기독교가 급성장한 공화국. 대한민국이다. 세밑이면 더하다. 십자가 아래마다 기쁨과 축복이 넘친다. 예수. 기독교인의 구세주. 그는 조롱과 학대 속에 살해되었다. 평생을 노동자로 일했다. 목수였다. 일찍이 민중신학자 서남동은 전태일의 분신에서 예수의 재현을 읽었다. 문제는 고난이, 예수의 고통이, 오늘 이 땅에서 끊임없어 벌어진다는 데 있다. 국회의 어둠을 밝히는 저 수많은 촛불들을 보라. 국가보안법으로 꽁꽁 묶어 온 민중의 영혼이 살아나고 있지 않은가. 그 촛불 아래서 한 노동자를 애도하는 까닭이다.

김춘봉. 마흔아홉 살. 남해에 태를 묻었다. 스무 해 넘도록 한 일터에서 삶을 바쳤다. 한진중공업. 가난한 노동자로선 어림잡기 힘든 천문학적 순익을 기록했다. 그런데도 '희망퇴직'을 강요했다. 그리고 2004년 12월. 20대, 30대, 40대를 온전히 바친 일터에서 목을 맸다. 그렇다. 눈물과 분노를 삼키며 쓴다. 그 곳 난간에 목을 맬 때까지 얼마나 외로웠을까. '지천명'을 앞둔 노동자는. 얼마나 대한민국이 서러웠을까. "부탁도 하고 애원도 해 보았지만 모두 허사다. 계약만료일이 되면 쫓아내겠지. 다시는 이런 비정규직이 없어야 한다. 나 한사람 죽음으로써 다른 사람이 잘되면……. 비정규직이란 직업이 정말로 무섭다."

하지만 '피묻은 유서'는 어느새 잊혀 간다. 신문과 방송의 외면과 축소 탓이다. 그래서다. 비정규직노동자의 차별철폐를 절규하며 노동자들의 자살이 잇따르는 데도 노동부는 거꾸로 가고 있지 않은가. 여전히 국회에 제출한 비정규직 '보호'법안에 아무런 문제가 없다며 언죽번죽 강변할 터인가. 겨우 1년 전이다. 한진중공업에선 노조지회장이 '129일 고공농성' 끝에 목매 자살했다. 김주익 지회장의 유서에는 언론에 대한 고발이 있다. "강성노조 때문에 나라가 망한다고 아우성이다. 1년 당기 순이익의 1.5배, 2.5배를 주주들에게 배상하는 경영진들, 그러면서 노동자들에게 회사가 어렵다고 임금동결을 강요하는 경영진들. 그토록 어렵다는 회사의 회장은 얼마인지도 알 수 없는 거액의 연봉에다 50억 원 정도의 배상금까지 챙겨 가고……. 이 회사에 들어온 지 만 21년, 그런데 한 달 기본급 105만 원. 그중 세금들을 공제하고 나면 남는 것은 80여만 원. 근속 년수가 많아질수록 생활이 조금씩이라도 나아져야 할텐데 햇수가 더할수록 더욱 더 쪼들리고 앞날이 막막한데, 이놈의 보수언론들은 입만 열면 노동조합 때문에 나라가 망한다고 난리니 노동자는 다 굶어죽어야 한단 말인가."

그 아픔을 딛고 한진중공업 정규직 노조는 '촉탁직의 정규직화'를 요구했다. 민주노총도 기자회견을 열었다. "비정규직 노동자들이 법제도적 보호장치 없이 최소한의 권리조차 보장받지 못한 채 삶의 벼랑 끝으로 내몰리고 있다"며 대책을 세울 것을 정부에 촉구했다. 그러나 재벌도 정부도 언론도 모르쇠했다. 고 김춘봉의 유서를 보라. "절대 못 나간다. 차라리 여기서 죽겠다고 수차 이야기를 하여도 도와주지도 보지도 않았다. 힘없고 돈 없는 사람은 모두 이렇게 되어도 되는지."

2004년이 열릴 때 '비정규직 차별철폐' 유서를 남기고 몸을 불태운 박일수. 그리고 세밑에 목을 맨 김춘봉. 지금 이 순간도 '경찰청 비정규직'을 비롯해 숱한 비정규직 노동자들이 고통받고 있다. 일찍이 민중신학자 안병무가 말했듯이 "세계를 위해 고난당하는 민중"이 바로 예수다. 오늘 우리 사회의 고통을 온 몸으로 받아 안은 비정규직 노동자, 저 수많은 김춘봉이 바로 예수가 아닐까.

하여, 묻는다. '예수'를 살해한 자, 오늘 누구인가. 비정규직 문제를 살천스레 정규직 탓으로 돌리는 저 부자신문과 천박한 재벌, 그리고 '참여정부'의 노동부가 '공범' 아닌가. _2004.12.29.

김대환 장관의 '부라퀴 현실주의'

부라퀴. 순우리말이다. '제게 이로운 일이면 영악하게 덤벼대는 사람'을 이른 다. '경쟁'을 최고의 가치로 신봉해 온 한국 사회에서 부라퀴들은 곳곳에 뿌리 틀고 있다. 모든 걸 자신의 이해관계로 판단하는 부라퀴들은 그들보다 더 나 은 가치를 추구하는 사람들을 시기하고 깎아 내리는 데 이골이 나 있다.

문제는 부라퀴들이 한국의 역사에서 언제나 어디서나 '주류'였다는 데 있 다. 그래서다. 마땅히 '주류' 사회를 바꿔야 할 사람이 엉뚱하게 주류에 부닐 고 있을 때, 우리의 분노는 정당하다.

어느새 '추억'이 되고 있지만, 노무현 대통령 '탄생'에서 많은 사람들은 최소한 노동정책만은 바뀌길 기대했다. 김대중 정권이 남북화해정책을 현실 화한 반면에 노동배제정책으로 일관했기에 더욱 그랬다. 하지만 노 정권의 노동정책은 갈수록 뒷걸음질치고 있다. 노동부에 김대환 장관이 취임할 때 조금은 나아지겠다는 기대도 환상임이 분명해졌다. 학술운동단체의 대표까 지 거친 그는 되레 전임 장관들보다 더 굳어 있다.

『중앙일보』와 만난 김 장관은 "노동부가 2004년 정부부처 업무평가를 잘 받았다"며 "취임하면서 노사 양쪽에 치우치지 않는 가운데 무게중심을 잡고 균형 잡힌 정책을 펴자고 강조했고, 실제로 충실하게 지켜온 것이 좋은 평 가를 받은 것 같다"고 자랑했다.

노동부가 노사 사이에 균형을 잡는 부처라는 '노동부장관'의 인식은 전임 장관의 사고와 비교하더라도 명백한 '후퇴'다. 조금 더 냉철하게 말하자. 사 쪽에 편향된 경제부처들이 줄이어 있는데 노동부가 노사균형이나 무게중심 따위를 거론하는 것은 '주제넘은 발언'이다.

김 장관은 또 "노사관계는 법과 원칙의 틀을 확고히 하면서 그 바탕 위에 서 대화와 타협을 시도하려고 애썼다"고 자평했다. 그가 악법을 휘두르거나 또 다른 악법을 만드는 데 '확고'했는지는 모르겠다. 하지만 '대화와 타협'을 시도하려고 애썼다는 것은 현실과 동떨어진 그만의 착각이다. 노동현장의 누구도 장관 김대환이 대화에 "애썼다"고 생각하지 않는다.

정작 그의 문제는 노사 '균형'을 부르대면서 스스로 그걸 부정한다는 데 있다. 그는 "앞으로도 힘들겠지만 법과 원칙의 축을 확립하기 위해 노력하겠다"면서 "노와 사, 특히 민주노총은 변해야 한다"고 강조했다.

노동부장관 이전에 '사회과학자' 김대환에게 묻고 싶다. 과연 오늘 한국의 노사관계에서 "특히" 변해야 할 게 민주노총인가, 전경련 경총인가, 정부인가. 태생 자체가 재벌로부터 자유로울 수 없는 『중앙일보』와 만난 자리에서 그가 언죽번죽 '현실주의'를 거론하는 것은 가장 역겹다.

그는 청와대 이정우 정책기획위원장과 갈등을 우려하는 질문에 "걱정해 주셔서 감사하다"면서 "참모는 이상을 애기할 수도 있지만, 장관은 현실주의로 갈 수밖에 없다"고 말했다. 이 위원장이 얼마나 이상을 이야기하는지는 모르겠다. 하지만 그의 현실주의에는 현실이 전혀 없다. "정규직은 선이고, 비정규직은 악이라는 식으로 비정규직 문제에 접근하면 안 된다"는 김 장관의 현실론이 비정규직 노동자가 자살한 직후에 나왔다는 점에 주목할 필요가 있다. 그의 현실론을 단호히 '부라퀴 현실주의'로 비판하는 까닭이다.

김 장관이 '기특' 해서일까. 부자신문 『중앙일보』는 사설 "민노총, 분규 없는 한해 만들 게 협조해야"(2005년 1월 5일자)에서 김 장관의 말을 '엄호' 하고 나섰다. 심지어 사설은 현대중공업노조가 "아예 민주노총에서 빠져 나와 버렸다"며 "대기업 정규직 중심의 과격한 노동운동은 더 이상 설 땅이 없게 됐다"고 주장한다. 명백한 사실왜곡이다. 현대중공업노조는 '비정규직 자살'을 모르쇠한 이유로 제명당했을 뿐이다.

그런데도 정반대로 뒤틀며 민주노총을 '사냥' 하는 부자신문의 부라퀴들과 함께 불러대는 노동부장관 김대환의 목쉰 '합창'을 어떻게 들어야 하는가. 그 노래가 노동자들을 저주하는 '장송곡'으로 들리는 것은 과연 필자만일까.

_2005.01.05.

노조와 재벌, 그리고 부자신문의 이중잣대

_기아차 비리는 보이고, 삼성 '1억원 매수'는 안 보이나

노동조합. 도덕성이 도마에 올랐다. 모든 신문과 방송이 한 목소리다. 노동조합의 도덕성을 질타한다. 노조의 생명은 도덕이라는 말도 예사로 나온다. 기아자동차 광주공장에서 일어난 '계약직 사원 채용비리' 때문이다.

옳은 말이다. 기아자동차 광주공장 노조는 참으로 해서는 안 될 일을 했다. 언론의 비판을 받아 마땅하다. 문제가 불거진 단위노조의 상급단체는 물론이고, 전국민주노동조합총연맹도 국민 앞에 사과했다. "노동운동은 도덕성이 기본적 덕목인데도 입사비리에 노조간부가 연루됐다는 것은 대단히 유감스러운 일"이라고 밝혔다.

그래서다. 신문과 방송이 날마다 대서특필하는 사태의 본질을 성찰할 필요가 있다. 글을 쓸 때마다 오독하는 이들을 위해 거듭 밝혀 둔다. 노조의 '채용비리'를 옹호할 뜻이 전혀 없다. 노동조합의 본분을 망각한 집행부는 노동운동 차원에서도 엄중한 징계가 필요하다.

그러나 조금 더 깊이 톺아보면 진실을 발견할 수 있다. 부자신문이 펼치는 자극적 보도는 '노동운동 전반'을 겨냥하고 있다. 가령『중앙일보』사설은 연이어 '강성노조'를 비난한다.

"경기도 노사정 협력모델 돋보인다"(2005년 1월 24일자) 제하의 사설은 한국노총 경기지역본부 이화수 의장의 투자유치 활동을 추어 올린다. 이어 기아자동차 광주공장 노조를 비난한 뒤 "민주노총 내부에서도 노사정위원회로 복귀하자는 목소리가 커지고 있다"고 강조했다.

이에 앞서 1월 22일자 사설 "민노총, 노사정 참여하여 경제 살려야"는 1월 20일에 열린 민주노총 대의원대회에서 노사정위원회 복귀(사회협약안)가 안건으로 다뤄지지 않은 사실을 원색적으로 비난했다. "대의원대회는 정치판을 뺨칠 정도"라거나 "반대파는 돌아가며 마이크를 잡아 새벽까지 13시간 동안 진을 빼놓았다"며 '강경파의 주장'은 "흑백논리"라고 주장했다.

같은 논리를 『조선일보』에서도 찾을 수 있다. "기아차노조 '취직장사' 파

문"으로 "민노총 위기"라는 기사는 "부도덕한 노동운동 집단"이나 "경제 회복을 위해 필요한 노사정 대화마저 무시하는 단체"라는 비판을 받고 있다고 썼다.

하지만 냉철히 짚어보자. 기아자동차 광주공장 채용비리의 잘못은 노조에만 있지 않다. 경영진과 '공모' 없이 불가능하다. 엄밀하게 말하자면 인사비리의 최종 책임은 경영진에 있다. 더 큰 문제는 기아자동차 광주공장 노조의 비리와 전국민주노동조합총연맹의 사회협약 안건이 전혀 별개의 사안인데도 이를 연결짓는 데 있다. 결국 그 목표는 노동운동 전반에 대한 '공격'이다.

여기서 묻고 싶다. 부자신문은 노조와 달리 재벌에겐 도덕이 본디 없다고 생각하는가? 보도를 보면 그렇게 판단할 수밖에 없다. 보라. 노조의 도덕성을 비난하는 저 엄격한 잣대는 삼성전자의 노동조합 탈퇴 강요와 1억 원 매수에 대해선 침묵으로 나타난다.

한해 순이익이 100억 달러(10조 원)인 초일류기업이 상급단체 노조에 가입한 노동자에게 부당노동행위와 인권유린을 자행했는데도 단 한 줄도 보도하지 않거나 '면피용 기사'로 채운 게 고작이다. 무슨 깜냥일까. 본디 삼성재벌은 그렇고 그런 자들이라는 판단 때문일까. 하여, 저들의 '도덕적 분노'는 노동조합만 과녁으로 삼는 걸까.

언제부터 언론이 민주노총의 대의원대회를 머릿기사로 올렸는지 궁금증은 접어 두자. 하지만 민주노총에게 일방적으로 사회협약안을 강요하는 것은 되레 반작용만 불러올 뿐이다. 만일 진정으로 사회협약이 절박하다면, 비정규직 개악법안을 2월 국회에서 강행 처리하겠다는 정부 여당의 경직된 자세부터 비판해야 옳다. 최소한 권력의 노조배제정책과 재벌의 노조탄압정책을 동시에 지적해야 그나마 공정성을 담보할 수 있지 않은가.

노사정 대화를 강조하면서 '사용자'와 '정부'의 잘못은 모르쇠하고 노조에만 화살을 쏘아대는 것은 언론의 '기본 도덕'을 저버린 짓이다. 아니 비단 도덕의 문제에 그치지 않는다. 부도덕한 여론몰이로는 결코 사회협약이 이뤄질 수 없다는 데 문제의 핵심이 있다. _2005.01.24.

기아자동차 입사비리와 '불순한 의도'

_비정규직 법안과 맞물린 상황 인식을

기아자동차 광주공장의 '입사비리'에 노동조합이 개입했다는 보도가 신문지면을 채운 날 필자는 경기도 남양주의 모란공원을 찾았다. 두루 알다시피 그곳엔 전태일 열사를 비롯한 민주노동자들이 묻혀 있다. 전태일 열사의 무덤 앞에는 민주노총과 민주노동당이 두고 간 꽃이 있었고, 필자와 함께 간 '청년학교' 노동자들은 하얀 국화와 맑은 소주를 올렸다.

전태일 열사가 스스로 몸을 불태운 뒤 30여 년 동안 수많은 노동자들이 살과 뼈를 태우며 건설한 조직이 바로 전국민주노동조합총연맹이다.

그래서다. 민주노총을 일러 '노동귀족'으로 몰아치는 억대 연봉자들이나 권력을 누리는 자들의 여론몰이에 필자가 결코 침묵할 수 없는 까닭은. 물론, 그들만 민주노총을 비난하는 것은 아니다. 취업문이 좁아지고 내수시장이 얼어붙으면서 정규직으로 달마다 월급을 받는 민주노총의 노동자들이 '노동귀족'으로 보일 수 있다. 실제로 기아자동차 광주공장 노조에서 드러났듯이 노동운동의 본분을 망각한 사람도 있는 게 사실이다.

하지만 한 단위노조에서 일어난 잘못을 민주노동운동 전반의 문제로 과장해서 매도하는 세력이 분명히 존재하고 있다. 민주노총이 거듭나기를 바라는 건강한 사람들의 비판이 자신의 의도와 관계없이 수구세력의 여론몰이에 가세하고 있는 것은 아닌지 냉철하게 톺아볼 필요가 여기 있다. 삼성재벌의 노동자 인권유린을 두고 전경련과 경총의 불법행위라고 분노하지 않는 상황과 비교할 대목이다.

이미 민주노총은 진상조사단을 구성해 활동에 나섰다. 민주노총은 지난해에도 비정규직 권익에 소홀했던 단위노조를 제명할 만큼, 노동운동의 순수성을 지켜가고 있다. 그 결과 민주노총에 들어오는 조합비 부족으로 상근활동가들은 저임에 시달리는 열악한 상황에 놓여 있다. 그것이 노동귀족이라는 '싸잡아식 여론몰이'에 가려진 민주노총의 진실이다. 기아차 광주공장 노조의 문제를 계기로 민주노총을 공격하는 것이 이성적으로 옳지 못한 까닭이다.

더구나 노동진영 일각에선 검찰의 수사시점에 의문까지 제기하고 있다. 민주노총의 노사정위 복귀 문제를 다루는 대의원대회가 열린 시점과 공교롭게도 맞아떨어졌기 때문이다. 실제로 지난 칼럼("노조와 재벌, 그리고 부자신문의 이중잣대")에서 분석했듯이, 언론은 민주노총의 복귀 무산을 대문짝만하게 보도하며 '강성노조'를 비난하고 나섰다.

하지만 보라. 민주노총을 오늘 매도하는 여론몰이가 계속 진행된다면 귀결은 무엇인가. 비정규직, 실업자, 영세자영업자들의 권익이 향상되는가. 아니다. 정반대다. 이미 노무현 대통령과 김대환 노동부장관은 국회에서 비정규직이 되레 확산될 법안을 강행 처리할 뜻을 밝혔다. 민주노총의 약화는 결국 비정규직의 확산으로 이어질 수밖에 없다. 거기서 그치지 않는다. 민주노총의 약화는 일자리나누기정책의 소멸로 더 많은 실업자들을 양산한다. 민주노총의 약화는 분배정책의 후퇴로 영세자영업자들의 장기불황으로 이어진다.

그래서다. 민주노총에 대한 '불순한 여론몰이'에 맞서 필자가 줄기차게 언론비평에 나서고 있는 까닭은. 더러는 그것을 '정파'로 몰아친다. 비정규직, 실업자, 영세자영업자들의 이익과 정규직 노동자들의 이익을 대변하는 것이 '정파'라면, 필자는 기꺼이 '정파 언론인'임을 자부하련다. 하지만 집권 여당세력이 잘못한 정책을 비판하는 언론인에게 붙이는 '딱지'라면 단호히 거부한다.

생각해 보라. 비정규직, 실업자, 영세자영업자들의 이익과 정규직 노동자들의 이익은 충돌할 수도 있다. 하지만 그것은 본질적 갈등이 아니다. 비정규직, 실업자, 영세자영업자들의 이익과 재벌의 이익의 충돌하는 것과 비교할 수조차 없다. 비정규직, 실업자, 영세자영업자들의 이익을 위한 정책을 모르쇠하는 정치권력과도 비교할 수 없다. 비정규직, 실업자, 영세자영업자들과 정규직 노동자들이 서로 우호적 비판과 토론을 해야 할 절체절명의 이유가 여기 있다.

기아자동차 광주공장 입사비리는 노조와 경영진을 아울러 엄중한 책임을 물어야 하고, 사기업 일반의 입사제도에 대한 투명성을 높이는 방안을 마련하는 쪽으로 여론이 형성돼야 옳다.

노동운동의 위기와 타락을 거론하는 게 유행이지만, 필자는 민주노총이 늘 그랬듯이 잘못된 부분을 스스로 바로잡고 전체 민중의 이익을 대변하는 조직으로 나아갈 수 있는 역사적 전통과 현실적 역량을 지니고 있다고 확신한다. 모란공원에 세워진 새까맣게 탄 전태일 동상의 이마에는 누군가 띠를 둘러 놓았다. 그 띠에 쓰여진 글자는 다음과 같다.

단결투쟁. _2005.01.25.

조선일보·중앙일보, '도덕'은 올가미인가

_부자신문의 치밀한 전략과 노동부

기아자동차 광주공장 '입사비리'의 실체가 속속 드러나고 있다. 이른바 '전문 브로커' 개입은 물론이고, 인사 담당자의 금품수수 사실이 확인됐다. 예서 그치지 않는다. 정치권은 물론이고 노동청을 비롯한 관계 인사들까지 관여한 '권력형 비리' 의혹이 짙어가고 있다. 과연 광주지검이 온전히 수사할 수 있을지 회의적인 분석이 나오는 까닭이다. 결국 "일부 노조간부에 국한된 문제일 뿐 회사 쪽은 개입하지 않았다"는 기아자동차 경영진의 주장은 부도덕한 거짓말이었다. 지금까지 부자신문이 살천스레 떠들어 온 '취업장사'의 주체도 노조가 아니라 경영진이었을 가능성이 높아졌다.

문제의 핵심은 '취업 장사'를 감시해야 마땅한 노조가 '포섭'되었다는데 있다. 그래서다. 기아차 노조간부의 구속과 사죄에 이어, 최상급단체인 전국민주노동조합총연맹의 이수호 위원장도 공식사과와 함께 노동운동이 거듭날 것을 다짐했다.

그렇다면 이제 문제는 '권력형 비리'에 대한 철저한 수사다. 그러나 보라. 노동조합의 도덕성을 날마다 질타했던 저 부자신문들의 지면을.

『조선일보』의 대기업노조 '싸잡아 비판'은 그칠 줄 모른다. 사설 "권력 노조는 절대적으로 부패한다"(2005년 1월 27일자)에서 "민주노총 산하 대기업 노조들은 인사권과 경영권에까지 개입하고 있다"며 이를 "권력의 맛"이라거나 "노동귀족들이 밟아 가는 코스"로 매도한다.

가장 집요하게 노동운동을 비난한 『중앙일보』는 자신의 노림수를 노골적으로 드러낸다. "비정규직 보호는 정규직 양보가 우선" 제하의 사설(1월 27일자)에서 "기아차 노조의 취직장사가 발단이 되어 정부여당이 파견근로기간과 업종을 확대하는 '비정규직보호입법'을 2월 정기국회에서 처리키로 했다"고 규정한다. 하지만 이미 숱한 전문가들이 지적했듯이 노동부가 추진하는 입법은 '파견업종의 전면 확대'로 비정규직이 늘어날 게 분명한 악법이다.

그러나 『중앙일보』는 그 문제를 거론하지 않는다. 전형적인 부자신문답

게 "입법과정에서 엉뚱한 문제가 발생할 수 있다"면서 엉뚱하게 "기업 부담만 늘어나는 경우"를 우려한다. "비정규직을 정규직화하는 접근보다는 정규직의 고용 경직성을 어떻게 유연하게 만들 것인가에 집중"하란다. 이어 곧바로 민주노총을 겨눈다. "이런 사정 때문에 노동계는 반발하고 있다"며 "민주노총은 법안 통과시 총파업을 예고해 놓은 상태"라고 주장한다.

하지만 분명히 지적해 두자. 민주노총이 노동부 입법안을 반대하는 까닭은 비정규직의 양산을 막기 위해서다. 애초 보호법안은 비정규직 노동자들의 연쇄자살로 거세게 일어난 사회적 요구였다. 하지만 노동부 법안은 이름만 '보호'일 뿐이다. 오죽하면 지난 정기국회에서 비정규직 노동자들이 칼바람을 맞으며 결사적으로 저지에 나섰겠는가. 열린우리당 내부에서도 법안이 편향적이라는 평가가 나와 정기국회에서 보류하지 않았던가. 그럼에도 법안 강행 때 총파업을 예고한 민주노총에 대한 『중앙일보』의 공격에는 '마르크스 경제학을 공부했다'고 자부하는 정운영 논설위원까지 가세했다.

하지만 진보논객의 '훼절'에 쓸쓸할 때가 아니다. 『중앙일보』를 비롯한 부자신문들의 여론몰이에 고무된 김대환 노동부장관과 열린우리당 원혜영 정책위의장, 그리고 이목희 제5정책조정위원장이 비정규직법안을 2월 국회에서 처리하겠다고 합의했기 때문이다. 노동청을 비롯한 권력형 개입 의혹엔 모르쇠다.

그래서다. 기아자동차 광주공장 노조간부들의 도덕성에 쏟아지는 분노와 질타에서 옥석을 가려야 한다. 참으로 노동운동의 도덕성 회복을 촉구하는 비판인가, 아니면 '노동운동 초토화'와 '비정규직 확대'라는 불순한 의도로 던진 올가미인가.

저 부자신문과 그에 편승한 노동부의 '도덕'은 분명히 드러나고 있지 않은가. 그렇다면 건강한 민주시민의 선택은 무엇이어야 할까. 도덕성 회복 촉구와 더불어 '불순세력'에 대한 감시가 아닐까. _2005.01.27.

'비정규직 확대' 누가 **막을** 것인가

_민주노총 '전열 재정비' 서둘러라

비정규직 확대가 '초읽기'에 들어갔다. 민주노총의 '위기'를 틈타 국회 통과가 기정사실화하고 있다. 민주노총 대의원대회의 '폭력사태' 직후, 김대환 노동부장관은 "한 단체의 시계에 노동행정을 맞출 수 없다"고 공언했다.

민주노총을 슬그머니 '한 단체'로 규정한 장관은 비정규직 법안은 물론, 이른바 '노사관계 법제도 선진화 방안(로드맵)'의 일방 처리까지 언급했다. 특히 비정규직 법안에 대해서는 '대화할 계획'이 없음을 확실히 했다.

그래서다. 비정규직 확대를 막을 유일한 세력인 민주노총이 서둘러 '전열'을 재정비해야 할 까닭은. 물론, 기아자동차 광주공장 노조의 비리에 이어 대의원대회의 폭력사태는 여론의 십자포화를 맞을 일이다.

민주노총의 도덕성과 민주성을 단 한 번도 인정하지 않았던 부라퀴들까지 말끝마다 '도덕'과 '민주'를 들어 비난하더라도, 거기에 반론을 펼 상황도 아니다. 당장 국회에서 법안이 통과되면, 비정규직 확대로 노동시장의 차별은 더 보편화할 게 틀림없기 때문이다.

기실 민주노총 폭력사태의 중심에도 비정규직 문제가 있다. 사태를 주도한 것은 '사회적 합의주의 노사정 담합분쇄 전국노동자 투쟁위원회(전노투)' 회원들이다. 가장 먼저 단상에 오른 노동자도 현대중공업 사내하청노조 조성웅 위원장이다. 비정규 노동자인 조 위원장은 2005년 2월 2일 『매일노동뉴스』와 가진 인터뷰에서 '저지투쟁'에 나선 이유를 당당하게 밝혔다.

"현대자동차 사내하청 노동자들은 불법파견 노동자의 정규직화를 요구하며 파업을 하고 있고, 하이닉스 반도체 사내하청도 위장폐업과 불법파견에 맞서 투쟁하고 있다. 이런 상황에서 노사정 '사회적 교섭'에 들어가게 되면, 지금 불법파견투쟁을 하고 있는 현장 노동자들을 죽이는 것이 된다.

2월 비정규직 개악을 막고 나서 논의해도 충분하다. 그런데 민주노총 지도부는 아래로부터의 투쟁을 막아가면서까지 사회적 교섭에 참여하려 하고 있다. 이 자체가 민주적 절차를 무시한 '조직된 폭력'의 행사이며, 이것을 막기 위해서는 불가피한 일이었다."

그랬다. 비정규직 확대를 막는 총파업을 강력하게 준비하자는 노동자들의 요구가 '폭력사태'의 주요 원인이었다. 이는 방법의 옳고 그름을 떠나 분명히 인식해야 할 '사실관계'이다. 하지만 보라. 부자신문의 2월 3일자 사설들을.

한 목소리로 엉뚱한 비난을 언죽번죽 늘어놓는다. 정규직과 비정규직 사이의 분열을 조장한다. 가령 『조선일보』는 "폭력에 얼룩진 단상 위의 민노총" 제하의 사설에서 "오늘의 민노총은 특권노동자 중심의 권력노조"라고 몰아친다.

『중앙일보』는 사설 "민노총 존재 이유를 고민할 때다"에서 "민주노총은 몰염치한 이익집단이자 사회 발전의 걸림돌로 전락하는 위기를 자초했다"며 "자진해체"까지 들먹였다.

『동아일보』는 "고립 자초하는 민주노총 강경파" 사설에서 "노노간 양극화 완화를 위한 노사관계 법제도 선진화 작업에 협조해야 한다"며 "이것이야말로 민주노총이 위기에서 벗어나는 길"이라고 주장한다.

참으로 생게망게한 일 아닌가. 정작 폭력사태는 비정규직 법안 저지에 '총력투쟁'하자는 비정규직의 거센 항의과정에서 빚어졌는데, 되레 '비정규직을 외면하는 귀족노조의 권력놀음' 따위로 살천스레 몰아치고 있지 않은가.

오해 없도록 명토박아 두자. 만일 민주노총이 부자신문의 논리대로 '노동귀족집단'이라면 장담하거니와 대의원대회의 '폭력'은 일어나지 않았다. 아니 일어날 수도 없다.

문제의 핵심은 민주노총의 '전열 재정비'가 서둘러 이뤄지지 않을 때, 정규직과 비정규직, 예비노동자를 가릴 것 없이 '노동자들의 삶'이 악화할 수밖에 없다는 데 있다.

노동자 삶의 피폐화는 시간문제일 뿐 영세자영업자와 농민의 몰락으로
이어진다. '사회적 교섭안'에 대한 찬반을 떠나, 민주노총이 '비정규직 법안'
의 강행처리 저지에 힘을 모아야 할 절체절명의 까닭이다. _2005.02.03.

이 땅에 **민주주의**는 **살아 숨쉬**는가

"현장에서 비정규직 대의원들이나 활동가들을 사측에서는 뭐라고 얘기하냐면 '저 새끼들은 죽여도 되니까 끄집어내서 발로 차든 뇌진탕에 걸려서 뒤지든 말든 상관없으니까 끄집어내라' 이런 말까지 들었어요. 사람이 할 짓이 아니죠."

현대자동차에서 2005년 1월 분신을 시도한 비정규직 노동자 최남선이 병상에서 토로한 말이다. 고백하거니와 필자는 『민중의 소리』에서 그의 절규를 읽으며 '의심' 했다. 아무려면 현대자동차 경영진이 그 정도로 야만적이겠는가.

하지만 보라. 『오마이뉴스』가 보도했듯이 현대자동차는 2월 13일 파업을 벌이는 비정규직 노동조합의 안기호 위원장에게 폭력을 행사했다. 전격 경찰에 넘겼다.

비정규직 노조에 따르면, 현대자동차 경비대는 점심을 먹으려고 농성장에서 식당으로 가는 안 위원장 일행을 '기습' 했다. 미리 대기하고 있던 차량으로 '납치' 했다. 이어 공장 정문으로 차를 몰고 간 뒤, 공장 밖에 있던 경찰차에 넘겼다. 더구나 그 과정에서 경비대는 노조위원장의 얼굴은 물론이고 온몸을 폭행했다.

비정규직 노조의 주장에 현대자동차 경영진은 납치와 폭행을 부인하고 있는 것으로 알려졌다. 그렇다면 문제는 더 심각하다. 비정규직 노동자들이 사실을 날조했다면, 그렇지 않아도 노동자들에 '마녀사냥'이 횡행하고 있는 시류를 십분 '활용'할 일이다. 하지만 납치와 폭행을 해놓고 언구력을 부리는 것이라면 이는 간단히 넘어갈 문제가 아니다.

더러는 비정규직 노동조합의 주장이 사실이라고 하더라도, '납치'나 '폭행'의 표현은 지나치지 않는가 반문할지도 모르겠다. 하지만 냉철하게 짚어 볼 일이다. 과연 일터에서 파업중인 노동조합의 위원장을 기습하고 폭력으로 자유를 구속해도 괜찮은가. 명백한 인권유린 아닌가.

또는 "불법파업을 용인하란 말인가"라고 눈 흘기는 '준법주의자들'의 항변도 얼마든지 예상할 수 있다. 하지만 차분하게 톺아볼 일이다. 현대자동차 비정규직 노동자들이 왜 파업을 벌였는가. 저 '노동부'조차 인정했듯이, 현대자동차가 줄곧 불법으로 비정규직 노동자를 '고용'해 왔기 때문이다. 불법으로 판정된 뒤, 해가 넘어가도록 사쪽의 불법은 모르쇠하고 있는 '참여정부'가 그 불법을 고치라며 파업을 벌이는 비정규직 노동자들을 탄압하는 데 문제의 핵심이 있다.

그렇다. 얼굴 돌리지 말기 바란다. 바로 이것이 노무현 정권의 현실이다. 그것은 실용주의도 개혁도 아니다. 만일 그것이 울산 동부경찰서만의 '판단'이었다면, 곧장 경찰서장을 파면할 일이다. 그게 아니라면 비정규직 노조위원장 체포과정에서 누가 어떤 폭력을 저질렀는지 낱낱이 진상을 규명해야 옳다.

기실 거기서 그칠 일이 아니다. 현재 노동부는 파견을 모든 업종으로 확대함으로써 비정규직 노동자들을 확대하는 정책을 버젓이 '비정규직 보호법안'으로 내놓고 있다. 비정규직 노동자들과 정규직 노동자들이 한 목소리로 반대하는데도 강행하겠다고 으름장이다. 그래서다. 묻고 싶다. 과연 이 땅에 민주주의가 숨쉬고 있는가.

'과장'이라고 매도하지 말기 바란다. 오히려 성찰해 볼 것은 우리의 무감각이다. 삼성그룹이 노동자들의 인권을 유린해도 침묵한 결과다. 버젓이 저질러지고 있는 노동자들의 인권유린을 언제까지 모르쇠할 터인가.

참으로 가관은 비정규직 노동자를 '명분'으로 정규직을 살천스레 난타하던 부자신문의 침묵이다. 과연 그들이 비정규직 '권익'을 내세운 이유가 어디에 있는지 또렷하게 드러나고 있지 않은가.

지금 현대자동차 정규직 노조는 비정규직 노조의 투쟁을 줄기차게 지원하고 있다. 비단 현대자동차만의 문제가 아니다. 정규직과 비정규직의 단결이 절실한 상황이다.

분신을 시도한 최남선도 강조했다. "이번에 정말 큰 싸움을 벌여서 '노동자는 하나'라는 것을 전국의 동지들에게 알려줍시다. 말로만 무성했던 '노동자는 하나'라는 것을 정말로 보여 줍시다." _2005.02.14.

참여정부 노동정책 수정 불가능한가

_취임2돌 노무현 대통령에 묻는다

"여론의 장을 지배하는 사회적 힘의 균형에서 경제계가 세지만, 앞으로 5년 동안 힘의 불균형을 시정하겠다." 어느새 떠올리기도 민망스러운 '추억'이 되었다. 옹근 2년 전이다. 대통령 취임을 앞둔 노무현 당선자가 오전에 한국노총을, 오후에 민주노총을 방문한 자리에서 한 말이다.

대통령 당선자가 두 노총 사무실을 방문한 것도 처음이었거니와, 기득권 세력이 민감하게 반응할 수밖에 없었던 발언이었다. 부자신문이 '좌시'할 리 없었다. '친노정책'이라느니, '노동자 편향'이라느니 부라퀴 논평이 곰비임비 이어졌다.

그러나 보라. 2년이 흐른 오늘, 언제 그런 소리가 있었나 싶지 않은가. '참여정부'의 노동정책은 '우향우'로 줄달음질 쳤다. 노사관계의 민주화가 본격적으로 전개되리라는 전망도 환상으로 드러났다.

삼성전자와 현대자동차에서 또렷하게 드러나듯이 비정규직 노동자와 노동조합에 대한 재벌의 탄압과 인권유린은 일상적으로 벌어지고 있다. 반면, 노 대통령이 약속한 '토론공화국'도 희미한 추억이 된 지 오래다.

노 대통령의 노동정책을 비판하면, 으레 지청구가 나온다. '노무현에 대한 기대'가 너무 컸다는 주장이다. 심지어 "노무현은 본디 진보가 아닌데 무리한 요구"라고 도끼눈 홉뜨는 사람도 있다. 더러는 필자를 이상주의자로 몰아친다.

하지만 과연 그러한가. 아니다. 필자는 노 대통령이 진보정책을 펴리라고 기대하지 않았다. 그가 진보정책을 추진하지 않는다고 비판한 게 결코 아니다. 필자의 비판은 노무현 바람이 불던 시절, 그리고 후보시절 공약에 근거했을 따름이다. 이상이 아니라 죽어가는 노동자의 현실을 직시하고 있을 따름이다.

그렇다. 사실을 분명하게 밝혀 두자. 스스로 인식하지 못하지만 '초심'을 잃은 것은 노 대통령이고, '노무현을 사랑하는 사람들'이다. 당선자 시절 노 대통령은 "언론의 논조, 부수, 칼럼, 논문만 봐도 압도적으로 경제논리가 우세하다"며 "사회적 역학관계상 저도 역대 대통령들처럼 노동과 서민에 대한 처음 관심이 멀어질 가능성이 있다는 것을 인식하고, 개별 정책이 아니라 사회적 제도로서 힘의 불균형을 잡아 나가겠다"고 사뭇 다부진 결기를 밝혔다.

2년이 흐른 오늘, 스스로 경계했음에도 "사회적 역학관계상 역대 대통령들처럼 노동과 서민에 대한 처음 관심이 멀어"지고 있지 않은가. 물론, 노 대통령도 할 말이 있을 수 있다. 두 노총을 방문한 그 자리에서 '투쟁만이 능사는 아니다'라며 대화와 타협을 강조한 것도 사실이다.

하지만 보라. 누가 대화와 타협을 거부하고 있는가. 참여정부의 노동정책은 뒷걸음질치고 있다. 노동부와 김대환 장관은 비정규직을 확대하는 법안에 아무런 문제가 없다고 여전히 언구력 부린다. 여론의 거센 반발을 받아 비정규직 확대 법안을 강행처리 못한 상황에서도 자성의 모습은 전혀 보이지 않는다.

그래서다. 아직도 노 대통령에 '기대'가 남아 있느냐는 힐난을 무릅쓰고 묻는다. "여론을 지배하는 사회적 힘의 불균형을 시정하겠다"는 약속을 기억이라도 하는가. 기실 한국 사회에서 노사 사이에 힘의 불균형을 시정하기에 5년은 결코 충분한 시간이 아니다. 그런데 이미 2년이 지났다. 마지막 1년 반은 어떤 개혁정책도 펴기 어렵다. 그렇다면 힘의 불균형 시정에 나설 시간은 겨우 1년 반 정도밖에 남아 있지 않다.

'노사관계의 불균형 해소'와 '경제성장'을 양자택일의 문제로 보는 것은 짧은 생각이다. 두 과제는 오히려 긴밀하게 이어져 있다. 그래서다. 취임 두 돌을 맞는 노 대통령에 묻는다. 정치인 노무현의 노동정책은 과연 배제로 일관할 것인가. 참여정부에 정녕 참여는 없는가. _2005.02.21.

칼로 동맥 그으며 '기자'를 찾은 까닭

_비정규직 노동자의 절규 끝내 모르쇠

"기자를 데리구 오라."

2005년 3월 4일 아침. 240일에 걸친 싸움을 끝내고 싶었다. 절망이 엄습했다. 그래서였다. 손전화로 노조부위원장에 문자를 보냈다. 경기도 용인에 있는 한원골프장의 들머리였다. 그리고 수면제를 먹었다. 이어 왼손 동맥을 끊었다.

원춘희. 서른 여섯 살. 한원골프장의 경기보조원(캐디)이다. 다행히 노조부위원장이 가까운 조합원에게 "빨리 골프장으로 가보라"고 전화했다. 전화를 받고 달려가 피 흘리며 쓰러져 있는 원 씨를 발견했다. 119로 전화했다. 가까스로 목숨을 건졌다.

원 씨가 "기자를 데리고 오라"는 문자를 보낸 까닭은 무엇일까. 자살로 억울함을 호소하고 싶어서다. 죽음을 선택하기까지 당한 압박과 서러움을 하소연하고 싶어서다.

2004년 7월이었다. 한원골프장은 경기보조원들을 모두 '용역'으로 '전환'했다. 단체협약은 "용역 전환 때는 사전에 노사협의를 해야 한다"고 명토박아 두었다. 하지만 경영진은 단체협약을 시들방귀로 여겼다. 협약을 전면 짓밟은 경영진에 어떻게 해야 옳을까. 경기보조원들이 용역 전환을 반대하며 농성에 들어간 것은 자연스러운 일 아닌가.

자성해야 마땅할 경영진은 되레 용역깡패들을 동원했다. 여성조합원들이 잠자는 농성장으로 들어와 폭력을 휘둘렀다. 10여 명의 여성조합원이 병원에 입원해 치료를 받았다. 이어 37명의 경기보조원들을 전원 해고했다. 거기서 그치지 않았다. 조합원에게 손해배상 15억 원과 5억 5,000만 원의 가압류에 들어갔다. 원춘희 조합원에게도 2억 4,100만 원의 압류를 해놓았다.

원 씨가 자살을 선택한 까닭은 분명하다. 가압류 압박이었다. 원 씨는 동료들에게 늘 근심어린 눈길로 말했다. "어머니가 알면 쓰러지실 것이다."

그랬다. 원 씨는 집을 압류당한 사실을 늙은 어머니에게 알리지 못했다.

"덜컥했죠. 진짜 앞이 막막했어요. 그게 저희 아빠가 5년 전에 돌아가셨는데 그것도 물려받은 거고 또 엄마와 공동명의로 돼 있어요. 엄마는 아직 모르고 있어요. 저희 엄마 아시면 혈압으로 거의 쓰러지다시피 하겠죠. 그게 제일 걱정돼요."

원 씨의 육성이다. 지난해 9월 19일. CBS와 가진 인터뷰였다. 단체협약을 무시한 경영진은 경기보조원은 어차피 노동자가 아니라고 살천스레 말한다.

그렇다. 경기보조원만이 아니다. 레미콘 기사, 학습지 교사, 보험설계사, 그리고 방송 구성작가처럼 이른바 '특수형태 근로종사자'들은 노동기본권을 철저히 유린당하고 있다.

70여만 명에 이르는 '특수형태 노동자들'은 노동 3권은 물론이고, 산재보험의 보호도 받을 수 없다. 인권사각지대다. 이들에 대한 보호 목소리가 커지자 정부는 노사정위원회에 '특별위원회'를 구성하며 부산을 떨었다. 하지만 저 특별위원회는 활동시한을 두 차례나 연기하며 오늘 이 순간까지 '보호방안'을 내놓지 않고 있다.

그뿐인가. 참여정부는 비정규직 노동자들을 확산하는 법안을 강행처리 못해 안달이다. 비정규직노동자들을 비롯해 노동계와 시민단체가 반대하자 파견업종 전면확대를 '양보'하는 모습을 보였다. 하지만 보라. 김대환 노동부장관은 "파견 전면확대가 맞는 방향이지만 노동계의 정서적 반발이 커 국회에서 정치적 고려가 불가피했다"면서 언죽번죽 말했다. "업종 확대는 한 단계만 더 거쳐서 가겠다."

필자가 "대체 얼마나 더 죽어야 하는가"라며 정부와 언론을 비판할 때, 어떤 독자는 지나치다고 눈을 흘겼다. 과연 그런가. "기자를 데리구 오라"며 비정규직 노동자가 손목에 칼을 들이댔지만 2005년 3월 5일. 그의 절규에 기자들은, 신문과 방송은, 차가웠다.

죽지 않아서일까. 그래서다. 옷깃을 여미며 다시 묻는다.

"대체 얼마나 더 죽어야 하는가." _2005.03.05.

노무현 대통령과 노사정 대타협
_정부가 먼저 신뢰를 회복할 때

노사정 대타협. 사회적 쟁점이다. 노사정 대타협에 조금이라도 이의를 제기하면 '비현실주의자'라거나 '노조 편향론자'로 몰리기 십상이다.

더구나 정치권력과 부자신문이 한 목소리로 '노동귀족론'을 살천스레 폄으로써 노사관계는 어느새 공론장에서 온전한 토론의 대상조차 못된다. 마녀사냥만이 판칠 따름이다. 모든 마녀사냥이 그렇듯이 '노동운동 사냥'도 아무런 결실을 이루지 못한다.

그래서다. '참여정부'가 진정으로 노사정 대타협을 원한다면, 조건이 있다. 노동정책의 획기적 전환이 그것이다.

노사정 대화의 마당에 민주노총 집행부는 이미 참여를 선언했다. 더구나 민주노총 내부의 강력한 반대가 있었는데도 모험적으로 '참여'를 선택했다. 하지만 정작 참여정부는 민주노총의 참여를 시큰둥하게 여기고 있다.

아니 조금 더 솔직하게 말하자면, 오만이 뚝뚝 묻어난다. 결코 감정적 서술이 아니다. 보라. 김대환 노동부장관을. 그는 노동부의 '청와대 '업무보고'와 관련한 기자설명회에서 "민주노총의 노사정 회의 복귀 결정을 환영한다"고 밝혔다.

하지만 김 장관은 민주노총과 한국노총 위원장이 비정규직 법안을 노사정 대화의 '최우선 의제'로 합의한 사실을 묵살했다. 그는 비정규직 법안에 대한 노사정 대화가 "애초 합의나 노사정 회의기구의 성격에 맞지 않는다"고 단언했다. 이어 "두 노총이 노사정 대화 재개의 절대적 전제조건으로 이를 내세운다면 정부로서는 받아들이기 힘들다"고 강조했다.

그렇다. 김 장관은 국회에 제출한 비정규직 법안의 정당성을 여전히 고집하고 있다. 그 법안에 두 노총은 물론이고 시민단체, 그리고 노동법 학자들이 한결같이 지적하는 문제점을 아예 모르쇠한다. 결국 그는 청와대에 가서도 비정규직을 확대할 법안을 언죽번죽 '보호법안'이라고 대통령에게 보고했다.

과연 그래도 좋은가. 대통령의 발언에 새삼 눈길이 쏠리는 까닭도 여기 있다. 노무현 대통령은 노동부 업무보고를 듣는 자리에서 "노사정 대타협은 중요한 과제"라며 "국민적 동의 토대"를 강조했다. 아울러 "노사정 대타협을 위해 정부가 먼저 신뢰를 확보해야 한다"고 노동부에 '당부' 했다. 대통령의 당부와 김 장관의 모습이 어긋나 보이는 것은 과연 필자만일까.

냉철할 때다. 민주노총의 집행부가 내부의 강력한 비판 속에서도 선택한 '모험' 을 시들방귀로 여기는 노동부를 보라. 과연 누가 노사정대타협을 방해하고 있는지 명백하게 드러나고 있지 않은가.

노 대통령은 아일랜드 사례를 들며 '사회적 협약'의 중요성을 강조했다. 그렇다면 지금 할 일은 대통령 스스로 말했듯이 '정부의 신뢰 회복'이다. '경영계의 양보'다. 이미 노동쪽은 밀릴 만큼 밀려 있다. 현대자동차에서 정규직과 비정규직 가릴 것 없이 마구 폭행당하는 노동자들을 보라. 삼성전자의 노조탄압과 인권유린을 보라.

그럼에도 어떤가. 버젓이 삼성전자의 부회장은 최근 대검찰청에서 검사와 직원들을 상대로 특별강연을 했다. 그는 "사회의 지배구조를 지키는 것은 검찰"이라면서 사뭇 억울하다는 듯 역설했다. "하지만 아무 이유 없는 파업으로 회사가 막대한 손해를 봤을 때 통상적으로 법적 보호를 받을 수 없음을 많이 봤다."

과연 그러한가. 대통령선거 자금 수사 때도 '성역'으로 넘어간 삼성전자 아니던가. 삼성이 노동자 인권을 유린해도 아예 외면하거나 '봐주기 수사'를 했다는 '혐의'로 검사들이 여론의 손가락질을 받고 있지 않은가. 그런데도 그가 검사들 앞에서 언구력을 부리며 '법'을 들먹이고 있다.

그렇다. 그것이 대한민국 노사정의 현주소다. 그 현실에서 노사정 대타협을 검토해야 진정으로 노사정 대타협이 가능하다. 거듭 강조하지만 이 또한 '이념'의 문제가 결코 아니다. 오히려 '실용주의'라는 노 대통령의 정책

기조로 볼 때 문제가 더 또렷해진다.

　　노동문제에 관한 한 현재 정부는 신뢰를 잃었다. 그 현실을 직시하지 않을 때 노사정 대타협은 노동자는 물론, '국민적 동의'도 결코 얻을 수 없다.

_2005.03.25.

'김대환·이목희', 변절인가 욕망인가

_국가인권위원회를 몰아치는 '용기'

'자리'가 사람을 만든다는 말이 있다. 사람이 자리를 만드는 게 아니라는 통찰이다. 이른바 민주화시대를 맞아 많은 사람들이 자리를 차지했다. 권력의 핵심부에 숱하게 포진되어 있다. 신문기자 생활을 한 탓이다. 알고 지내던 사람들 가운데 '자리'에 오른 이들이 갈수록 늘어난다. 모두는 아니지만 공통점이 있다. 언젠가도 지적했듯이 '오만'이다. 그들 대다수는 마치 저 자신이 잘나서 그 자리에 있다고 '확신'한다. 애정 어린 비판에 대해서도 적대시하기 일쑤다. 힘을 모아 자기 자리에 주어진 시대적 과제를 진지하게 풀어가려는 모습이 보이지 않는다. 되레 권위의식으로 똘똘 뭉쳐 있다.

보라. 노동부장관과 열린우리당 제5정책조정위원장을. 김대환과 이목희. 한 때는 진보인사로 꼽히던 인물들이다. 하지만 장관과 국회의원이라는 자리에 오른 두 사람은 오늘 어떤가. 진보적인가. 아니다. 차라리 한나라당보다 못한 인식을 보여 주고 있다. 국가인권위원회가 비정규직 노동자와 관련한 정부법안이 문제가 많다는 의견을 표명하자 살천스레 비난하고 나섰다.

김 장관은 『오마이뉴스』가 주최한 네티즌과의 대화에서 "잘 모르면 용감해진다"며 국가인권위를 겨냥해 "단세포적인 기준"이라거나 "부적절하고 잘못된 많은 의견 가운데 하나"라고 몰아세웠다. 이목희 의원도 마찬가지다. "인권위 의견은 황당하고 부적절한 처신"이라며 '무지의 소치'라고 비난했다.

더구나 김 장관은 국가인권위원회에는 노동문제 전문가가 없다고 주장했다. 묻고 싶다. 과연 경제학자 김대환은 얼마나 노동문제에 전문가인가. 한국노사관계학회와 한국노동경제학회 그리고 한국노동법학회가 공동으로 연 토론회에서 정부법안의 문제점이 조목조목 비판받은 사실을 학자 김대환은 알고 있는가. 전문가라면 장관인 자신보다 노동관련학회가 더 전문성 있지 않은가.

물론, 전문성의 문제는 여기서 사소하다. 문제의 핵심은 김 장관의 발언에서 묻어나는 '편협한 오만'이다. 그는 "인권위의 의견 제시는 노동시장 선진화로 가는 과정에서 마지막으로 나타난 돌부리"라며 "대로변의 돌부리는 파내는 것이 예방 차원에서 필요하겠지만, 지금은 바쁘니까 그냥 가겠다"고 말했다. 파시즘의 냄새가 물씬 묻어난다. 그뿐인가. 그는 대한상의 회원기업 최고경영자와 임원들이 참석한 조찬간담회에서 "경영계는 대기업의 노동 경직성의 원인을 법·제도로 돌리고 있으나 경직성의 더 큰 원인은 해당 사업장의 단체협약에서 기인한다"며 "사용자들도 사용자 안건을 내서 노조와 적극적으로 교섭하는 게 필요하다"고 언죽번죽 강조했다.

그래서다. 과연 그는 자기 자리를 노동부장관으로 생각하는가, 아니면 경제부총리로 여기는가. 바로 그런 처신 때문에 학계 일각에서 그가 경제부총리를 노린다는 비판이 나오고 있지 않은가. 차분히 톺아보자. 대한상의 회원기업 최고경영자와 임원들을 만나 노조에 강경대응을 주문하는 노동부장관, 참으로 가관 아닌가. 게다가 국가인권위원회의 의견은 '뽑아야 할 돌부리'란다. 이목희 의원이 국가경영을 들먹이는 모습도 김 장관과 같은 맥락에서 이해할 수 있다.

그래서다. '진보학자'나 '노동운동가'로 불리던 두 사람의 오늘 모습은 무엇일까. 변절일까. 그것이 아니라면 '출세'하고 싶은 욕망 때문에 진보학자 행세를 하고 노동운동을 벌인 걸까. 어느 쪽이든 두 사람에게 인간적으로 호소하고 싶다. 그 자리에서 조용히 물러나라. 더 큰 자리를 꿈꾼다면, 그것은 동시대를 살아가는 사람들에 대한 죄악이다. 대다수 사람들에게 더 큰 고통을 주기 전에 물러나길, 하여 진보학자와 노동운동가라는 한때의 '명예'를 조금이라도 지키길 충심으로 권한다. _2005.04.15.

'노동귀족론자'들의 이해 못할 침묵

_비정규직 노동자들 탄압에 발언하라

전투적 노조. 한국 노동조합을 이르는 말이다. 한국 언론이 집요하게 퍼트려 왔다. 국내 언론보도의 영향 아래 취재하기 일쑤인 외국 특파원들의 기사를 타고 세계적 '공인'을 받기도 했다.

그래서다. 적잖은 사람들에게 노조는 '이기적 집단'으로 덧칠되어 있다. 심지어 일부 진보적 지식인들까지 '사익추구집단'이라며 노조 사냥에 가세한다.

딴은 이해 못할 일도 아니다. 곰비임비 불거지는 노조간부의 비리는 신문과 방송을 통해 큰 쟁점으로 부각된다. 단 한 번도 노동조합의 도덕성을 온전히 평가하지 않았던 자들까지 일제히 노조의 타락을 들먹인다.

타락한 노조간부는 비판받아 마땅하다. 두남둘 뜻도 전혀 없다. 문제는 노조를 겨냥한 냉갈령 속에 정작 가난한 노동자들이 고통과 절망으로 내몰리는 현실에 있다. 보라. 울산 건설플랜트 노동자와 청주 하이닉스반도체 노동자들을. 신문과 방송이 대부분 외면하고 있지만 울산의 일용직 건설노동자들이 생계를 접고 파업에 나선 지 어느새 60일에 이른다. 그들의 요구도 거창한 게 아니다. 화장실과 탈의실 설치다. 비와 쇳가루, 모래를 가릴 수 있는 천막 아래 점심밥을 먹고 싶다는 소박한 소망이다.

하지만 교섭의 형식을 '명분'으로 내세워 아예 대화에 나서지 않고 있다. 게다가 공권력은 무자비한 탄압으로 일관한다. 820명의 모든 조합원을 연행하고 22명을 구속했다. 7명은 체포영장 발부상태다. 그런데도 어쩌다가 언론이 보도할 때는 노동자들의 '폭력'만 부각한다. 청주 하이닉스에선 비정규직 노동자들이 노동조합을 만들었다는 이유로 대량해고에 몰려 있다. 그런데도 비정규직 차별해소를 선거공약으로 내건 노무현 정권이 그들에게 준 '선물'은 폭력이다. 2005년 4월 1일에 이어 5월 1일 노동절에 폭력진압이 벌어졌다.

집회참가자들이 '비폭력 저항'을 선언했음에도 경찰은 여성과 아이들이

있는 곳까지 물대포를 난사했다. 군사독재시대를 떠올리게 하는 '토끼몰이'
에 방패질로 마구 폭력을 휘둘렀다. 100여 명의 노동자들이 중경상을 입었
다. 노조간부 3명에게 체포영장이 발부됐다. 20여 명의 노동자들이 연행 위
협을 받고 있다. 민주노총은 울산과 청주의 노동자들이 경찰의 폭력침탈에
맞서 자신의 몸에 신나를 뿌리고 저항하고 있다며 경고했다. "더 이상 내몰
릴 곳이 없는 노동자들은 극단의 투쟁을 선택할 수밖에 없다."

그래서다. 참여정부에 명토박아 둔다. 만일 울산이나 청주에서 다시 비극
적인 참사가 일어난다면 그 책임은 정부에 있다. 아울러 정계와 경제계 그리
고 언론계에 수두룩한 노동귀족론자들에게 묻는다. 언제나 비정규직 노동자
를 내세워 정규직을 '노동귀족'으로 살천스레 몰아댄 당신들 아닌가.

정규직 노조간부들의 비리를 마음껏 질타해도 좋다. 하지만 울산과 청주
에서 벌어지고 있는 비정규직 노동자들의 폭력적 탄압에 왜 당신들은 침묵
으로 일관하는가. 정규직 노동자 전반을 싸잡아 귀족으로 몰아갈 만큼 비정
규직 노동자들을 옹호하던 당신들 아닌가.

현실을 냉철히 톺아볼 때다. 한국의 '전투적 노사관계'에서 가장 전투적
인 쪽은 사용자들이다. 얼마나 모진가. 비정규직 노동자들의 요구를 아예
묵살하고 있지 않은가. 사용자들의 전투는 정부당국의 공권력으로 구체화
한다.

그럼에도 현실은 물구나무서 있다. 방어적 싸움에 나선 노동자들을 전투
적이라고 착각한다. 신문과 방송의 '확성기' 탓이다.

반면에 울산과 청주에서 외롭게 부르짖는 비정규직 노동자들의 처절한 호
소는 들리지 않는다. 보이지 않는다. 어디일까. 그 분노의 끝은. _2005.05.14.

왜 우리는 분노하지 않는가

_노동자들의 총파업 앞에 던지는 질문

"혈기의 분노는 있을 수 없다. 정의의 분노는 없을 수 없다."

주희의 말이다. 흔히 도덕적 관념론으로 폄하되는 주자학이지만, 바로 그 학문의 창시자는 잘라 말했다. 정의의 분노는 없을 수 없다고.

그래서다. 오늘 이 땅에 살고 있는 모든 이들에게 묻고 싶다. 고 김태환을 벌써 잊었는가. 한국노총 충주지부장인 그가 파업현장에서 참혹하게 숨진 지 옹근 20일이 지났다. 하지만 사용자도 정부도 모르쇠다. 고인의 아내가 어린 딸을 부둥켜 안고 오열하며 절규한 핏빛 한조차 우리는 한 귀로 흘려 보낸다.

"당신의 마지막 가시는 길에 '사랑해요, 미안해요'라는 말 한 마디 하지 못했어요." 부인은 회고했다. "해 나가야 할 일들이 너무 많다며, 노동자들을 위해 하고 싶은 일이 너무 많다며, 항상 버릇처럼 말하던 당신. 그런 당신이 이제 제 곁에 없습니다. 평생 소외된 노동자들을 위해 살겠다던 당신은 지금 어디서 무얼 하시기에 저를 이 자리에 세우신 건지요."

노동자를 위해 할 일이 너무 많다던 정규직 노동자 김태환. 그는 결국 비정규직 노동자들의 투쟁현장에서 거대한 레미콘차 뒷바퀴에 머리가 으깨지는 참사를 당했다. 그랬다. 서른 아홉 해 고 김태환의 삶은, 그리고 죽음은 이 땅의 노동운동에 바쳐졌다. 얼마나 다른가. 고인의 인식과 참여정부의 대통령 인식은.

야만적 참사가 일어난 지 열흘 뒤다. 노무현 대통령은 공언했다. "지금은 노동자들이 많이 커서 대통령 타도, 정권 타도를 공공연히 말하므로 도와주려 해도 도울 수 있는 방법이 없다." 기막히지 않은가. 아무리 권력의 향기에 취했다고 하더라도 그렇지 않은가. 도와주려 해도 도울 수 있는 방법이 없다?

명토박아 둔다. 고 김태환의 죽음은 노동운동에 대한 마녀사냥이 빚은 살인이다. 경영진이 파업을 방해하려고 동원한 레미콘 차량 앞에 서있는 노동운동가를 깔아버린 야만의 주체는 레미콘 차의 운전자도, 차를 몰라고 독촉한 경찰도 아니다. 그것은 틈만 나면 노동운동과 노동자들을 마녀로 사냥한 정부와 사용자 그리고 언론이다.

노동현장에서 산재로 1명이 사망해도 1면 머리기사로 보도하는 스웨덴과 굳이 비교할 생각은 없다. 하지만 적어도 파업현장에서 야만적 참사로 노동운동가가 숨졌다면, 당연히 노동부장관은 조문을 와야 하지 않은가. 더구나 오래 전부터 노동계가 요구해 온 특수고용직 노동자의 처우에 관한 게 사태의 발단이었다. 하지만 어떤가. 김 장관은 모르쇠다. 게다가 차관은 언죽번죽 엄호에 나섰다. "노동계가 김태환 충주지부장 사망에 장관이 조문하지 않은 것과 최저임금 결정과정, 특수형태근로자 제도개선 등을 놓고 장관 퇴진을 주장하는 것은 맞지 않다." 죽음은 안타까운 일이지만 모든 경우 장관이 직접 가지는 않는단다.

그래서다. 취임 뒤 지금까지 노동부장관인지 경제부처장관인지 구별하기 어려운 행보를 걸어온 김대환의 사퇴를 두 노총이 강력 촉구하고 나선 것은. 그럼에도 그 요구가 정치적이라고 사용자단체는 언구럭 부린다. 부자신문들도 "굴복하지 말라"고 김대환을 두남둔다. 눈물로 총파업을 다짐하는 노동자들에게 서슴없이 귀족의 딱지를 붙인다.

전태일 열사의 어머니, 이소선 님은 고 김 지부장의 부인을 위로하며 말했다. "사람이 죽은 것을 가소롭게 생각하고, 이 부르짖음을 외면하는 정부, 정치하는 분들이 너무 한다."

2005년 7월 7일 총파업을 앞둔 노동자들 앞에서 거듭 묻는 까닭이다. 왜 우리는 분노하지 않는가. _2005.07.06.

노 대통령의 '삼성 구하기'를 개탄함

_뜬금없는 '정권이양 발언' 어떻게 볼까

노무현 대통령이 다시 뜬금없는 '승부수'를 던졌다. "정권이양"을 하겠단다. 그것도 한나라당에 넘기겠단다. 명분은 "지역구도 해소"다.

무엇 때문일까. 더러는 대통령의 '오래된 구상'이라고 두남둔다. 더러는 '고뇌에 찬 결단'이라고 찬가까지 불러댄다. 찬찬히 뜯어 볼 필요가 있다. 측근들에겐 오래된 구상이거나 고뇌에 찬 결단일지 모르겠다. 하지만 적어도 상식과 이성적 판단에 근거할 때 느닷없는 선언이다. 그래서다. 왜 지금 '정권교체' 발언을 했을까 찬찬히 짚어볼 필요가 있다.

대통령 발언을 이성적으로는 설명할 수 없다. 더구나 온 국민이 정치·경제·언론의 3각 동맹 앞에 아연해 있는 상황이다. 그나마 드러난 진실은 빙산의 일각이다. 아니 비단 9분의 1이 아니다. 불법도청테이프는 적게는 200여 개 많게는 8,000여 개로 추산된다. 도청테이프를 모두 들은 사람은 현재까지 두 사람으로 알려졌다. 먼저 도청팀장의 '청취 소감'부터 들어보자. "도청 업무를 수행하면서 엄청난 충격을 받았으며 우리 사회는 정치·경제·사회 전 분야에 걸쳐 외면과 달리 이면에는 아첨, 중상모략, 질투 등 혼돈의 연속이었다." 도청팀장에게 테이프들을 반납 받아 분석한 당시 국정원 감찰실장은 한술 더 떴다. "세상에 공개된다면 상상을 초월할 대혼란을 야기하고 정치·경제·사회·문화에 걸친 붕괴를 초래할 수 있다고 판단해 내 전권으로 모두 소각했다."

그래서다. 국민은 바보가 아니다. 테이프에 실린 내용이 무엇인지 알 권리가 있다. 국가의 '붕괴'를 막아야 하지 않은가. '범죄 사실'이 불법적으로 드러났다고 해서 '국가 붕괴의 범죄'를 묻어 둘 수는 없는 일이다. 테이프에 담긴 내용이 사생활 영역은 아니잖은가. 문제는 테이프에 떡값을 받은 것으로 담겨진 검찰이 수사에 소극적이라는 데 있다. 더구나 도청팀장의 협박 뒤에 언론도 미묘한 변화를 보이고 있다. '불법도청' 쪽으로 보도방향을 틀었다.

바로 그렇기에 여느 때보다 대통령의 결연한 의지가 아쉬운 상황이었다. 정·경·언 유착의 썩은 부위를 과감히 도려낼 명분이 또렷하지 않은가.

그런데 보라. 노 대통령은 전혀 엉뚱한 방향으로 논쟁점을 몰아갔다. '권력이양'이 그것이다. 그 발언이 얼마나 큰 충격을 불러올지 그가 모를 리 없을 터이다. 그럼에도 했다. 왜일까. 정·경·언의 썩은 판에서 그도 자유롭지 못해서일까. 삼성과 『중앙일보』와 정치권이 유착된 사건의 진상이 규명되는 게 부담스러운가. 삼성으로부터 불법 대선자금을 받아서인가. 『중앙일보』 홍석현 사주의 주미대사 사퇴가 '가슴' 아파서인가.

노 대통령은 아주 솔직하게 말했다. 한나라당과 열린우리당이 "그 내부에 다양한 이력을 가진 사람들을 포괄하고 있어서 실제 노선의 차이는 그리 크지 않다"는 것이다. 딴은 옳다. 실제로 그러하지 않았던가. 집권 뒤는 물론, 탄핵정국에서 복귀한 뒤에도 그의 정책은 한나라당과 큰 차이가 없었다. 그래서다. 노무현에게 이제 노무현의 길을 가도록 하자. 한나라당에 권력을 이양하겠다거나 한나라당과 노선 차이가 크지 않다는 게 그의 "오래된 구상"이라면, 그의 정체를 스스로 드러내는 데 얼마나 "고뇌에 찬 결단"이 필요했겠는가.

노무현은 노무현의 길을, 민주시민은 민주시민의 길을 가야 할 때가 왔다. 그가 권력이양 발언을 사과하고 '개전의 정'을 보일 가능성도 커 보이지 않는다. 그에게 국정운영을 잘하라고 비판하는 게 어떤 의미가 있겠는가. 그가 관심이 있든 없든 관계없다. 어차피 그는 '검찰'에 독립을 줬다고 말해오지 않았던가.

삼성과 『중앙일보』와 정치권이 유착된 이 더러운 지배구조, 민주시민과 노동자, 네티즌의 힘으로 벅벅이 바꿔갈 때다. _2005.07.28.

경찰은 때리고 노동부는 "따따따"

_김대환 장관을 즉각 바꿔야 할 까닭

"공권력의 가공할 폭력으로 68명이 부상했다. 그 가운데 1명은 폐가 파열되고 1명은 뇌가 함몰됐다. 그런데도 경찰은 병원까지 덮쳤다. 30여 명을 연행했다."

현대하이스코 순천공장에서 일어난 일이다. "가슴이 떨리고 피가 솟구친다." 민주노동당 최규엽 홍보위원장은 분노를 삭이지 못했다. 야만적인 사태는 비정규직의 노조결성에 경영진이 대량해고로 콧방귀 뀌면서 불거졌다. 비정규직 노동자들은 100일이 넘도록 대화를 호소했다. 경영진은 모르쇠로 일관했다.

결국 노동자들은 고공크레인을 점거했다. 농성에 들어갔다. 극한투쟁이다. 하지만 요구는 상식적이다. 노동조합 인정과 대화다. 부당해고자 복직이다.

현대하이스코는 경찰에 '진압 요청'으로 답했다. 경찰특공대와 10개 중대가 출동했다. 지금 이 순간도 비정규직 노동자들을 에워싸고 있다. 경찰포위로 농성 노동자들은 추위와 굶주림에 시달렸다. 그들에게 음식을 전하려는 노동자들에게 경찰은 물대포와 진압봉을 휘둘렀다. 그 결과다. 경찰의 몽둥이에 숱한 노동자들이 다쳤다.

'준법'을 들먹이지 말기 바란다. 묻고 싶다. 뇌가 함몰될 만큼 때려도 좋은가.

현대하이스코 경영진은 여전히 도도한 자세다. 순천시장까지 대화에 나서라고 요구했다. "제3자 개입"이라며 거부했단다. 왜 그럴까. 왜 이 땅의 자본가들은 한결같이 전투적인가. 노동행정을 담당한 장관의 모습을 보면 까닭을 쉽게 알 수 있다.

보라. 삶의 현장에서 비정규직 노동자들이 굶주리고 피투성이로 끌려가는 마당에, 노동부는 큰소리쳤다. "비정규직 노동자들이 줄어들었다." 통계청 자료를 분석한 결과, 2004년에 비해 37만 명이 줄었다고 발표했다. 언론은 대서특필했다. 하지만 통계청 자료를 오독했다. 비정규직은 2005년 들어 9만 명이 늘었다. 명백한 사실 앞에서 김대환 장관은 하루 만에 번복했다.

과연 단순한 착오였을까. 아니다. 노동부 관계자는 비정규직이 줄었다면서 '감소 원인'까지 언죽번죽 제시했단다. "비정규법안 마련 움직임 등 사회적 분위기를 고려해 기업들이 자진해서 비정규직을 줄인 것이다."

참으로 황당하지 않은가. 기업들이 자진해서 줄였다? 노동부는 지금 어느 나라에 살고 있는가. 게다가 "비정규법안 마련 움직임 등 사회적 분위기를 고려"했다? 정부의 비정규직법안이 비정규직을 되레 늘리는 법안이라는 사실을 모를 사람은 이제 없다. 아니, 노동부와 부자신문들만 모를 뿐이다. 아니, 모르는 체할 뿐이다. 거꾸로 그 법안을 적극 옹호하고 있지 않은가. 그럼에도 사회적 분위기 때문에 기업들이 자진해서 비정규직을 줄인다는 설명을 할 수 있는가. 비정규직 노동자들이 '기업들'의 탄압으로 고통받고 있을 때, 스스로 한 많은 세상을 떠나갈 때, 노동부는 따따따 나팔을 분 셈이다.

이 참에 명토박아 둘 게 있다. 노동부가 번복해서 발표한 숫자조차 우리는 믿을 수 없다. 과연 9만 명만 늘었을까. 노동부가 발표한 비정규직 숫자(550만 명)는 노동계가 제시한 비정규직(850만 명)과 300만 명의 차이가 있다.

가능한 통계에서 비정규직 노동자를 줄이려는 의도, 기업인들이 자진해서 비정규직을 줄이고 있다고 생각할 만큼 딴전 피우는 배짱, 바로 그것이 현장에서 대화조차 이뤄지지 못하는 가장 큰 원인이다. 비단 김대환 장관의 문제가 아니다. 노무현 대통령에게 비정규직 노동자들의 분노가 타오르고 있다. 먼저 장관부터 바꿔야 옳다.

자본과 경찰이 휘두르는 '몽둥이'에 노동부는 언제까지 나팔만 불 셈인가. 따따따, 따따따. _2005.10.28.

'빼빼로데이'가 슬픈 까닭

_젊은 벗들에게 띄우는 편지

얼굴도 이름도 모르는 당신께 편지를 드립니다. 민망스러움은 쓸 때만이 아니었습니다. 띄우면서도 망설이고 있습니다. 당신과 친구들의 정서를 제가 너무 모르는 게 아닐까 싶었습니다. 경쟁만이 살 길이라 부르대는 살풍경의 사회에서 조금이라도 '탈출구'를 찾으려는 젊은 벗들의 몸부림이 아닐까 싶기도 했습니다.

하지만 쓰기로 했습니다. 띄우기로 했습니다. 그렇습니다. 11월 11일. 그날을 '빼빼로데이'로 기억하는 당신께 꼭 들려 드릴 말이 있습니다. 어쩌면 당신은 이미 소중한 이성친구에게 선물할 빼빼로를 이미 포장해 놓았을지도 모르겠습니다.

빼빼로데이. 솔직히 중년의 저에겐 아주 낯선 날입니다. 그 과자를 생산하는 제과사는 단언하더군요. "빼빼로는 역사다." 1983년 '탄생'했다며 그 뒤 '누드 빼빼로' 따위의 새상품들이 출시됐다고 홍보합니다. 거기서 그치지 않더군요. 빼빼로는 문화랍니다. 1994년부터 부산에 있는 여고생들이 "키 크고 날씬하게 예뻐지자"며 시작했다지요. 메마른 몸매를 예찬하는 세태를 감안하면, 가히 놀라운 상술이 아닐 수 없습니다. 자본의 논리는 어느새 과자라는 상품에 '사랑과 우정의 메신저'라는 고결한 가치까지 부여하기에 이르렀습니다.

왜 굳이 빼빼로데이만 문제삼느냐는 당신의 힐난이 들려옵니다. 옳습니다. 따지고 보면 '발렌타인데이'나 '화이트데이', 지금도 이름을 더하려는 숱한 상혼의 꾀를 모르지 않습니다. 하지만 적어도 11월 11일은 한 제과회사가 퍼뜨린 과자의 날일 수 없습니다.

11월 11일, 그날은 전국민주노동조합총연맹(민주노총)이 선 날입니다. 당신께 생뚱 없게 다가올지 모르겠습니다. 더구나 노조간부들의 비리가 곰비임비 터진 마당이기에 저의 편지가 마뜩지 않을 터입니다.

하지만 민주노총은 당신의 삶과 결코 무관하지 않습니다. 당신이 언젠가 학교를 졸업할 때 무엇으로 살아가시렵니까. 착각 없기 바랍니다. 노동자입니다.

민주노총은 힘없는 노동자들의 자주적이고 민주적인 조직으로 출범했습니다. 창립까지 수많은 노동자들의 죽음이 있었습니다. 때로는 일본 제국주의자들 손에, 때로는 친일파들 손에, 때로는 군부독재의 손에 죽임을 당해야 했습니다. 스스로 목숨을 끊기도 했지요. 가장 상징적 노동자가 바로 전태일입니다. 1995년 11월 11일, 민주노총이 출범한 그날은 전태일의 분신 날과 이어져 있습니다. 1970년 11월 13일이었지요.

군부독재가 물러간 뒤에도 사정은 달라지지 않았습니다. 1987년 6월항쟁 뒤 민주노총이 창립할 때까지 8년 동안 2,000여 명이 구속됐습니다. 해고자는 5,000여 명에 이르렀지요. 노무현 정권이 들어선 2003년에도 204명, 2004년엔 337명이 감옥에 갇혔습니다.

찬찬히 돌아보십시오. 지금 이 순간도 이 땅의 곳곳에서 비정규직 노동자들이 온갖 차별과 서러움을 당하고 있습니다. 하나뿐인 생명을 버리고 있습니다. 그것은 당신이나 당신 친구의 미래이기도 합니다. 대학가에도 '백수와 백조'의 노래가 퍼진 지 오래입니다.

젊은 벗, 11월 11일은 동시에 '농업인의 날'이기도 합니다. 11월 11일이 한자어 '土월 土일(十一월 十一일)'임을 눈여겨보시기 바랍니다. 우리 삶의 밑절미인 흙(土)의 날입니다. 우리 모두의 삶이 유지되는 기초인 농업의 중요성을 새삼 일깨워 줍니다.

그렇습니다. 노동자들의 장구한 투쟁과 잊혀져 가는 농업을 되새겨 보아야 할 날, 그날이 11월 11일입니다. 바로 그날 밥을 굶어 가며 날씬해져야 한다는 이데올로기가 퍼져 간다면, 그것이 어찌 저의 슬픔에 그치겠습니까.

물론, 당신이 저보다 더 이 땅의 모순을 온 몸으로 느끼며 살고 있을지 모르겠습니다. 하지만 보십시오. 자본의 논리가 마땅히 우리가 진지하게 되돌아보아야 할 삶의 뿌리를 적잖은 벗들에게 잊게 하고 있지 않습니까. 부자 신문과 텔레비전 광고가 자본과 더불어 망각을 교묘히 부추기고 있지 않습니까.

영원히 '아름다운 청년' 전태일은 몸을 불태우며 진정한 사랑과 우정을 호소했습니다. 스물 두 살, 눈빛 고운 청년의 마지막 당부를 젊은 벗 당신께 전해드리며 총총 줄입니다.

"내 사랑하는 친우여 받아 읽어 주게. 친우여 나를 아는 모든 나여. 나를 모르는 모든 나여. 부탁이 있네. 나를, 지금 이 순간의 나를 영원히 잊지 말아 주게."_2005.11.10.

이몽룡 앞에 부끄럽다

_줄 이은 농민의 죽음 앞에 참담한 까닭

춘향전에 등장하는 중세시대의 인물. 이몽룡. 그가 부패한 지배세력에게 보낸 시를 다시 꺼내 읽는다.

金樽美酒 千人血
玉盤佳肴 萬姓膏
燭淚落時 民淚落
歌聲高處 怨聲高

가히 명문이다. 요즘말로 옮겨 보자.

금 술잔에 담긴 향기로운 술은 민중의 피요
화려한 쟁반에 담긴 좋은 안주는 만백성의 기름이다
호사한 촛대에서 흐르는 촛물은 민중의 눈물이요
노랫소리 높은 곳에 원망하는 소리 높다.

이몽룡 앞에 부끄러운 까닭은 그의 붓을 따라가지 못해서다. 언론인으로 살아오면서, 이몽룡과 같은 통렬한 질타를 하지 못했다. 그래서다. 줄을 이어 죽어 가는 저 농민과 노동자 앞에 참담한 까닭은.

"죽여라 죽여 죽이거라. 나는 간다."

농약을 들이켜 온 몸이 타들어 가는 고통 속에 써 내려간 여성 농민의 유서다. 경북 성주의 고 오추옥. 고인이 5년 전 귀농했을 때, 얼마나 꿈이 소박했겠는가. 하지만 그 소탈한 꿈의 귀결은 자살이었다.

전국농민회총연맹 문경식 의장은 다음과 같이 애도했다. "골프장에서 양주 처먹으며 민중의 피를 빨아먹는 매국노들의 세상이 아니라, 피땀 흘려 일하는 농민·노동자·민중이 제 대접 받는 세상, 농민해방의 세상을 위해 죽지 않고 살아서 끝까지 쉼 없이 투쟁해 나갈 것이다. 열사여, 부디 다시 태어난다면 농민이 주인되고, 생산의 기쁨으로 가득 찬 세상에서 다시 부활하소서."

비극은 여기서 멈추지 않았다. 참극이 벌어졌다. 40대 초반의 농부 전용철이 끝내 숨졌다. 그 또한 노동자로 일하다가 귀농했다. 부자신문들이 '마녀사냥' 한 전국농민대회에서 경찰에게 폭행을 당했다는 증언이 이어졌다.

하지만 경찰은 고인이 대회를 마친 뒤 고향 집 앞에서 쓰러졌다고 강변해 왔다. 뒤늦게 아스팔트에서 쓰러진 고인의 사진이 나오자 마지 못해 인정했다.

이미 때늦은 '인정'에도 반성의 모습은 전혀 보이지 않는다. 되레 고인이 술을 마시고 쓰러졌거나 농민들끼리 밀리면서 치어 넘어졌을 수 있다고 언죽번죽 망발을 서슴지 않았다.

고인이 벗에게 남긴 말은 끔찍하다.

"전경들에게 맞았더니 별이 핑핑 돌더라."

얼마나 아팠을까. 결국 폭행을 당한 채 끝내 맑은 눈을 감은 농부는.

그러나 보라. 이 땅의 부자신문과 정치판을. 부자신문들은 농민들을 상대로 가소로운 '훈계'에 바쁘다. 심지어 색깔공세도 서슴지 않는다.

『조선일보』 '류근일 칼럼' (2005년 11월 29일자)은 "요즘 남한 땅에서 들리는 아스팔트 죽봉 혁명군들의 고함소리"를 비난하며 단언한다. "지금 우리 사회를 뒤집어 엎으려는 세력은 일차적으로는 삼류 '좌파 민족주의'의 얼굴을 하고 있다."

과연 저 광기의 칼럼은 류근일만의 논리일까. 농민의 절규에 침묵하는 대다수 언론귀족들도 그 연장선에 있지 않은가.

정당들은 또 어떤가. 정읍 출신의 국회의장과 열린우리당 의원들을 보라. 그렇다고 한나라당이 해결할 수 있는가. 단연 아니다. 국회에 9석—그나마 2석인 지역구는 사법부에 1석을 빼앗겼다—뿐인 민주노동당이 다수당이 되기엔 아직 요원하다.

비단 농민만이 아니다. 비정규직 노동자들이 끝없이 죽어 가고 있지 않은가. 그럼에도 대다수 정치인들은, 언론귀족들은, 저마다 금준미주와 옥반가효를 즐기고 있다.

저들에게 일찌감치 말해 줘야 했다. 그대들이 마시는 양주는 민중의 피임을. 그대들이 먹는 기름진 안주는 민중의 살임을. 이몽룡 앞에 더없이 부끄러운 까닭이다. 붓을 꺾고 싶은 오늘이다. _2005.11.29.

맞아죽은 60대 농민에게 조국은 무엇인가

_노무현 대통령이 직접 조문하고 사과하라

1937년 6월. 전라북도 김제에서 태어났다. 홍덕표. 아홉 살 때 '고아'가 되었다. 그 뒤 옹근 60년. 지머리 땅을 갈았다. 그럼에도 땅 한 평 없었다. 평생 남의 땅에서 땀을 쏟았다. 몸을 아낄 수 없었다. 몸이 부서져라 일해야 가족을 부양할 수 있어서다. 고인의 아들도 통탄한다. "아파도 병원 한번 가지 않고 버티셨을 만큼 어렵게 사셨지만, 이웃들이나 가족들 모두에게 항상 따뜻한 분이셨다." 아파도 병원을 가지 않았다는 증언은 가슴을 파고든다. 그랬다. 농부로 평생을 살아간 고인에게 조국은 무엇이었을까. 땅만이 아니다. 대한민국은 고인에게 교육의 기회도 주지 않았다. '첨단 병원'도 의미가 없었다.

고인이 처음으로 실려간 병원이 마지막 병원이었다. 2005년 11월 15일 농업을 지키려 참가한 집회에서 공권력이 휘두른 방패와 곤봉에 맞았다. 60년 농사로 깊숙이 팔자 고랑이 패인 이마가 찢어졌다. 평생 침묵하고 지냈을 입술도 피투성이가 되었다. 병원에 실려가며 경찰에 목덜미와 머리를 맞았다고 아들에게 하소연했다. 목뼈와 척수가 온전할 리 있겠는가. 팔과 다리가 마비되었다. 10시간이 넘는 수술을 받았다. 긴 고통 끝에 12월 18일 새벽 0시 35분. 결국 숨을 거뒀다. 앞서 서울경찰청은 시인한 바 있다. "집회 현장에서 진압경찰로부터 가격을 당해 부상했을 가능성이 현저하다." 고인이 처음은 아니다. 농민대회에 참가한 40대 농부 전용철 씨가 '폭력진압'으로 숨졌다.

그런데 보라. 노무현 정권의 모습을. 겨우 현장지휘 책임자만, 그것도 '직위해제' 했다. 정확히 짚자. 직위해제란 '징계 효과'만 있을 뿐이다. 징계 자체는 아니다. 공무원 신분도 유지됨은 더 말할 나위 없다. 노 정권이 얼마나 농민을, 국민을 시들방귀로 여기는지 극명하게 보여 준다.

경찰은 전 씨가 숨지자 처음엔 "집에서 넘어져 숨졌다" 주장했다. 심지어 허준영 경찰청장은 "간경화나 술을 마신 게 원인일 수 있다"고 흘리기도

했다. 현장 사진과 증언이 나왔을 때도 언죽번죽 딴전을 피웠다.

그렇다. 서울경찰청 기동단장이 책임질 일이 아니다. 경찰청장의 발뺌을 보라. 행자부장관의 모르쇠를 보라. 국무총리와 대통령의 '태평대응'을 보라. 대체 무엇을 믿고 저럴까. 신문과 방송을 보면 미루어 짐작할 수 있다. 부자신문은 한결같이 농민의 폭력시위만을 집중 비난했다. 텔레비전 방송은 쌀 박람회장을 방문해 "쌀이 맛있다"는 대통령의 발언을 부각했다.

쌀 협상안 국회비준도 마찬가지다. 농민단체가 정성 들여 제시한 대안은 언론에 보도되지 않았다. 다만 농민들을 과녁으로 '세계화'의 흐름을 모르는 무지에서 비롯된 반발이라고 살천스레 화살을 쏘았을 따름이다.

'뉴 라이트'의 전도사 『조선일보』류근일은 색깔공세마저 서슴지 않았다. 홍 씨가 숨진 다음날도 『조선일보』,『동아일보』,『중앙일보』의 사설은 농민들이 홍콩을 '무법천지'로 만들었다고 꾸짖기만 했다(12월 19일자).

모든 게 막힌 상황에서 농민들이 선택할 수 있는 길은 무엇일까. 시위와 자살이었다. 자살은 가장 격렬한 시위, 가장 극한의 커뮤니케이션이 아니던가.

실제로 2005년 11월에 두 농민이 자살했다. 그리고 두 농민이 맞아 죽었다. 그래서다. 농정에 대한 여론의 악화를 언론 탓으로 돌릴 때가 결코 아니다. 적어도 농민에 관한 한 부자신문과 노 정권은 한 목소리였다.

깊이 성찰할 일이다. 저 부자신문의 '농민 괄시'는 접어 두자. 하지만 칼바람에 촛불을 지키는 농부들의 요구는 결코 무리가 아니다. 허준영 경찰청장을 곧장 파면해야 옳다. 그리고 노 대통령이 직접 사과하라. 아스팔트에서 맞아 죽은 60대 후반 소작농의 영전에 조문하라. _2005.12.19.

6_누가 권력을
주었는지
잊었는가

그렇다. 노 정권의 가장 큰 문제는 '개혁'이란 말의 혼란에 있다.
도대체 무엇을 개혁이라 생각하는가. ……
마침내 '지역구도 타파'를 주장하며 한나라당에 모든 각료자리를
주고 자신은 2선으로 후퇴하는 게 마치 '구국의 결단'처럼
주장한다. 그래서다. '개혁'을 개혁할 때다. 낡은 것으로 고침은
결코 개혁이 아니다. 개혁은 새롭게 고침이다. 정치인들에게
간곡히, 거듭, 촉구한다. 이 땅의 민중이 열망해 온 '개혁'을
더는 우롱하지 말라. 누가 권력을 주었는지 잊었는가.

하야인가 부활인가, 갈림길의 노무현

_우왕좌왕 아닌 우향우해 온 집권 1년

대통령 하야. 슬금슬금 언론에 오르내리는 말이다. 정치인 노무현, 그가 꿈을 이룬지 옹근 1년 만이다. 곰비임비 쏟아진 축복은 가물가물하다. 참으로 새해를 열어 가라는 뭇사람의 기원은 희미한 추억이 됐다. 그래서일까. 대통령은 2004년을 맞는 오늘 몰매를 맞고 있다.

비단 정치자금 때문은 아니다. 그의 불법을 두남둘 뜻은 전혀 없다. 하지만 현직 대통령과 측근들 사이에 으밀아밀 오간 자금까지 드러난 것은 어쨌든 정치발전 아닌가. '희망의 돼지 저금통'에서 공허하게 울리는 한숨 때문도 아니다. 민주와 진보를 몸으로 실천해 온 민중의 '회초리'라면, 모름지기 달게 받을 일이다.

하지만 보라. 썩을 대로 썩어 문드러진 무리가 노 정권에 뭇매를 때린다. 국회의사당의 정치모리배들은 으레 그렇다고 접어 두자. 언론은 어떤가. 군부쿠데타에 맞선 민주시민을 '난동자'로 몰아친 입으로 '민주제도 본래의 정신'을 들먹인다. 차라리 읽는 사람이 남우세스럽다.

가령 『조선일보』 김대중 이사가 상징적이다. 노 정권이 들어서자 미국으로 거처를 옮긴 그는 부르댄다. "이대로 4년을 더 갈 수 없다." 노 정권 등장 뒤 1년 동안 "건국 이래 그 유례를 찾을 수 없을 만큼 분열하고 갈등해 왔"기 때문이란다.

과연 그러한가. 아니다. "내 편 네 편으로 극렬하게 갈려 드러내 놓고 욕하며 싸운 적"은 과거에 숱했다. 평생을 호의호식한 김대중 이사만 모르거나 모르쇠할 뿐이다. 하지만 그가 극렬하게 욕한 '난동자'들은 결코 죽지 않았다. 수많은 민주시민으로 부활했다. 내 편과 네 편을 정확하게 가르며 싸웠다.

그 결과다. 『조선일보』의 '이사기자'가 내놓고 대통령을 비난할 수 있는 까닭은. 집권 1년도 안된 대통령을 마구 조롱하는 밑바닥엔 그가 극렬하게 적대해 온 민주시민들의 피투성이 싸움이 있다.

　두루 알다시피 김대중은 한국의 '여론주도층'이 가장 손꼽는 '언론인'이다. 장점이 없을 리 없다. 이대로 4년을 더 갈 수 없다는 주장은 '정곡'을 찌른다. 그렇다. 이대로 4년을 갈 수는 없다. 민주·진보세력 안에서도 그 말이 나돈 지 오래다. 하지만 이유는 정반대다. 노 정권이 내 편과 네 편으로 갈라서가 아니다. 내 편과 네 편을 정확하게 가르지 못해서다.

　무릇 갈등과 분열이 없는 정치는 현상유지다. 물 쓰듯 돈 쓰는 부라퀴들과 몸을 불살라 삶을 떠나는 민중 사이에 무조건 합의는 죄악이다. 수백 억의 배당금을 고스란히 챙기는 사장과 가압류로 월급 10만 원을 받는 늙은 노동자 사이에 무조건 대화를 강요하기란 범죄다.

　바로 그 현실로 존재하는 갈등을 온전히 드러내어 정의롭게 풀어 가기, 그것이 정치다. 정치인 노무현이 최소한 이회창과 다르리라는 민주시민들의 기대도 바로 그 지점이었다. 그가 『조선일보』와 싸움을 주저하지 않았기에 그 믿음은 커졌다.

　하지만 지난 1년 동안 그는 기득권세력을 언제나 대변해 온 부자신문들의 논리에 시나브로 물들어 갔다. 사뭇 '싸움'을 말했지만 말 그대로 '말싸움'에 그쳤다. 경제·사회·노동·통일정책 두루 부자신문의 논리에 굴복했다. '우왕좌왕'이란 말이 교수사회에 나돌 만큼 실망스러웠다.

　문제는 더 심각하다. 우왕좌왕은 기실 겉모습 아닌가. 실제로 노 정권은 우향우해 왔다. 지금 이 순간도 그렇다. "시민혁명은 끝나지 않았다"며 사뭇 기염을 토한 그가 청와대로 돌아가 내린 개각을 보라. 참신성과 개혁성 두루 되레 뒷걸음질이다.

　그런데도 김대중은 다그친다. "지금의 노무현에서 달라져야 한다." 2004년 4월 총선 결과를 보고 물러나든지 "다른 노무현으로 재탄생"하라고 언구력 부린다. 무슨 깜냥일까. 온갖 모욕을 줘 스스로 '용퇴'케 하거나 입맛대로 정권을 쥐락펴락하려는 노림수가 '재탄생'일 터이다.

하지만 민중에게도 그러할까. 천만의 말씀이다. 그것은 '재탄생'이 아니다. 자살이다. 배신이다. 하여, 옷깃을 여미며 노 대통령에 묻는다. 어느 길을 갈 터인가. 분명 오늘 노 정권은 갈림길에 서 있다. 하야인가, 부활인가. 싸움꾼 노무현에 던지는 새해 화두다. _2004.01.01.

탄핵론자들이 야당 정서를 부추기는 속셈

_한나라당을 한나라당이라 부르지 못하고

탄핵을 하잔다. 최근 들어 수구정당과 수구언론이 야당의 필요성을 시나브로 강조한 것과 같은 맥락이다. 참으로 유치한 정치공세 아닌가. 대통령선거자금의 불법 규모가 곰비임비 드러나면서 그 정서를 십분 '활용'한 듯하다.

그래서다. 참으로 어처구니없지만 그럴수록 차분할 때다. 야당이 필요하다는 저들의 주장을 새삼 되새겨 볼 필요가 여기에 있다.

물론, 한나라당의 이른바 '소장파'와 공천심사위원회의 소설가, 그리고 '부자신문'들이 유기적으로 얽혀 있는 '야당 살리기'의 풍경화에서 그 진원지를 찾기란 쉬운 일이 아니다.

하지만 누가 그 바람을 증폭시키고 있는지는 명확하다. 바로 『조선일보』다. 『조선일보』 이사기자와 논설주간이 서로 호응이라도 하듯 칼럼을 통해 "야당을 살리자"고 사뭇 '호소'해 왔다. 두루 알다시피 애초 '야당론'에 불을 댕긴 것도 『조선일보』였다.

강천석 논설주간은 2004년 2월 23일자 칼럼 "국민이 야당할 차례인가"에서 한나라당을 강도 높게 훌닦았다.

"한나라당은 큰 착각을 하고 있다. 그래도 국민이 한나라당을 필요로 하고 있다고 생각하는 모양이다. 천만의 말씀이다. 이 순간 국민이 아쉬워하고 있는 것은 야당, 그것도 정신이 제대로 박힌 야당이다. 당명이 뭐든, 대표가 누구든 상관이 없다. 그만큼 나라의 사정이 급박하기 때문이다."

강 주간의 이 글은 한나라 내부에서 보수세력 살리자는 주장이 한창이던 때였다. 하지만 이는 앞선 칼럼("'보수세력 살리기', 그 유행과 위선")에서 밝혔듯이, 숲에서 낚시하기처럼 터무니없는 발상이었다. 실제로 흐지부지되지 않았던가.

강 주간보다 논리는 약하지만 '선동력'은 더 강한 김대중 이사기자의 칼럼이 부각되는 곳도 이 지점이다. 김 이사기자는 "대안 없는 정치"(2월 28일)에서 "한국의 야당은 지금 깊은 수렁에 빠져 있다"며 곧장 위기의식을 부추긴다.

　"어쩌면 여기서 주저앉을는지도 모른"단다. 하지만 그는 강 주간과 달리 야당의 '지리멸렬' 책임을 엉뚱하게 집권세력에게 돌린다. 가령 그는 칼럼의 결론에서 노골적으로 투표행위에 '간섭'한다.

　"이번 선거는 야당에 엄한 벌을 내릴지 모른다. 그렇다고 그 벌 때문에 대안의 존재마저 말살할 수는 없다. 집권세력이 죽이려 해도 국민이 살려야 한다."

　야당이 집권세력에 죽임을 당하고 있다는 그의 진단은 참으로 놀라운 현실 인식이다. 진정 그렇게 생각하는지 진지하게 묻고 싶을 정도다. 이사기자의 기상천외한 인식에 비하면 그래도 강 주간은 설득력이 있다.

　하지만 결론은 예상대로 같다. 강 주간은 2004년 3월 8일자 칼럼("'이래서야 정국' 속의 난감한 국민")에서 "야당 연합의 과반수 확보"를 "이번 총선의 황금 분할"이라고 주장한다. 그래도 못 미더운지 다시 강조한다. "선거 이후의 정계개편 가능성에도 대비하려면 넉넉한 과반수여야 한다."

　그렇다. 『조선일보』의 두 논객은 더는 한나라당을 한나라당이라고 부르지 않는다. '야당'이라고 말한다. 한나라당의 '상표'가 낡았음을 잘 알고 있어서다. 야당을 찍어야 한다는 논리를 집요하게 퍼뜨리는 까닭이 여기에 있다.

　하지만 과연 그러한가. 과연 오늘 이 땅에 야당이 한나라당뿐인가. 하여, 국민은 김대중 이사기자의 '선동'처럼 한나라당이 '깊은 수렁'에 빠진 정당이지만 "제도로서의 야당이 죽임을 당하는" 것을 막기 위해 한나라당에 투표해야 하는가. 아니면 강천석 논설주간의 '선동'처럼 "야당연합의 넉넉한 과반수 확보"를 위해 투표해야 하는가.

　차분히 성찰해 볼 일이다. 한국 정치에 야당이 필요하다는 말은 옳다. 하지만 그 야당이 색깔공세와 지역감정은 물론이고 검은 돈에 찌든 정당이라면 한국 정치 발전에 걸림돌일 뿐이다. 야당이 집권세력보다 더 개혁적일 때, 그 때만이 우왕좌왕 흔들리는 노무현 정권을 바르게 견인해낼 수 있다.

보라. 이른바 오늘 야당은 대통령 탄핵에 나섰다. 하지만 과연 저들이 야당의 이름을 독식해도 좋은가. 전혀 아니다. 한나라당 외에도 야당이라는 이름에 값할 야당들이 엄연히 존재하고 있지 않은가.

민주노동당을 비롯해 녹색사회민주당과 사회당이 그들이다. 그 정당들을 모르쇠하거나 철저히 묵살한 채, 야당을 살리자며 은근히 한나라당에 투표를 권하기란 위선이거나 기만이다.

그렇다. 언론인에 소설가, 그리고 온갖 윤똑똑이들이 뜬금없이 한나라당을 분칠하고 '야당 정서'를 추썩거리는 데는 모두 까닭이 있다. 모름지기 저들의 우국충정처럼 야당을 살리려면, 벅벅이 건강한 야당을 살릴 일이다.

굳이 탄핵 정국에 일희일비할 필요는 없다. 결국 핵심은 총선정국 아닌가. 오히려 의연할 때다. 그래서다.

『조선일보』 논설주간의 문법으로 표현하자. 총선의 황금분할은 '개혁과 진보정당 연합'의 "넉넉한 과반수 확보"에 있다. 그때 비로소 한국 정치의 성숙이 가능하다.

저 썩을대로 썩은 16대 국회가 온 몸으로 웅변하고 있지 않은가. _2004.03.09.

저 **새벽**의 **민주당**을 보라, DJ에 **묻**는다

_노무현이 밉다고 한나라당과 '야합' 할 셈인가

과연 민주공화국 꼴이 이래도 좋은가. 저 새벽의 국회를 보라. 대체 저들은 무엇을 하려는가.

우리 모두 냉철할 때다. 한나라당과 민주당이 기어이 탄핵하겠다는 이유가 정당한가. '복잡한 문제'가 아니다. 단순한 물음이다. 헌법학자나 변호사들 다수의 견해를 들 필요도 없다. 상식으로 판단하자. 전혀 아니다.

노무현 대통령이 잘했다고 두남둘 뜻은 없다. 하지만 우리 모두 솔직하자. '선거법 위반'이 과연 취임 1년 만에 대통령을 탄핵할 만큼 심각한가. 혹은 대통령이 기자회견에서 사과하지 않았다고 탄핵 사유가 높아 가는가. 그 또한 아니다. 감정으로 탄핵할 문제는 아니지 않은가.

그렇다. 오늘 탄핵 표결의 핵심은 노 대통령의 잘못이나 실정에 있지 않다. 탄핵 발의에 나선 배경도 투명하다. 총선을 앞둔 수구세력의 불안이다.

한나라당이 입법부를 과반수 지배하고 있는 현재의 '권력'을 잃을 우려가 높아서다. 대통령선거에서 패배한 수구세력에게 유일한 '언덕'인 국회 의석분포가 4월 총선으로 바뀔 가능성이 크기 때문이다.

그래서다. 이미 한달 전부터 수구정당인 한나라당 '개혁론'이 당 안팎에서 나오며 '국민작가'의 분칠이 필요했고, 수구언론이 그것을 선도했다.

그렇다면 문제는 한나라당이 아니라 새천년민주당에 있다. 열린우리당과 민주당 사이에 끼어들 생각은 전혀 없다. 하지만 수구세력이 급속도로 뭉치고 있는 오늘, 묻지 않을 수 없다.

민주당은 왜 탄핵에 나서는가. 민주당마저 수구정당이란 말인가. 아니다. 민주당이 탄핵에 나선 까닭도 누구나 안다. 여기서도 솔직할 필요가 있다. 노 대통령의 '열린우리당 총선몰이'가 '민주당 죽이기'로 다가와서 아닌가.

민주당 조순형 대표나 추미애 의원으로선 위기와 배신감을 느낄 법하다. 하지만 그렇다고 민주당이 한나라당과 손잡아야 하는가. 노무현 정권이 밉다고 수구정당과 야합할 정도로 민주당은 본디 수구적이었는가.

영남지역의 '유지'들—결코 영남 민중이 아니라—에 바탕을 둔 한나라당과 똑같이 민주당 또한 그러했는가. 하여, 저 수구세력의 쿠데타에 실제로 가담할 셈인가.

아니라면, 지금이라도 정신 차릴 일이다. 아무리 '대통령 노무현'에 뒤통수 맞은 기분이라고 하더라도, 해야 할 일이 있고, 하지 말아야 할 일이 있다.

보라. 민주당 조순형 대표는 수구신문에 기고한 글에서 탄핵의 정당성을 주장했다. 정직하자. 조 대표의 말에도 일리는 있다. 가령 "민생을 도탄에 빠뜨렸다"면서 "이로써 노 대통령은 국민의 '행복추구권'과 '국가에 의한 기본권 보장의 의무'를 규정한 헌법 제10조를 위배하였고, 헌법 제69조에 명시된 '대통령직책의 성실수행' 의무를 방기했다"는 대목이 그것이다.

하지만 그 죄를 묻겠다는 민주당이 한나라당과 탄핵에 나서는 게 과연 옳은가. 과연 민주당은 대통령을 탄핵한 뒤에 민생을 살릴 능력과 의지가 있는가. 아니다. 노동자·농민·빈민들이 줄이어 세상을 뜰 때, 민주당은 어디에 있었는가.

명토박아 두자. 노 정권을 '국민의 행복추구권과 국가에 의한 기본권 보장의 의무를 규정한 헌법 제10조 위배' 죄로 탄핵을 하겠다면, 분명 정당성이 있다. 하지만 유감스럽게도 그 자격을 지닌 정치인이나 정당은 16대 국회에 없다.

그렇다. 오늘 그 '탄핵'은 민중만이 지닐 수 있는 권한이다. 심판도 4월의 민중만이 할 수 있다. 한나라당과 민주당이 그것을 내세운다면, 지나가던 소가 웃을 일이다.

심지어 조 대표는 "무디스사는 대통령 탄핵에도 불구하고 헌법과 법률의 절차에 따라 고건 대행체제가 들어선다면 신용등급에 별 문제가 없다고 밝혔다"는 것을 강조한다.

그렇다. 왜 무디스가 그런 발언을 하는지 민주당 대표라면, 진지하게 성찰해야 마땅한 그 대목에서 조 대표는 되레 탄핵의 정당성을 강변한다.

분명히 말하자. 오늘의 탄핵 사태로 시나브로 몰락해 가던 수구세력이 다시 전면에 나선다면, 이는 막아야 할 일이다. 'DJ의 민주당'이 열린우리당보다 더 돋보이는 곳이 있다면 남북화해와 대미정책에 있다. 지금의 민주당이 총선에서 서야 할 곳도 바로 거기에 있다. 민주당은 물론이고 김대중 전대통령에 묻는 까닭이 여기에 있다.

김대중 전대통령이 오늘 민주당에 지닌 영향력을 모를 사람은 아무도 없다. 침묵할 때가 아니다. 노 정권에 서운함이 없을 수 없을 터이다. 하지만 지금 그럴 때가 아니다.

노 정권의 철학 없어 보이는 대북정책이나 대미굴욕정책을 과연 탄핵으로 바꿀 수 있을까. 아니다. 수구언론의 꾀음질대로 조 대표가 대통령이 될 수 있는가. 더욱 아니다.

다시 상식으로 돌아가자. 노 정권이 비판받아 마땅하더라도, 한나라당과 야합해 탄핵하는 것은 옳지 못하다. 민주당과 김대중 전대통령이 대승적 결단을 내려라. 명분과 실리 두루 있지 않은가. 과연 민주공화국의 꼴이 이래도 좋은가. _2004.03.12.

촛불과 불길
_한국의 길을 묻는다

"한국 국민이 보여 준 민주주의의 진전에 깊은 인상을 받고 있다. 한국은 많은 다른 나라들의 귀감이다." 스웨덴 총리 예란 페르손이 서울로 오기 전 밝힌 소감이다. '말기 국회'가 대통령 권한을 정지시킨 쿠데타를 보며, 페르손은 참으로 '깊은 인상'을 받지 않았을까. 그래서다. 민주주의를 찾으려는 민중의 촛불 아래서 새삼 스웨덴을, 교육과 병원이 무료이고 무덤까지 복지를 이룬 민주주의를 새기는 까닭은.

언제부터인가 스웨덴은 '가장 살고 싶은 나라'로 꼽혀 왔다. 권한정지 직전, 노무현 대통령도 페르손 총리에게 '고백'했다. "한국인은 모두 스웨덴을 부러워하고 배우려 한다." 대통령 취임 1년을 맞았을 때, 그는 국회의원 시절부터 스웨덴을 이상으로 여겼다고 밝혔다. 대통령만이 아니다. 심지어 삼성그룹 이건희 회장을 비롯한 재벌 총수들조차 '스웨덴 모형'에 눈길을 준다.

비단 '한국'에 그치는 것도 아니다. '조선민주주의인민공화국'도 스웨덴에 관심이 높다. 무엇보다 김정일 위원장이 그렇다. 페르손은 2001년 5월에 서울과 평양을 함께 방문한 뒤, 김 위원장을 "매우 솔직하고 업무 지향적이며 대화가 통하는 인물"로 평했다. "참고할 서류를 많이 갖고 있었지만 그걸 보지 않고 직접 답변"한 김 위원장은 곧 김일성대학의 인재들을 스톡홀름에 보냈다.

기실 배우는 모습은 누구나 아름답다. 더구나 남과 북이 두루 스웨덴을 연구한다면 좋은 일 아닌가. 다만, 배우려면 제대로 배울 일이다. 조선민주주의인민공화국의 조선로동당원들이 스웨덴에서 무엇을 배우고 있는지는 알 길이 없다. 하지만 대한민국의 '학습'에선 분명 짚고 넘어갈 대목이 있다.

보라. 고작 노동조합 조직률이 12% 안팎인 한국의 노동운동을 서슴없이 '강성'이나 '노동귀족' 따위로 홀닦는 대통령이 노조조직률 80%에 이르는 스웨덴을 이상으로 여긴다면, 참으로 민망스러운 일 아닌가. 재벌은 또 어떤가. '노동귀족' 정도가 아니다. 아예 노동조합 자체를 살천스레 부정하는 삼성그룹이 스웨덴을 들먹이는 모습은 실소를 머금게 한다.

다행스럽게도 스웨덴을 똑똑히 이해하려는 노력은 노동조합을 중심으로 싸목싸목 진행되고 있다. 국제사무직노조연맹의 한국협의회는 노조간부는 물론이고 진보정당과 사회단체 활동가들과 함께 스웨덴 모형의 한국 적용 가능성을 깊이 있게 타진하고 있다. 물론, 스웨덴과 한국의 단순 비교는 학문적 호사에 그칠 수 있다. 가령 페르손 총리가 이 땅에서 정치를 했다면 어떻게 되었을까. 사회민주당 총재인 그는 벅벅이 국가보안법 올가미에 걸려 '비전향 장기수'로 갇혀 있을 터이다. 그렇다. '합법적 쿠데타'가 벌어진 한국의 국회에는 진보정당이 의석 하나 없지만, 스웨덴에선 제1당이다. 스웨덴 사회민주당은 더러 정권을 잃기도 했지만 70여 년을 집권했다. 민중이 가난과 질병에서 벗어나 사람답게 살 수 있는 세상을 지며리 일궈 왔다.

페르손보다 조금 앞서 서울에 온 스웨덴 노동운동가와 포장마차에서 찬 소주를 나눌 때다. 공공노조연맹 국제담당 서기인 칼 카우손은 한국에서도 스웨덴 복지는 얼마든지 가능하다고 주장했다. 되묻는 논리는 단순하고 명쾌했다. "의지와 철학의 문제 아닌가." 그렇다. 스웨덴은 일찌감치 자신의 길을 찾았다. 스웨덴의 '국민 시인' 토마스 트란스트뢰메르는 "기억이 나를 본다"에서 노래했다. "우리는 우리 자신의 길을 찾아야만 한다 / 모든 문제는 자신의 언어로 소리치는 법 / 진실의 흔적을 따라 탐정처럼 길을 가라."

스웨덴과 정반대로 진보정당이 집권은커녕 의석 하나 없고 수구반동이 활개치는 공화국에서 묻는다. 한국의 길을. "모든 문제는 자신의 언어로 소리치는 법" 아닌가. 저 썩어 문드러진 정치판과 뒤틀린 공론장을 바로 세울 우리의 길, 그 길을 찾을 때다.

하여, 타오르는 촛불 아래서 다시 묻는다. 저 눈물의 촛불이 차갑게 타올라, 모든 가식의 누더기를 사르고 마침내 민중의 메마른 앙가슴마다 뜨거운 불길로 번져 갈, 그 아름다운 날은, 지금 어디쯤 와 있을까. _2004.03.16.

촛불이 태워야 할 저 '검은 장막'

_수구세력이 마음 깊숙이 집어 넣은 '분열'을 이겨갈 때

봄을 선구하는 불꽃이 타오른다. 방방곡곡 자신을 태우는 '분신'의 불꽃, 촛불이다. 그렇다. 한낮의 쿠데타가 텔레비전으로 생중계된 까닭이다. 임기 말기의 썩은 국회가 또렷한 명분도 없이 대통령 직무를 정지시키는 풍경을 우리 모두는 생생하게 지켜보았다. 그 결과다. 쿠데타의 아수라장에서 그동안 우리 눈을 가리고 있던 장막이 한 순간에 찢어졌다.

보라. 한나라당으로 대표되는 수구세력의 정체를. 아무리 당 쇄신의 '분칠'을 해도 지지도가 오르지 않자 서슴지 않고 쿠데타를 감행하지 않던가. 그 쿠데타에 민주당을 앞세운 전략도 '성공'했다. 저들이 누구인가. 16대 국회 초기부터 오늘에 이르기까지 노동자의 작은 파업에도 언제나 '국가신인도'나 '해외투자위기'를 들고나와 눈 부라리던 저들 아닌가.

쿠데타는 그 모든 '우국충정'이 새빨간 거짓이었음을 한 순간에 입증해 주었다. 자신들의 당선과 '입신출세'를 위해서라면 '국가위기'나 '나라 망신'마저 감수하겠다는 저들이 과연 국회의원이라는 이름에 값할 인물들인가.

그랬다. 수구세력들이 자신의 정체를 또렷하게 드러낸 고백, 바로 그것이 '탄핵 쿠데타'다. 탄핵이 참으로 고마운 까닭이다. 게다가 이 땅의 수구세력이 비단 한나라당만이 아니라는 사실을, 저 민주당조차 자신의 이익을 위해서라면 민주주의마저 짓밟는 부라퀴들임을 단숨에 깨우쳐 주지 않았는가.

또 하나 드러난 장막은 언론이다. 탄핵 가결 바로 다음날 『조선일보』, 『동아일보』, 『중앙일보』는 마치 합창이라도 하듯이 '법질서'와 '평상심'을 외쳤다. 군사쿠데타 앞에서 저들이 보인 모습과 소름이 끼칠 만큼 똑같지 않은가. 쿠데타의 기정사실화, 언제나 그것이 쿠데타에서 저들에게 맡겨진 '임무'였다.

그래서다. 탄핵의 아수라장이, 텔레비전으로 생생하게 중계된 쿠데타가, 숫제 고마운 까닭은. 하여, 오늘 전국 곳곳에서 타오르는 촛불은 공화국에 그동안 드리우고 있던 짙은 장막을 사르는 불꽃이 아니던가. 현장은 더 말

할 나위 없고 텔레비전이 전하는 화면조차 숙연하지 않은가.

바로 그 지점에서 두려움이 엄습해 온다. 옷깃을 여미며 감히 묻는 까닭이다. 우리 모두가 텔레비전으로 본 저 쿠데타를 한 편의 역동적인 '드라마'로 보지 않았던가. 기실 촛불시위마저 얼마나 힘찬 드라마인가.

하지만 깊이 성찰해 볼 필요는 있다. 텔레비전이 시나브로 외면하면서 결국 두 여중생의 추모 촛불은 하나둘 꺼져가지 않았던가. 피맺힌 원한을 풀어주지 못한 채 시든 불꽃처럼, 우리 다시 절망에 이르지 않을까.

보라. 두 여중생의 촛불을 향해 찬물을 끼얹었던 수구세력은 지금 이 순간도 민주의 촛불에 "좌익급진"이니 "친노" 따위로 색깔과 반목의 찬바람을 후후 불고 있지 않은가. 촛불집회 내부에도 그저 눈감기 어려운 '미묘한 균열'이 일어나고 있지 않은가.

수구세력을 만만히 보아선 안 될 이유가 여기에 있다. 쿠데타의 '고전적 공식'대로 방송사를 압박하고 있는 저들을 보라. 저들을 4월의 투표로 모두 몰아낼 수 있다고 우리 장담할 수 있는가. 아니다. 설령 심판할 수 있다고 하더라도 수구언론은 무엇으로 심판할 수 있는가.

바로 그 수구언론이 총선정국에서 '총력'으로 펴나갈 여론조작의 장막에 조금이라도 갇힐 때, 자칫 쿠데타에 대한 심판조차 제대로 못할 가능성이 있다. 총선 심판을 앞두고 쿠데타를 감행할 만큼 저들 나름대로 목숨을 건 일 아닌가. 탄핵이 두려운 까닭이다. 그래서다. 공화국 국민으로서 당연한 분노를 '친노와 반노'로 편가르는 저 수구세력 앞에서, 우리의 촛불을 '두 손'으로 올곧게 들어야 한다.

참으로 민의를 대변하는 새로운 국회를 세우려면, 촛불이 자신을 헌신하여 불꽃을 살리듯이 서로 마음을 비워야 한다. 그때만이 비로소 더 많은 장막을 태울 수 있다. 아직도 국회의사당의 숨겨진 장막에 우리를 시들방귀로 여긴 자들이 똬리 틀고 있지 않은가.

아니, 어쩌면 진정 태워야 할 어둠은 촛불을 든 사람들 마음 속에 수구세력이 깊숙이 집어 넣은 '분열의 장막'일지도 모른다.

그렇다. 이 땅에 참된 민주주의를 일궈 내는 길이 어디에 있는가를 진드근히 모색하는 마당으로 촛불집회를 넓힐 때다. 인터넷광장도 마찬가지다. 모든 민주세력이 마음을 열고 한국 민주주의가 걸어갈 길을 놓고 진솔한 대화를 나눌 때다. '개혁세력과 진보세력의 국회 과반수 확보'라는 공동의 목표와 전략은 얼마든지 가능하지 않은가. 오늘의 촛불 바다가 또다시 '쓸쓸한 추억'으로 남을 수는 없지 않은가. _2004.03.16.

촛불 속에 아른거리는 유령들

_횃불을 든 그날의 민중이 우리에게 던지는 질문

봄이 오는 들머리였다. 민중은 긴 겨울의 누더기를 마침내 벗어 던졌다. 분연히 일어났다. 나라는 수구세력의 무능과 '제 잇속 챙기기'로 위기를 맞고 있었다.

정치를 담당하고 있던 부라퀴들은 아우성 치는 민중의 생존권에 모르쇠로 일관했다. 이른바 개혁을 내건 정치인들도 다를 바 없었다. 그들의 '개혁'에는 민중이 없었다. 되레 민중에 대한 불신이 짙게 깔려 있었다. 그래서였다. 민중은 아무런 망설임 없이 횃불을 들었다.

그랬다. 그 '봄 불'은 촛불이 아니었다. 횃불이었다. 2004년 3월 20일이 아니다. 옹근 110년 전이다. 1894년 봄. 갑오농민전쟁은 불붙었다.

녹두 전봉준은 창의문과 격문을 돌리며 민중의 총궐기를 호소했다. "세상을 건지고 백성을 편안케 하자." 외세를 몰아내고 "나라를 망치는 간신배를 처단하자"는 절규가 이어졌다. 그 호소는 적중했다. 그 절규는 민중의 가슴에 불을 질렀다. 농투성이 민중이 손에 손을 잡고 일어섰다.

역사란 으레 그런 걸까. 오늘, 감히 갑오농민전쟁에 이의를 제기할 사람은 아무도 없다. 하지만 갑오년 그날의 민중이 시퍼렇게 살아 숨쉬고 있을 때도 그랬을까. 시뻘겋게 피를 토하며 숨져갈 때도 그랬을까.

아니다. 전혀 아니었다. 당시 이 땅의 모든 정치인들은 농민군에 저주를 퍼부었다. 저들은 민중의 힘이 강할 때, 그 앞에서 사뭇 미소를 지었다. 하지만 민중의 방심을 틈타 외세와 손잡았다. 학살과 살육의 칼날을 휘둘렀다.

더욱 참담한 것은 저들의 여론조작에 적잖은 '민중'이 기만당했다는 사실이다. 하여, 민중을 위해 일어선 민중에 가담하긴커녕 거꾸로 학살극에 동참했다. 수십만 민중의 유령이 원혼처럼 떠돈 까닭이다.

하지만 그날의 거사는 이 땅의 역사에 기념비를 세웠다. 나라가 기울던 그 시기, 갑오농민전쟁이 있었기에 우리의 근대사는 더 이상 '모멸의 시대'가 아니었다. 핏빛 투쟁이 있었기에 그 뒤 우리는 어떤 절망적 상황에서도 불사조처럼 살아났다.

돌아보라. 그 불씨가 꺼지지 않았기에, 110년이 지난 오늘에도 저 수만, 수십만의 촛불이 어둠을 밝히고 있지 않은가. 갑오농민전쟁에서 숨져간 수십만의 유령이 저 바다를 이룬 촛불 속에 아른거리지 않은가.

오해 없기 바란다. 오늘의 촛불을, 저 횃불과 곧장 등식화할 뜻은 전혀 없다. 하지만 언제나 역사로부터 배울 일이다. 피칠갑을 한 수십만 유령이 우리에게 남긴 생생한 교훈은 무엇인가. 냉철한 현실 인식이다.

그렇다. 아무 것도 해결된 게 없지 않은가. 이 땅에 참된 민주주의를 뿌리내리자는 저 촛불의 호소와 절규가 현실로 구현되기까지엔 아직 넘어야 할 산이, 태워야 할 장막이 우리 앞에 있다.

탄핵은 아직 무효가 되지 않았다. 수구세력은 여전히 사태를 왜곡하고 있다. 보라. 또 다른 '민중'은 탄핵을 찬성하는 집회를 열며 듣기에도 섬뜩한 주장을 외치고 있지 않은가. 한나라당의 '색깔공세'도 어김없이 등장한다.

우리를 허탈하게 만드는 것은 또 있다. 노무현 대통령은 청와대에서 '마거릿 대처'를 읽고 있단다. 바로 그런 사실이 명분을 주고 있지만, 촛불집회에 서슴지 않고 '조소'를 늘어 놓는 지식인들도 곰비임비 나온다.

그래서다. 거듭 강조하지만, 힘과 슬기를 모을 때다. 한국 민주주의의 실질적 진전을 위해 촛불을 든 모두가 마음을 열 때다. 수구세력과 저들의 여론몰이에 맞서 참된 민주주의를 열어 가며 제도화할 과제는 아직 미완이다.

착각하지 말자. 수구세력은 아직 물러가지 않았다. 그들을 대변하는 수구언론도 건재하다. 집요하게 방송을 공격하고 있지 않은가. 세련되게 양비론을 펼치고 있지 않은가. 하여, 저들의 어둠을 밝힐 촛불은 더 활활 타올라야 한다.

다만, 뜨거운 촛불을 더불어 높이 들되 그 아래서 차분하게 물어야 하지 않을까. 과연 4월 15일 총선으로 새로 구성될 17대 국회는, 이라크 침략전쟁에 파병은 물론이고 민중의 생존권을 짓밟는 입법을 숱하게 통과시킨 16대 국회와 얼마나 다를까.

탄핵소추로 직무가 정지된 노 대통령이 '부활의 기회'를 진지한 성찰로 살리지 못한다면, 무엇을 어떻게 해야 옳은가. 여울여울 타오르는 저 촛불 속에 아른거리는 핏빛 유령들이 우리에게 묻고 있지 않은가. _2004.03.22.

미완의 혁명

_국회에 들어간 민주노동당이 할 일

미완의 혁명. 사월을 이른다. 그래서였다. 시인이 '갈아엎는 달'로 사월을 노래한 까닭은. 2004년 사월도 그렇다. 국회를 바꿨다. 40년 넘게 입법을 쥐락펴락한 수구세력이 절반 아래로 밀려났다. 사월혁명이 무너진 뒤 처음으로 진보정당이 국회에 진출했다. 장미가 흐드러지게 피었다는 찬가도 들린다.

축하할 일이다. 권영길과 단병호를 보라. 노동자·농민운동을 지며리 펼쳐 온 국회의원들을 보라. 아름답지 않은가. 의원의 특권을 버리겠다는 다짐은 미덥다. 세비에서 노동자 평균 임금만 받겠다는 결의는 눈부시다. 언젠가 이 땅에서 진보정당이 의석은 물론, 집권할 그날이 온다고 칼럼을 써온 '언론 노동자'로서도 반가운 일이다.

다만 이제는 톺아볼 때다. 과연 민주노동당은 축배를 들어도 좋은가. 오해 없기 바란다. 10석의 의석을 과소평가할 뜻은 전혀 없다. 민주노동당 의원 10명이 거뜬히 40명 몫을 하리라는 민중의 기대에 동의한다.

그러나, 아니, 그래서다. 진드근히 묻는다. 민주노동당은 총선 승리자인가. 답은 다 안다. 아니다. 승리는 열린우리당 몫이다. 민주노동당은 지역구 243석에서 두 석을 얻었다. 아직 민중의 마음을 얻지 못했다. 물론, 첫술에 배부를 순 없다. 하지만 지금 민주노동당 지도부가 참으로 '복기'해 볼 문제는 다음이 아닐까.

"10석이 과연 최선이었을까."

보라. 노무현 정권의 실정에 얼마나 실망이 컸던가. 노동자·농민·빈민들이 얼마나 세상을 떴는가. '야당'인 한나라·민주·자민련은 탄핵으로 민심을 잃었다. 그런데도 하나뿐인 '참 야당'이 지역구서 얻은 것은 두 석이다. 한 석은 권영길, 한 석은 울산이었기에 그나마 가능했다.

게다가 다른 진보정당은 법적 해산을 피할 수 없다. 한국노총의 녹색사민당은 이미 해산했다. 사회당과 녹색사민당은 총선을 앞두고 민주노동당에 회담을 제의했다. 민주노동당은 총선 뒤에 만나자고 거부했다. 그래서다. 민주노동당 지도부, 10명의 당선자들에게 묻는다. 열 석을 얻은 민주노동당이 다른 진보정당에 웅숭깊은 눈길을 보내길 바란 것은 과연 '무리'인가.

오늘, 민주노동당이 들어선 길은 탄탄대로가 아니다. 차라리 가시밭길이다. 미처 가늠 못한 걸림돌이 곰비임비 불거질 수 있다. 그래서다. 겸손할 때다. 충정으로 당부하고 싶다. 덧셈을 속셈으로만 하지 말고 몸으로 익히라. 민주와 진보 그리고 통일을 다르게 고민하는 이들에게 더는 뺄셈의 '딱지'를 붙이지 말라. 지역구 두 석과 비례대표 여덟 석에서 덧셈을 고심할 섞에 뺄셈에 머문다면 어쩌려는가. 목표가 집권이 아니던가.

'전투적 뺄셈'의 자세가 민주노동당 모두의 문제는 아니다. 하지만 무시해도 좋을 정도는 아니다. 분명히 말하자. 민주노동당도 이제 국회에 들어섰다. 지금보다 더 개량화하라고 주문할 생각은 결코 없다. 정반대다. 앞다퉈 개량을 요구하는 저 '부자신문'들을 보라. 진보정당을 보는 부자신문의 흘기눈은 앞으로 더 살천스럽고 언구럭도 더 잦을 터이다.

수구세력의 훌닦는 비난엔 단호한 뺄셈으로 답하되, 민주·진보세력의 우호적 비판엔 겸허한 덧셈으로 답해야 옳다. 민주노동당 당원이 날마다 늘어나는 걸 모르는 바 아니다.

하지만 아직 갈 길이 멀다. 뜻이 같은 사람을 더 모으고 힘을 더해 가기는 여전히, 아니 오히려 더 중요한 과제로 놓여 있다. 본디 운동은 '사람사업' 아니던가.

그렇다. 진보정당은 오늘 요람에 있다. 커가야 하지 않겠는가. 누구와 맞서 싸우고 누구와 어깨동무할지 성찰이 필요하다. 축배를 들되 소외당한 모든 이를 돌아볼 때다. 17대 국회 4년을 어떻게 구상하고 실천하느냐가 2008년 총선을 좌우한다. 민중의 마음을 얻는다면, 2012년 대통령선거에서 진보정당의 집권은 얼마든지 현실이 될 수 있다. 장미가 아니라 진달래 열 송이

건네는 까닭이다. 아직 우리 서럽지 않은가.

　　그래서다. 사월을 속절없이 보내며 쓴다. 서러운 다짐으로 쓴다. 혁명은 아직 오지 않았다. 사월은 우리에게 다시 남겼다. 미완의 혁명을. _2004.04.27.

조용한 혁명

_반세기 동안 언 얼음장에 균열

어떻게 말할까, 미심쩍을 땐 진실을 말하라. 마크 트웨인의 충고다. 그래서다. 곧장 결론으로 가자. 대한민국은 오늘 '조용한 혁명'을 겪고 있다. 『한겨레』가 창간 기념일을 맞아 조사한 여론(2004년 5월 15일자)을 보라. '앞으로 우리 사회가 나아갈 방향'을 물었다. '북유럽식 사회민주주의'(44.8%)가 '미국식 자유민주주의'(39.2%)를 앞섰다. '북유럽식'이란 꼬리가 붙었지만 어느새 사회민주주의가 이 땅에 뿌리 내렸음을 뜻한다. 미국식 자유민주주의만 민주주의로 '세뇌'해 온 수구언론의 고삐에서 민중이 벗어난 것은, 조용한 혁명이다. '앞으로 우리 사회를 바람직한 방향으로 이끌 정당'에 대한 응답도 그렇다. 44.3%가 '진보정당'을 꼽았다. '중도정당'과 '보수정당'을 합친 비율보다 높다.

그랬다. 김대중 정권을 좌파로, 노무현 정권을 급진좌파로 언구력을 부린 수구정당과 수구언론의 두꺼운 얼음 밑으로 역사의 강물은 쉼 없이 흐르고 있었다. 반세기 동안 언 그 얼음장이 마침내 퍼석얼음으로 깨져 나갔다. 촛불의 힘, 체온의 힘이다. 섭씨 37.5도의 미열이 손과 손을 타고 수억 도로 끓어 올랐다. 더러는 감상이라고 나무랄 터이다. 사회민주주의는 개량주의라고 딱지 붙일 수도 있다.

딴은 옳은 말이다. 하지만 겸손하자. 사상의 순결성은 낡은 관념이다. 목숨을 끊는 노동자·농민·빈민·청년실업자에게, '순결한 관념'으로 다가가기는 방안풍수되기 십상이다. '탄핵정국'에서 "민주주의를 찾으려는 민중의 촛불 아래 새삼 스웨덴을, 교육과 병원이 무료이고 무덤까지 복지를 이룬 민주주의를 새기자"고 제안했던("촛불과 불길", 2004년 3월 16일자) 까닭이다. 진보세력에 더넘스레 '덧셈'을 권한 이유도 마찬가지다. '생각'이 투표 '행위'로 이어지는 데는 여러 변수가 있기에 더욱 그렇다.

실제로 북유럽식 사회민주주의를 꿈꾸고 진보정당에 기대를 걸면서도 민중은 미쁜 정당이 없다. 현실에 아무런 환상도 없다. '현재 정치·사회를 바람직한 방향으로 이끌 정당'에는 열에 여섯이 답했다. "없다." 왜일까. 진보정당 가운데 민주노동당이 국회에 들어갔는데도 왜 그럴까. 민주노동당은 물론이고 사회당이 두루 성찰해 볼 문제 아닐까. 민중의 삶에 깊숙이 뿌리 내린 스웨덴 사회민주당이 과연 한국의 진보정당보다 개량주의인가. 그렇다고 답할 자신이 없다.

비단 진보정당만이 아니다. 정당 선호도에서 1위가 된 열린우리당한테도 '북유럽식 사회민주주의' 여론조사는 진지한 사색을 요구한다. 17대 국회의 과반의석을 지니고 새롭게 출범한 노무현 대통령도 마찬가지다. 스웨덴을 거론하던 초선의원 노무현을 다시 보고 싶은 것은 누군가의 지적처럼 착각일까.

민주노동당과 열린우리당이 총선 앞뒤로 공언하고 나선 '언론개혁'에도 스웨덴은 큰 시사점을 준다. 여론의 다양성을 위해 신문공동배달제를 오래 전부터 시행하고, 시장점유율 1위가 아닌 모든 신문에 국고보조금을 준다. 물론, 지원금을 받으려면 편집권이 독립돼 있어야 한다. 그 튼실한 공론장이 세계 최상의 복지를 이룬 밑절미였다. 인구의 절대다수인 노동자를 대상으로 한 교육마당도 다채롭다.

그 결과다. 수도 스톡홀름에서 노동자교육협회의 고위간부를 만났을 때다. 진지하게 물었다. 사실을 왜곡하고 색깔공세를 펴는 신문에 스웨덴 시민은 어떤 운동으로 맞서는가? 답은 전혀 '기대 밖'이었다. 그가 물음 자체를 이해하지 못해서다. 고개를 갸우뚱하더니 되물었다. 그런 신문을 독자들이 본단 말인가?

민주노동당의 인기 정치인으로 떠오른 노회찬 당선자가 '조선일보 30년 독자'임을 밝히며 '품질 좋은 신문'이라고 추어 올린 사실이 숫제 허전한 까닭도 여기에 있다. '노 대통령을 반대한 보수신문' 비난에 급급한 여권 일각의 모습도 언론개혁에 짙은 그늘을 드리운다.

하여, 거듭 명토박아 둔다. 언론개혁은 특정 정당을 위해서가 아니다. 겨우 형식만 갖춘 이 땅의 민주주의가 한 단계 성숙하는 데 언론개혁의 참뜻이 있다. 바로 그 점에서 언론개혁은 또 하나의 '조용한 혁명'이다. _2004.05.18.

노무현의 부활

부활. 새길수록 뜻깊은 말이다. 나사렛 예수의 숭고한 부활만이 아니다. 톨스토이의 『부활』은 인간성의 지평을 넓혔다. 거듭나기란 기실 모든 종교의 고갱이다. 어찌 종교만이겠는가. 검푸른 숲의 여린 풀꽃도 씨앗을 묻어 새 봄을 꿈꾼다. 더구나 우리 겨레에겐 이를 나위 없다. 건국신화를 보라. '동굴의 죽음'으로 새로운 삶을 얻지 않던가. 그래서였다. 노무현 정권에 부활을 촉구했던 까닭은. 출범 1년을 '우왕좌왕' 해서였다. 흔히 위기는 기회라고 한다. 노 대통령에게 탄핵이 바로 그랬다. 탄핵 공간, 그 죽음의 시간을 부활의 공간, 거듭나는 시간으로 삼아야 했다. 뜬금없이 마거릿 대처의 전기를 읽는다고 했을 때, 굳이 비판한 까닭이다.

예상했듯이 탄핵은 민중의 힘으로 기각됐다. 노 대통령도 복귀했다. 엊그제 청와대 녹지원에서 열린 '주한외교단 다과회'에서 대통령 스스로 말했다. "부활은 예수만 하시는 것인데, 한국의 대통령도 죽었다가 다시 살아나는 부활을 여러분들께 보여 드렸다." 물론, 우스개였다. 100여 명의 외교단도 웃으며 박수를 보냈단다. 한나라당 대변인이, 그리고 『조선일보』 사설이 "예수 부활" 운운하며 엄숙하게 부른 '합창'이 실소를 머금게 한 까닭도 여기 있다.

하지만 녹지원 연설이 문제가 없는 것은 아니다. 대통령은 "평소에도 행동의 자유가 없지만 탄핵 심판이 계속되는 동안에는 청와대에서 완전히 연금·유폐 당해 있었다"고 회고했다. 그 말도 짚고 싶지만 넘어가자. 문제는 다음이다. "버티어 갈 수 있었던 것은 나의 의지도 물론 중요하겠지만 이 녹지원의 아름다운 자연과 맑은 공기 등 환경 덕분이었다." 녹지원을 보지 못해서가 아니다. 그러나 과연 "다 죽어 가는 사람을 살려낸 신비로운 힘"이 녹지원에 있을까.

말꼬집기가 아니다. 무릇 말에는 우스개든 '수사'든 마음이 묻어나기 마련이다. 더구나 여러 나라 외교관 앞이었다. 녹지원처럼 눈부신 겨레의 성숙한 민주의식이 부활의 힘이었다고 강조해야 옳지 않았을까. 심지어 그 앞에서 "한국 국민들의 공통된 목표는 우리가 남에게 부담이 되지 않고, 남에게 손해를 끼치지 않고, 위협이 되지 않는 것이 첫 번째"라고 말했다. 답답함을 넘어 울뚝밸이 치민다.

대통령의 '이상한 발언'은 다음날 국가유공자들을 초청한 자리에서 한결 도드라진다. "파병을 했다고 반드시 미국에 굴종하는 것도 아니고, 반드시 이라크라든지 아랍세계와 적대적이 되는 것도 아니다." 무슨 말인가. 말살에 쇠살은 현충일 추념사로 이어진다. "자주와 동맹의 이분법적 논란을 넘어서야 한다"는 데는 공감할 수 있다. "더 이상 동북아 정세에 일방적으로 끌려가는 변방의 나라는 아니다"라는 선언은 사뭇 상쾌하기도 하다.

그러나 이라크 파병이 "양자택일 문제가 아니다"라는 발언은 생뚱맞다. 그가 밝힌 대로 "현충원에 잠들어 계신 선열들의 영전에 결코 부끄럽지 않은 나라"를 만들려면, 그리고 "불행했던 변방의 역사는 우리 세대로 끝"을 내려면, 지금 할 일은 명쾌하다. 파병철회다. 다만, 그 방법을 찾을 때다.

그렇다. 찬찬히 과거를 톺아보기 바란다. '노무현 바람'이 솔솔 불 때, 이미 '노무현'은 개인이 아님을 강조하지 않았던가. 그가 녹지원에서 힘을 얻을 때, 서울 광화문의 찬바닥에서 촛불을 밝힌 민중의 기대도 마찬가지였다. 탄핵이 기각된 뒤 노무현이 참신한 개각과 개혁 의지로 부활하길 얼마나 많은 이들이 기대했던가. 탄핵의 위기를 기회로 만들어준 민중 앞에 다시 실망을 주려는가. "노무현 대통령을 한나라당 홍보위원장에 임명해야 하는 것 아니냐?"는 정가의 우스개가 서글프지 않은가.

노 대통령이 존경한다는 에이브러햄 링컨은 말했다. "나는 짧은 기간 동안 중요한 직무를 수행하기 위해 뽑혔다. 곧 사라져버릴 영향력을 쥐고 있는 것이다." 재보선 참패에 말로만 자성할 때가 아니다. 의미를 축소할 때는 더욱 아니다. 아직 4년이나 남았다. 하지만 '중요한 직무'를 생각하면 짧다. 사라져 버릴 권력 앞에 겸허하라. 거듭나라. _2004.06.08.

수도 이전과 언론개혁의 '관계'

_'청와대 발언'이 우려되는 까닭

'행정수도' 논란이 뜨겁다. 행정수도 이전이 아니라 '천도'라는 주장도 커져 간다. '정치수도' 이전이 주요 사안인 만큼, 토론과 논쟁이 활발한 것은 바람직한 일이다. 문제는 그것이 감정싸움이나 소모전으로 펼쳐진다는 데 있다.

게다가 노무현 대통령까지 텔레비전 토론회에 출연할 뜻을 밝히기도 했다. 이라크의 한국인 피랍으로 취소되었지만 이래저래 논쟁은 무장 뜨거워질 전망이다. 논쟁에 대통령이 나서는 것에 손사래를 칠 뜻은 없다. 국정의 막힌 곳을 뚫고 나가는 데 적잖은 도움이 될 수도 있기 때문이다.

하지만 대통령의 최근 발언을 톺아보면 우려가 앞선다. 대통령은 2004년 6월 17일 국가균형발전국정과제회의에 이은 비공개 자리에서 "행정수도 문제에 대한 최근 일부 언론의 앞선 보도는 합리적 태도가 아니다"라며 다음과 같이 말했다.

"우연인지는 모르지만 언론개혁 문제를 둘러싼 정서적 전선과 일치하는 면이 있는 것 같아 매우 걱정스럽다."

청와대 대변인이 전한 대통령의 말은 한 문장이다. 하지만 말 자체가 '정서적'이어서 논란도 클 수밖에 없다. 실제로 '신문권력'은 입모아 반론을 폈다. 가령 『조선일보』는 "노 대통령 발언은 언론개혁반대세력들이 언론개혁을 못하게 하려고 수도 이전을 반대한다는 취지로 들렸다"는 '행사 참석자'의 발언을 보도했다. 이 신문에 따르면 '또 다른 참석자'는 "노 대통령 말은 구체적 표현은 기억나지 않지만 전체적으로 언론개혁이 과제인데 그 대상인 몇몇 언론이 수도 이전 문제를 붙잡고 언론개혁을 피하려 한다는 내용이었다"고 '증언'했다.

물론, 청와대 대변인은 고개 저었다. "그렇게 단정적인 말은 없었다." 아마 '단정적인 말'은 없었다는 대변인의 말이 맞을 터이다. 하지만 그 말만 분석해 보아도 대통령의 발언은, 여론시장을 독과점한 부자신문들이 언론개혁을 피하기 위해 의도적으로 불집을 일으키고 있다는 것으로 '해석'하기에 충분하다.

실제로 대통령은 국무회의 자리에서도 "최근 이전기관의 범위와 관련된 논란이 생기는 것을 전제로 대대적인 공세가 시작되고 있는데, 이는 상당히 정치적 의도가 있는 공세"라고 말했다.

그래서일까. 청와대 홍보수석까지 나섰다. 6월 20일 기자간담회를 자청했다. 강도 높게 '일부 언론'을 비판했다. 그는 "일부 언론이 일방적으로 몰아붙이는 것은 매우 부적절하고 비합리적"이라면서 "이번 사안을 보면, 정치권에서 제기되기보다는 몇몇 신문이 주도적으로 한 느낌이 든다"고 강조했다. 홍보수석으로서 할 일을 했다고 볼 수도 있다.

하지만 과연 그러한가. 아니다. 현재 정부가 추진하고 있는 '정치수도 이전'은 언론이 얼마든지 비판할 수 있는 사안이다. 정치적 의도가 있을 가능성도 다분히 있고, 사실을 왜곡한 선동까지 있다.

그럼에도 '정치수도 이전'에 얼마나 광범위하게 여론을 수렴했는지 묻는 것은 이 시점에서 언론이 짚어야 할 대목이다. 다름아닌 정부의 신행정수도 추진위원장이 "국민투표를 했어야 했다"는 발언은 마땅히 주목해야 할 사안 아닌가.

물론, 그동안 정치수도 이전에 언론이 제 구실을 다하지 못한 것도 사실이다. 그렇다고 해서 지금 언론이 펼치는 비판적 보도를 '언론개혁'과 연결짓기는 설득력이 없다. 아니 그 정도에 머물지 않는다. 수도이전 문제를 빌미로 대통령과 그를 보좌하는 홍보수석이나 대변인이 곰비임비 펼치는 '일부 언론' 비판이 참으로 우려되는 까닭은 다른 데 있다. 그 가벼운 언행으로 정작 언론개혁의 정당성을 망칠 수 있기 때문이다.

새삼스럽지만 우리 모두 분명히 짚고 넘어갈 필요가 있다. 현장 언론인들이나 시민언론운동단체들이 1987년 6월항쟁 뒤 줄기차게 언론개혁정책과 입법을 요구한 것은 특정 대통령 개인이나 특정 정권의 '성공'을 위해서가 아니다.

어떤 정권이든 언론개혁을 "함부로 말해서는 안 될" 까닭이다. 언론개혁과 수도이전 문제를 진정으로 연결하려면, 왜 진작 제대로 문제를 공론화하지 않았는지 물어야 한다.

그래서다. 지극히 당연한 일이지만 청와대 홍보수석과 대변인이 지금 할 일은 신문에 대한 비판이 아니다. 신문의 비판에 설득력 있는 반론을 내놓는 일이다. 하물며 생뚱맞게 '박정희 전대통령'을 들먹이는 대목은 실소를 머금게 한다.

대통령이 국무회의 자리에서 행정수도 이전을 거론하며 "정부의 명운과 진퇴를 걸고 반드시 성사" 운운한 대목도 이해할 수 없기는 마찬가지다. 참여정부가 '명운과 진퇴'를 걸어야 할 일이 과연 '수도 이전'일까. 노무현 대통령은 물론이고 청와대 참모들의 깊은 성찰을 촉구한다. _2004.06.21.

대통령과 총리에게 철학은 있는가

_'정략'으로 편가르는 세태에 묻는다

민주주의 사회는 이성적 공중을 전제로 한다. 사회 곳곳에서 불거지는 문제점을 공론의 마당에서 대화로 풀어 가려면 성숙한 공중의 참여가 '조건'이다.

새삼 이성적 공중을 들먹이는 까닭은 다른 데 있지 않다. 의문이 들어서다. 과연 우리 사회에 이성은, 공중은 있는가.

보라. 전국공무원노조를 쫓는 저 광기의 '사냥'을. 단 한번도 노동자 쪽에 서지 않았던 부자신문들이 살천스레 깔아 놓은 멍석 위에서 '칼춤'을 휘두르는 저들은 누구인가. 모든 사안을 정략적으로 판단하는 세태에 그 물음은 어쩌면 무의미할지 모른다. 전국공무원노조가 2004년 총선에서 민주노동당을 지지했다는 이유만으로 눈흘기는 '공중'조차 있지 않은가. 공무원노조가 왜 파업에 나섰는지, 정부의 법안이 지닌 문제점은 무엇인지, 이성적 대화는 이루어지지 않는다. 마녀사냥과 저돌적인 탄압만 있을 따름이다.

그럼에도 쓴다. 위선이, 거짓이 '창궐'하는 시대에 침묵은 죄악 아닌가. 공무원 파업에 노무현 정권은 확실히 전투적이다. 행정자치부는 "전국적으로 (2004년 11월) 15일 오전 9시 현재 출근하지 않은 공무원이 3,036명이었다가 이들 중 저녁 6시 현재 1,489명이 복귀했다"며 사뭇 '전과'를 자랑한다. 이어 언구력을 부린다. "결국 파업자는 1,547명이지만 정부는 3,036명 전원에 대해 파면과 해임 등 중징계를 각 지방자치단체에 요청할 계획이다."

'투항자'까지 '사형'시키겠다는 오만이다. 그 당국을 뺨칠 만큼 극렬한 주장은 '언론기관'인 『중앙일보』 몫이다. 『조선일보』조차 짐짓 모르쇠한 11월 16일에 『중앙일보』 사설은 제목부터 심상치 않다. "전공노 지도부에 법의 엄정 보여 줘야"이다. "전공노의 파업은 국가 기강을 문란하게 한 중대한 사태이므로 관련자에 대한 중징계는 마땅하다"며 주장한다. "솜방망이 처벌에 그치거나 슬그머니 직장에 복귀를 시켜서는 안 된다. 과거 전교조처럼 한꺼번에 일자리를 되찾고 민주화 유공자로 둔갑하는 일이 재발해서도 안 된다."

우연의 일치일까. 이해찬 국무총리는 언죽번죽 "국가기강"과 "엄정처벌"을 강조한다. 『조선일보』와 『동아일보』를 비판하며 『중앙일보』를 두둔한 총리의 모습과 이어지지 않은가. '주체사상 소동'까지 일으키는 그 신문에 동조하는 걸까. 아니면 그 정도는 정략적으로 '이해'할 수 있는 걸까. 하지만 분명하게 짚어 두자. 1988년이다. 통일민주당의 노무현 의원은 공무원 노동3권을 보장하는 내용의 노동관계법 개정안을 대표 발의했다. 평화민주당 이해찬 의원도 같은 내용의 법안 발의에 참여했다. 심지어 김덕룡 현 한나라당 원내대표조차 같은 논리를 전개했다. 두루 민주노동당이 현 국회에 제출한 법안과 비슷하다. 그런데도 진실은 묻힌다. 단병호 의원이 기자회견을 열어 그들의 '태도 돌변'을 비판해도 그렇다. 부자신문은, 텔레비전 방송 3사는, 축소하거나 외면한다.

모든 네티즌에게 묻고 싶다. 과연 그래도 좋은 걸까. 대한민국의 대통령과 국무총리 그리고 제1야당의 원내대표가 저렇게 언죽번죽 말을 바꿔도, '엄숙한 표정'으로 시치미 떼고 있어도, 우리 용서해야 하는가. 대한민국은 으레 그런 나라라고 자조해야 옳은가. 그래서다. 김덕룡에겐 따따부따 하고 싶지 않다. 노무현 이해찬 두 '정치인'에게 묻고 싶다. 왜 생각이 그렇게 바뀌었는가. 그 까닭이 무엇인가. 밝혀야 옳지 않은가.

변절인가, 아니면 수많은 변절자들이 변명했듯이 '사고의 성숙'인가. 그도 저도 아니라면, 그때 그 주장은 '노동자 대투쟁'의 열기가 남아 있던 시기에 기회주의적 처세에 지나지 않았던가. 대통령과 총리에게 에멜무지로 묻는 까닭이다. 정치인으로서 철학이 대체 무엇인가. _2004.11.16.

대체 **누가 뭘 개혁**한단 말인가

_노무현 정권의 총체적 위기

대학개혁. 이기준 교육부총리에게 맡겨진 '특명'이다. 노무현 대통령은 임명장을 수여하며 '당부'했다. "이 부총리가 대학에 있으면서 대학교육혁신을 위해 적극적으로 노력했다.…… 당시의 의지와 경험을 잘 살려서 대학교육개혁에 역량을 발휘해 달라."

이기준. 서울대총장 시절 '세계적 경쟁력을 갖춘 대학'을 내세운 그가 '혁신'한 것은 무엇이었을까. 정찬용 인사수석은 당당하게 말했다. "서울대학교 교수들의 연구비를 훨씬 확장하는 일이라든가 또 연구결과에 따른 성과급을 강화하는 일이라든가 SCI라고 하는 게재논문비율을 높이기 위한 인센티브의 제공 등 또 대학의 정원을 1차 감축 10% 감축하는 등 그러한 개혁 의지를 착실하게 수행했다."

그랬다. 대학교수들의 연구를 돈으로 '자극'했다는 게 전부다. 그것이 대학교육개혁의 방향인가. 돈의 '인센티브'가 없으면 '세계적 경쟁력을 갖춘 대학'이 불가능한가. 비정규직 노동자들을 '양산'하고 있는 현 정권이 대학의 경쟁력 강화를 돈으로 해결하겠다는 발상은 참으로 가관이다.

고깝게 듣지 말기 바란다. 깊이 성찰할 때다. 서울대 총장으로 낯부끄러운 판공비 지출이나, 재벌의 사외이사 겸직은 물론이고 1억이 넘는 연구비를 챙긴 것도 그럴 수 있다고 하자. 아들의 병역기피 의혹과 총장 선출 뒤 의혹이 불거지자 미국에서 귀국했고, 기어이 한국 국적을 버린 사실도 얼마든지 '이해'할 수 있다.

이기준 부총리의 부인 장성자 한국양성평등교육진흥원장의 말처럼 "국적이 그렇게 중요한 시대도 아니지 않느냐"고 되물을 수 있지 않은가. 솔직히 말하자. 대한민국 정치·경제·사회·문화 지배층에 그런 사람들이 어디 한둘인가. 저 부자신문들이 보이는 뜻밖의 '관대한 깜냥'도 충분히 짐작할 수 있다.

하지만 서울대 총장 법인카드를 부인에게 쓰도록 하고, 아들이 병역을 기피하거나 이 나라 국적을 버려도 '자율'에 맡기거나 몰랐다는 60대에게 이 땅의 교육부를 맡겨도 좋은가. 그런 인물이 교육을 담당하는 부총리가 되는데도 "문제가 없다"고 되레 눈 부릅뜨는 청와대를 어떻게 읽어야 하는가. 그 인물에게 '개혁'을 당부하는 대통령 '노무현'을 어떻게 보아야 옳을까.

심지어 한나라당조차 '분개'하고 있지 않은가. "어떤 공직보다 도덕성이 중요한 교육부총리에 도덕적 흠결을 가진 인물을 앉힌 것이 부적절하다." 대변인 전여옥이 "이 부총리는 서울대 총장 시절 국정원장 등에게 보낸 명절 선물비만 6,000만 원이나 된다"며 "왜 하필 그를 임명했느냐"고 꼬집은 논평이 뭇사람의 가슴에 파고 드는 현실은 얼마나 기막힌가.

더 가관은 청와대가 김우식 비서실장의 '정실인사' 의혹을 제기한 언론에 '법적 대응'을 검토하겠다고 나선 데 있다. 실소를 머금게 하는 주장이다. 지금 언론이 이기준 교육부총리에 대한 문제점과 인선과정을 보도하고 '의문'을 제기하는 것은 마땅히 할 일이다. 그 언론에 법적 대응을 검토하겠다는 것은 권력의 오만이요, 타락이다.

딴은 '조세포탈범'이던 부자신문의 사장을 주미대사로 '전격 발탁'하는 노정권이 아니던가. 그 정권이 언론개혁을 들먹인다면, 이제 누가 그 말을 곧이 듣겠는가. 인사수석이 언죽번죽 밝혔듯이 "민정수석실에서 사전에 법률적·윤리적 검토"를 마쳤는데도 교육부총리 임명에 문제가 없다고 생각했다면, 분명히 말하자. 노무현 정권의 총체적 위기다.

그래서다. 묻는다. 대체 누가 뭘 개혁한단 말인가. 이기준 부총리에게 하는 말이 아니다. 노무현 정권에 묻는다. _2005.01.06.

대통령의 2주년 국정연설 '유감'

_획기적 정책전환이 필요하다

"무작정 노동자만 나쁘다고 하시니 이것은 잘못된 사고방식이라고 생각합니다." 감옥에 간힌 LG정유노동조합 김정곤 전위원장의 딸 지은(15세)이 노무현 대통령에게 보낸 편지의 일부다. 기실 LG노조의 파업은 '비정규직 차별 철폐'와 '인력 증원을 위한 신규채용', 그리고 '지역사회 발전기금 출연'에서 나타나듯이, 대기업 노동자의 이기주의로 매도할 성격이 결코 아니었다.

하지만 경영진은 파업에 참가한 노동자를 대량학살하고 있다. 김 전위원장은 징역 3년을 선고받았다. 심지어 KBS 2TV와 인터뷰한 노동자들까지 해고했다. 짤막한 인터뷰가 '업무방해'와 '명예훼손'이라며 노동자의 '목'을 치는 경영진의 서슬, 바로 그것이 대한민국 참여민주주의의 현주소다.

비단 LG정유만이 아니다. 순이익 '100억 달러 클럽'에 들어갔다며 부자신문이 대서특필한 삼성전자에서 벌어지는 원시적 인권유린을 보라. 초일류기업의 정규직 노동자가 민주공화국에서 대낮에 당하는 인권유린은 곧장 비정규직으로 이어진다. 현대자동차 비정규직 노동조합에 곰비임비 자행되는 폭력적 탄압은 지금 이 순간도 '진행형'이다.

하지만 보라. 노무현 대통령의 국정연설에서 노사관계의 민주화 의지는 보이지 않는다. 과거보다 '수위'가 낮아졌지만, 여전히 비정규직 문제를 정규직 문제와 연결지어 사고한다. 왜 그럴까. 김지은의 표현을 빌리면 "잘못된 사고방식" 때문이다.

명토박아 두자. 한국의 노동자 상황은 정규직 비정규직 가릴 것 없이 전반적으로 하향화하고 있다. 한국노동사회연구소 김유선 소장이 제시한 통계가 명확하게 입증해 준다.

전체 취업자 대비 임금노동자 비중은 1998년 61.7%에서 꾸준히 늘어나 65.1%이다. 그런데 요소국민소득(노동소득 + 사업소득 + 자산소득) 대비 노동소득 비중인 노동소득분배율은 1996년 63.4%를 정점으로 떨어지기 시작한다. 1997년 구제금융체제로 들어선 뒤 비정규직이 급증한 사실에 비추어

볼 대목이다. 노동소득분배율은 2003년에 59.7%에 지나지 않는다. 노동자 비중은 늘어나고 있음에도 노동자 몫은 거꾸로 줄어들고 있는 사실이 객관적 수치로 '입증'되고 있다(김유선, 『한국노동자의 임금실태와 임금정책』, 71쪽 참조). 따라서 비정규직이 자신의 몸을 불사를 만큼 노동상황이 열악한 일차적이고 근본적 원인은 자신의 몫을 정규직에 잃었기 때문이 아니다. 자본소득에 빼앗겼기 때문이다. 노동소득분배율의 하락은 사회 전반의 부익부 빈익빈으로 이어질 게 필연이다. 실제로 나타나고 있지 않은가.

그렇다. 냉철하게 톺아볼 때다. 100대 대기업의 지난해 순이익은 모두 47조 원에 이른다. 수출 또한 31%나 성장했다. 자영업자를 포함한 개인소득은 물가상승률에 밑돌지만 기업소득은 38.7%나 늘었다. 분배정책이 없기 때문에 내수시장이 붕괴되고 그 결과로 자영업자는 물론, 중소기업이 위기를 맞고 있다. 그런데도 천문학적 순익을 내는 '초일류기업'은 이른바 '구조조정'에 살천스레 나서고, 언죽번죽 '희망퇴직'을 매수하거나 강요하고 있지 않은가.

과연 그래도 되는 걸까. 대통령의 국정연설에서 '문화·관광·레저·서비스업'의 언급만 있을 뿐, '사회적 일자리'에 분명한 의지가 보이지 않은 것도 유감이다.

구조적인 실업 문제를 풀어가려면 경제정책과 사회정책의 획기적 전환이 필요하다. 그 중심에 노동정책이 있다. 대통령의 오해와 달리 민주노총은 오래 전부터 '일자리나누기운동'을 제안해 왔다. 착각하지 말 일이다. 대화와 타협을 누가 거부하고 있는가. 비정규직 법안을 둘러싼 '번복 소동'에서 확연히 드러나듯이 노동계가 아니라 노동부와 열린우리당이다.

아버지를 감옥에 빼앗긴 소녀는 편지의 끝자락에서 꿈을 밝혔다. "저에게 꿈이 있다면 노동자를 죽이지 않는 이 사회의 빛나는 여자가 되고 싶습니다."

소박하지만 아름다운 꿈, 그 꿈에 답할 사람은 누구일까. _2005.02.25.

'빅딜 논쟁' 과연 소모전인가

_'밀약 의혹' 명백히 가려야

밀약. 비밀약속을 이름이다. 요즘 유행어로는 '빅딜'이다. 열린우리당과 한나라당이 '행정도시특별법'과 '개혁입법 처리'를 '빅딜'했다는 논란이 곰비임비 퍼지고 있다. 한나라당 내부에서 거센 반발을 받은 박근혜 대표의 법적 대응 움직임에 열린우리당 정세균 원내대표도 2005년 3월 7일 '법적 맞대응' 의지를 밝혔다. 흥미로운 사실은 열린우리당과 부자신문들이 빅딜 또는 밀약설을 묵살하거나 '소모적 논쟁'으로 무시하는 데 있다. 가령『중앙일보』는 사설 "치졸한 빅딜설 공방 중단하라"(3월 7일자)에서 "본질을 젖혀 둔 곁가지 싸움일 뿐"이라며 "그걸 법정으로까지 끌고 가는 모습은 더욱 꼴불견"이라고 주장했다. 과연 그러한가. 아니다. 문제의 핵심은 개혁입법의 실종에 있다.

게다가 밀약설의 파문이 확산되는 과정을 톺아보면 그렇게 간단한 문제가 아니다. 밀약설이 처음 불거진 것은 3월 3일. 그날 아침에 노회찬 의원은 한 라디오(EBS 월드 FM 손석춘입니다)에 출연해 "개혁입법 처리를 놓고 한나라당과 열린우리당 사이에 밀약이 있었다"고 강조했다. 노 의원의 밀약 주장이 곧 정가에 알려지고『오마이뉴스』도 이를 보도했다. 언론사가 확인 취재에 들어가자 정 원내대표는 오후에 가진 기자간담회에서 다음과 같이 설명했다.

"행정도시법 문제를 원만하게 처리하기 위해 과거사법을 연기해 주는 게 좋겠다는 요청이 있어 수락했다."

그랬다. 정 원내대표의 발언은 명백한 사실 시인이었다. 밀약이나 빅딜이란 다른 게 아니다. 공개되지 않은 합의, 그것이 밀약 아닌가. 빅딜도 다른 게 아니다. 정 대표의 기자간담회 발언은 '빅딜 시인'으로 보도하기에 충분한 말이다.

따라서 지금 와서 정 원내대표가 "제목을 잘못 뽑은 기사를 활용해 만든 문제"라고 언론에 책임을 떠넘기는 것은 되레 언론에 대한 '명예훼손'이다.

자신이 잘못 발언한 것이라면, 잘못을 시인하는 게 옳다. 그리고 민감한 정치적 사안에 왜 사실과 다른 발언을 했는지 밝혀야 마땅하다. 정 원내대표는 3월 7일 박근혜 대표가 자신의 발언을 법정으로 끌고 가는 데 대해서 "구태정치가 계속된다면 단호하게 대처할 것을 다짐한다"고 밝혔다. 하지만 무엇이 '구태정치'일까. 만일 정세균-김덕룡 회담에서 행정도시법 처리를 위해 과거사법을 비롯한 개혁입법은 미루자는 게 어떤 형태로든 합의되었다면, 이는 당사자의 해명과 무관하게 밀약이고 빅딜이다. 더러는 4월로 연기한 게 빅딜이 될 수 있겠느냐며 "상식과 논리에 어긋난다"고 주장하지만, 오히려 필자는 '상식과 논리'로 되묻고 싶다.

과연 2005년 4월 임시국회에서 개혁입법을 처리할 수 있을까. 솔직히 말해서, 필자는 회의적이다. 밀약설이 결코 소모적 논쟁일 수 없는 까닭도 바로 여기에 있다. 정 원내대표는 자신의 발언 취지를 조심스럽게 해명하면서 "과거사법은 국회의장이 직권 상정해 본회의에 계류 중"이라며 "따라서 이 법안을 언제든 처리할 수 있는 상황에 있는 만큼 무리하게 관철하려 할 경우 혹시 행정관련법에 영향을 미치지 않을까 해서 미룬 것"이라고 말했다. 그 '해명'으로 '밀약 의혹'이 말끔히 해소되지 않는 것은 과연 필자만일까.

그렇다. 바로 그 점에서도 밀약설의 진위는 가려야 옳다. 4월 임시국회에서 열린우리당이 과거사법·국가보안법 폐지·사립학교법 개정의 3대 개혁입법 처리에 과연 얼마나 강한 의지를 갖고 처리할까. 주목할 일이다.

밀약설 공방을 통해 우리는 열린우리당의 개혁입법 미루기에 '언질'을 받을 수 있고, 개혁입법에 대한 한나라당의 '자세'를 확인할 수 있다. 밀약설이 결코 소모적 논쟁일 수 없는 까닭이다. 밀약 의혹은 실종된 개혁입법을 다시 찾을 징검다리다. _2005.03.07.

청와대, 왜 쓴소리에 귀막는가

_최장집, 강준만 교수를 고맙게 여겨라

몸에 좋은 약은 입에 쓰다. 속담이다. 옛사람의 슬기는 '쓴 약'에서 '쓴소리'로 이어진다. 그렇다. 누구나 그렇게 말한다. 하지만 누구나 그렇게 받아들이지 않는다. 보라. 현실을. 누구나 쓴소리 듣길 싫어하지 않은가.

물론, 쓴소리를 자임한다고 모두 쓴소리는 아니다. 말하는 사람이 누구인가에 따라 진정성을 의심할 수 있다. 이를테면 수구신문 따위가 대통령에게 '비판신문'이나 '쓴소리'를 자처한다고 해서 그것을 곧이곧대로 들을 사람은 드물다.

문제는 '말살에 쇠살'인 소리와 마땅히 들어야 할 쓴소리를 구분하지 못한다는 데 있다. 더구나 대통령의 자리가 어떤 곳인가. 국무총리와 장·차관 임면권을 비롯해 숱한 권력의 자리에 인사권을 지니고 있다. '충성'을 다하는 장막에 갇혔을 때, 쓴소리란 참으로 듣그러울 수밖에 없을 터이다.

하지만 대통령이 직무를 수행할 때 가장 경계할 것은 다른 누가 아니다. 바로 자기 자신이다. 무엇보다 '엷은 귀'다. 자신이 대통령 되는 데 크게 기여했고 시대적 과제를 올곧게 실천하길 바라는 사람들의 비판에 귀 막고 눈 감을 때, 귀결은 무엇일까. 아직 그것을 모른다면, 더욱 강준만 교수의 지적에 겸손하게 귀기울일 일이다.

강 교수는 『인물과 사상』(2005년 5월호)을 통해 박정희와 김대중 그리고 노무현에 대한 '인간학적 해석'을 내렸다. 강 교수는 "권력무상에 관한 한, 얼마 후면 노무현도 김대중과 같은 운명에 처해지게 될 것"이라고 주장했다. 그는 예상되는 반론까지 썼다. "노무현으로선 자신의 권력관이나 권력행사방식은 김대중의 그것과는 다르며, 그래서 김대중과 같은 처지에 놓이게 되진 않을 거라고 생각하고 싶겠지만, 과연 그럴 것인지 그건 두고보는 게 좋겠다."

노 대통령이 강 교수 글을 무엇보다 눈여겨볼 대목은 '쓴소리'다. "노무현 그는 일반 국민의 속을 후련하게 해 주는 맛은 있는데, 허세가 아닌가 하는 의심이 들 정도로 과도한 자존감으로 충만할 때가 많다."

노무현 '지지자'들이 발끈할 만하다. 실제로 강 교수를 겨눠 살천스레 험담을 늘어놓는다. 하지만 과연 그래도 되는 걸까. 물론, 필자 또한 강 교수의 글에 모두 동의하지는 않는다. 하지만 명토박아 둔다. 강 교수가 지적한 노 대통령의 '허세'와 '과도한 자존감'은 필자도 느낀 대목이다. 자신이 제시한 말에 정책적 실천이 따르지 않는다. 더러는 선거공약과 전혀 엉뚱한 정책을 펴나가며 언죽번죽 고집을 피운다. 대표적인 게 노동정책이다. 김대환 장관이 '충실한 대변자'다.

비단 강 교수만이 아니다. 이미 최장집 교수도 참여정부에 쓴소리를 보냈다. 최 교수는 '참여정부'와 '386세대'가 보통 사람들의 희망과 요구를 좌절시키면서, 그들의 지지를 상실하면서, 아무에게도 기반을 갖지 않는 취약한 기반에 서 있다고 우려했다. 최 교수의 날카로운 분석 가운데 가장 귀담아 들어야 할 대목은 다음이다. "과거 기대와 희망을 불러일으키는 말이었던 '개혁', '진보', '민주화' 등이 지금은 냉소적이고 조롱적으로 들리며 아무런 도덕적·실천적 힘을 만들지 못하고 있다."

그렇다. 더 늦기 전에 참여정부와 열린우리당에 참여한 386세대들의 자성이 필요하다. 최 교수의 쓴소리에 대해 '권력의 핵심'에 들어가 있는 한 '386'은 서운함을 토로했다. 하지만 서운할 때가 아니다. 서운함으로 쓴소리와 그 지식인을 배제할 때는 더더욱 아니다. 오해 없기 바란다. 비판적 지식인을 위해서가 결코 아니다. 이 땅의 '껍데기'뿐인 민주주의로 고통받는 민중을 위해서다.

정색을 하고 묻는다. "과연 노무현 대통령과 권력 핵심의 386세대들이 지금 민중의 고통을 체감하고 있는가."

필자에게 답하지 않아도 좋다. 하지만 적어도 자신에겐 답하기 바란다.

_2005.04.25.

현실과 동떨어진 대통령의 '분노 해소'

_과연 오늘이 이상주의정책 탓인가

"현실과 동떨어졌다."

노무현 대통령이 그렇단다. 이상주의정책 때문이란다. 한나라당에서 누군가 던진 말에 열린우리당 내부에서 적극 '화답'하고 나섰다. '청와대 쇄신 요구'까지 나왔다. 비단 몇몇 의원들의 주장만은 아니다. 심지어 열린우리당 당직자들까지 곰비임비 나섰다. 강봉균 정책위 수석부의장과 정장선 제4정조위원장이 그들이다.

언제나 노 대통령을 일러 '친노정책'이니 '운동권정책'이니 몰아세웠던 저 부자신문들이 침묵할 리 없다. 『조선일보』, 『동아일보』, 『중앙일보』는 일제히 신문(2005년 6월 6일자)에서 열린우리당 내부에서 터져 나오는 현실론을 들어 대통령의 '인식'을 비난하고 나섰다.

어떻게 보아야 할까. 그냥 넘길 사안은 분명 아니다. 대통령의 현실인식론이 정가와 언론에서 담론을 형성하고 있기 때문이다.

결론부터 말하자. 대통령이 현실과 동떨어졌다는 비판은 전적으로 옳다. 눈 흘길 일이 아니다. 실제로 동떨어져 있지 않은가. 하지만 그것이 이상주의정책 때문이라는 지적은 전적으로 틀리다. 오히려 정반대다. 그나마 있었던 '이상'을 잃어버린 결과다. 바로 그 점에서 '노무현을 사랑하는 사람들(노사모)'이 대통령을 옹호하며 "정작 문제는 대통령이 갖고 있는 철학을 여당이 제대로 구현하지 못하는 데 있다"고 반박한 것은 설득력이 부족하다. 도대체 노 대통령이 어떤 철학을 갖고 있는지 당장 묻고 싶기 때문이다.

그런 가운데 윤태영 청와대 제1부속실장이 공개한 '국정일기'는 쓴웃음을 자아낸다. 임기 5년의 반환점을 앞두고 있는 노 대통령의 최근 발언을 보라. "대통령이 된 지금의 나에게 주어진 어려운 과제는 한국 사회에 있는 '증오와 분노'를 해소하는 것"이라고 말했단다.

쓴웃음 나오는 까닭은 다른 데 있지 않다. 대통령 자리에 있다면, '증오와 분노를 해소하는 일'을 '과제'로만 토로할 게 아니지 않은가. 실제로 풀어 가는 모습을 보여야 옳다. 하지만 어떤가. 대통령이 말하는 '분노'가 누구의 그 것인지 불확실하지만, 지금 이 땅에서 가장 큰 분노는 비정규직 노동자들에 게 찾을 수 있다. 문제는 참여정부가 비정규직이 오히려 늘어나는 법안을 지 금 이 순간도 '비정규직 보호법안'이라고 언구럭 부리는 데 있다. 무엇보다 비정규직 노동자들 스스로 결연히 반대하고 있지 않은가. 그럼에도 노조간 부들의 비리가 불거지는 상황을 이용해 호시탐탐 법안을 강행처리하려는 풍 경을 어떻게 읽어야 할까.

이미 전체 노동자 과반이 넘는 비정규직들의 분노는 주관적 도덕이나 해 탈 노력으로 '해소' 되는 것이 아니다. 지금 정치인 노무현은 대통령이다. 그 래서다. 윤 실장이 국정일기에서 "참여정부의 대통령은 특별히 가진 것이 없이 출발했다"는 말에 새삼 분노가 치밀어 오르는 까닭은.

명토박아 묻는다. 왜 '특별히 가진 것이 없이 출발' 했는가. 성장 못지않 은 복지정책, 자주적인 외교정책, 노사 사이의 힘의 불균형 해소를 열망하 는 이 땅의 개혁세력과 민주세력이 힘을 모아 주지 않았던가. 그가 집권 1년 동안 우왕좌왕하다가 탄핵을 맞았을 때 민주시민들이 나서서 방어해 주지 않았던가. 이어 마침내 국회 과반의석을 주지 않았던가.

그런데 어떤가. 1년 동안의 과반의석으로 무슨 일을 했는가. 임기 절반 동안 과연 얼마나 개혁에 나섰던가. 착각하지 말 일이다. 합리적인 정치학 자 최장집 교수가 질타하고 있듯이 참여정부는 재벌개혁이 아니라 재벌과 동맹을 형성했다. 통계청 자료가 분명히 '증언'하고 있듯이 노사 사이의 힘 의 불균형은 되레 커지고 있다.

그래서다. 이상주의로 비난하는 담론에 혹 스스로 매몰되거나 더 나아 가 이상주의자로 자신을 '미화'한다면 큰 문제가 아닐 수 없다. 대통령 본 인의 문제가 아니다. '노무현 대통령시대'에 더 고통 받는 절대다수의 문제 아닌가. _2005.06.06.

노 대통령의 엉뚱한 '지역구도 극복'

_참여정부의 앞날이 새삼 걱정스런 까닭

대통령의 말은 그 자체로 무겁다. 대한민국에서 살아가는 사람들의 삶에 큰 영향을 끼칠 최고 정책결정권자이기 때문이다. 노 대통령이 열린우리당 웹진에 기고한 "당원동지 여러분께 드리는 편지"가 눈길을 끄는 것도 그래서다. 더구나 대통령은 편지에서 최근 낙선 원외인사의 기용을 둘러싼 논란에 주목할 만한 발언을 했다.

"최근 정부 내에 낙선한 원외인사의 기용을 놓고 대통령이 여론의 매를 맞고 있는 데 반하여 당에서는 원외인사의 기용에 대하여 남의 일로 치부하는 경향이 있는 것 같다." 서운함이 뚝뚝 묻어난다. 이어 강조했다 "(영남지역) 원외인사 기용은 지역구도 극복이라는 간절한 목표를 실천하는 과정의 하나다."

솔직히 그런 말을 했다는 게 믿겨지지 않았다. 너무 생뚱맞지 않은가. 찬찬히 톺아볼 일이다. 대통령의 발언은 앞으로도 낙하산 인사를 내놓고 하겠다는 것으로 보이기에 그냥 넘어가기 더욱 어렵다. 분명히 말하자. 한국철도공사와 조폐공사 사장 자리에 각각 이철 전의원과 이해성 전청와대홍보수석을 앉힌 게 '낙하산 인사'가 아니라면 대체 무엇이 낙하산인가. 총선에서 영남에 출마해 낙선한 사람들에 대한 '보은' 아닌가. 두 사람이 걸어온 길은 철도공사와 조폐공사와 전혀 무관하다. 비판여론이 일자 김완기 인사수석은 되레 언구럭을 부렸다. "참여정부에 낙하산 인사는 없다. 이번 인사는 적재적소다."

대체 무엇이 어떻게 적재적소란 말인가. 답이 궁해서일까. 김 수석은 "전문성도 중요하지만 노조와의 협상을 잘 이끌 정치력과 직원 3만 명의 거대조직(철도공사)을 운영해 나갈 통합적 관리능력이 필요하다"고 설명했다.

문제의 심각성은 대통령까지 나서서 자신의 낙하산 인사를 놓고 "지역구도 극복"이라는 가당찮은 명분을 내세운다는 데 있다. 노 대통령은 "영남에서 지지가 없다 보니 사람들이 들어오지 않고 그러다 보니 선거 때가 되면 인물이 없다는 소리를 듣는다"라며 "이렇게 악순환이 되다보면 지역구도는 더욱 굳어지게 마련"이라고 사뭇 당당하게 말했다. 낙하산 인사가 '선거용'임을 스스로 인정한 셈이다.

하지만 과연 '선거용 낙하산'으로 지역구도가 극복될 수 있는가. 아니다. 정반대다. 가령 2005년 대구·경북지역 인도주의실천의사협의회가 창립 10돌을 맞아 경북대에서 연 초청강연을 갔을 때다. 뒤풀이 자리에서 40대 후반의 한 치과의사는 이철 전의원의 철도공사 사장 취임을 신랄하게 비판했다. "대선 후보 시절 정몽준 옆에 서 있던 이철을 보며 착잡하던 기억이 새롭다. 학생운동의 상징적 인물 하나가 또 망가졌기 때문이다. 그런 사람이 노 정권 아래서 다시 철도공사 사장에 취임했다. 노 정권에 더 이상 무엇을 기대할 수 있는가."

그랬다. 그게 대구의 뜻 있는 사람들 정서다. 철도공사와 조폐공사 낙하산 인사는 대구지역에서 그나마 노무현을 지지했던 사람들에게 되레 배신감을 안겨 주었다. 당당하게 낙하산 인사를 부정하며 '지역구도 해소'라는 간절함을 내세우는 대통령의 모습이 참으로 딱한 까닭이다. 대통령이 자리를 준다고 전혀 낯선 자리에 덥석 취임하는 '인사'들은 또 어떤가. 지역구도 해소는 후보 시절 공약했던 개혁정책들을 일관성 있게 추진해 나갈 때 시나브로 해소될 수 있다. 낙하산 인사로 그걸 해결하겠다는 것은 영남의 개혁인사들에 대한 우롱이다.

하나만 더 명토박아 둔다. 대통령은 문제의 글에서 "민주주의와 중구난방은 다른 것"이라고 말했다. 열린우리당에 대한 비판이다. 좋은 말이다. 다만 그 과녁이 열린우리당에만 있지는 않을 터이다. 청와대, 아니 바로 대통령 자신이 경청할 말 아닌가. _2005.06.28.

노 대통령에게 '영웅'을 기대하지 않는다

_임기 반환점에서 초심을 거론하는 까닭

"영웅의 시대가 아니다."

김병준 청와대 정책실장이 기자간담회에서 밝힌 말이다. 노무현 대통령을 비판하는 사람들이 과녁이다. 한 사람이 국가를 끌고 갈 수 있고 국가를 좌지우지하는 시대가 아니란다. 그래서다. 노 정권에 인색한 평가가 부당하다고 강조한다.

실제로 노 대통령과 열린우리당 지지율은 끝없이 추락하고 있다. 대통령의 주요 지지층인 30대 사이에 부정적 평가가 급속도로 퍼져 간다. 문제는 왜 추락하고 있는지 정확한 분석조차 보이지 않는다는 데에 있다. 청와대 정책실장의 발언을 그냥 지나칠 수 없는 것도 이런 까닭이다.

노 정권의 실정을 비판해 온 언론인의 한 사람으로서 명토박아 둔다. 노 대통령을 영웅으로 기대해서 비판한 칼럼은 한 편도 없었다. 오늘을 '영웅시대'로 생각하지도 않는다.

대통령에 대한 국민의 지지율이 곤두박질 치는 가장 큰 까닭도 마찬가지다. 그에게 영웅을 기대한 국민 탓이 아니다. 정치인 노무현이 후보 시절 내놓은 공약을 지키지 않아서다.

보라. 2002년 노무현 바람이 불었을 때 '노무현'과 오늘 청와대의 대통령 노무현을. 얼마나 차이가 큰가. 집권 뒤 그는 시나브로 변해 갔다.

그 변절을 비판할 때마다 열성 지지자들은 발끈했다. 하지만 찬찬히 톺아 볼 일이다. 과연 그게 정치인 노무현을 위한 길이었던가.

'바보'라는 애칭을 받아온 노무현은 지금 한나라당에 권력을 이양하겠다고 나섰다. 그 이상의 변절이 있을까. 비판여론이 거세지자 지역구도 타파가 본질이란다. 그는 한나라당과의 연정을 앞으로도 국정 제1과제로 추진할 태세다. 도대체 그는 무엇을 위해 지역구도 타파를 주장하는 걸까.

지금 그가 대통령 자리에 앉아 있는 대한민국은 사회경제적 양극화가 나날이 커져가고 있다. 생활고를 비관한 자살자가 잇따른다. 부자신문들이 경제위기를 거론할 때, 그것을 과장이라고 비판했던 까닭은 다른 데 있지 않다. 부자들의 삶은 결코 위기가 아니었기 때문이다. 반면에 민중의 삶은 위기에 내몰리고 있다.

하지만 노 정권은 그 위기를 모르쇠해 왔다. 노 대통령은 정치부장 간담회에서 "위기를 위기로 인식하지 않는 상황"을 거론했다. 되돌려주고 싶은 말이다.

무릇 모든 권력자는 비판자를 싫어한다. 대안이 없다고 강변하지만 그것은 핑계다. 비판을 수용하기 싫기에 내세우는 '거짓 명분'이다. 정략적 비난과 건강한 비판을 싸잡아 '공격'이라고 반응하는 것이야말로 정략적 접근이다.

스스로 성찰하기 바란다. 부익부 빈익빈을 줄이려고 어떤 복지정책, 어떤 분배정책을 펴려다가 지역구도로 차질을 빚었는가. 참으로 궁금하다.

대통령은 8·15 경축사에서 "기업이 어려움에 처해도 정리해고가 어렵기 때문에 비정규직 노동자들이 오히려 피해를 보고 있다"고 주장했다. 대체 얼마나 같은 말을 되풀이해야 하는가. 대기업 노조 때문에 비정규직이 피해를 보고 있다는 주장은 사실과 다름을 이미 수차례나 지적한 바 있다.

설령 그 억지가 맞다하더라도 문제는 남는다. 비정규직 노동자들이 그렇게 걱정된다면, 대통령 자신만이라도 비정규직 늘리는 일은 하지 말아야 옳다. 하지만 현재 국회에 제출한 정부법안대로 하면 비정규직 노동자가 급증한다는 게 전문가들의 한결같은 분석이다. 그럼에도 계속 김대환 장관을 두남두고 있지 않은가.

집권 반환점을 앞두고 비서실장을 바꾼다고 했다. 이번에도 예상을 벗어나지 않았다. 이기준 전부총리 파동 때 그를 옹호했던 측근을 비서실장에 내정했단다.

어쩌겠는가. 다만 묻고 싶다. 대한민국 안에 개혁적이고 참신한 인사 찾기가 그렇게 힘든가. 못 찾는 게 아니라 배제해서 그런 것이 아닌가.

청와대 스스로 자화자찬 하듯이 집권 2년 반 동안 '정공법'으로 '뚜벅뚜벅' 걸어 왔는데도 '지역구도'나 '언론' 때문에 지지율이 낮다고 생각한다면, 큰 착각이다. 2002년 노무현 바람이 불 때의 '초심'으로 돌아가길 반환점에서 촉구하는 까닭이다. 아니, 그 초심을 아직도 거론하는 필자가 순진한 걸까. _2005.08.21.

누가 권력을 주었는지 잊었는가

_개악을 개혁이라 부르는 저들을 보라

개혁. 참 좋은 말이다. '새롭게 고침'을 이른다. '정치체제나 사회제도 등을 합법적·점진적으로 새롭게 고쳐 나감'이란 좋은 뜻이기도 하다.

한국 정치사에서 개혁이란 말이 나온 것은 오래 전이다. 하지만 1980년대 민주화운동의 정치적 '상징'이던 김영삼·김대중 두 김 씨의 개혁은 한계가 뚜렷했다. 신자유주의정책을 앞장서서 추진하며 그것을 '개혁'이라 주장했다. 해외 투기자본이 국내 금융기관과 기업을 삼키는 상황도 개혁의 이름 아래 은폐됐다. 이른바 '구조조정'이 일상화하기 시작했다. 그 결과였다. 노동운동을 탄압했고, 사회적 양극화 조짐이 나타났다.

그래서였다. 노무현 바람이 일어난 까닭은. 그가 분배의 필요성과 비정규직 차별해소를 거론하고 대미 자주성을 보이면서 바람은 거세게 불었다. 막연한 바람을 저 광주의 민주시민들은 정치적 열풍으로 바꿔 주었다. 시시콜콜 과거를 들먹이는 까닭은 다른 데 있지 않다. 개혁을 내세운 정권이 3대를 거치면서 부끄럼을 모르는 정치인들이 곰비임비 등장하고 있어서다.

보라. 마침내 한나라당 박근혜 대표와 노무현 대통령이 만난다. 물론, 이른바 '여야영수회담'은 필요하다. 하지만 두 사람의 만남은 단순한 여야대표회동이 아니다. '대연정'을 놓고 만난다. 이미 노 대통령은 할 말 못할 말 다 했다. 권력을 이양할 수 있고, 한나라당에 모든 각료 자리를 내주고, 자신의 임기도 단축하거나 2선으로 후퇴할 수 있단다. 거듭 묻지 않을 수 없다. 대체 한나라당과 '연정'을 하고 선거구제를 개혁하면 '지역감정'이 해소되는가. 한국 정치가 성숙해지는가. 민중의 생활이 나아지는가.

터무니없는 대통령의 망상과 고집에 마침내 여당의 개혁인사들조차 줄지어 박수치고 나섰다. 청와대 참모들이 외곬으로 치닫는 대통령을 미화하고 나선 것은 혹 '본연의 임무'라고 접어 둘 수도 있다. 하지만 열린우리당 문희상 의장에 이어 유시민 의원까지 나서서 언론을 비난하는 풍경은 개탄스럽다.

"언론인들과 지식인들의 행위가 처음에는 '대통령 때리기'였고, 지금은 '대통령 조롱하기', '대통령 모욕하기'다. 이를 통해 자기들은 도덕적 우월감과 지적 만족감을 느낄지 모르지만, 명확히 이야기하면 '나라를 망하게 하는 길'이다."

과연 그러한가. 물론, 대통령을 조롱해 온 부자신문들의 보도 행적을 몰라서가 아니다. 하지만 지금 연정 제의에 국민의 싸늘한 눈길은 결코 부자신문 탓이 아니다. 말 꼬투리를 잡아서도 아니다.

대통령의 정치적 행위를 논리적 근거를 제시하며 비판하는 언론인이나 지식인까지 싸잡아 '지적 만족감' 따위로 규정하는 것은 고쳐야 할 낡은 사고다. 무엇이 '나라를 망하게 하는 길'인지 외려 묻고 싶다.

그렇다. 노 정권의 가장 큰 문제는 '개혁'이란 말의 혼란에 있다. 도대체 무엇을 개혁이라 생각하는가. 대통령은 일본 고이즈미의 우정사업 민영화조차 기득권 개혁의 상징으로 인식하고 있음을 드러냈다. 비정규직이 늘어날 게 분명한 법안을 내놓고 노사관계 '개혁'을 들먹였다. 마침내 '지역구도 타파'를 주장하며 한나라당에 모든 각료자리를 주고 자신은 2선으로 후퇴하는 게 마치 '구국의 결단'처럼 주장한다.

그래서다. '개혁'을 개혁할 때다. 낡은 것으로 고침은 결코 개혁이 아니다. 개혁은 새롭게 고침이다. 정치인들에게 간곡히, 거듭, 촉구한다. 이 땅의 민중이 열망해 온 '개혁'을 더는 우롱하지 말라. 누가 권력을 주었는지 잊었는가. _2005.09.02.

'연정론'이 파묻고 있는 절박한 쟁점들

_X파일, 노동자 자살, 파병연장 공통점

의제설정. 그것을 언론이 독점하던 시대는 시나브로 사라지고 있다.

이른바 '대연정' 논란을 보라. 노무현 대통령과 그의 열성적 지지자들이 줄기차게 의제로 설정하고 있다. 대통령 자신이 적극 나섰다. 그것도 '권력이양'과 '임기단축'이라는 자극적 수사법을 동원했다. 하지만 대통령과 정치권이 연정에 집착하면서 정작 해결해야 할 과제들은 의제로 설정조차 되지 않고 있다. 무엇보다 '정경언 유착'을 뿌리뽑을 수 있는 '이건희·홍석현의 X파일'이 슬그머니 사라지고 있다. 검찰수사는 그저 변죽만 울릴 뿐이다.

현대자동차 비정규직 노동자의 쓸쓸한 주검도 저들의 꽉 막힌 '눈물샘'을 뚫지 못한다. 불법 파견을 모르쇠한 참여정부가 되레 비정규직 해소에 역행하는 정책을 강행하는 게 자살의 배경이었는데도, 노동정책에 아무런 변화의 조짐도 보이지 않는다. 이제 비정규직 노동자의 자살 정도는 눈 하나 끔벅이지 않을 정도로 면역이 된 걸까.

그렇다. 그것이 오늘 한국 정치의 현주소다. 아니, '개혁'을 상표로 내세운 정치인들이 숱하게 국회의원이 된 오늘의 현실이다. 게다가 노무현 정권은 이라크에 보낸 자이툰 부대의 파병을 다시 연장하겠다고 나섰다. 대한민국 헌법이 부정하는 침략전쟁에 3,000명 이상을 파병해 놓고, 또다시 구렁이 담 넘듯 연장하겠다는 '의지'다. 지난해 12월, '개혁입법 논란'에 시민사회단체가 매몰되어 있던 틈을 타서 노 정권은 파병연장안을 전격 통과시켰다. 결과는 어떤가. '개혁입법'은 지지부진이다. 그런 가운데 부분감축을 내세워 파병을 또 연장하겠단다.

문제는 파병연장의 쟁점이 연정 논란에 다시 묻힐 가능성이다. 부자신문이나 한나라당이 파병연장 문제를 쟁점화할 리는 없다. 그렇다고 노 정권과 열린우리당이 파병연장을 '연정안'처럼 의제로 설정할까. 아니다. 전혀 아니다. 노 정권의 모든 촉수는 뜬금없이 '지역구도 해소'에 매몰되어 있다.

하지만 진지하게 톺아보자. 미국 뉴욕의 쌍둥이 빌딩이 무너질 때, 그 사건과 아무런 관련이 없는 이라크 국민은 짐작이라도 했을까. 수도 바그다드가 미군 침략으로 불바다가 된 현실을. 이라크 국민만이 아니다. 스페인이 이라크에 파병했을 때, 예상이라도 했을까. 수도 마드리드가 피로 물든 현실을. 하나만 더 묻자. 마드리드가 피로 물들 때, 런던 시민은 상상이라도 했을까. 런던 출근길이 핏빛으로 얼룩진 현실을. 과거에서 아무런 교훈을 얻지 못하면, 역사는 되풀이될 수밖에 없다. 아미 알 카에다는 스페인과 영국에 이어 다른 파병국가에도 '응징'을 다짐했다. 더구나 2005년 11월에는 'APEC(아시아태평양경제협력체)' 정상회의가 부산에서 열린다. 조지 부시 미 대통령을 비롯해 이라크에 침략해 들어간 나라들의 정상이 참가하는 회의는 알 카에다 공격의 표적이 될 수 있다.

찬찬히 자문해 볼 일이다. 마드리드와 런던은 왜 피로 물들었는가. 아무런 정당성도 없는 미국의 이라크 침략전쟁에 스페인과 영국이 놀아났기 때문이다. 객관적으로 한국 또한 예외일 수 없다. 3위의 파병국 아닌가.

X파일, 노동자 자살, 파병연장. 우리 사회가 지금 풀어야 할 세 가지 쟁점에 공통점은 무엇일까. 셋 모두 지역구도와 아무 관련이 없다는 사실이다.

하나 더 있다. 세 쟁점 두루 한나라당과 열린우리당 사이에 차이가 없다. 특별법과 특검법이라는 서로 다른 우산을 쓰고 소나기를 피해 가려는 '정도의 차이'만 있을 뿐이다. 그럼에도 연정을 고집하는 대통령과 정치인들이 여전히 '구국의 결단'을 과시하는 풍경을 어떻게 읽어야 할까.

분단 60돌이 지나도록 제자리 맴도는 한국 정치판을 과연 이대로 방치해도 좋은 걸까. 새삼 민주시민에 묻고 싶은 까닭이다. _2005.09.06.

권력의 단맛에 취한 대통령과 총리

_과연 민중의 분노가 언론이나 홍보 탓인가

"우리 사회는 지금 전체적으로 1988년 이후 구조적으로나 현상적으로 가장 안정된 시기를 맞고 있다."

이해찬 국무총리의 장담이다. 총리실 확대간부회의 자리였다. '수출증가'를 내세웠다. 총리에게 '양극화 문제'는 "세계경제체제에 따라 겪는 공통현상"에 지나지 않는다. 그래서다. 문제는 홍보란다. "지난 3년간 시스템을 잘 갖췄지만 국민들에게 제대로 전달되지 못했다."

총리는 자신감과 안정감을 줄 수 있는 대국민 홍보방안을 마련하라고 지시했다. 대체 어떤 자신감, 어떤 홍보일까. 국정홍보를 더 어떻게 하란 말인가. 총리도 찬찬히 톺아보길 권한다. 한때는 민주화운동을 했다는 총리가 '가장 안정된 시기'라고 자부하는 현실을 보라. 대체 누구의 안정인가. '고 전용철 농민 살인규탄 범국민대책위' 진상조사단이 벌인 현장재현에서 쏟아져 나온 증언들에 귀 기울이기 바란다.

"산업은행 근처에서 전 씨를 봤는데, 손을 뒷머리로 가져가며 '머리를 맞은 것 같다, 아프다'고 말했다." "전 씨가 팔을 벌려 전경들을 막다가 얼굴과 가슴을 방패 등으로 얻어맞고 쓰러졌다." "쓰러져 있는 전 씨를 전경들이 방패로 찍는 것을 봤다."

핏빛 현장에 함께 했던 작가 조세희는 운이 좋아 살아남았을 뿐이라며 쓸쓸하게 토로했다. "내 영혼이 놀래 떨어졌다."

문제는 총리만이 아니다. 노무현 대통령은 절규하는 농민 문제에 생게망게한 인식을 드러냈다. "쌀 협상 비준과정에서 신문·방송보도를 보면 비준을 안했을 때 어떻게 된다는 데 대한 메시지가 전혀 국민들에게 전달되지 않았습니다. 여론조사를 했는데, 쌀 협상 비준 반대가 압도적으로 높습니다. 60% 가량 협상 비준을 반대하는 것으로 나옵니다."

놀랍지 않은가. 쌀 협상 비준과정에서 대체 언론이 얼마나 도와줘야 한단 말인가. 국민여론이 좋지 않은 게 과연 언론 탓인가. 아니다. 그나마 부자신문들이 앞 다퉈 비준을 선동했기에, 항의하는 농민들에게 '수구좌파'라는 해괴한 '색깔 딱지'까지 붙였기에, 반대여론이 60%에 그쳤을 뿐이다.

노 대통령은 쪽문만 열었다고 주장한다. 참으로 편리한 사고다. 그의 지지자들은 대안을 제시하라고 되레 눈을 홉뜬다. 과연 대안은 없는가. 아니다. 농민단체들은 이미 오래 전부터 근본적인 농업대책을 먼저 마련해야 한다며 농정개혁과제를 구체적으로 제기했다. 일방적 요구도 아니었다. 정부와 국회에 '협의기구'를 만들자는 제안도 했다. 하지만 정부도, 국회도 모르쇠했다.

그렇다. 지금 타오르는 농민의 분노는, 그리고 추모의 촛불은, 결코 홍보를 잘못하거나 언론이 잘못해서가 아니다. 국정홍보나 부자신문의 여론몰이 두루 교활할 만큼 뛰어났다. 그럼에도 언죽번죽 홍보나 언론 탓을 하는 대통령과 총리에게 다시 묻지 않을 수 없다. 노 대통령과 이 총리가 각각 취임한 지 얼마 되지 않았을 때 일찌감치 던진 물음이다. 권력의 단맛에 취했는가.

들을 귀 있을지 모르겠으나 명토박아 둔다. 고 전용철 농민의 사인을 놓고 언구럭 부릴 생각 말라. 국립과학수사연구소의 발표를 받아들인다고 하더라도 고인의 직접 사인이 농민대회 현장이었던 사실은 분명하다. 경찰의 폭력진압과정에서 머리뼈가 깨져 숨진 고인의 죽음 앞에 책임질 자 아무도 없다면, 노무현 정권에 국민은 어떤 심판을 내려야 할까. 권력의 단맛에서 깨어나 스스로 자문하기 바란다. _2005.12.09.

노무현 대통령의 "죽여 줍디다"

_청와대 홈페이지가 '증언'하는 정권의 현주소

"죽여 줍디다."

노무현 대통령 사진 아래에 쓰여진 글이다. 청와대 홈페이지에 실려 있다. 동영상 '하이라이트'란다. 대통령은 마이크를 잡고 고개를 젖힌 채 환하게 웃고 있다.

2005년 12월 21일 아시아태평양경제협력체(APEC) 정상회의 유공자 격려오찬 자리였다. 대통령은 부산회의에 참석한 각국 정상들이 "계속 나를 칭찬하더라"면서 민망스레 강조했다. "의례상으로 하는 공치사가 아니라 진짜 감동한 사람들의, 압도된 사람들의 치사였다."

아세안 정상회의에서도 정상들의 칭찬이 이어졌다며 덧붙였다. "통역이 'APEC을 훌륭히 치러낸 데 대해 축하한다'고 하는데, 나는 듣기에 '죽여 줍디다' 이렇게 들었다."

물론, 대통령의 발언은 회의 '유공자'들에게 던진 농담일 수 있다. 하지만 대통령이 외국 정상들의 칭찬을 "죽여 줍디다"로 들었다는 발언을 했고, 청와대가 그 사실을 부각해 올린 모습은 그저 지나치기 어렵다.

까닭은 단순하다. 대통령이고 청와대이기 때문이다. 미국이 주도해 나가는 신자유주의적 세계화의 길목에서 이 땅의 농민들과 비정규직 노동자들이 죽어 가고 있기 때문이다. 아니 그저 죽어 간 게 아니라 바로 노 대통령이 최종 책임지고 있는 공권력에 맞아 죽었기 때문이다.

오해 없기 바란다. 사태를 과장할 생각은 추호도 없다. 선동할 뜻도 전혀 없다. 다만 사실을 사실대로 묻고 싶을 따름이다. 두 농민을 때려 죽여 놓고 감히 그런 소리가 나오는가.

"죽여 줍디다."

아니다. 아무리 농담이라도 해서는 안 될 상황이 있다. 지금이 그렇다. 오늘 이 순간까지 노 정권에서 아무도 책임지지 않았다. 평생을 소작농으로 살아간 60대 후반 농부가 살천스레 맞아 죽었다. 그럼에도 노 대통령은 무엇을 했는가.

노 대통령은 청와대 수석보좌관 회의에서 "매우 불행하고 유감스러운 일"이라고 말했다. "이번 일의 원인을 철저히 규명하고 책임소재를 밝혀야 하며, 또한 규명된 원인과 밝혀진 책임에 상응하는 조치를 취해야 한다"고도 했다. 하지만 그 뒤 소식이 감감하다. 무엇 때문인가. 원인이 아직 규명되지 않아서인가. 딴은 대통령의 이어진 발언은 적잖은 시사점을 준다.

대통령은 "돌아가신 농민(의 죽음)도 억울하고 안타까운 죽음이지만 (시위) 현장에서 대응하는 전·의경도 우리의 자식"이라면서 "이 같은 시위 문화가 계속된다면 앞으로도 돌발사태가 되풀이되지 않으리라는 보장이 없다"고 강조했다.

딱히 틀린 말은 아니다. 하지만 책임을 묻기 위해 원인을 규명한다면서 양비론을 펴는 자세가 과연 옳은가. 아니다. 문제의 핵심은 두 농민이 공권력의 손에 맞아 죽었다는 데 있다. 양비론을 펼 때가 결코 아니다.

대통령은 또 "평화적인 집회 및 시위 문화가 정착될 수 있도록 제도적·문화적인 근본방안을 마련하라"고 지시했다. 근본적 방안이 무엇일까. 농민과 비정규직 노동자들에게 살 길을 터 주는 데 있다. 그들의 평화적 절규에 정부당국이 귀 기울이는 데 있다.

그렇다. 농민과 비정규직 노동자들의 호소를 모르쇠한 정권이 이른바 '과격 시위'의 원천이다.

대통령은 농민 시위와 관련해서도 "반대하고 시위할 만한 이유가 있지만 세계화의 흐름을 막을 수 없다"며 "어떤 영웅도 시대와 역사를 거꾸로 돌리지는 못한다"고 밝혔다.

여서 거듭 명토박아 둔다. 노 대통령에게 영웅을 요구하지 않는다. 세계화의 흐름을 거꾸로 돌리라는 요구도 아니다. 모든걸 "모 아니면 도"로 단순화하지 말라.

　문제는 세계화로 고통 받고 있는, 죽어 가고 있는 민중이다. 그들의 목소리를 경청할 책임은 대통령에 있다. 최소한 살아갈 수 있게 할 의무가 있다. 두 농민을 죽여 놓고 언죽번죽 말할 수 있는가. "죽여 줍디다." 청와대 홈페이지에 '하이라이트'로 써넣을 수 있는가.

　결연히 묻는다. 대통령은, 청와대는, 진정 두 농민의 죽음 앞에 자성하고 있는가. _2005.12.22.

'구국의 객기', 새해도 물들일까

_나라 구하려면 양극화 해소부터 나서라

뜬금없는 한 해였다. 열린우리당이나 한나라당 두루 '구국'의 열정이 넘쳐
났다.

노무현 정권은 한나라당에 정권을 사실상 이양하는 대연정이 구국의 길
이라고 강변했다. 그 길이 얼마나 황당한 구국인가는 다름 아닌 한나라당이
입증해 줬다.

제1야당과 그들의 은밀한 기관지 부자신문들은 강정구 교수를 마녀사냥
하며 일찌감치 구국의 칼을 뽑았다. 이어 전교조로 옮겨간 사냥은 사학법 개
정을 놓고 마침내 원외투쟁으로 퍼져 갔다. 저 '구국'의 언구력은 새해까지
물들일 전망이다.

과연 그래도 좋은가. 2005년에 이어 새해에도 구국의 열정, 아니 구국의
객기가 이 땅에 넘실대도 좋은가. 결코 아니다. 대한민국이 그래도 무방할
만큼 한가한 나라가 아니다. 농민과 비정규직 노동자들이 거리에서 맞아 죽
거나 스스로 목숨을 끊고 있는 살풍경이 벌어지고 있지 않은가.

그래서다. 구국의 길로 줄달음치는 정가와 언론계의 윤똑똑이들에게 정
중히 묻고 싶다. 대체 민주공화국의 뜻을 알고 있는가.

상식이지만 새삼 들려준다. 민주라는 말의 어원은 '민중의 지배'다. 공화
국은 말뿌리 그대로 공공성을 담고 있다. 국가는 특정 개인이나 집단이 아니
라 모든 구성원을 위해 활동해야 옳다는 뜻이 공화국 개념에 담겨 있다. 따
라서 헌법의 국가 정체성은 분명하다. 자유와 평등이다.

찬찬히 톺아볼 일이다. 자유와 평등이라는 민주공화국의 헌법정신에 과
연 우리 얼마나 충실한가. 2005년 가을 전국 135개 사회단체가 손잡은 사회
양극화해소국민연대가 이미 선언했다. "800만 명의 이등국민을 더 이상 방
치할 수 없다."

그렇다. 지금 대한민국은 비정규직이라는 '이등국민'을 양산하고 있다.
명토박아 둔다. 이는 공화국의 헌법정신을 유린하는 위헌 행위다.

물론, 사회양극화 현상을 해소하는 데 비정규직 보호법안이 필요충분조건은 아니다. 농민 또한 이등국민이 된 지 오래다. 양극화해소연대가 선언했듯이 단계적 무상의료·무상교육, 최저생활 및 안정적 노후소득보장, 조세정의, 공공 및 사회서비스 부문의 일자리 창출, 주거의 공공성 실현도 필요하다.

양극화의 으뜸 원인은 전체 임금 노동자의 60%에 이르는 비정규직 노동자에 있다. 여기서도 오해는 금물이다. 한국 노동자 상황은 비정규직과 정규직 두루 내리막길이다. 전체 취업자 가운데 임금노동자 비중이 늘어남에도 노동소득분배율은 떨어지고 있다. 노동운동을 과녁으로 삼은 부자신문과 수구정당, 심지어 '참여정부'의 여론몰이가 큰 몫을 했다. 노동소득분배율의 하락이 정규직보다 비정규직에게 더 심각한 위기를 불러올 것은 말할 나위 없다.

결국 대한민국 임금생활자의 둘 중 하나가 월평균 120만 원 미만의 저임 굴레에 놓여 있다. 한 대학교수의 글이나 사학법 개정에서 생뚱맞게 '구국의 결단'을 내리는 한나라당이나 부자신문들은 정작 비정규직이나 농민의 절규엔 모르쇠다.

집권세력도 마찬가지다. 비정규직 해소에 앞장서도 부족한 터에 되레 거꾸로 가길 고집한다. 노동운동은 물론, 시민단체들과 국가인권위원회까지 손사래친 비정규직 법안 '사수'에 총력전이다.

그렇다. 사학법 개정을 명분으로 국회를 내동댕이친 한나라당이 의회에 돌아온다고 정치가 안정되는 게 아니다. 민중의 삶은 나아질 전망이 조금도 보이지 않는다.

하여, 열린우리당과 한나라당에 간곡히 촉구한다. 새해에는 양극화 해소라는 진정한 '구국'에 나서라. 거짓과 객기가 아닌 진실과 열정으로 구국에 임하라. 새해까지 노동자와 농민이 맞아 죽거나 스스로 목숨을 끊는 해가 될 수는 없지 않은가. _2005.12.31.

새로운 사회로 건너가는 징검다리

친미언론의 여론몰이를 거든 김수환 추기경을 비판했을 때였다. '우익'을 자처하는 인사들로부터 글로 옮기지 못할 협박을 받았다. 심지어 일부 '우익단체'는 저자가 살고 있는 아파트단지 앞에서 집회를 하며 저자를 매도했다. 저자가 살고 있는 아파트단지로 들어오는 시장 길목에 얼굴 사진이 담긴 유인물을 마구 뿌리기도 했다. 저자가 경찰서 정보과장의 '신변 보호'를 받게 되리라고는 전혀 상상도 못했었다. 언론인으로서 당하는 필화였지만, 노상 '언론자유'를 주장해 오던 언론계는 싸늘했다. 저자가 일상적으로 언론권력을 비판해 왔기 때문이다. 한국기자협회가 성명을 발표했지만 그걸 실은 언론도 드물었다.

하지만 그날 아파트단지 앞에서 한 시간 넘도록 시위에 나선 분들을 미워할 수는 없었다. 괜히 늘어놓은 너스레가 아니다. 진심이다. 그들은 거의 예외 없이 궁핍으로 애면글면 살아가는 사람들이었다.

시위대 가운데는 미군이 대량으로 살포한 '고엽제' 후유증으로 고통 받는 사람들도 있었다. 그럼에도 저자가 미국을 비판했다는 이유만으로 '빨갱이'라고 비난하며 집 앞까지 찾아와 위협적 시위를 벌이는 모습을 어떻게 이해해야 옳은가. 자신들에게 고통을 준 세력에 대한 분노는커녕 오히려 그 세력을 비판하는 사람에게 노골적 적대감을 표출하는 역설과 마주쳐야 했다. 바로 그래서다 그날 시위대를 피하라고 연락을 준 경찰서 정보과장의 전화를 받으며, 저자는 앞으로 진실을 드러내는 글을 가능한 더 자주 써야겠다고 다짐했다.

더러는 저자에게 반대자를 설득하는 글을 써갈 것을 주문하기도 하지만, 솔직히 저자의 생각은 다르다. 분단된 한국 사회에서 반세기 넘도록 온갖 기득권을 누려오고 있는 수구세력은 결코 부드러운 글로 설득될 사람들이 아니다. 그들을 글로 설득해 올바른 길로 합류할 수 있다는 생각은 누구를 위해서도 바람직하지 않다. 민중은 더 말할 나위 없고, 그런 방법으로는 수구세력도 결코 구원할 수 없다.

　오히려 우리 시대를 더불어 살아가는 수구세력에게 필요한 것은 그들의 잘못을 아무런 에누리 없이 명명백백하게 들려주는 글이다. 자신들의 삶에 정당성이 얼마나 결여되어 있는지 있는 그대로 들려주어야 한다. 그들이 든든한 자본력을 동원해 사회 각 부문의 모난 돌에 가차없이 정을 찍기 때문에 더욱 그렇다.

　수구세력이 말살에 쇠살로 여론을 호도하며, 부와 명예와 권세를 만끽하고 있을 바로 그 순간에, 이 책이 담고 있는 칼럼들이 증언하듯이 노동자, 농민, 도시빈민, 심지어 중산층들까지 삶이 시나브로 무너지고 있는 게 대한민국의 풍경이다. 삶이 무너지고 있는, 민중이 하나로 뭉칠 때, 그리고 그들이 역사의 전면에 나설 때, 비로소 수구세력 가운데 일부가 설득되기 시작할 터이다.

　저자가 시사칼럼을 쓸 때마다 적잖은 사람들이 찬동하면서도 그럼 당신의 대안은 무엇이냐고 물어 왔다. 심지어 당신이 그럼 대통령 해 보라는 댓글까지 올린 네티즌도 있다. 물론, 그런 물음에 깔린 불순한 의도를 모르지 않는다. 대안이 있는 데도 대안을 모르쇠하고 있는 사람들로 청와대가, 열린우리당이 가득하지 않은가.

　다만 문제는 남아 있다. 국민 대다수가 자신의 삶을 온전히 맡길 수 있는 희망을 어디서도 발견할 수 없는 게 분명 진실이기 때문이다. 구체적으로 가슴에 와 닿는 대안이 없고, 설령 대안이 있더라도 신문과 방송이 그 방안을 민중에게 전달해 주지 않아서다.

　지난 2년 동안 나흘에 한 편씩 시사칼럼을 쓰면서, 그리고 수많은 네티즌들이 달아 놓은 댓글들을 보면서, 저자는 우리 시대의 문제점이 무엇인가를 좀 더 명료하게 인식하게 되었다. 뜻을 함께 하는 사람들과 더불어 '새로운 사회를 여는 연구원(새사연)'을 세운 까닭이다. 분단 60돌을 맞던 2005

년 여름에 본격적으로 준비하기 시작한 새사연은 100명의 생활인들의 뜻을 모았다.

이 책의 원고를 출판사에 넘긴 2006년 2월 11일, 바로 그날 새사연은 창립총회를 열고 출범했다. 이 책은 그 점에서 저자에게 '새로운 사회'로 건너가는 징검다리다. 독자들과 새로운 공간에서 새로운 만남을 기대한다.

책의 이해를 돕는 '작은 사전'

손석춘의 글에는 익숙하지 않은 말이 많다. 우리가 (저자에게나, 독자에게나) 무례를 무릅쓰고 이렇게 '작은 사전'을 부록으로 싣는 것은, 그 말들이 낯설어서 누구나 편하게 접근하기 어렵겠다고 판단했기 때문이다. 그러나 한편으로는 저 익숙하지 않은 말들로 인해 우리시대의 언어 풍경이 보다 풍요로워지고 있음을 안다. 낯선 거리를 좁히고 말의 풍요로움을 익히는 데는 무엇보다 국어사전을 찾는 게 제격일 것이다. 따라서 이 부록은 격에 맞지 않는 섣부름일지도 모른다. 다만, 이 '작은 사전'을 만든 데에는 약간의 수고를 덜어 보겠다는 의도 외에도, 손석춘이 일구어내고 있는 말들의 텃밭, 그 어느 한 풍경을 한눈에 펼쳐 보고 싶은 욕구 또한 있었다. 몇 개만을 간추렸으며, 용례는 모두 본문에서 떼어 낸 것이다. _편집자 주

갈피갈피 낱낱의 여러 갈피.
이 책에서 닐 우드는 미국의 폭정을 **갈피갈피** 고발하고 있다.

결기 부정·불의 따위를 보고만 있지 못하고 과단성 있게 맞서는 성미.
숱한 '386의원'들에게 촉구한다. 파병을 철회하겠다는 **결기**를 세워라.

고갱이 사물의 중심이 되는 부분을 비유적으로 이르는 말.
거듭나기란 기실 모든 종교의 **고갱이**다.

곰비임비 물건이 거듭 쌓이거나 일이 계속 일어남을 나타내는 말.
오늘 지구촌 곳곳으로 **곰비임비** 퍼져 가는 저 몸의 수난은 과연 이라크인의 몸인가.

궁따다 시치미를 떼고 딴소리를 하다.
그럼에도 '명예' 훼손된 언론사들은 **궁따고** 있다.

깜냥 스스로 일을 헤아림. 또는 헤아릴 수 있는 능력.
저들이 국가보안법 논쟁을 보수와 진보의 대결로 몰아가는 **깜냥**은 무엇일까.

꾀음질 교묘한 말로 남을 꾀는 짓.
수구언론의 **꾀음질**대로 조 대표가 대통령이 될 수 있는가.

남(우)세스럽다 남에게 놀림과 비웃음을 받을 듯하다.
상대 논지의 핵심에 대해선 거론하지 않은 채, 교묘하게 추기경을 끌어들이는 모습은 참으로 **남세스럽다**.

냉갈령　몹시 매정하고 쌀쌀한 태도.

문제는 노조를 겨냥한 **냉갈령** 속에 정작 가난한 노동자들이 고통과 절망으로 내몰리는 현실에 있다.

더넘스럽다　다루기에 버거운 데가 있다.

진보세력에 **더넘스레** '덧셈'을 권한 이유도 마찬가지다.

도리질하다　말귀를 겨우 알아듣는 어린아이가 어른이 시키는 대로 머리를 좌우로 흔드는 재롱.

이 또렷한 진실 앞에 **도리질하는** 사람들이 있다.

되술래잡다　범인이 순라(巡邏)를 잡는다는 뜻으로, 잘못을 빌어야 할 사람이 도리어 남을 나무람.

민중을 억압하는 정치를 하면서 대안이 없는 비판은 하지 말라고 **되술래잡는** 저들에게 언제까지 속을 수 없다.

두남두다　잘못을 두둔하다.

다른 나라 군대의 범죄는 물론이고, 범죄 은폐에 대해서도 모르쇠하거나 **두남둔다**.

드팀 없다　틈이 생기거나 틀리는 일이 없다. 또는 조금도 흔들림이 없다.

중국 공산당. 소련과 동유럽의 몰락 뒤에도 **드팀 없이** 집권하고 있는 공산당이다.

듣그럽다　소리가 귀에 거슬리다.

'충성'을 다하는 장막에 갇혔을 때, 쓴소리란 참으로 **듣그러울** 수밖에 없을 터이다.

들머리　들어가는 맨 첫머리.

헌법 **들머리**에 시퍼렇게 살아 있다.

말살에 쇠살　전혀 조리가 맞지 않음.

말살에 쇠살이든 그 신문이 주장하면 한국 사회의 '의제'가 되었던 상황은 이제 '희미한 옛 추억'이 되었다.

명토박다　누구 또는 무엇이라고 이름을 대거나 지목하다.

조지 부시에게 **명토박아** 둔다. 오늘 '지구촌'에 가장 큰 폭군은 바로 부시, 당신이다.

무람없다　어려워하거나 무안해 하는 태도가 없다.

그는 '사고의 균형'을 찾았다며 **무람없이** 덧붙였다.

무장 갈수록 더.
성고문과 학살의 통계가 입증하듯이, 이라크 민중의 고통은 **무장** 커져가고 있다.

미쁘다 믿음성이 있다.
북유럽식 사회민주주의를 꿈꾸고 진보정당에 기대를 걸면서도 민중은 **미쁜** 정당이 없다.

밑절미 사물의 기초가 되는, 본디부터 있던 부분.
누가 뭐래도 민주주의란 사회구성원들의 사상의 자유와 표현의 자유에 **밑절미**를 둔 까닭이다.

벅벅이 그러하리라고 미루어 헤아려 보건대 틀림없이.
우리가 바보가 아님을, **벅벅이** 보여 줄 때다.

별쭝맞다 몹시 별스럽고 방정맞다.
참으로 **별쭝맞지** 않은가. 대체 누가 '협박에 굴종'하여 파병철회를 요구했는가.

보비리 아주 아니꼽게 느껴질 정도로 인색한 사람.
전혀 나눌 줄 모르는 **보비리**들, 이 땅의 수구세력에 정당한 방법으로 맞서야 했다.

볼만장만하다 보기만 하고 간섭하지 않는다.
더는 **볼만장만할** 때가 아니다.

부닐다 가까이 따르며 붙임성 있게 굴다.
저질 연극판을 벌이는 수구정당의 정치모리배들이나 수구언론인, 그리고 그들에 **부닐고** 있는 '먹물'들은 그렇다고 치자.

부라퀴 자신에게 이로운 일이면 기를 쓰고 덤벼드는 사람.
미국 매파 의원의 비이성적 내정간섭에 되레 맞장구치는 **부라퀴**들이 있다.

부르대다 남을 나무라기나 하는 듯이 거친 말로 야단스럽게 떠들어 대다.
저 군부독재에서 서로 '밀월'을 즐기던 자들이 국보법 사수를 **부르대는** 풍경을.

사부자기 별로 힘들이지 않고 가볍게.
한국의 우파와 보수주의는 넘쳐나는 돈으로 그 자신은 물론이거니와 수많은 먹물들을 **사부자기** '매수'했다.

살천스럽다 쌀쌀하고 매섭다.

살천스레 민중을 억압하는 정치를 하면서 대안이 없는 비판은 하지 말라고 되술래잡는 저들에게 언제까지 속을 수 없다.

생게망게 하는 행동이나 말이 갑작스럽고 터무니없는 모양.
그 근거는 더욱 **생게망게**하다.

섟 처지나 분수.
지역구 두 석과 비례대표 여덟 석에서 덧셈을 고심할 **섟**에 뺄셈에 머문다면 어쩌려는가.

스멀스멀 살갗에 벌레가 자꾸 기어가는 것처럼 근질근질한 느낌.
황금 만능의 대한민국 풍경에 **스멀스멀** 분노가 솟는 까닭은.

시근시근 고르지 않고 거칠고 가쁘게 자꾸 숨 쉬는 소리. 또는 그 모양.
버스에서 내려 **시근시근** 구덩이를 팠다.

시나브로 모르는 사이에 조금씩 조금씩.
국가보안법 폐지 여론이 **시나브로** 높아가고 있지 않은가.

시들방귀 시들한 사물을 하찮게 여겨 이르는 말.
기득권세력이 무상의료나 무상교육 주장을 **시들방귀**로 여기는 것은 어쩌면 당연한 일이다.

시르죽은 기를 펴지 못하다.
그 **시르죽은** 소리는 학살의 만행자들이 반세기 동안 우리를 세뇌한 결과에 지나지 않는다.

싸목싸목 '천천히'의 방언(전남).
스웨덴을 똑똑히 이해하려는 노력은 노동조합을 중심으로 **싸목싸목** 진행되고 있다.

애먼 일의 결과가 다른 데로 돌아가 억울하게 느껴지는.
빗나간 증오가 **애먼** 여성의 참극으로 이어진 셈이다.

애면글면 몹시 힘에 겨운 일을 이루려고 갖은 애를 쓰는 모양.
그들은 거의 예외 없이 생활이 어렵게 **애면글면** 살아가는 사람들이었다.

어금지금하다 서로 엇비슷하여 정도나 수준에 큰 차이가 없다.
국가보안법 사수론자들이 '광화문 인공기'를 내세우는 꼴과 **어금지금하다**.

언구럭 교묘한 말로 떠벌리며 남을 농락하는 짓.

자신의 이익을 '국익'으로 호도하는 저들의 **언구럭**에 더는 기만당하지 말자.

언죽번죽 조금도 부끄러워하는 기색이 없고 비위가 좋아 뻔뻔한 모양.
헌정을 총칼로 짓밟은 제 아비를 비판하지 않은 채 **언죽번죽** 국가 정체성을 거론한다.

에멜무지로 헛일하는 셈 치고 시험 삼아.
대통령과 총리에게 **에멜무지로** 묻는 까닭이다. 정치인으로서 철학이 대체 무엇인가.

여울여울 불이 순하게 설설 타는 모양.
여울여울 타오르는 저 촛불 속에 아른거리는 핏빛 유령들이 우리에게 묻고 있지 않은가.

옹근 조금도 축가거나 모자라지 아니하다.
우연이지만 **옹근** 5년 전 탈옥수 신창원이 잡힌 날이다.

용춤 추다 남이 추어올리는 바람에 신이 나서 하라는 대로 하다.
부시의 침략전쟁에 **용춤 추는** 노무현의 책임이 자칫 흐려질 수 있어서다.

울뚝밸 화를 벌컥 내어 말이나 행동을 함부로 우악스럽게 내놓는 성미. 또는 그런 짓.
돈으로 돈 세상을 참으로 벗어나려면, **울뚝밸**을 삭이고 고통받는 사람들과 손을 잡아야 한다.

웅숭깊다 생각이나 뜻이 크고 넓다.
민주노동당이 다른 진보정당에 **웅숭깊은** 눈길을 보내길 바란 것은 과연 '무리'인가.

윤똑똑이 자기만 혼자 잘나고 영악한 체하는 사람을 낮잡아 이르는 말.
'진정한 진보'나 '열린 지성'따위를 자부하는 **윤똑똑이**들은 또 어떤가.

으밀아밀 비밀히 이야기하는 모양.
현직 대통령과 측근들 사이에 **으밀아밀** 오간 자금까지 드러난 것은 어쨌든 정치발전 아닌가.

지며리 차분하고 꾸준한 모양.
한국의 노동자가 **지며리** 깨어나고 있다.

추썩거린다 일부러 남을 자꾸 슬슬 부추기다.
그 뒤를 열린우리당과 한나라당이 부닐고, 어김없이 부자신문은 **추썩거린다**.

톺아보다 샅샅이 더듬어 뒤지면서 살피다.
우리 '마음 속의 38선'을 언제나 증폭하는 자들이 누구인지 찬찬히 **톺아볼** 때다.

퍼석얼음 깨지거나 부서지기 쉬운 얼음.

반세기 동안 언 그 얼음장이 마침내 **퍼석얼음**으로 깨져 나갔다.

홉뜨다 눈알을 위로 굴리고 눈시울을 위로 치뜨다.

그의 지지자들은 대안을 제시하라고 되레 눈을 **홉뜬다**.

훌닦다 휘몰아서 대강 훔쳐 닦다.

철학자인 그를 '위선자'로 **훌닦았다**.